U0534882

天然气管道外交与地缘政治博弈

The Gas Pipeline Diplomacy and Geopolitics Game

李 冉 著

中国社会科学出版社

图书在版编目(CIP)数据

天然气管道外交与地缘政治博弈/李冉著.—北京：中国社会科学出版社，2020.1

（中国社会科学博士后文库）

ISBN 978-7-5203-5835-4

Ⅰ.①天… Ⅱ.①李… Ⅲ.①天然气工业—能源战略—地缘政治学—研究—中国 Ⅳ.①F426.22

中国版本图书馆 CIP 数据核字（2019）第 294495 号

出 版 人	赵剑英
责任编辑	张　湉
责任校对	姜志菊
责任印制	李寡寡

出　　版	中国社会科学出版社
社　　址	北京鼓楼西大街甲 158 号
邮　　编	100720
网　　址	http://www.csspw.cn
发 行 部	010-84083685
门 市 部	010-84029450
经　　销	新华书店及其他书店

印刷装订	北京君升印刷有限公司
版　　次	2020 年 1 月第 1 版
印　　次	2020 年 1 月第 1 次印刷

开　　本	710×1000 1/16
印　　张	24
字　　数	402 千字
定　　价	118.00 元

凡购买中国社会科学出版社图书，如有质量问题请与本社营销中心联系调换

电话：010-84083683

版权所有　侵权必究

第八批《中国社会科学博士后文库》编委会及编辑部成员名单

（一）编委会
主　任：王京清
副主任：崔建民　马　援　俞家栋　夏文峰
秘书长：邱春雷
成　员（按姓氏笔画排序）：

卜宪群　王立胜　王建朗　方　勇　史　丹　邢广程
朱恒鹏　刘丹青　刘跃进　孙壮志　李　平　李向阳
李新烽　杨世伟　杨伯江　吴白乙　何德旭　汪朝光
张车伟　张宇燕　张树华　张　翼　陈众议　陈星灿
陈　甦　武　力　郑筱筠　赵天晓　赵剑英　胡　滨
袁东振　黄　平　朝戈金　谢寿光　樊建新　潘家华
冀祥德　穆林霞　魏后凯

（二）编辑部（按姓氏笔画排序）：
主　任：崔建民
副主任：曲建君　李晓琳　陈　颖　薛万里
成　员：王　芳　王　琪　刘　杰　孙大伟　宋　娜　张　昊
　　　　苑淑娅　姚冬梅　梅　玫　黎　元

序　言

博士后制度在我国落地生根已逾 30 年，已经成为国家人才体系建设中的重要一环。30 多年来，博士后制度对推动我国人事人才体制机制改革、促进科技创新和经济社会发展发挥了重要的作用，也培养了一批国家急需的高层次创新型人才。

自 1986 年 1 月开始招收第一名博士后研究人员起，截至目前，国家已累计招收 14 万余名博士后研究人员，已经出站的博士后大多成为各领域的科研骨干和学术带头人。这其中，已有 50 余名博士后当选两院院士；众多博士后入选各类人才计划，其中，国家百千万人才工程年入选率达 34.36%，国家杰出青年科学基金入选率平均达 21.04%，教育部"长江学者"入选率平均达 10% 左右。

2015 年底，国务院办公厅出台《关于改革完善博士后制度的意见》，要求各地各部门各设站单位按照党中央、国务院决策部署，牢固树立并切实贯彻创新、协调、绿色、开放、共享的发展理念，深入实施创新驱动发展战略和人才优先发展战略，完善体制机制，健全服务体系，推动博士后事业科学发展。这为我国博士后事业的进一步发展指明了方向，也为哲学社会科学领域博士后工作提出了新的研究方向。

习近平总书记在 2016 年 5 月 17 日全国哲学社会科学工作座谈会上发表重要讲话指出：一个国家的发展水平，既取决于自然科学发展水平，也取决于哲学社会科学发展水平。一个没有发达的自然科学的国家不可能走在世界前列，一个没有繁荣的哲学社会科学的国家也不可能走在世界前列。坚持和发展中国特色社会主义，需要不断在实践和理论上进行探索，用发展着的理论指导发展着的实践。在这个过程中，哲学社会科学具有不可替代的重要地位，哲学社会科学工作者具有不可替代的重要作用。这是党和国家领导人对包括哲学社会科学博士后在内的所有哲学社会科学领域的研究者、工作者提出的殷切希望！

中国社会科学院是中央直属的国家哲学社会科学研究机构，在哲学社会科学博士后工作领域处于领军地位。为充分调动哲学社会科学博士后研究人员科研创新积极性，展示哲学社会科学领域博士后优秀成果，提高我国哲学社会科学发展整体水平，中国社会科学院和全国博士后管理委员会于2012年联合推出了《中国社会科学博士后文库》（以下简称《文库》），每年在全国范围内择优出版博士后成果。经过多年的发展，《文库》已经成为集中、系统、全面反映我国哲学社会科学博士后优秀成果的高端学术平台，学术影响力和社会影响力逐年提高。

下一步，做好哲学社会科学博士后工作，做好《文库》工作，要认真学习领会习近平总书记系列重要讲话精神，自觉肩负起新的时代使命，锐意创新、发奋进取。为此，需做到：

第一，始终坚持马克思主义的指导地位。 哲学社会科学研究离不开正确的世界观、方法论的指导。习近平总书记深刻指出：坚持以马克思主义为指导，是当代中国哲学社会科学区别于其他哲学社会科学的根本标志，必须旗帜鲜明加以坚持。马克思主义揭示了事物的本质、内在联系及发展规律，是"伟大的认识工具"，是人们观察世界、分析问题的有力思想武器。马克思主义尽管诞生在一个半多世纪之前，但在当今时代，马克思主义与新的时代实践结合起来，愈来愈显示出更加强大的生命力。哲学社会科学博士后研究人员应该更加自觉坚持马克思主义在科研工作中的指导地位，继续推进马克思主义中国化、时代化、大众化，继续发展21世纪马克思主义、当代中国马克思主义。要继续把《文库》建设成为马克思主义中国化最新理论成果的宣传、展示、交流的平台，为中国特色社会主义建设提供强有力的理论支撑。

第二，逐步树立智库意识和品牌意识。哲学社会科学肩负着回答时代命题、规划未来道路的使命。当前中央对哲学社会科学愈发重视，尤其是提出要发挥哲学社会科学在治国理政、提高改革决策水平、推进国家治理体系和治理能力现代化中的作用。从2015年开始，中央已启动了国家高端智库的建设，这对哲学社会科学博士后工作提出了更高的针对性要求，也为哲学社会科学博士后研究提供了更为广阔的应用空间。《文库》依托中国社会科学院，面向全国哲学社会科学领域博士后科研流动站、工作站的博士后征集优秀成果，入选出版的著作也代表了哲学社会科学博士后最高的学术研究水平。因此，要善于把中国社会科学院服务党和国家决策的大智库功能与《文库》的小智库功能结合起来，进而以智库意识推动品牌意识建设，最终树立《文库》的智库意识和品牌意识。

第三，积极推动中国特色哲学社会科学学术体系和话语体系建设。改革开放30多年来，我国在经济建设、政治建设、文化建设、社会建设、生态文明建设和党的建设各个领域都取得了举世瞩目的成就，比历史上任何时期都更接近中华民族伟大复兴的目标。但正如习近平总书记所指出的那样：在解读中国实践、构建中国理论上，我们应该最有发言权，但实际上我国哲学社会科学在国际上的声音还比较小，还处于有理说不出、说了传不开的境地。这里问题的实质，就是中国特色、中国特质的哲学社会科学学术体系和话语体系的缺失和建设问题。具有中国特色、中国特质的学术体系和话语体系必然是由具有中国特色、中国特质的概念、范畴和学科等组成。这一切不是凭空想象得来的，而是在中国化的马克思主义指导下，在参考我们民族特质、历史智慧的基础上再创造出来的。在这一过程中，积极吸纳儒、释、道、墨、名、法、农、杂、兵等各家学说的精髓，无疑是保持中国特色、中国特质的重要保证。换言之，不能站在历史、文化虚无主义立场搞研究。要通过《文库》积极引导哲学社会科学博士后研究人员：一方面，要积极吸收古今中外各种学术资源，坚持古为今用、洋为中用；另一方面，要以中国自己的实践为研究定位，围绕中国自己的问题，坚持问题导向，努力探索具备中国特色、中国特质的概念、范畴与理论体系，在体现继承性和民族性，体现原创性和时代性，体现系统性和专业性方面，不断加强和深化中国特色学术体系和话语体系建设。

新形势下，我国哲学社会科学地位更加重要，任务更加繁重。衷心希望广大哲学社会科学博士后工作者和博士后们，以《文库》系列著作的出版为契机，以习近平总书记在全国哲学社会科学座谈会上的讲话为根本遵循，将自身的研究工作与时代的需求结合起来，将自身的研究工作与国家和人民的召唤结合起来，以深厚的学识修养赢得尊重，以高尚的人格魅力引领风气，在为祖国、为人民立德、立功、立言中，在实现中华民族伟大复兴中国梦征程中，成就自我、实现价值。

是为序。

中国社会科学院副院长
中国社会科学院博士后管理委员会主任
2016 年 12 月 1 日

摘　要

　　中国当前正在大力倡导的"一带一路倡议"构想，正好契合了天然气在世界一次能源中比例逐步上升的时期。地处"丝绸之路经济带"的里海—中亚地区，由于其地缘政治"心脏地带"和油气资源禀赋富足的双重特点，成为当代国际地缘政治和能源博弈的焦点。欧盟于2008年推出的旨在将里海—中亚地区的天然气输往欧洲的"南部天然气走廊"管道方案，引发了各相关国家、大国以及波及国之间的一场激烈而又旷日持久的能源地缘政治大博弈，推动着里海—中亚各国以及欧、俄、美、中国、中东、南亚等复杂的双边或多边关系的转变和演化，其涉及的国家之多，引起的连锁反应之广，在当代国际外交生活中是罕见的。本书全面论述了"南部天然气走廊"方案的由来和进程，详细探讨了有关各国之间围绕着该方案所展开的外交博弈，在此基础上提出了中国所应采取的能源外交战略和对策。

　　具体地说，全文的结构和框架安排如下：

　　绪言部分介绍了研究"南部天然气走廊"的目的和意义，指出本书选择"南部天然气走廊"作为研究课题，就在于围绕着该管道的博弈，几乎囊括了全球所有天然气利益的相关方。解剖这个"麻雀"，有助于我国准确认知和预判当代世界能源格局的发展变化，在此基础上有针对性地制定和实施天然气外交战略，营造有利国内天然气供应安全的国际环境。

　　第一章全面论述了世界天然气及其管道的发展现状和天然气地缘分布及其与地缘政治的相互影响。在此基础上，重点指出天然气管道运输已经成为国际天然气贸易的主要方式和天然气地缘政治的主要载体，因而天然气地缘政治博弈也就集中地表现为管道博弈，欧盟的"南部天然气走廊"方案就是这种管道博弈的典型代表。

第二章论述了"南部天然气管道"的背景、进程及其前景，指出欧盟推出"南部天然气走廊"的动因在于其天然气对外依存度的日益企高，尤其是对进口俄罗斯天然气的过度依赖。为了实施天然气进口多元化的战略，欧盟在进入21世纪之初就筹划了两条从里海—中亚地区通往欧洲的天然气管道，即"南高加索管道"和"纳布科管道"。2008年欧盟正式推出"南部走廊"方案以后，经过一系列的遴选和整合，最后确定由"南高加索管道"、"跨安纳托利亚管道"和"跨亚德里亚海管道"3条管线构成管网系统。不过，该方案是否能够顺利推进，还要取决于气源地和输气量的解决态势以及地缘政治的博弈态势。

第三章论述了里海—中亚国家围绕"南部天然气走廊"所开展的外交博弈，指出里海—中亚国家目前有东西南北4个天然气博弈方向，分别体现了俄罗斯、欧美、中国和伊朗、印度、巴基斯坦的博弈倾向，其中的焦点是北向俄罗斯与西向欧美之间的博弈，"南部天然气走廊"就是这一焦点的表现。尽管里海—中亚5个资源国家均被欧盟列为了"南部走廊"的气源国，但是目前仅有阿塞拜疆一国确定为"南部走廊"供气，而土库曼斯坦、哈萨克斯坦和伊朗虽也有意为"南部走廊"供气，但是却因为里海的法律地位问题而受到扼制，伊朗并且还有核制裁问题的困扰。

第四章论述了欧、美、俄三方对里海—中亚能源的竞争态势以及围绕着"南部走廊"而展开的外交博弈。近十余年里，欧盟通过大力开展与里海—中亚国家的管道外交，不但取得了"南高加索管道"扩建竣工、"跨安纳托利亚管道"和"跨亚得里亚海管道"即将建成的成果，而且还在积极筹划建设"跨里海天然气管道"。俄罗斯则为了保持在里海—中亚天然气管道出口中的主导地位和对欧盟天然气市场的垄断地位，先后推出了"蓝溪管道"、"南溪管道"和"土耳其流管道"等方案，不但在很大程度上对"南部走廊"进行了成功的反制，而且还对欧盟国家达到了分化的效果。美国从全球战略的需要出发，对"南部走廊"鼎力襄助并为此积极开展外交斡旋，希冀借此达到控制里海—中亚地区并压缩俄罗斯战略空间的目的。

第五章在分析中国天然气的供需现状、"南部天然气走廊"给中国带来的挑战和机遇的基础上，提出了中国所应采取的天然气外交战略和对策，指出我国从2007年开始进口天然气之后，对外依存度迅速增高到30%以上。为保障天然气供应安全，我国开展了卓有成效的地缘政治博弈和天然气外交活动，初步形成了西向"中亚—中国天然气管道"、北向"中俄天然气管道"、南向"中缅天然气管道"和海运液化气四大进口通道的多元化战略格局，基本满足了国内快速增长的消费需求。但是，由于里海—中亚地区既是中国西部的安全屏障，也是中国天然气进口的主要来源地，因而如果欧美通过"南部天然气走廊"将势力深入到里海—中亚腹地，将对中国造成地缘政治和天然气来源的双重挑战。不过，"南部走廊"也给中国带来了一些机遇，包括俄罗斯天然气西输欧洲受限会转而向东寻求与中国合作，俄罗斯对"南部走廊"的反制也会减轻中国在中亚国家进口天然气的竞争压力。在这种形势下，中国应该充分利用好当前时机，以优化西向、深化北向、强化南向、柔化海路的战略思路，抓紧完善自己四大天然气进口通道的战略格局，以确保国内天然气的供应安全，为我国建设生态文明和美丽中国而提供坚实的能源保障和支撑。

关键词：里海—中亚；南部天然气走廊；天然气管道；地缘政治博弈；能源外交

Abstract

The Belt and Road Initiative is now being vigorously promoted by China, which has been fitting the increasing period of natural gas as a proportion of the world's primary energy. The Caspian Sea and Central Asia, which is on the Silk Road Economic Belt, is the focus of contention by the view of geopolitics and energy game because of its heartland position and abundant energy. The Southern Gas Corridor in 2008 by the EU, which is to carry the gas of the Caspian and Central Asia to the European countries, causes the competition among the surrounding countries, related countries and the great powers, and also it effects bilateral relations and multilateral relation of the Caspian Sea and Central Asia counties, the European countries, the Middle East and the South Asia countries, the Russia, the US and China. This book discusses the origin and the evolution of the Southern Gas Corridor, explored the diplomatic games among these countries, and then proposes some suggestions of China's energy diplomacy strategy.

The Introduction is mainly about the purpose and significance of the study for the Southern Gas Corridor. The diplomatic games with this gas pipeline of the countries involve nearly all stakeholders of the natural gas all over the world. To make a study of this gas pipeline, could help China to prejudge the development of world energy structure, and also could help China to carry out favorable gas diplomatic measures.

Chapter one discusses the current situation of gas and gas pipeline around the world, and the interplay between geographical distribution of natural gas and the geopolitics. The pipeline transport of natural gas has already become the key way of the world gas trade and the main carrier of the gas geopolitics. Accordingly, the gas diplomatic games mainly center on the gas pipeline diplomatic games, and the Southern Gas Corridor is the typical representative.

Chapter two expounds the background, the development and the perspective of the Southern Gas Corridor. The Southern Corridor is promoted by EU actively, because of EU's increasing dependence on external natural gas, especially on the natural gas of Russia. The EU has made great efforts to realize the diversification imports of natural gas, and started planning two pipelines between the Caspian Sea and Central Asia and Europe from the beginning of 21st century. The two pipelines are South Caucasus Pipeline and Nabucco Gas Pipeline. The Southern Corridor was proposed by EU in 2008, and then it is finally confirmed that the pipeline network concludes three pipelines, which are South Caucasus Pipeline, Trans-Anatolian Gas Pipeline and Trans-Adriatic Pipeline. Whether the Southern Corridor could proceed smoothly, is determined by the gas supply countries, the gas transmission volume and the diplomatic games among the related countries.

Chapter three analyses the diplomatic games among the five Caspian Sea and Central Asia countries including Azerbaijan, Turkmenistan, Kazakhstan, Uzbekistan and Iran. The four preference directions (eastward, westward, northward and southward) of these five countries represent the four different diplomatic games, which embodies the game tendencies of Russia, Europe and the United States, China and Iran, India, and Pakistan. The core of it is with Russia for northward and with the EU and the US for westward. Although these five countries are all listed as the gas supply countries for the Southern Corridor, only Azerbaijan has made sure to be the supply. Turkmenistan, Kazakhstan and Iran would like to be the supply countries, but they are restricted because of the Caspian Sea problem. In addition, Iran is restricted due to the nuclear sanction.

Chapter four analyses the diplomatic games among EU, the US and Russia, and their competition for energy of the Caspian Sea and Central Asia and the Southern Corridor. In recent ten years, EU has made great diplomatic activities with the Caspian Sea and Central Asia countries, has built three pipelines and plans for the Trans-Caspian Pipeline. Russia has proposed the Blue Stream Gas Pipeline, the South Stream Gas Pipeline and the Turkish Stream Gas Pipeline, in order to maintain monopoly of natural gas for European market. The US also gives support for the Southern Corridor in order that it could realize global strategy and limit Russia's influence on the Caspian Sea and Central Asia countries.

Chapter five discusses the current situation of China's natural gas, and the challenges and opportunities of the Southern Gas Corridor for China. The external dependence of China's gas import is growing increasingly from 2008, and now is up to 30%. For gas supply security, China has carried out great diplomatic activities, and now has built four passageways, which is Central Asia-China Gas Pipeline, Sino-Russia Gas Pipeline, Sino-Myanmar Pipeline and Liquefied Gas by sea. The Caspian Sea and Central Asia is the political security area and the main gas import area for China, and thus the Southern Corridor may make challenges for China owing to the influence of the US and EU. Meanwhile, it may make opportunity for China Because Russia may strengthen cooperation with China when its gas export to EU is limited. As a result, China should improve its energy strategy and gas import pipeline structure to ensure China's energy security.

Key Words: the Caspian Sea and Central Asia; the Southern Gas Corridor; Gas Pipeline; Geopolitics Game; Energy Diplomacy

目 录

绪言 ……………………………………………………………………（1）

第一章 天然气和天然气地缘政治 ……………………………（14）
第一节 世界天然气发展的现状与趋势 ………………………（14）
一 人类对天然气的利用和开发 ……………………………（15）
二 世界天然气开发的现状与趋势 …………………………（17）
三 世界天然气的需求趋势和开采前景 ……………………（22）
第二节 世界天然气的地缘格局与管道运输 …………………（28）
一 世界天然气能源的地缘分布 ……………………………（29）
二 国际天然气管道运输 ……………………………………（34）
第三节 天然气及其管道对地缘政治格局的影响 ……………（50）
一 天然气对地缘政治格局的影响 …………………………（51）
二 管道成为天然气地缘政治的主要载体 …………………（54）
三 围绕天然气管道展开的地缘政治博弈 …………………（55）

第二章 "南部天然气走廊"的背景和进程 ……………………（58）
第一节 "南部天然气走廊"的背景和动因 …………………（59）
一 历史背景：欧盟对外能源依存度的日益加剧 …………（59）
二 深层动因：欧盟能源进口多元化的现实选择 …………（65）
第二节 "南部天然气走廊"的酝酿和提出 …………………（69）
一 酝酿阶段（1991—2002）：构建合作框架 ……………（69）
二 提出阶段（2001—2008）：筹划西向管线 ……………（73）
第三节 "南部天然气走廊"的构建和演进 …………………（78）
一 架构阶段（2009—2010）：搭建管网框架 ……………（78）

二　演进阶段（2011—2013）：系统增汰定型 …………（88）
　第四节　"南部天然气走廊"的实施和前景 ……………（101）
　　一　实施阶段（2014—2018）：世纪工程动工开建 ……（102）
　　二　前景展望（2018—　）：取决地缘博弈态势 ………（107）

第三章　"南部走廊"与里海—中亚国家的外交博弈 ………（113）
　第一节　里海—中亚国家天然气及其管道的战略地位 …（113）
　　一　里海—中亚五国的天然气资源现状 ………………（115）
　　二　里海—中亚五国的天然气管道现状 ………………（117）
　　三　里海—中亚五国地缘政治博弈的特点和焦点 ……（122）
　第二节　阿塞拜疆的博弈趋向 ………………………………（125）
　　一　阿塞拜疆的能源概况和地缘政治地位 ……………（125）
　　二　阿塞拜疆的能源博弈策略 …………………………（128）
　　三　阿塞拜疆确定成为"南部走廊"供气国 …………（129）
　第三节　土库曼斯坦的博弈趋向 …………………………（133）
　　一　土库曼斯坦的天然气及其管道现状 ………………（133）
　　二　土库曼斯坦的中立外交和能源博弈策略 …………（136）
　　三　土库曼斯坦对"南部走廊"的博弈态势 …………（138）
　第四节　哈萨克斯坦的博弈趋向 …………………………（142）
　　一　哈萨克斯坦的油气资源现状 ………………………（142）
　　二　哈萨克斯坦的外交战略和能源外交政策 …………（144）
　　三　哈萨克斯坦对"南部走廊"的博弈态势 …………（148）
　第五节　乌兹别克斯坦的博弈趋向 ………………………（152）
　　一　乌兹别克斯坦的能源现状和外交战略 ……………（152）
　　二　乌兹别克斯坦天然气管道现状及博弈态势 ………（156）
　第六节　伊朗的博弈趋向 …………………………………（158）
　　一　伊朗的油气资源现状和地缘政治地位 ……………（159）
　　二　伊朗的里海能源地缘战略 …………………………（165）
　　三　伊朗围绕"南部走廊"的天然气管道外交 ………（170）

第四章　"南部走廊"与欧俄美的外交博弈 ………………（174）
　第一节　欧盟对"南部走廊"的推动 ……………………（175）

一　欧盟的里海——中亚能源战略 …………………………（175）
　　　二　欧盟对"南部走廊"的积极推动 …………………………（183）
　　　三　欧盟天然气管道外交博弈中的制约因素………………（189）
　第二节　美国对"南部走廊"的支持 ………………………………（197）
　　　一　美国支持"南部走廊"的原因和目的 …………………（197）
　　　二　美国能源外交新变化及其对"南部走廊"的影响 …（204）
　　　三　美国为促进"南部走廊"所开展的能源外交活动 …（208）
　第三节　俄罗斯对"南部走廊"的反制 …………………………（215）
　　　一　俄罗斯在里海——中亚地区的能源外交战略…………（215）
　　　二　俄罗斯在里海——中亚地区的能源外交博弈…………（223）
　　　三　俄罗斯在里海——中亚地区的天然气管道博弈………（230）

第五章　"南部走廊"与中国天然气外交的战略选择 ………（239）
　第一节　全球天然气格局中的中国………………………………（240）
　　　一　中国天然气发展的现状…………………………………（240）
　　　二　中国天然气发展面临的新形势…………………………（246）
　　　三　中国天然气发展面临的新环境…………………………（248）
　第二节　"南部走廊"给中国天然气外交造成的挑战和
　　　　　机遇 ……………………………………………………（254）
　　　一　"南部走廊"给中国天然气外交造成的挑战…………（254）
　　　二　"南部走廊"给中国天然气外交带来的机遇…………（261）
　第三节　中国应对"南部走廊"的天然气管道外交对策 ………（271）
　　　一　优化西向：保障中亚天然气管道稳定运营……………（271）
　　　二　深化北向：推进中俄东西天然气管线建设……………（284）
　　　三　强化南向：促进中缅天然气管道满载输送……………（296）
　　　四　柔化海路：灵活调整液化气海上进口来源……………（305）

参考文献 …………………………………………………………（316）

索引 ………………………………………………………………（352）

Contents

Introduction ·· (1)

Chapter 1　Natural Gas and Gas Geopolitics ···························· (14)
   Section 1　Situation and Tendency of World Gas
   Development ··· (14)
      I. History of Gas Utilization and Development ···················· (15)
      II. Present Situation and Tendency of Gas Development ·········· (17)
      III. Demand Trend and Exploitation Prospect of Natural Gas ··· (22)
   Section 2　Regional Pattern and Pipeline Transport of
   Natural Gas ·· (28)
      I. Geographic Distribution of Natural Gas ··························· (29)
      II. International Pipeline Transport of Natural Gas ················ (34)
   Section 3　Effects of Natural Gas and Pipeline for
   Geopolitics ··· (50)
      I. Geopolitical Impact of Natural Gas ································· (51)
      II. Pipeline as the Main Carrier of Natural Gas Geopolitics ······ (54)
      III. Geopolitical Game around Natural Gas Pipeline ··············· (55)

Chapter 2　Background and Process of the Southern
   Gas Corridor ·· (58)
   Section 1　Background and Reasons of the Southern
   Gas Corridor ··· (59)
      I. The Growing External Energy Dependence of EU ············· (59)
      II. A realistic choice for Energy Import Diversification
        of EU ·· (65)

Section 2　Preparation and Proposition of the Southern
　　　　　Gas Corridor ……………………………………… (69)
　　Ⅰ. Building Cooperation Framework (1991 – 2002) ………… (69)
　　Ⅱ. Planning Westward Gas Pipelines (2001 – 2008) ………… (73)
Section 3　Determination and Evolution of the Southern
　　　　　Gas Corridor ……………………………………… (78)
　　Ⅰ. Building the Pipeline Network Framework (2009 – 2010) … (78)
　　Ⅱ. Confirming the Pipeline Network System (2011 – 2013) … (88)
Section 4　Implementation and Prospect of the Southern
　　　　　Gas Corridor ……………………………………… (101)
　　Ⅰ. Construction Process of the Project (2014 – 2018) ……… (102)
　　Ⅱ. Prospect Analysis of the Project (2018 –　) …………… (107)

Chapter 3　Diplomatic Game of the Caspian Sea-Central Asia Countries around the Southern Corridor …………… (113)

Section 1　Strategic Status of the Caspian Sea-Central
　　　　　Asia Countries in the Gas Field ………………… (113)
　　Ⅰ. Gas Situation of the Five Caspian Sea-Central Asia
　　　 Countries ……………………………………………… (115)
　　Ⅱ. Gas Pipeline Situation of the Five Caspian Sea-Central
　　　 Asia Countries ………………………………………… (117)
　　Ⅲ. Geopolitical Characteristics and Focus of the Five
　　　 Caspian Sea-Central Asia Countries ………………… (122)
Section 2　Azerbaijan's Tendency of Geopolitical Game …… (125)
　　Ⅰ. Energy and Geopolitical Status of Azerbaijan …………… (125)
　　Ⅱ. Energy Game Strategy of Azerbaijan ……………………… (128)
　　Ⅲ. Azerbaijan as the Supplier to the Southern Corridor ……… (129)
Section 3　Turkmenistan's Tendency of Geopolitical
　　　　　Game ……………………………………………… (133)
　　Ⅰ. Natural Gas and Gas Pipelines of Turkmenistan ………… (133)
　　Ⅱ. Energy Game Strategy of Turkmenistan ………………… (136)
　　Ⅲ. Turkmenistan's Game Situation around the Southern
　　　 Corridor ……………………………………………… (138)

Section 4　Kazakhstan's Tendency of Geopolitical Game ··· (142)
 Ⅰ. Oil and Gas of Kazakhstan ·············· (142)
 Ⅱ. Energy Diplomatic Policy of Kazakhstan ·············· (144)
 Ⅲ. Kazakhstan's Game Situation around the Southern
  Corridor ·············· (148)
Section 5　Uzbekistan's Tendency of Geopolitical Game ······ (152)
 Ⅰ. Energy and Diplomatic Strategy of Uzbekistan ·············· (152)
 Ⅱ. Gas Pipeline and Game Situation of Uzbekistan ·············· (156)
Section 6　Iran's Tendency of Geopolitical Game ·············· (158)
 Ⅰ. Energy and Geopolitical Status of Iran ·············· (159)
 Ⅱ. Iranian Energy Geopolitical Strategy in the Caspian
  Sea ·············· (165)
 Ⅲ. Iranian Diplomatic Game around the Southern Corridor ··· (170)

Chapter 4　Diplomatic Game of EU, Russia and the US around the Southern Corridor ·············· (174)

Section 1　EU's Promotion for the Southern Corridor ·········· (175)
 Ⅰ. EU's Energy Strategy in the Caspian Sea-Central Asia
  Region ·············· (175)
 Ⅱ. EU's Positive Contribution to the Southern Corridor ·········· (183)
 Ⅲ. EU's Restrictions in the Diplomatic Game of Gas
  Pipeline ·············· (189)
Section 2　The US's Support for the Southern Corridor ······ (197)
 Ⅰ. Reasons and Purposes of the US to Support the
  Southern Corridor ·············· (197)
 Ⅱ. Energy Diplomacy of the US and Its Effects on the
  Southern Corridor ·············· (204)
 Ⅲ. Energy Diplomatic Activities of the US for the
  Southern Corridor ·············· (208)
Section 3　Russia's Counterattack to the Southern
 Corridor ·············· (215)
 Ⅰ. Russia's Energy Diplomatic Strategy in the Caspian and
  Central Asian ·············· (215)

Ⅱ. Russia's Energy Diplomatic Game in the Caspian and Central Asia ……………………………………………………（223）
　　Ⅲ. Russia's Gas Pipeline Game in the Caspian Sea-Central Asia Region ……………………………………………………（230）

Chapter 5　The Southern Corridor and China's Gas Diplomatic Strategy ……………………………………………………（239）
　Section 1　China's Status in the Global Gas Pattern …………（240）
　　Ⅰ. Current Situation of China's Gas Development …………（240）
　　Ⅱ. New Circumstance of China's Gas Development …………（246）
　　Ⅲ. New Environment of China's Gas Development …………（248）
　Section 2　Challenges and Opportunities for China's Gas Diplomacy in the Background of the Southern Corridor …（254）
　　Ⅰ. Challenges to China's Gas Diplomacy under the Southern Corridor ……………………………………………（254）
　　Ⅱ. Opportunities for China's Gas Diplomacy from the Southern Corridor ……………………………………………（261）
　Section 3　China's Diplomatic Strategy to Deal with the Southern Corridor …………………………………………（271）
　　Ⅰ. Optimizing West Pipelines: Ensure the Stable Operation of Central Asia-China Gas Pipelines ………………………（271）
　　Ⅱ. Deepen North Pipelines: Promote the Construction of Russia-China Gas Pipelines ……………………………………（284）
　　Ⅲ. Strengthen the South Pipelines: Strive for Full-load of China-Myanmar Natural Gas Pipeline …………………………（296）
　　Ⅳ. Soften the Sea Transport: Adjust the Imports of Liquefied Gas Flexibly …………………………………………………（305）

Reference ……………………………………………………………（316）

Indexes ……………………………………………………………（352）

绪　言

一　选题的目的和意义

本书的写作目的在于全面描述欧盟"南部天然气走廊"（the Southern Gas Corridor）的由来，分析该管道方案的未来发展前景，揭示有关各国之间围绕着该方案所展开的外交博弈，在此基础上提出中国所应采取的外交策略，以此为中国的能源外交和国家安全提供理论上的参考和依据。

"南部天然气走廊"是欧盟委员会在2008年11月13日通过的《欧盟能源安全与合作行动计划》中的大型输气管道网络项目，迄今已十多年了。该方案最初计划包括1条已建成的南高加索管道（the South Caucasus Pipeline）和5条拟建管道即纳布科管道（Nabucco Pipeline）、跨亚得里亚海管道（the Trans-Adriatic Pipeline）、跨安纳托利亚管道（the Trans-Anatolian Pipeline）、"白溪管道"（White Stream）和土耳其—希腊—意大利管道（ITGI）。[①] 后经几番演化之后，正式确定其网络系统中包括：（1）阿塞拜疆的"沙赫—丹尼兹"一期和二期凝析气田（The Shah Deniz gas-condensate field Stage 1 & Stage 2）；（2）从阿塞拜疆经格鲁吉亚到土耳其的"南高加索天然气管道"（SCP）以及"南高加索天然气管道扩建项目"（SCPx）；（3）从土耳其通往希腊的"跨安纳托利亚天然气管道"（TANAP）；（4）"跨亚得里亚海天然气管道"（TAP）。（见下图）

自进入21世纪以来，欧盟就把天然气列为重点开发的战略能源。按照欧盟的规划，天然气在整个能源消费的比重要从2000年的近40%提高到2030年的60%。然而，欧盟本身却是天然气资源匮乏的地区，其气源长期以来一直高度依赖俄罗斯。在"南部天然气走廊"方案出台的2008年，

[①] 王海霞：《欧盟南方天然气走廊不好"走"》，《中国能源报》2012年11月26日第8版。

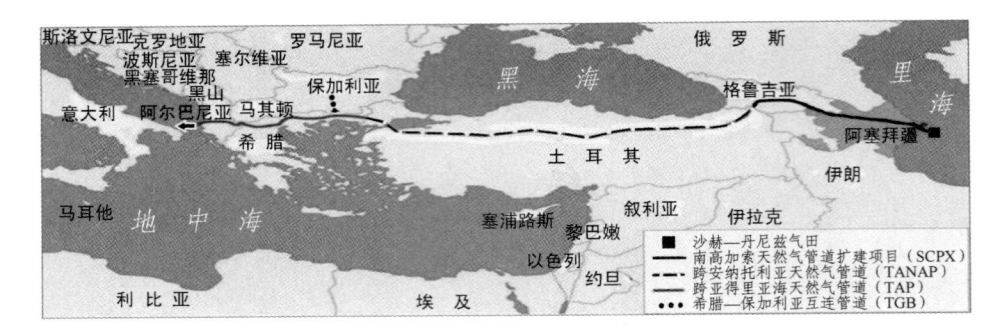

图 1　南部天然气走廊设计图

"南部天然气走廊"由 4 个项目组成：

（1）"沙赫—丹尼兹凝析气田"一期（SD1）和二期（SD2）。

（2）经过阿塞拜疆和格鲁吉亚到达土耳其的"南高加索天然气管道"（SCP）和"南高加索天然气管道扩建项目"（SCPX）。

（3）经过土耳其到达希腊的在建"跨安纳托利亚管道"（TANAP）。

（4）经过希腊、阿尔巴尼亚和亚得里亚海到达意大利南部的在建"跨亚得里亚海管道"（TAP）。

图片来源：https：//en. wikipedia. org/wiki/Southern_ Gas_ Corridor。

欧盟 27 国的天然气依存度达到了 62.3%。其中，仅从俄罗斯一国进口的天然气就占了其进口总量的 31.5%。[1] 这种进口依存度过高的危机，终于随着 2006 年和 2009 年的两次"俄乌斗气"和"欧洲断气"而爆发出来。由于"欧盟从俄罗斯进口的天然气 80% 经乌克兰输送，近年来，俄罗斯与乌克兰的输气管道过境费之争导致输往欧盟的输气管道两次被切断，使欧盟饱受'断气'之苦"。[2] 对于这种局面，欧盟委员会主席巴罗佐在 2008 年 11 月 13 日《欧盟能源安全和合作行动计划》通过后的新闻发布会上表示："欧盟在能源上过分依赖进口，我们必须对此保持警觉。"[3] 在这种背景下，另辟蹊径建设新的绕过俄罗斯的天然气管道，就成为欧盟国家的现实需要。

实际上，早在 2002 年 2 月，奥地利油气集团就发起了修建一条"纳

---

[1]　European Commission：Europe in figures-Eurostat yearbook 2011：Energy，http：//epp. eurostat. ec. europa. eu/cache/ITY_ OFFPUB/CH_ 12_ 2011/EN/CH_ 12_ 2011-EN. PDF.

[2]　杨晓静、徐珊珊：《"南部走廊"能否重绘欧盟能源版图》，《中国石化报》2009 年 6 月 4 日第 5 版。

[3]　周馨怡：《欧俄"天然气政治"峰回路转》，《21 世纪经济报道》2008 年 11 月 19 日第 4 版。

布科天然气管道"的倡议，很快就得到了欧盟的大力支持。"纳布科天然气管道项目由欧盟投资，全长约 3300 公里，目的是将里海地区的天然气经土耳其、保加利亚、罗马尼亚和匈牙利输送至奥地利后再输往欧盟。"①由于有这个基础，所以，"与相关国家经过多年谈判后，欧盟 2008 年提出建设一个以纳布科天然气管道为主的'南部走廊'输气管道网络"。②

在当代世界，天然气作为和石油具有同等地位的战略能源，已经成为国家核心利益的象征。因而，自"南方天然气走廊"提出之后，相关国家之间便围绕着这一项目展开了一场激烈而又旷日持久的能源地缘政治博弈。

首先展开博弈的是欧盟和俄罗斯。欧盟出台"南部天然气走廊"方案，其用意除了要打破俄罗斯对欧洲天然气出口的垄断地位之外，更重要的是担心自己对俄罗斯的能源依赖有朝一日会发展成政治依赖，从而影响欧盟的地缘政治安全。而通过"南部天然气走廊"的修建，实现与里海—中亚地区的能源合作，就不但有了一条不依赖于俄罗斯的输气管道，而且还能够达到与里海—中亚国家进行商品、投资、信息与人员双向交流的目的，由此来扩展西方价值理念，进而扩大欧盟对里海—中亚地区的地缘政治影响，最终达到政治改造俄罗斯周边弧形地带，打造"一个欧洲控制下的独联体"的目的。而俄罗斯为了对抗"南部天然气走廊"，也在计划开始修建绕开乌克兰通往欧洲的天然气管道。为比，先后推出了"南溪天然气管道"（the South Stream Pipeline）和"土耳其流管道"（the Turkish Stream）两个管线方案。俄罗斯的政治用意也非常明显，那就是要保持俄罗斯对欧盟天然气市场的垄断地位，巩固在中亚天然气出口中的主导地位，用这种能源优势来保持俄罗斯在中亚的地缘政治影响，使里海、高加索国家继续成为它的战略缓冲地带，确保国家的安全。

随之展开博弈的是供气国。"南部天然气走廊"最初考虑的天然气供应国是阿塞拜疆和土库曼斯坦，后来又扩大到伊朗和伊拉克，4 国在能源外交中的地位凸显，均以气源为筹码而展开政治博弈。其中，阿塞拜疆运用的是平衡外交策略，既想把"南部天然气走廊"作为新的天然气出口渠道，以此在经济上扩大收入来源，在政治上努力增进与欧盟的关系；同时

---

① 杨晓静、徐珊珊：《"南部走廊"能否重绘欧盟能源版图》，《中国石化报》2009 年 6 月 4 日第 5 版。

② 同上。

也不拒绝"南溪管道"项目，以此来保持与俄罗斯的传统联系。土库曼斯坦则希冀借助"南部天然气走廊"项目来摆脱长期以来天然气出口几乎全部经由俄罗斯管道的被动局面，力求实现出口管道的多元化，达到独立掌握天然气运输的目的，但同时也在努力保持同俄罗斯的传统合作关系。伊朗是世界第二大天然气供应国，同时还可以作为土库曼斯坦天然气绕过俄罗斯进入欧洲的过境国，因而它不但希望谋取更大的出口市场，而且还想附加能源安全问题特别是核能源问题，这就给正在与美国一起以铀浓缩问题为由制裁伊朗的欧盟各国出了一个政治上的难题：如果以取消核制裁来换取气源地的话，欧盟与美国的关系受到损害则是必然的。

同样卷入这场博弈的还有管道的过境国。其中，土耳其是主要的过境国，因而土耳其对该"南部天然气走廊"方案表现出了一种积极的姿态，并且还想要在政治上把实施该项目与加入欧盟挂起钩来，以此作为加入欧盟的敲门砖，同时又能与俄罗斯加强能源合作，借地理位置优势周旋于欧俄之间。东欧的保加利亚、匈牙利作为两个重要的过境国，既与"南部天然气走廊"之一的"纳布科计划"签署了政府间协议，也与俄罗斯的"南溪管道"项目签署了政府间协议。他们的用意也非常明显，那就是要在两者之间待价而沽，最大化地争取本国利益（"合理的过境费"），在政治上体现的外交倾向则是既要进一步发展同欧美等西方发达国家的关系，同时也能保持与独联体国家的传统合作关系。

美国作为超级大国自然也要在这场能源博弈中施加影响。欧盟与俄罗斯围绕"南部天然气走廊"和"南溪管道"（后期"土耳其流管道"）所展开的能源博弈，其深层次的政治背景则是以美国为首的西方势力对利用能源日益崛起的俄罗斯的扼制。因此，美国从一开始就成为"南部天然气走廊"的积极推动者，欲借此进一步巩固与欧盟的伙伴关系，在政治上获得欧盟对其全球战略的进一步支持，在经济上进一步控制整个欧亚能源，同时通过拉拢阿塞拜疆等高加索国家，进一步实现北约东扩，遏制俄罗斯和中国在中亚地区的影响。然而美欧之间在是否以伊朗作为"南部天然气走廊"气源地的问题上也存在着分歧，这种分歧的走向也很可能会影响双方的关系。

"南部天然气走廊"方案也会影响到中国。中国与哈萨克斯坦、土库曼斯坦等中亚国家早已通过"中亚—中国天然气管道"的建设，开展了较为深入的天然气合作。如果"南部天然气走廊"的管道修建成功，则势必会形成中国与欧洲在中亚天然气资源问题上的竞争关系，从而不但在经济上（气源和天然气价格）对中国产生不利影响，而且还会在政治上失去中亚这一重要的西部安全屏障。

围绕"南部天然气走廊"方案而展开博弈的还有亚美尼亚、乌克兰、埃及、卡塔尔、伊拉克、阿富汗、印度、巴基斯坦等众多国家。可以说，该项目几乎就是当代国际关系和全球能源博弈的一个缩影。因而，由考察"南部天然气走廊"的博弈态势入手，进而全景式论述全球天然气管道外交的现状和发展趋势，并据此提出中国所应采取的外交战略对策，就成了一个既有现实意义又有理论意义的课题。

具体来说，现实意义有以下三个：

其一，中国自改革开放以来经济上获得了长足的发展，但与此同时中国对能源的需求也在快速增长。中国不仅进口石油已占消费总量的一半以上，而且天然气的对外依存度在快速地攀升。我国从 2006 年开始进口天然气，到 2010 年对外依存度就达到了 15.8%。[1] 2013 年首次突破 30%，达到 31.6%。[2] 有关方面早在 2012 年就预测，到 2020 年，中国将由当时的石油进口世界第二（次居美国之后）、天然气进口世界第四（在日本、美国、德国之后），双双跃居到世界第一。[3] 这一预测提前在 2018 年成为现实。中国石油集团经济技术研究院在 2019 年 1 月发布的《2018 年国内外油气行业发展报告》中指出："中国油气对外依存度持续快速攀升"，"继 2017 年成为全球最大原油进口国之后，2018 年，又超越日本成为世界最大的天然气进口国"，"石油对外依存度升至 69.8%"，"天然气对外依存度升至 45.3"。[4] 其中天然气的这种对外依存度还会一直持续下去，例如 2019 年 1 月《BP 世界能源展望》（BP Energy Outlook 2019）预测，到 2040 年，尽管中国国内天然气产量大幅提升，但由于需求增长大于供应增长，因而天然气进口依存度依然高达 43%。[5]

---

[1] 《国家发展改革委关于印发天然气发展"十二五"规划的通知》，http://www.gov.cn/zwgk/2012-12/03/content_ 2280785. htm。
[2] 天工：《我国天然气对外依存度首次突破30%》，《天然气工业》2014 年第 2 期，第 70 页。
[3] 张抗：《未雨绸缪——积极迎接中国油气进口新局面》，《经济》2012 年第 9 期，第 68 页。
[4] 刘朝全、姜学峰主编：《2018 年国内外油气行业发展报告》，石油工业出版社 2019 年版，第 2 页。
[5] https://www.bp.com/content/dam/bp/business-sites/en/global/corporate/pdfs/energy-economics/energy-outlook/bp-energy-outlook-2019.pdf。

伴随着中国油气对外依赖程度的不断升高，中国的能源安全形势变得越来越严峻，潜在的风险也会越来越大。在这种形势下，如何在日益激烈的能源竞争中未雨绸缪，纵横捭阖地施展外交博弈手段来保障国家的根本利益，就具有了非常现实的意义。欧盟实施"南部天然气走廊"方案，可以说既对中国造成了严峻的挑战（在中亚气源上欧盟与中国会形成竞争关系），但同时也为中国带来机遇（如果俄气西输受限则会加大与中国的合作关系）。因此，深入开展对"南部天然气走廊"方案的研究，洞悉该项目的来龙去脉及其对中国所产生的利弊影响，进而采取趋利避害的对策和措施，为中国的能源安全创造一个有利的国际环境，就具有了非常迫切的必要性。

其二，"南部天然气走廊"方案推动着欧—俄—中亚、俄—中亚—美—中、俄—美—中亚—伊朗等复杂的三边和多边关系的转变和演化，其涉及的国家之多，引起的连锁反应之广，在当代国际生活中是罕见的。特别是各国围绕"南部天然气走廊"所表现出来的政治角力，即以政治和外交为手段来追求和保障国家的经济利益，又以国家经济利益的开拓来进一步构建有利于己的地缘政治框架，这实际上体现了当代国际关系的一种新的博弈特点。因此，对于"南部天然气走廊"的研究就大大超出了经济领域的范畴，成为当代国际关系的一个具有典型代表意义的案例。解剖这个麻雀，可以进一步认清当代国际关系体系的现状及其运行规律，以及各个国际行为体之间的相互关系和作用，这有助于准确认知、预判和把握未来世界格局的发展变化，因势利导地营造有利于中国国家利益和国家安全的国际环境。

其三，党的十九大提出了建设美丽中国的战略任务。为此，我国正在大力推动用天然气等清洁能源取代煤炭等污染能源。在我国天然气供需缺口较大的情况下，大量进口境外天然气成为必然选择。如何通过国家活动，在复杂激烈的国际竞争中处理好同天然气进口国以及各个博弈方的关系，推进我国天然气进口渠道多元化以满足国内不断增长的天然气需求，已经成为我国外交实践的重要内容。本书关于全球天然气管道博弈形势以及各国博弈态势的分析，对于我国通过外交活动来提高在全球天然气格局中的博弈能力，采取有效措施化解天然气进口风险和保障天然气供应安全，也具有实践上的借鉴意义。

由"南部天然气走廊"的研究入手来论述全球天然气管道外交博弈，

也具有理论意义：

其一，就当代西方的国际关系理论来说，其研究领域已超越了现实主义的单一政治观而扩展到了自由主义的多样观，研究主题不仅限于政治、军事与安全等政治领域，也广泛涉及经济、社会、环境等领域以及各个领域之间的联系。实际上，马克思主义的国际关系理论从来都是强调从经济领域去寻找国际关系矛盾性的根源，认为"各民族之间的相互关系取决于每一个民族的生产力、分工和内部交往的发展程度"。[①] 对"南部走廊"各个博弈方之间的竞合关系进行研究，正是体现了这样一种经济和政治相结合的方法。通过这一研究，从中归纳出某些规律性的东西，有助于丰富对当代国际关系理论的认识。

其二，在当代世界，地缘政治学明显呈现出了两个趋势，一个是向地缘经济学的拓展，一个是与能源博弈理论的结合，而有关国家围绕"南部天然气走廊"方案的博弈正是这两种趋势的集中反映。常识告诉我们，石油、天然气作为一次能源的最大特点是它的地域性，这个特点决定了它与地缘政治的不可分割，如剑桥能源研究协会董事长丹尼尔·耶金（Daniel Yergin）所说的："石油与地缘政治之间的密切关系，是其他任何原材料都无法企及的。"[②] 因此，围绕着油气资源所展开的博弈，也就必然表现为以地缘政治为舞台的博弈。伴随着波斯湾为中心的中东地区油气供应地位的相对下降和里海—中亚地区油气供应地位的上升，里海—中亚地区已经成为当代国际油气地缘政治的焦点。这种能源格局的变化也必然会引起地缘政治格局的重大变化。因此，对天然气地缘政治及其外交博弈的论述，也就有助于推动地缘政治学的研究和对博弈论的认识。

其三，当前，"一带一路"建设已成为"中国特色大国外交思想"的重要组成部分。里海—中亚地区是"一带一路"建设的重点地区，近年来已经成为国内国际关系学科的一个研究热点。不过，尽管目前已经有不少"一带一路"与里海—中亚地区能源合作的研究成果，但是从天然气管道外交视角的研究还鲜有所见。将"一带一路"沿线的"中亚—中国天然气管道"置于全球天然气管道外交的视域中进行深入研究，这也有助于推进"中国特色大国外交思想"的研究。

---

① 《马克思恩格斯选集》第1卷，人民出版社2012年版，第147页。
② ［法］菲利普·赛比耶—洛佩兹：《石油地缘政治》，潘革平译，社会科学文献出版社2008年版，第1页。

二 国内外研究现状和文献综述

进入21世纪以来，天然气及其管道在各国国家安全中的战略地位日益凸显，使天然气及其管道政治新兴成为政治学科里的一个研究领域，天然气及其管道外交博弈也作为一个重要课题而进入了人们的研究视野。在近十多年来，国内外与天然气及其管道外交博弈相关的研究成果可以分为以下三个方面：

其一，在有关能源外交的论著中包含着"天然气外交"的内容，但大都与石油混同在一起加以论述，缺少单独研究天然气及其管道外交的专著或者专题。由于天然气和石油、煤炭并列为世界三大一次能源，因此一般只要一提到"能源"，主要就是指这三大一次能源。在当代世界，随着煤炭作用和地位的逐渐下降，石油和天然气正在承担着最重要的能源使命和扮演着最重要的能源角色，因而学者们在论述"能源外交"时，主要指的就是"油气外交"。如曹英伟著《21世纪能源外交战略研究》一书说："目前，能源外交主要涉及石油和天然气领域。"[1] 郑羽、庞昌伟著《俄罗斯能源外交与中俄油气合作》一书说："本书的能源外交中'能源'一词，为了行文上的方便专指石油和天然气。这一方面是由于沿用了俄罗斯学术界的习惯用法，另外也还根据目前国际能源市场上油气贸易所占的突出比重。"[2] 钱学文等著《中东、里海油气与中国能源安全战略》一书也指出："在全球化背景下，世界经济和国际政治的互动关系越来越强。经济的发展和竞争越来越多地渗透到政治冲突中，政治冲突则反过来进一步推动经济竞争。在这一互动关系中，石油和天然气占有极其重要而独特的地位，能否确保油气供给，意味着能否维护国家的经济安全。"[3] 王海运在《国际能源关系与中国能源外交》一书中，认为"能源外交"的产生就在于"进入21世纪，随着化石能源日益短缺，石油、天然气价格节节攀升，国际能源竞争趋于激烈，国际能源活动的外交特性日渐凸显"。[4] 王海运、许勤华著的《能源外交概论》一书，又具体将"油气管道政治博弈"列入

---

[1] 曹英伟：《21世纪能源外交战略研究》，哈尔滨地图出版社2007年版，第2页。
[2] 郑羽、庞昌伟：《俄罗斯能源外交与中俄油气合作》，世界知识出版社2003年版，第1页。
[3] 钱学文等：《中东、里海油气与中国能源安全战略》，时事出版社2007年版，第1页。
[4] 王海运：《国际能源关系与中国能源外交》，上海大学出版社2015年版，第14页。

绪 言

能源外交的范畴之内:"能源外交的范畴包括政府间的能源对话和能源治理、政府主导的能源企业间合作、国家间能源博弈、油气管道政治博弈等。"[①] 在近十多年来国内外出版的有关论著中,研究者们也都是将"油气外交"作为"能源外交"的首要内涵来理解和使用的,国外的如日兹宁著《国际能源:政治与外交》(强晓云等译,华东师范大学出版社 2005 年出版)、理查德·扬斯著《能源安全:欧洲外交新挑战》(蔡国田译,中国环境科学出版社 2011 年出版);国内的如薛力著《中国能源外交与国际能源合作 1949—2009》(中国社会科学出版社 2011 年出版),崔守军著《能源大外交:中国崛起的战略支轴》(石油工业出版社 2012 年出版),赵庆寺著《国际合作与中国能源外交:理论、机制与路径》(法律出版社 2012 年出版),于春苓著《俄罗斯能源外交政策研究》(中国社会科学出版社 2012 年出版),罗英杰著《国际能源安全与能源外交》(时事出版社 2013 年出版),史春阳著《俄罗斯能源外交与中俄能源合作》(辽宁大学出版社 2014 年出版),国际政治学术文丛《世界能源战略与能源外交》各卷(总论、亚洲卷、中东卷、欧洲卷、非洲卷、美洲卷、中国卷,知识产权出版社 2011 年出版)等,大都是如此。

除了学术著作之外,还有一些研究具体地区和国家"能源外交"的学术论文,例如杨诗源、杨兴礼《新世纪伊朗能源外交浅析》(《西亚非洲》2006 年第 7 期),扈大威《欧盟的能源安全与共同能源外交》(《国际论坛》2008 年第 2 期),李宁《试论哈萨克斯坦的能源外交》(《西伯利亚研究》2009 年第 1 期),刘建生、崔洪建《欧盟在中亚—里海地区的能源外交与中欧合作》(《国际问题研究》2010 年第 4 期),尹晓亮《日本能源外交与能源安全评析》(《外交评论》2012 年第 6 期),张帅、任欣霖《印度能源外交的现状与特点》(《国际石油经济》2018 年第 3 期),范斯聪《2008 年以来韩国能源外交的评析与展望》(《当代韩国》2019 年第 1 期),张宇炎《21 世纪中非能源外交:进展、路径及挑战》(《中国市场》2019 年第 6 期)等。

上述学术著作和学术论文虽然都把"油气外交"涵盖在了"能源外交"的范畴之内,乃至在很大程度上把"油气外交"与"能源外交"当作了同义语来使用,由此,天然气及其管道外交也就顺理成章地成为"能

[①] 王海运、许勤华:《能源外交概论》,社会科学文献出版社 2012 年版,第 47 页。

源外交"内涵的重要组成部分,但是,却并没有天然气及其管道外交的专著,在有关能源外交的著作和论文中也都没有天然气及其管道外交的专题论述。

其二,在有关国家间天然气合作与竞争的论文中有一些天然气外交的专题,但大都是经济贸易领域里的成果,属于国际关系视角的研究还非常薄弱。由于近十多年来天然气战略地位的上升,国内有些学者开始尝试着将"天然气外交"作为"能源外交"中的一个相对独立分支开展研究。例如成键辛《俄罗斯天然气外交浅析》(《俄罗斯研究》2006年第1期)、李东《不断强化的俄罗斯对欧洲天然气外交》(《国际石油经济》2008年第3期)、尚月《俄罗斯:活跃的"天然气外交"背后》(《国际石油经济》2011第10期)、石泽《天然气,撬动大国关系新杠杆》(《人民日报》2013年12月9日第23版)、陈卫东《俄罗斯"天然气外交"的中国警示》(《能源》2014年第1期)、龚猎夫、武魏楠《土库曼斯坦的天然气外交》(《能源》2014年第9期)、关健斌《俄罗斯对欧"天然气外交"要换打法》(《世界知识》2015年第16期)、李冉《"一带一路"视域下的中国天然气外交战略》[《西北师范大学学报》(社会科学版)2018年第5期]、张帅《德国天然气外交的现状与前景》(《国际石油经济》2018年第11期)等。

纵观这些研究成果,可以看出存在着两个不足:一个是数量还少;一个是内容还不够深入。从学科归属上来说,"天然气外交"应属于国际关系领域,然而上述论文却大部分都是能源工业和经济贸易领域里的研究成果,只有少数几篇属于国际关系领域。这种情况,一方面反映出"天然气外交"还没有真正成为一个相对独立的分支,研究还比较薄弱;一方面也说明研究还处于刚刚起步的阶段,从国际关系的视角展开研究还有很大的空间。

其三,在有关跨国天然气管道建设的论文中有一些管道外交博弈的论述,但却大都是围绕着具体管道而展开的,系统论述全球天然气管道博弈的论著还罕有所见。由于天然气资源具有禀赋的地缘分布不平衡特点,因此国家间的天然气贸易必然带有浓厚的地缘政治色彩,其中跨国管道形式的天然气贸易也就成为政府间外交实践的重要内容,并由此而引发了学者们开始将研究的目光投向管道外交。美国宾夕法尼亚印第安纳大学中东研究中心主任 Gawdat Bahgat 是较早研究天然气管道外交的学者之一,他在

2002年发表的《管道外交：里海地区的地缘政治》中指出，管道外交之所以重要，就在于"建造一条管道将为过境国提供若干财政和政治利益，……因此，管道线路的选择和建设过程十分复杂，需要与各方进行微妙的谈判"，例如"从里海选择出口路线的过程是复杂的，涉及若干政治和经济考虑"。[①] 在国内，近年来也涌现出一些研究天然气管道外交的论文，其中包括：

第一，研究里海—中亚至欧洲输气管道博弈的文章有：徐宁《独特的管道政治——里海能源输出管道之争（上、下）》（《国际展望》1999年第17、18期），庞昌伟《里海油气管道地缘政治经济博弈态势分析》（《俄罗斯研究》2006年第2期），张从容《里海油气资源与输出管道之争》（《当代石油石化》2012年第9期），毕洪业《俄罗斯与美欧在阿塞拜疆油气管线上的争夺及前景》（《国际石油经济》2014年第1—2期），冯玉军《纳布科管道：从构想走向现实》（《国际石油经济》2009年第8期），庞昌伟、张萌《纳布科天然气管道与欧俄能源博弈》（《世界经济与政治》2010年第3期），庞昌伟、柏锁柱《"纳布科"项目与美欧俄及里海新兴资源国能源博弈》（《国际展望》2010年第2期），徐晓天、叶天乐《满载恩怨的纳布科管道》（《世界知识》2011年第8期），耶斯尔《纳布科管道——问题与前景》（《新疆社会科学》2012年第6期），潘楠《欧盟南部天然气走廊计划及其影响》（《国际石油经济》2016年第9期），郭峰《欧盟南部天然气走廊计划前景难料》（《中国石化报》2016年12月30日第8版）等。

第二，研究俄罗斯至欧洲输气管道博弈的文章有：程春华《俄罗斯与欧洲天然气管道合作概况》（《俄罗斯中亚东欧市场》2006年第3期），罗英杰、李沛怡《"南流"PK"纳布科"：俄欧能源博弈无穷期》（《世界知识》2011年第18期），程春华《俄欧南溪管道项目为何一波三折》（《世界知识》2014年第14期），程春华《俄罗斯为何"弃南投蓝"》（《世界知识》2015年第1期），石泽、龚婷《"南溪"项目停摆：管窥美欧俄能源博弈》（《中国投资》2015年第1期），程春华《土耳其流管道：俄欧能源博弈新阶段》（《国际石油经济》2015年第8期），程春华《"土耳其流"管道撬动几多关系》（《世界知识》2015年第14期），董

[①] Gawdat Bahgat, *Pipeline Diplomacy: The Geopolitics of the Caspian Sea Region*, International Studies Perspectives, 2002 No. 3, 2002 – 08 – 15, p. 322.

宣《从土耳其流重启看俄欧天然气博弈》(《中国石油报》2016年8月16日第2版),刘乾《土耳其流:博弈亚欧能源通道》(《中国石油报》2016年10月18日第5版),管克江、张晓东《"北溪"管道开通擦亮俄欧关系》(《人民日报》2011年11月11日第15版),管克江《"北溪"管道折射微妙地缘政治》(《中国石化报》2011年12月2日第5版),刘乾《北溪—2背后的政治博弈》(《能源》2018年第8期),程春华《北流管道2号线的地缘政治博弈》(《中国石油报》2018年6月12日第2版)等。

第三,研究中亚西亚至南亚管道博弈的文章有:胡凤华《政治与经济的双簧戏——大国争斗与合作之下的土—阿—巴天然气管线》(《中国石油石化》2002年第7期),张利军《围绕伊巴印天然气管道的外交博弈》(《国际石油经济》2008年第6期),徐晓天《TAPI管道与中亚能源博弈》(《世界知识》2011年第2期),彭念等《伊巴印关于IPI天然气管道的地缘政治战略博弈》(《东南亚南亚研究》2011年第2期),时宏远《浅论伊朗、巴基斯坦、印度天然气管道问题》(《东南亚南亚研究》2011年第4期),杨雷《从天然气管线之争看大国的南亚博弈》(《世界经济与政治论坛》2013年第3期),王海燕、施佳敏《土库曼斯坦推进TAPI管道实施的前景分析》(《国际石油经济》2015年第11期),刘红光《天然气"和平管道"如何撬动政经格局》(《能源》2018年第9期)等。

另外,还有部分研究中亚至中国、俄罗斯至中国、缅甸至中国、非洲至欧洲以及美洲国家之间、东南亚国家之间天然气管道的文章,基本都是从贸易合作视角进行论述的。

以上这些围绕着跨国天然气管道建设而开展的探讨,虽然很多都涉及了地缘政治和国家外交的层面,展现了研究者已经将触角探及天然气管道外交博弈的内容,但是对世界天然气管道进行总体介绍和系统论述的成果还未能见到。

综上可说,目前国内外学者对天然气管道外交博弈的研究已经开展了起来,并且取得了相当的成果,但同时也有很大的不足,其中无论是宏观上关于能源外交的论著,还是中观上国家间天然气合作以及微观上跨国天然气管道建设的论文,属于国际关系学科领域里的研究还非常薄弱,尤其还缺少将全球天然气管道联系起来加以系统考察和研究的成果。这种现状,给国际关系学科下一步的研究提出了重要的任务。

三 创新点和研究方法

第一,在选题上,对"南部天然气走廊"这一包括多条管道在内的管网系统进行全面梳理和考察,由此引申出对世界各主要天然气资源国、消费国和过境国以及各大国之间合作与竞争的外交博弈倾向的论述,从而全景式地展现全球天然气管道的现状及其各国外交的博弈态势,并由此推演出我国天然气管道外交所应选择的战略对策,这在国内的国际关系学领域尚属首次,具有学术上的创新性和前沿性。

第二,在研究内容上,将当代世界天然气开发的新状况、天然气贸易的新趋向和天然气管道建设的新进展,与全球地缘政治形势的新变化相联系,对各国在天然气管道博弈中所采取的外交战略动因、内容和趋势进行详细阐释,这在国内学术界也属首次。同时,在论述中所阐发的一系列具有新意的观点,包括天然气地缘政治的核心是天然气管道政治,天然气管道政治深刻影响地缘政治变化,天然气管道前景取决于地缘政治博弈,天然气管道博弈是天然气外交战略的重要任务,通过天然气管道博弈保障国家能源供应安全,中国天然气外交应采取优化西向、深化北向、强化南向、柔化海路的战略等等,也都具有创新意义。

第三,在研究方法上,运用系统论关于系统各要素之间相互联系和相互制约的方法,由面到点、由此及彼、由国际而国内地论述了全球天然气管道之间的有机联系;采用量化统计与定性分析相结合的方法,引用大量最新数据为论据来说明论点;还贯穿运用了辩证方法与博弈方法、历史方法和逻辑方法、分析方法和归纳方法的结合,也都具有一定的创新意义。

第一章 天然气和天然气地缘政治

天然气（Natural gas）是蕴藏于地下的一种可燃气体，主要成分为甲烷（CH_4），它和石油、煤一起构成当今世界能源的三大支柱。同石油和煤一样，天然气也埋藏在地下封闭的地质构造之中。不过，与石油和煤相比，天然气具有洁净、高效、粉尘和二氧化碳排放量低的优点，几乎没有污染，是一种清洁的优质能源和化工原料，因而对于改善人民生活、支持国民经济发展、保护环境等各方面都发挥着重要作用。在当代世界，天然气的开发和利用已经成为能源发展的重要方向，各发达国家都抓紧了对天然气的开发和利用。

天然气是一种气态能源，这个特点决定了将天然气从产地输送到消费地的最佳方法是利用管道。在当代世界，这已经成为天然气生产和应用过程中的主要环节，不但是陆地上大量输送天然气的主要方式，而且也已有了跨海输送的能力。

由于石油时代已近鼎盛的巅峰，天然气将在未来的二三十年内代替石油成为能源消费结构中的首位能源，这意味着人类将进入天然气时代，利用天然气发展是当今世界能源发展的大潮流。天然气及其管道的战略地位已经日益凸显。

由于天然气分布的地域性，而且它是一种一次能源，因此，围绕着天然气及其管道的博弈已经成为当代世界地缘政治博弈的一个重要内容。

第一节 世界天然气发展的现状与趋势

人类利用和开发天然气虽然有着悠久的历史，但是把它当作主要能源来加以利用、开发和贸易则是近几十年的事情。进入 21 世纪之后，无论是发达国家还是发展中国家，都已经充分认识到天然气资源的战略价值，因而都加大了勘探和开发的力度，使得天然气的探明储量、产量、消费量和贸易量都有了大幅度的增长。从前景上来看，全球天然气消费在一次能源中的比例在逐渐上升，呈现出将要取代石油成为第一大能源的趋势，天然气发展正在迎来一个"黄金时代"。

一　人类对天然气的利用和开发

天然气作为一种能源为人类所了解和当作燃料利用，已经有了 3000 多年的历史。约在公元前 10 世纪以前，在伊朗发现了从地表渗出的天然气，古代波斯人将其称为"永不熄灭的火炬"。中国早在公元前 3 世纪就在四川有了用天然气熬盐的记载，是世界上最早利用天然气的国家之一。

近代以来，美国是利用和开发天然气事业最快的国家。1821 年，美国宾夕法尼亚州弗里多尼亚的威廉·哈特（William Hart）在小溪边散步时发现水面冒出气泡，于是在附近钻了一口 9 米深的井，成功地获得较大气流的天然气。随后，他又接通天然气管道供附近的住家和商店照明或燃烧使用。最初制造管道的材料是木材，1825 年改用铅管。1858 年，他创立了弗里多尼亚天然气照明公司（Fredonia Gas Light Company），这是美国第一家天然气公司。威廉·哈特被美国人称为"天然气之父"（father of natural gas），这一年也被作为现代天然气工业的开始之年。

1859 年石油工业诞生以后，油田上的大量伴生气无人加以理睬，任其放空。直到 1872 年，才有人用铸铁管把一部分伴生气引往钢铁厂当作燃料。1885 年，在美国有人发明了橡胶密封管道连接器，不久后在美国建成了较长距离"高压"输气管道。此后，尽管天然气工业开始有了缓慢的发展，但是因为没有合适的方法将天然气大量地输送到较远地方，在 19 世纪后半期，天然气也只是在局部地区使用。

直到 1890 年，由于发明了防漏管线连接技术，天然气的输送技术才有了较大突破。不过，由于材料和施工技术依然比较复杂，天然气的利用也仍然局限在气源地 160 公里以内的地方。[①]

[①]　王瑞和、张卫东、孙友主编：《石油天然气工业概论》，中国石油大学出版社 2007 年版，第 6—7 页。

20世纪20年代，管道技术有了进一步的发展，这使得较远距离输送天然气成为可能。1927—1931年，在美国，已建成十多条大型的天然气输送系统，基本每个系统都配备了直径51厘米的管道，并且距离超过320公里。在第二次世界大战结束后，美国又建造了多条输送距离更远的管道，直径已经达到142厘米。1945年，美国天然气可采储量高达4.185万亿立方米，年产气1145亿立方米，占当时全世界天然气总产量的90%以上。苏联的年产气量为34亿立方米，加拿大、罗马尼亚、委内瑞拉和墨西哥的年产气量也超过1亿立方米。[1]

第二次世界大战之后，世界天然气产量开始了大增长时期。随着中东产油国收回主权的运动，西方各大石油公司又加快了在本国内的勘探开发。这一阶段美国的天然气工业进入黄金时代，共发现各种气田4395个，其中大型和较大型气田189个。探明储量由1945年的4.18万亿立方米增长到1970年的8.23万亿立方米；产量由1945年的1145亿立方米增长到1970年的6204亿立方米。1966年，美国本土48个州全部使用了天然气。苏联是这一时期崛起的天然气大国，天然气储量由1951年的0.17万亿立方米增长到1970年的29.49万亿立方米，增加170倍，迅速超过了美国；天然气产量由1951年的62.50亿立方米增长到1970的1979亿立方米，增加30倍。在西欧，英国、意大利、荷兰等国也都发现了大的气田。中东、北非也相继发现了一些大的气田。[2]

从20世纪70年代到20世纪末，是全球天然气工业的大发展时期。在苏联、中东、欧洲北海、北非、北美、亚太地区又发现多个大型气田，全球天然气储量1970年为39万亿立方米，2000年增长到150万亿立方米，翻了将近两番；全球天然气的产量也由1970年的1.03万亿立方米，到2000年增长到2.42万亿立方米。[3] 特别是随着人们对环境和生态的关注以及发展中国家对经济增长的渴望，不断推动着天然气工业成为一个真正的能源工业。

在进入21世纪之后的这十多年里，无论是工业发达国家，还是发展中国家，都将更多的资金投入到天然气的勘探和开发中，使天然气工业得

---

[1] 王瑞和、张卫东、孙友主编：《石油天然气工业概论》，中国石油大学出版社2007年版，第11页。

[2] 同上书，第15—16页。

[3] 同上书，第20页。

到了更加迅速的发展。

二 世界天然气开发的现状与趋势

进入21世纪的十多年里,全球天然气的探明储量不断上升,天然气产量持续增长,天然气贸易格局呈现出全球化的趋势。

（一）储量丰富且呈不断增长趋势

20世纪70年代中期以来,世界天然气探明储量呈现出不断上升的趋势。特别是21世纪以来,世界天然气探明储量连续增长。据英国石油公司（BP）《2019年6月世界能源数据评估》（BP Statistical Review of World Energy June 2019,下同）统计,世界天然气探明储量1998年底为130.8万亿立方米,2008年底为170.2万亿立方米,2018年底为196.9万亿立方米,呈现出明显的增长态势。到2018年底,天然气探明储量的地区分布情况是：北美地区14.0万亿立方米,中南美地区8.2万亿立方米,欧洲地区3.8万亿立方米,独联体地区62.7万亿立方米,中东地区75.6万亿立方米,非洲地区14.3万亿立方米,亚太地区18.3万亿立方米。（见表1-1）[1]

表1-1　　　　　　世界天然气探明储量地区分布

（单位：万亿 m³）

地区	1998年底探明储量	2008年底探明储量	2017年底探明储量	2018年底探明储量	2018年底所占比例
北美	7.0	8.7	14.1	14.0	7.1%
中南美	6.8	7.5	8.2	8.2	4.2%
欧洲	5.6	5.5	3.9	3.8	1.9%
独联体国家	39.1	45.9	62.0	62.7	31.8%
中东	51.5	73.7	75.3	75.6	38.4%
非洲	10.3	14.0	14.4	14.3	7.3%
亚太	10.5	15.0	18.2	18.3	9.3%
世界总计	130.8	170.3	196.1	196.9	100%

数据来源：BP Statistical Review of World Energy June 2019, p.30。

---

[1] https://www.bp.com/content/dam/bp/business-sites/en/global/corporate/pdfs/energy-economics/statistical-review/bp-stats-review-2019-full-report.pdf.

从增长的情况看,从1997年的130.8万亿立方米增长到2018年底的196.9万亿立方米,每年新增天然气探明储量平均为3.3万亿立方米,大于全球天然气产量的水平。预计在中期内,天然气剩余探明可采储量仍将保持增长态势。因此,天然气储量在较长时期内可以保证天然气的稳定供给。按需求年均增长1.5%测算,现有天然气剩余可采储量可以满足到2050年前的总需求;如果加上待发现的资源、老气田的挖潜和非常规的资源,世界天然气资源可满足未来100年的需求。除了常规天然气之外,非常规天然气资源也非常丰富。据国际能源机构(IEA)的资料,世界非常规天然气资源量为922万亿立方米,其中致密砂岩气为210万亿立方米,煤层气256万亿立方米,页岩气456万亿立方米。[1] 预计到21世纪后半叶,非常规天然气将成为天然气供应的重要来源。

(二) 生产处于持续增长状态

从2000年到2018年,世界天然气产量总体上处于较快增长状态,由23884.25亿立方米增长到了38678.60亿立方米,年均增速为3.07%(见表1-2)。其中,从2000年到2008年,世界天然气产量是一种持续增长的态势,2008年世界天然气产量达到30519.33亿立方米,比2000年产量增长27.8%。在2008年至2016年,世界天然气产量有一些起伏,其中2009年出现负增长状况,这其中主要是全球金融危机的原因,同时也有一些地区政治的原因,不过,这些因素并不改变世界天然气生产增长的总趋势。

表1-2　　　　　　　　2000年至2018年世界天然气产量

年份	产量(亿 m³)	增长率(%)
2000	23884.25	
2001	24802.82	3.85
2002	24981.15	0.72
2003	26382.84	5.61
2004	26719.18	1.27
2005	27825.67	4.14
2006	28360.07	1.92
2007	28582.48	0.78

---

[1] 张卫忠:《世界天然气发展趋势》,《国际石油经济》2011年第6期,第37—38页。

续表

年份	产量（亿 m³）	增长率（%）
2008	30519.33	6.78
2009	28665.49	-0.61
2010	31809.72	10.97
2011	32912.70	3.47
2012	33639.20	2.20
2013	33905.40	0.79
2014	34606.00	2.07
2015	35386.50	2.26
2016	35515.90	0.37
2017	36803.80	3.62
2018	38678.60	5.09
平均/年	30735.85	3.07

数据来源：2001年至2019年《国际石油经济》杂志历年第6期"世界天然气储产量表"。

近十几年来，世界各地区天然气产量均有不同程度增长。根据表1-3的数据，中东地区是天然气产量增长最快的地区，2018年产量6872.7亿立方米，是2001年1711.42亿立方米的4倍多，增长301.58%。其次是亚太地区，2018年产量6317.4亿立方米，是2001年2731.36亿立方米的2.31倍，增长122.43%。再次是非洲地区，2018年比2001年增长了102.44%。独联体地区和美洲地区的产量基数大，增长较慢，欧洲地区则出现了负增长。

表1-3　　　　2001年至2018年世界主要地区天然气产量

（单位：亿 m³）

	亚太地区	欧洲地区	独联体地区	中东地区	非洲地区	美洲地区	世界总计
2001年	2731.36	2958.91	6952.97	1711.42	1168.55	9279.6	24802.81
2006年	3466.75	3233.31	8209.09	2822.19	1447.66	9181.07	28360.07
2011年	4835.7	2642.6	7765.4	5186.7	2111.5	10379.8	32921.7
2016年	5802.7	2385.6	7698.3	6308.3	2069.7	11233.7	35498.3
2017年	6075.3	2419.1	8155.1	6598.7	2250.3	11305.3	36803.8

续表

	亚太地区	欧洲地区	独联体地区	中东地区	非洲地区	美洲地区	世界总计
2018 年	6317.4	2506.7	8310.7	6872.7	2365.7	12305.5	36678.7
增长率	131.29%	-15.28%	19.52%	301.58%	102.44%	32.61%	47.88%

数据来源：2002 年至 2019 年《国际石油经济》杂志历年第 6 期"世界天然气储产量表"。

（三）贸易趋于全球化

世界天然气贸易近年来也呈现出增长趋势，根据表 1-4 的数据所示，2018 年贸易量比 2011 年增长 20.5%，达到了 12352 亿立方米（其中管道天然气 8024 亿立方米，液化天然气 4328 亿立方米），从 2011 年以来全球的贸易量一直保持在 1 万亿立方米以上。从地区上来说，最大的天然气出口地区是独联体地区，2018 年为 3322 亿立方米，占到了全球出口总量的 1/4 强（26.9%）。最大的天然气进口地区是欧洲，2018 年为 5509 亿立方米，占全球进口总量的 44.60%。

表 1-4　　　　　　　　2011—2018 年全球天然气贸易量

（单位：亿 m³）

地区	2011 年		2015 年		2016 年		2017 年		2018 年	
	进口	出口	进口	出口	进口	出口	进口	出口	进口	出口
北美	1461	1308	1340	1241	1515	1471	1560	1642	1547	1736
中南美	265	396	397	419	323	372	292	345	286	358
欧洲	4594	1862	4558	2293	4722	2181	4891	2166	5509	2418
独联体	1010	2839	661	2654	607	2788	623	2829	576	3322
中东	362	1587	398	1490	411	1509	352	1534	359	1584
非洲	57	996	127	839	190	911	158	1006	127	1025
亚太	2505	1268	2866	1411	3072	1607	3464	1818	3948	1908
世界总计	10254	10256	10347	10347	10840	10839	11340	11340	12352	12351

数据来源：BP Statistical Review of World Energy June 2012, p. 29. BP Statistical Review of World Energy June 2017, p. 35. BP Statistical Review of World Energy June 2018, p. 34. BP Statistical Review of World Energy June 2019, pp. 40-41。

根据表 1-5 的数据，从国家来看，最大的天然气出口国是俄罗斯，2018 年为 2481 亿立方米，占全球出口总量 12351 亿立方米的 1/5（20.09%）；

其次是卡塔尔、挪威、美国、加拿大、澳大利亚、土库曼斯坦和荷兰。

表 1-5　　　　2017—2018 年世界天然气出口量前 8 位国家

（单位：亿 m³）

序号	国家	2017 年 管道出口	LNG 出口	合计	序号	国家	2018 年 管道出口	LNG 出口	合计
1	俄罗斯	2154	155	2309	1	俄罗斯	2230	251	2481
2	卡塔尔	184	1034	1218	2	卡塔尔	202	1049	1251
3	挪威	1092	58	1150	3	挪威	1143	68	1211
4	美国	661	174	835	4	美国	677	286	963
5	加拿大	807	—	807	5	加拿大	772	—	772
6	澳大利亚	—	759	759	6	澳大利亚	—	919	919
7	荷兰	433	—	433	7	土库曼斯坦	352	—	352
8	土库曼斯坦	336	—	336	8	荷兰	324	—	324

数据来源：BP Statistical Review of World Energy June 2018, pp. 34-35. BP Statistical Review of World Energy June 2019, pp. 40-41。

根据表 1-6，全球最大的天然气进口国在 2017 年以前是日本。2018 年，中国成为最大的天然气进口国，管道天然气进口 479 亿立方米，液化气进口 737 亿立方米，合计为 1216 亿立方米，占到了全球进口总量 12352 亿立方米的近十分之一（9.84%）。居第二和第三的是日本和德国，2018 年进口天然气分别为 1131 亿立方米和 1007 亿立方米，各占全球进口总量的 9.16% 和 8.15%，其中日本进口全部是液化气，德国进口全部是管道天然气。后面是美国、意大利、韩国、墨西哥、英国、土耳其和荷兰。仅这 10 国的进口量就达到 7274 亿立方米，占了全球进口贸易总量的一半以上（58.9%）。

表 1-6　　　　2017—2018 年世界天然气进口量前 10 位国家

（单位：亿 m³）

序号	国家	2017 年 管道进口	LNG 进口	合计	序号	国家	2018 年 管道进口	LNG 进口	合计
1	日本	—	1139	1139	1	中国	479	737	1216

续表

序号	国家	2017年 管道进口	LNG进口	合计	序号	国家	2018年 管道进口	LNG进口	合计
2	德国	948	—	948	2	日本	—	1131	1131
3	中国	394	526	920	3	德国	1007	—	1007
4	美国	807	22	829	4	美国	773	22	795
5	意大利	538	84	622	5	意大利	562	80	642
6	土耳其	428	109	537	6	韩国	—	604	604
7	韩国	—	513	513	7	墨西哥	458	69	527
8	墨西哥	421	66	487	8	英国	429	75	504
9	英国	394	72	466	9	土耳其	376	116	492
10	荷兰	409	16	425	10	荷兰	356	—	356

数据来源：BP Statistical Review of World Energy June 2018，pp. 34 - 35. BP Statistical Review of World Energy June 2019，pp. 40 - 41。

近年来，世界天然气的贸易格局发生了很大变化。过去受运输条件的限制，北美、欧洲和亚太的三个天然气市场基本独立。目前，随着一批跨国天然气管道投运，再加上液化天然气（LNG）的发展，天然气运输的区域间流动明显增强，天然气贸易正在走向全球化。未来一段时期，随着国际油价的不断上涨，再加上能源的紧缺，天然气作为石油的替代性能源，越来越受到国际上的关注，市场也在不断地发展，贸易量将会进一步增长。

三 世界天然气的需求趋势和开采前景

从20世纪80年代以来，天然气在世界各地区的消费量呈现出持续增长的趋势。特别是在进入21世纪以来，随着各国对可持续发展的日益关注和高度重视，更多地利用以天然气为主的清洁能源已经成为各国共同的选择，这就进一步刺激了对天然气的消费需求。世界上的各大能源预测机构都在展望中强调了天然气在不久的将来要成为能源支撑的前景，这预示着全球将迎来一个天然气发展的"黄金时代"。

（一）天然气的需求趋势

近代以来，先是煤炭，接着是石油和天然气，在世界一次能源消费结构中占据了非常大的比例,成为人类最主要的能源。在蒸汽机时代,煤炭是能源的主角,1920年煤炭在世界一次能源消费结构中占62%,被称为"煤炭时代"。然而到了20世纪60—70年代,石油取代煤炭而占据了能源利用的首位,标志着世界进入了"石油时代"。但是从20世纪80年代起,天然气以其洁净、高效的特点在世界各国得到了大规模开发和广泛利用,天然气消费量稳步增加,在一次能源中的比例也逐步上升。1980年,世界天然气在一次能源中的比例为19%。[1] 而到2000年就增加到了23.72%,2010年增加到24%[2],详见表1-7。

表1-7　　　　2000—2010年世界一次能源消费量构成变化

（单位:%）

年份	石油	天然气	煤炭	一次电力
2000	38.69	23.72	24.37	13.22
2005	36.41	23.49	27.80	12.30
2008	34.80	24.10	29.20	11.90
2010	34.00	24.00	30.00	12.00

数据来源:张德义《世界能源消费形势刍议》,《中外能源》2012年第3期,第4页。

另据英国石油公司（BP）2019年6月发布的数据,2017年世界一次能源的总消费量为13474.6百万吨油当量,其中石油、天然气和煤炭的总消费量分别为4607.0、3141.9和3718.4百万吨油当量,在一次能源消费中所占的比例分别为34.19%、23.31%和27.59%。2018年世界一次能源的总消费量为13864.9百万吨油当量,其中石油、天然气和煤炭的总消费量分别为4662.1、3309.5和3771.9百万吨油当量,在一次能源消费中所占的比例分别为33.62%、23.87%和27.20%。其中石油和煤炭虽然在占比上居第一和第二位,但是却呈下降趋势。而天然气以及核能、水电和再生能源等清洁能源,无论在占比上还是消费量上,则均呈现出上升的趋势,详见表1-8。

---

[1] 周淑慧、陈进殿、刘烁、王占黎:《世界天然气市场发展趋势概述》,《石油规划设计》2008年第1期,第5页。
[2] 张德义:《世界能源消费形势刍议》,《中外能源》2012年第3期,第4页。

表1-8　　　　　　　2017—2018年世界一次能源消费量

(单位：百万吨油当量)

年份	石油	天然气	煤炭	核能	水电	再生能源	总计
2017	4607.0	3141.9	3718.4	597.1	919.9	490.2	13474.5
2018	4662.1	3309.5	3771.9	611.3	948.8	561.3	13864.9

数据来源：BP Statistical Review of World Energy June 2019, p.9。

在近11年里，全球天然气的消费量从2008年的29988亿立方米增长到了2018年的38489亿立方米，增长了28.34%。从供需关系来看，全球天然气消费量与全球天然气产量基本保持平衡，供需差额不大，详见表1-9。

表1-9　　　　　　2008—2018年世界天然气产量与消费量

(单位：亿 m^3)

年份	产量	消费量	供需差
2008	30298	29988	310
2009	29386	29378	8
2010	31510	31567	-57
2011	32570	32333	237
2012	33238	33175	63
2013	33631	33698	-67
2014	34311	33926	385
2015	35017	34665	352
2016	35417	35502	-85
2017	36777	36540	237
2018	38679	38489	190

数据来源：BP Statistical Review of World Energy June 2019, pp.32-34。

与石油相比，天然气在效率和环境方面具有明显优势，因此需求量呈现出不断上升的趋势，世界各大权威能源研究机构都预测，到21世纪30—40年代，天然气需求量的上升幅度在50%左右。早在2010年，国际能源署就预测，在"需求快速上升的同时，天然气生产也将进入繁荣时期"。[①]

---

① 徐茜茜：《天然气可能迎来黄金时代》，《中国煤炭报》2010年11月22日第7版。

2011年6月,国际能源机构对全球天然气需求形势分析预测,认为到2035年全球天然气需求总量将达到5.1万亿立方米,占全球能源需求的约25%。全球天然气消费量也将在2008年3.1万亿立方米的基础上增长44%,达到4.5万亿立方米。[1] 2012年6月,国际能源机构的报告进一步认为,在2010年到2035年之间,全球天然气需求量将上升50%。[2] 2016年1月,埃克森美孚(Exxon Mobil)2016年版《2040年能源展望》指出,天然气需求快速增长在某种程度上是由于它是最清洁的燃料。到2040年,常规和非常规气产量都将出现增长,2040年,能源需求增长有40%将来源于天然气。[3] 2018年2月,埃克森美孚发布的最新版《2040年能源展望报告》认为,在经济繁荣和民众生活水平提高推动下,2040年全球一次能源需求将比2016年增长23%,其中全球天然气需求将比2016年大幅增长37.7%,年均增长1.3%,是未来需求增速最快的化石能源。[4] 2019年2月,英国石油公司(BP)发布的最新版《世界能源展望》(BP Energy Outlook 2019)中认为天然气的需求趋势是:"在渐进转型的情境中,天然气供需年均增长1.7%,即到2040年增长近50%","天然气需求增长的范围广大,几乎所有国家和地区的天然气都有所增长"。[5] 国际天然气联盟战略委员会主席科林·莱尔预言,到2030年全球天然气的供应和需求将分别增长50%,这是一项充满挑战的事业,关键在于能否抓住并利用好这一历史机遇。[6]

(二)天然气的发展前景

随着经济和社会不断发展的要求,传统化石能源行业越来越多地需要面对诸如碳排放量过高、温室气体效应导致全球变暖以及能源利用效率亟待提高等问题。在未来的10到20年里,世界能源行业将如何发展?各种能源将呈现怎样的走向?在近几年来全球各大能源机构和石油公司所发布的展望报告中,都对天然气的发展前景做出了即将超越煤炭成为第二大一

---

[1] 王宝锟:《国际天然气市场中长期前景看好》,《经济日报》2011年6月14日第10版。
[2] 王海霞:《天然气处于黄金时代将成全球能源支撑》,《中国能源报》2012年6月11日第8版。
[3] 邱丽静:《2030—2040年全球能源发展趋势展望》,《新能源经贸观察》2017年第5期,第40页。
[4] 曹勇:《2040年世界能源展望——埃克森美孚2018版预测报告解读》,《当代石油石化》2018年第4期,第8—9页。
[5] https://www.bp.com/content/dam/bp/business-sites/en/global/corporate/pdfs/energy-economics/energy-outlook/bp-energy-outlook-2019.pdf.
[6] 崔茱、王晓晖:《国际天然气联盟:天然气市场供需两旺》,《中国石油报》2012年6月7日第1版。

次能源，并终将取代石油成为第一大一次能源的预测。

例如，埃克森美孚公司（Exxon Mobil）在2016年1月发布的《2040年世界能源展望》中预计，到2040年，石油仍将是全球第一大能源，但在一次能源中所占比重将从2014年的34%降至32%。煤炭虽然目前是全球第二大能源，但预计到2040年全球煤炭需求将比2014年减少4%，而目前全球第三大能源的天然气到2040年的需求将比2014年增长50%，因而将超越煤炭成为全球第二大能源。[1] 该公司在2017年的展望中又进一步指出："2040年，天然气将超过煤炭，占据所有能源需求的25%；全球还有85%的天然气资源未开发；世界上天然气供应将满足人类超过200年的需求。"[2] 2018年2月埃克森美孚发布的最新版《2040年能源展望报告》认为，天然气在一次能源中的比重将从2016年的23.1%增至25.7%。未来7年左右，天然气将取代煤炭成为全球第二大能源。[3]

英国石油公司（BP）在2016—2019连续4年的《世界能源展望》对全球一次能源的结构分析中，也都做出了与埃克森美孚公司大致相似的预测，例如2016年的展望预测在全球一次能源中，天然气的增速为年均1.8%，石油为0.9%，煤炭为0.5%，到2035年"天然气将取代煤炭成为第二大燃料来源"。[4] 2017年的展望预测，天然气是增长最快的化石燃料，其在一次能源中的占比将增大，"到2035年前将超越煤炭成为第二大燃料来源"。[5] 2018年的《BP世界能源展望》将视野延伸到了2040年，预测"天然气的增长（年均1.6%）快于石油和煤炭，其在一次能源中的占比将在展望末期超过煤炭并向石油接近"，"石油（年均0.5%）虽然在展望期间处于增长状态，但在展望末期预计开始停滞"，"煤炭消费在展望期间大体平缓，在一次能源中的占比下降至21%，达到工业革命以来最低值"。[6] 2019年2月最新发布的《BP世界能源展望2019》预测全球天然气

---

[1] 应启臣、曹勇：《2040年世界能源展望——埃克森美孚2016版预测报告简介》，《当代石油石化》2016年第2期，第38页。

[2] 何颖婷：《Exxon Mobil：2040年能源展望》，《天然气勘探与开发》2017年第2期，第99页。

[3] 曹勇：《天然气七年后或取代煤炭夺能源"榜眼"》，《中国石化报》2018年3月2日第5版。

[4] https://www.bp.com/content/dam/bp/business-sites/en/global/corporate/pdfs/news-and-insights/speeches/bp-energy-outlook-2016.pdf.

[5] https://www.bp.com/content/dam/bp/business-sites/en/global/corporate/pdfs/energy-economics/energy-outlook/bp-energy-outlook-2017.pdf.

[6] https://www.bp.com/content/dam/bp/business-sites/en/global/corporate/pdfs/energy-economics/energy-outlook/bp-energy-outlook-2018.pdf.

的年均增速由1.6%调高到了1.7%,而石油的年均增速则由0.5%调低到了0.3%,煤炭的年均增速甚至是-0.1%,由此判断石油的增长比过去大大放缓,而煤炭在全球能源中的重要性将降至工业革命以来的最低值。到2040年,如果在渐进转型的情境下,全球三大一次能源消费的占比分别为石油27%、天然气26%、煤炭20%,即天然气超越煤炭上升到第二位;如果在快速转型的情境下,则分别为石油23%、天然气26%、煤炭7%,即天然气将跃升到第一位。①

国际能源署(IEA)《世界能源展望》(IEA World Energy Outlook)的预测也基本类似。2016年12月国际能源署发布的展望报告预测:"未来煤炭需求将大幅回落","天然气的使用量将在21世纪30年代超过煤炭",同时"石油市场将面临下一轮'繁荣—萧条'周期"。②该机构在2018年11月发布的展望报告中又指出:"2030年,天然气将超越煤炭成为全球能源结构中的第二大能源,天然气使用量将较当前增长45%。"③

中国的能源研究机构也做出了大致相同的预测。2013年2月中国石油集团经济技术研究院发布的《2012年国内外油气行业发展报告》显示,在全球的油气供应中,天然气的地位正在稳步提升。过去20年,世界天然气消费年均增长2.4%,而同期石油年均增速仅为1.1%。据预测,2030年世界天然气需求将达到4.8万亿立方米,2035年将达到5.1万亿立方米。届时,天然气占世界一次能源消费的比重将超过石油和煤炭,成为世界第一大能源。④该研究院在2016年7月推出的《2050年世界与中国能源展望》指出:"全球能源消费结构日趋清洁化。天然气将超越石油成为第一大能源,包括天然气在内的全球清洁能源比重2050年将超过50%。全球天然气消费占一次能源消费比重将由23%升至2050年的30%,天然气将在2025年前后超过煤炭成为第二大能源,将在2045年前后超过石油成为第一大能源。"⑤此后该院在2017年版《2050年世界与中国能源

---

① https://www.bp.com/content/dam/bp/business-sites/en/global/corporate/pdfs/energy-economics/energy-outlook/bp-energy-outlook-2019.pdf.
② 李瞧:《〈世界能源展望2016〉中文版发布》,《中国工业报》2016年12月19日第B04版。
③ 刘玲玲:《全球能源结构正在发生重大变化》,《中国煤炭报》2018年11月20日第7版。
④ 李闻芝:《天然气地位正在稳步提升 2035年将成为第一大能源》,《中国化工报》2013年2月4日第5版。
⑤ 齐慧、吕端:《国家高端智库发布〈2050年世界与中国能源展望〉显示我国化石能源消费将于2030年达峰》,《经济日报》2016年7月13日第7版。

展望》中预测，展望期内天然气年均增长 1.3%，是增速最快的化石能源；石油年均增长 0.3%，增速逐步放缓；煤炭年均下降 0.8%。[1] 该院在 2018 年 9 月发布的展望中指出，石油消费将于 2035 年左右达到峰值。天然气在未来能源转型中将扮演重要角色。2050 年，世界天然气需求将升至 5.5 万亿立方米，增幅约 64%，是增幅最大的化石能源，2016—2050 年年均增长 1.43%。世界煤炭需求将随着中国煤炭需求的不断下滑于 2025 年左右见顶，之后不断下滑。[2]

以上各大能源机构和公司在近年来所推出的展望报告显示出的共同指向，就是都看好未来天然气的发展前景，都指出随着世界各国日益重视解决石油和煤炭两大传统能源所造成的碳排放过高、环境污染严重等问题，相应地而极大地刺激了对天然气这一最大清洁能源的需求，这种供求关系的变化正在导致全球能源供需格局发生深刻的变化，天然气作为中长期支撑能源的战略地位日益凸显，全球正在迎来天然气发展的"黄金时期"。清醒地认识和把握未来能源生产结构和消费结构的这种变化趋势和发展前景，对于每一个国家，尤其是对于各大国来说，都已经成为一个关乎国家前途和命运的重大战略问题。在这种趋势下，如果某个国家的天然气储产量不能够满足本国消费需求的话，就需要未雨绸缪，及早通过大力开展能源外交，在国际天然气市场上谋求稳定而又安全的进口渠道来满足需求。相反，如果贻误时机，就不但会在国内影响到能源供应安全和国家经贸利益，而且在国际上还会影响到国家影响力和国际地位的变化。

第二节 世界天然气的地缘格局与管道运输

天然气不是人工能够制造和生产的，而是自然生成并蕴藏于地下岩层孔隙或裂缝中的混合气体，因而它并非均匀分布在地球各地，而是具有非常明显的地域性。这种天然禀赋的地缘分布格局，决定了它后天的地缘生

---

[1] 王芳：《中石油智库看世界能源——到 2050 年将会怎么变化？》，《石油知识》2017 年第 6 期，第 4 页。
[2] 张鹏程：《〈2050 年世界与中国能源展望〉：天然气将成为第一大能源》，《石油商报》2018 年 9 月 18 日，https://www.sohu.com/a/254605205_158724。

产格局和地缘贸易格局，乃至影响到地缘经济格局和地缘政治格局。

一 世界天然气能源的地缘分布

世界天然气的分布有很大的不平衡性。从储量和产量上来看，主要分布在中东地区、独联体地区（俄罗斯和里海—中亚地区）和北美地区，欧洲和亚太地区的储量和产量比较少。但从消费上来看，储量较少的欧洲和亚太地区却需求很大，这种供需现状的反差在客观上势必会造成天然气国际贸易的安全问题。

（一）天然气储量的地缘分布

2018年世界天然气探明储量的地区分布情况是：中东地区最多，为75.5万亿立方米，占全球总储量的38.3%；其次是独联体地区，为62.8万亿立方米，占全球总储量的31.9%；美洲地区（北美和中南美合计）和亚太地区差不多，分别为22.1万亿立方米和18.1万亿立方米，占全球总储量的11.3%和9.2%；非洲地区最少，储量为14.4万亿立方米，占全球比例为7.3%。详见表1-10。

表1-10　　　　2018年世界各地区天然气储量和份额及储产比

地区	储量（万亿 m³）	份额（%）	储产比
北美	13.9	7.1	13.2
中南美	8.2	4.2	46.3
欧洲	3.9	2.0	15.5
独联体	62.8	31.9	75.6
中东	75.5	38.3	109.9
非洲	14.4	7.3	61.0
亚太	18.1	9.2	28.7
世界总计	196.8	100	28.7
其中：			
经合组织（OECD）	19.4	9.9	13.7
非经合组织（Non-OECD）	177.4	90.1	72.5
欧盟（European Union）	1.1	0.6	10.3

数据来源：BP Statistical Review of World Energy June 2019, p.30。

上表还显示出全球储产比（R/P ratio，即储量与当年产量之比）的情况，其中：中东地区的储产比最高，超过了 100 年，说明其生产能力能够长期保持稳定。独联体地区的储产比也很高，为 75.6 年，说明开采潜力也很大，生产具有稳定性。北美地区的开采程度高，但储产比低，仅为 13.2 年。中南美地区虽储产比较高，达到 46.3 年，但是开发滞后。亚太地区和非洲虽然在全球总储量中所占的比例相对较低，但储产比却相对较高。欧洲国家储量所占比例最小，只有 2.0%。

在独联体地区，主要是俄罗斯、土库曼斯坦、哈萨克斯坦、乌兹别克斯坦、阿塞拜疆等国家，天然气储量占了全球比例的 31.9%。其中，俄罗斯占 19.8%，土库曼斯坦占 9.9%，阿塞拜疆占 1.1%，乌兹别克斯坦占 0.6%，哈萨克斯坦和占 0.5%。而且，储产比也是独联体国家高，欧洲国家低。这些情况都说明，独联体地区的天然气能源具有绝对的地缘优势，而欧洲国家的储量和储产比则明显处于天然气地缘上的劣势。详见表 1-11。

表 1-11　　2018 年独联体国家和欧洲天然气储量和份额及储产比

（单位:%）

地区		储量（万亿 m³）	占全球份额	储产比
独联体国家	俄罗斯	38.9	19.8%	58.2
	土库曼斯坦	19.5	9.9%	316.8
	哈萨克斯坦	1.0	0.5%	40.7
	乌兹别克斯坦	1.2	0.6%	21.4
	阿塞拜疆	2.1	1.1%	113.6
	小计	62.7	31.9%	75.6
欧洲国家	挪威	1.6	0.8%	13.3
	荷兰	0.6	0.3%	18.2
	波兰	0.1	◆	16.0
	罗马尼亚	0.1	0.1%	10.7
	英国	0.2	0.1%	4.6
	乌克兰	1.1	0.6%	54.9
	其他欧洲国家	0.1	0.1%	16.2
	小计	3.8	2.0%	15.5

数据来源：BP Statistical Review of World Energy June 2019, p. 30。

（二）天然气产量的地缘分布

2018年各大区天然气产量中，北美和中南美地区合计为12306亿立方米，占全球总产量的31.8%，居于前列。独联体地区为8311亿立方米，占全球总产量的21.5%，居次。中东地区和亚太地区分别以17.8%和16.3%的比例居中，欧洲和非洲各占6.5%和6.1%。同样，在欧洲和欧亚地区存在着不平衡性，其中欧盟国家的产量为1092亿立方米，在全球的比例仅占2.8%。详见表1-12。

表1-12　　　2018年世界各地区天然气生产量及所占份额

地区	产量（亿 m³）	份额（%）
北美	10539	27.2
中南美	1767	4.6
欧洲	2507	6.5
独联体	8311	21.5
中东	6873	17.8
非洲	2366	6.1
亚太	6317	16.3
世界总计	38680	100
其中：		
经合组织（OECD）	14225	36.8
非经合组织（Non-OECD）	24453	63.2
欧盟（European Union）	1092	2.8

数据来源：BP Statistical Review of World Energy June 2019, p.32。

在独联体国家中，又以俄罗斯为最高，2018年产量为6695亿立方米，占世界总产量的17.3%。后面是土库曼斯坦，产量为615亿立方米，占比例为1.6%。然后是乌兹别克斯坦，产量566亿立方米，占比例1.5%。再后是哈萨克斯坦，产量244亿立方米，占世界比例0.6%。阿塞拜疆产量188亿立方米，占0.5%。[1]

---

[1] https://www.bp.com/content/dam/bp/business-sites/en/global/corporate/pdfs/energy-economics/statistical-review/bp-stats-review-2019-full-report.pdf.

2018年美国的天然气生产量为8318亿立方米,和俄罗斯是仅有的两个大于5000亿立方米的超级天然气生产国。产量大于1000亿立方米的有伊朗、加拿大、卡塔尔、中国、澳大利亚、挪威和沙特阿拉伯。世界天然气生产量前十名的国家,就占了全球产量的70.3%。详见表1-13。

表1-13　2018年天然气生产量前10名国家及其所占份额

位次	国家	产量（亿 m³）	份额（%）
1	美国	8318	21.5
2	俄罗斯	6695	17.3
3	伊朗	2395	6.2
4	加拿大	1847	4.8
5	卡塔尔	1755	4.5
6	中国	1615	4.2
7	澳大利亚	1301	3.4
8	挪威	1206	3.1
9	沙特阿拉伯	1121	2.9
10	阿尔及利亚	923	2.4
合计		27176	70.3

数据来源：BP Statistical Review of World Energy June 2019, p.32。

（三）天然气消费的地缘分布

世界天然气消费的地缘分布与世界天然气生产的地缘分布有很大反差。2018年各大区天然气的消费量中,居于首位的是美洲地区,北美和中南美地区合计为11907亿立方米,占全球总消费量的30.9%。其次是亚太地区,为8253亿立方米,占全球比例的21.4%。处于第三、四、五位的分别是独联体、中东和欧洲地区,消费量分别是5808亿立方米、5531亿立方米和5490亿立方米,各占15.1%、14.4%和14.3%。非洲最少,消费量为1500亿立方米,仅占3.9%。详见表1-14。

表1-14　2018年世界各地区天然气消费量及所占份额

地区	消费量（亿 m³）	份额（%）
北美	10223	26.5

续表

地区	消费量（亿 m³）	份额（%）
中南美	1684	4.4
欧洲	5490	14.3
独联体	5808	15.1
中东	5531	14.4
非洲	1500	3.9
亚太	8253	21.4
世界总计	38489	100
其中：		
经合组织（OECD）	17506	45.5
非经合组织（Non-OECD）	20983	54.5
欧盟（European Union）	4585	11.9

数据来源：BP Statistical Review of World Energy June 2019, p.34。

2018年天然气消费量前十名的国家是美国、俄罗斯、中国、伊朗、日本、加拿大、沙特阿拉伯、墨西哥、德国、英国，这10个国家就占了全球天然气消费的61.8%。详见表1-15。

表1-15　　　　2018年天然气消费量前10名国家及其所占份额

位次	国家	消费量（亿 m³）	份额（%）
1	美国	8171	21.2
2	俄罗斯	4545	11.8
3	中国	2830	7.4
4	伊朗	2256	5.9
5	日本	1157	3.0
6	加拿大	1157	3.0
7	沙特阿拉伯	1121	2.9
8	墨西哥	895	2.3
9	德国	883	2.3
10	英国	789	2.0
合计		23804	61.8

数据来源：BP Statistical Review of World Energy June 2019, p.34。

将各地区和各国天然气的生产与消费进行比较，会看出有的地区的生产量和消费量基本持平，而有的地区则存在较大反差。

基本持平的地区是美洲，2018 年北美和中南美的产量合计是 12306 亿立方米，消费量合计是 11907 亿立方米，属于基本持平的地区。

存在反差的地区有两种情况：一种是顺差，即生产量大于消费量，如中东地区 2018 年生产量是 6873 亿立方米，消费量是 5531 亿立方米，有 1342 亿立方米之大的顺差。独联体地区 2018 年产量是 8311 亿立方米，消费量是 5808 亿立方米，存在着 2503 亿立方米的巨大顺差。另一种情况是逆差，即生产量小于消费量，如欧洲地区 2018 年产量仅为 2507 亿立方米，消费量则高达 5490 亿立方米，存在着 2983 亿立方米的巨大逆差。亚太地区 2018 年的产量是 6317 亿立方米，消费量是 8253 亿立方米，也存在着 1936 亿立方米之大的逆差。

以上世界天然气的地缘分布情况导致在供需关系上，中东地区和独联体地区以其巨大的储量和产量而成为主要的天然气供应地区，欧洲地区和亚太地区则因其产量低和消费量高而成为主要的天然气需求地区。正是这种供需现状，造成了天然气国际贸易的安全问题，即："如果一个国家承诺向另一个国家进口大量的天然气，那么就表明这个国家的能源系统脉搏被天然气出口国所掌握，同时也会给供应商和使用者带来彼此之间内部政治稳定的风险。"[①]

二 国际天然气管道运输

如前所述，世界天然气消费主要集中于欧洲、北美及亚太地区，而生产主要集中在中东、北美和独联体地区。天然气的这种地缘格局，决定了主要生产地区和主要消费地区之间必然发生大量贸易，于是，国际天然气运输也就必然成为国际天然气贸易的重要组成部分。

（一）管道是天然气运输的主要形式

天然气系可燃性气体，运输不便，长期以来，贸易量很小。随着科学技术的发展，通过低温和高压，可以把天然气变成液态。1964 年，阿尔及利亚建起了世界第一座天然气液化厂。这样，利用海运即可较方便地运送

---

① ［英］戴维·G. 维克托、［英］埃米·M. 贾菲、［英］马克·H. 海斯编著：《天然气地缘政治：从 1970 到 2040》，王震、王鸿雁等译，石油工业出版社 2010 年版，第 5 页。

液化天然气，从而使其国际贸易量随之大增。不过，在陆地国家或者近海国家之间的天然气贸易和运输，还是利用管道更加方便，成本也相对低廉，因此，随着全球天然气生产和贸易量的快速增加，也极大地推动了管道运输业的发展。

2018年，国际天然气贸易中以管道形式输送的为8024亿立方米，占全球贸易份额的65%；液化气（LNG）的贸易量为4328亿立方米，占35%，说明管道已经成为天然气运输的主要形式。详见表1-16。

表1-16　　　　　　　　2018年全球天然气贸易量

（单位：亿 m³）

地区	进口		出口	
	管道	LNG	管道	LNG
北美	1450	97	1450	286
中南美	139	147	139	219
欧洲	4791	718	2298	120
独联体	576	—	3071	251
中东	264	95	325	1260
非洲	94	33	481	544
亚太	710	3238	260	1648
世界总计	8024	4328	8024	4328

数据来源：BP Statistical Review of World Energy June 2019, pp. 39-41。

在管道天然气国际贸易中，出口量最大的是独联体地区，2018年是3071亿立方米，占到了全球管道天然气出口量8023亿立方米的38.28%。其次是欧洲地区，2018年是2298亿立方米，占全球管道天然气出口量的28.64%。从国别来看，2018年管道出口量居前三位的是：俄罗斯2230亿立方米，挪威1143亿立方米，加拿大772亿立方米。而且，这3个国家的天然气出口大都是依靠管道运输，例如俄罗斯只有251亿立方米是液化气出口，挪威仅有68亿立方米液化气出口，而加拿大则没有液化气出口，这3国占了全球管道输气贸易量的51.66%。管道出口量大的国家还有其他独联体国家，如哈萨克斯坦256亿立方米，土库曼斯坦352亿立方米，乌兹别克斯坦141亿立方米。还有阿尔及利亚，2018年的管道出口量是

390 亿立方米，荷兰是 324 亿立方米，卡塔尔是 202 亿立方米，伊朗是 122 亿立方米等。

管道天然气国际贸易中进口量最大的是欧洲地区，2018 年是 4791 亿立方米；其次是北美地区，2018 年为 1450 亿立方米。从国别上来说，管道进口量 2018 年居前十位的国家依次是德国、美国、意大利、中国、墨西哥、英国、土耳其、法国、荷兰和俄罗斯。详见表 1-17。

表 1-17　　　　　　2018 年全球管道进口量前 10 名国家

（单位：亿 m³）

序号	国家	管道进口量
1	德国	1007
2	美国	773
3	意大利	562
4	中国	479
5	墨西哥	458
6	英国	429
7	土耳其	376
8	法国	368
9	荷兰	356
10	俄罗斯	252

数据来源：BP Statistical Review of World Energy June 2019, p.41。

(二) 世界主要跨国输气管道

世界第一条输气管道是 1886 年由美国建成的，从宾西法尼亚州的凯恩到纽约州的布法罗，全长为 140 公里，管径为 20 厘米。现代输气管道的发展始于 20 世纪 40 年代末，美国田纳西天然气公司建设了一条从西部到东海岸的输气管道，全长为 2035 公里，管径为 60.9 厘米。到目前为止，据"维基百科网"的记录，全世界的天然气管道正在使用的已有 120 多条，其中已经建成运营的跨国输气管道主要有：

1. 亚马尔—欧洲输气管道（Yamal-Europe Pipeline）：横跨欧亚大陆，将俄罗斯亚马尔半岛（Yamal Peninsula）的天然气输送往欧洲的管道，沿途经过俄罗斯、白俄罗斯、波兰等国后到达德国，总长超过 7000 公里，其中亚马尔半岛至波兰西部边界长 4106 公里，德国段称为贾马尔输气管道（Jamal-Gas-Anbindungsleitung，缩写为JAGAL），输气能力为每年330亿立方米。① 详见图1-1。

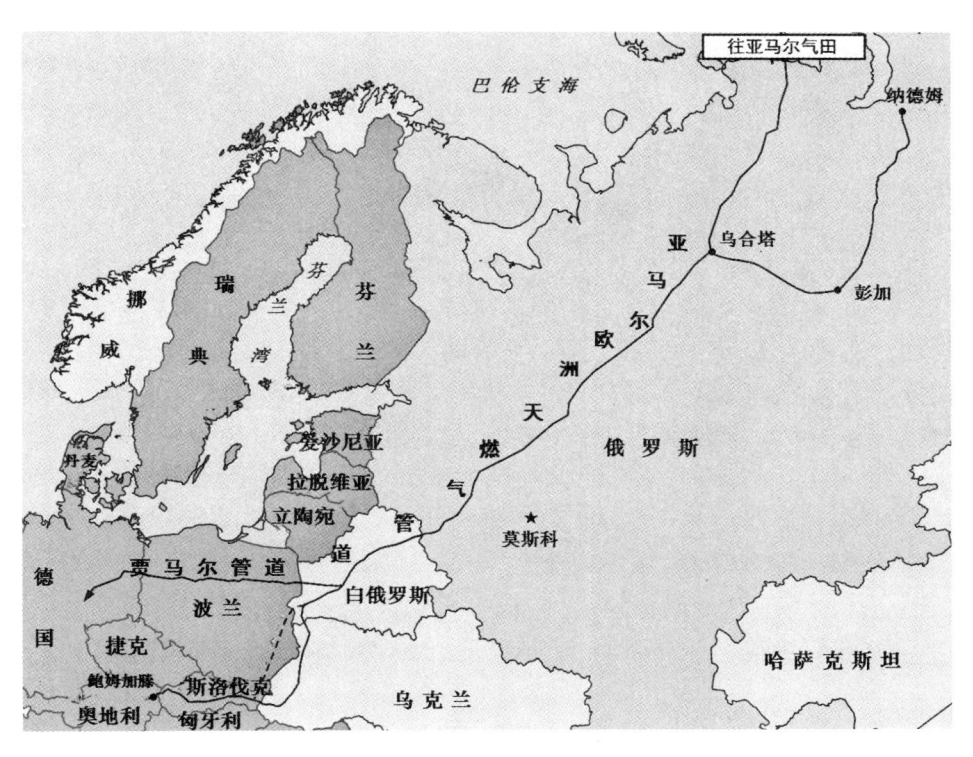

图1-1 亚马尔—欧洲输气管道线路图

图片来源：https：//en. wikipedia. org/wiki/Yamal-Europe_ pipeline#/media/File：Yamal-europe. png

2."北溪天然气管道"（Nord Stream），又称"北欧天然气管道"（North European Gas Pipeline）：从俄罗斯的维堡港（Vyborg）穿过波罗的海到达德国的格来夫斯华德（Greifswald），包括几条平行管线，其中一线于2011年5月开始铺设，2011年11月竣工，成为首条不经过第三国、直接从俄罗斯通往欧洲的跨境管道，避开了对乌克兰、波兰等传统天然气过境国的依赖。二线在2011—2012年铺设，2012年10月竣工。全长1222

---

① https：//en. wikipedia. org/wiki/Yamal-Europe_ pipeline.

· 37 ·

公里，超过了此前的兰格勒德管道而成为目前世界上最长的海底管道。它的年生产能力为550亿立方米，并计划要再增加两条管线，到2019年将输送量增加一倍，达到1100亿立方米。① 详见图1-2。

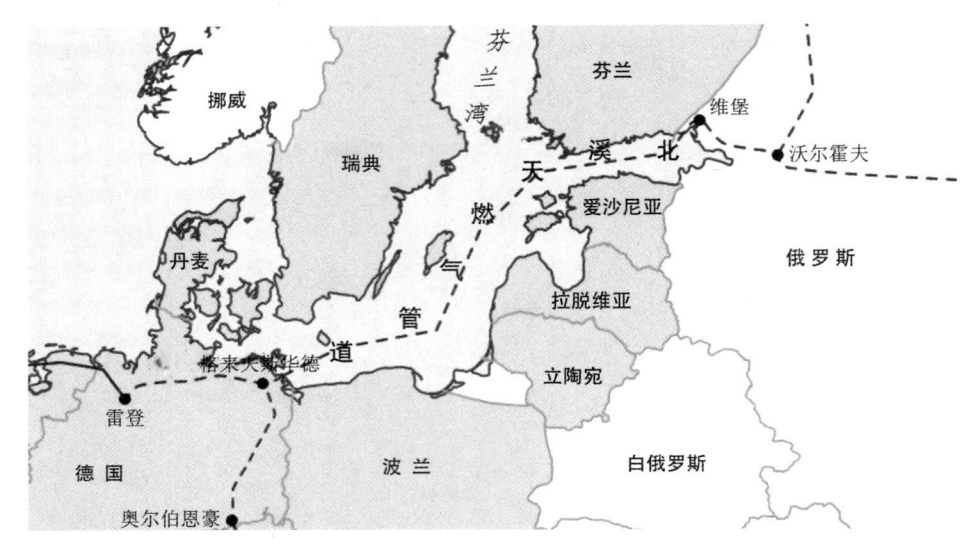

图1-2　"北溪天然气管道"线路图

图片来源：https://en.wikipedia.org/wiki/Nord_Stream#/media/File:Nordstream.png。

3. 南高加索天然气管道（South Caucasus Pipeline）：亦称"巴库—第比利斯—埃尔祖鲁姆管道"（Baku-Tbilisi-Erzurum Pipeline）或"沙赫—丹尼兹管道"（Shah Deniz Pipeline），以阿塞拜疆所属里海部分的"沙赫—丹尼兹气田"为起点，经过格鲁吉亚的第比利斯，到达土耳其的埃尔祖鲁姆，与"巴库—第比利斯—杰伊汉石油管道"（Baku-Tbilisi-Ceyhan oil pipeline）平行，长度为692公里，2006年5月建成，9月交付使用，12月开始从沙赫—丹尼兹气田输送天然气，初期输送量为每年88亿立方米，"沙赫—丹尼兹气田"二期工程后将增加到250亿立方米。这条管道还可能通过计划中的跨里海天然气管道（Trans-Caspian Gas Pipeline）与土库曼斯坦和哈萨克斯坦相连接。② 详见图1-3。

---

① https://en.wikipedia.org/wiki/Nord_Stream.
② https://en.wikipedia.org/wiki/South_Caucasus_Pipeline

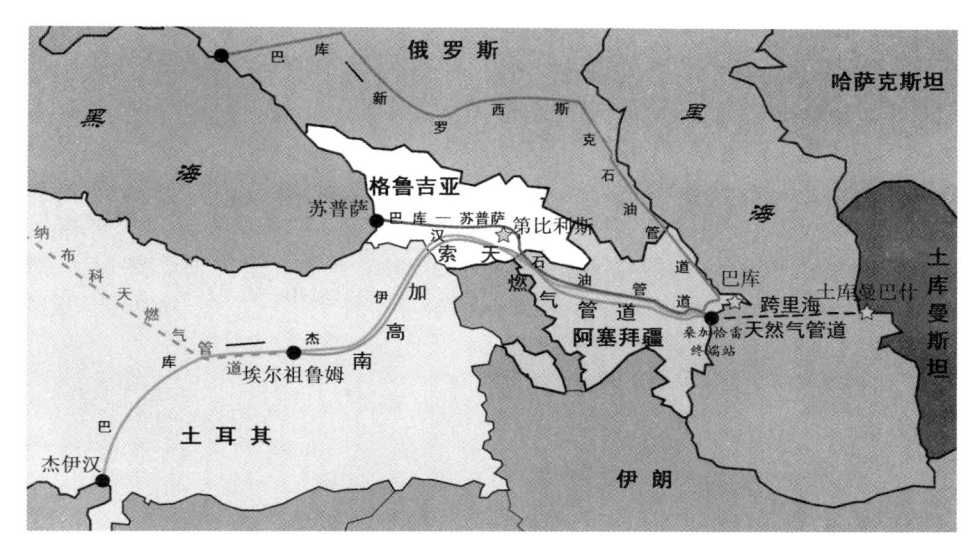

图 1-3 南高加索天然气管道线路图

图片来源：https：//en.wikipedia.org/wiki/South_Caucasus_Pipeline#/media/File：Baku_pipelines.svg。

4. "蓝溪天然气管道"（Blue Stream Gas Pipeline），即俄罗斯—土耳其输气管道：俄罗斯向土耳其输送天然气的第二条管道，全长1213公里，年设计输气能力为160亿立方米，2002年12月30日开始试送气。2003年，该管道向土耳其供应了13亿立方米天然气，此后陆续递增达到160亿立方米的设计能力，2010年到2014年的每年平均供应量为141亿立方米。[①] 详见图1-4。

5. 中亚—中央天然气管道系统（Central Asia-Center Gas Pipeline System）：由俄罗斯天然气工业股份公司（Gazprom）控制的从土库曼斯坦经由乌兹别克斯坦和哈萨克斯坦通往俄罗斯的管道系统。该系统是在苏联时期建成和运营的，其中东分支包括以土库曼斯坦的东南部气田为起点的1、2、4、5号管道，西分支从土库曼斯坦的里海海岸向北延伸，由3号管道和一个正在新建的与里海平行的管道项目所组成，两个分支在哈萨克斯坦西部相会，并由此向北运行，连接到俄罗斯的天然气管道系统，再从俄罗

---

① https：//en.wikipedia.org/wiki/Blue_Stream。

天然气管道外交与地缘政治博弈

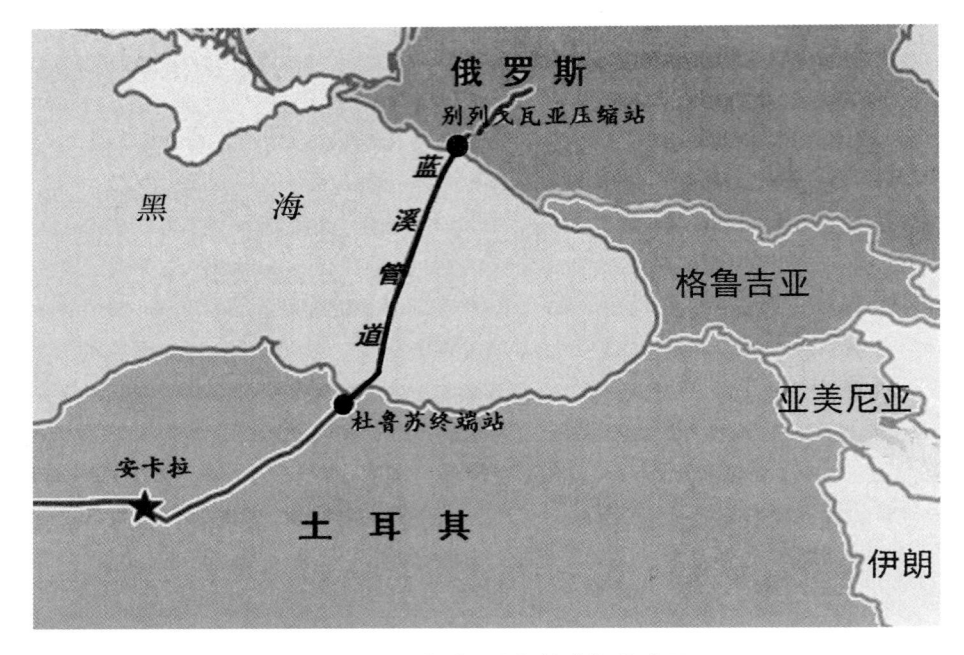

图 1-4　"蓝溪天然气管道"线路图

图片来源：https：//en.wikipedia.org/wiki/Blue_Stream#/media/File：Bluestream.png。

斯输往欧洲。总长度 2000 公里，输气量 900 亿立方米。[①] 详见图 1-5。

6. 中亚—中国天然气管道（Central Asia-China Gas Pipeline）：规划包括 A、B、C、D 四线，其中 A、B、C 三线起于阿姆河右岸的土库曼斯坦和乌兹别克斯坦边境，经乌兹别克斯坦中部和哈萨克斯坦南部，从中国新疆霍尔果斯口岸入境，全长 1833 公里。A 线和 B 线先后于 2009 年 12 月和 2010 年 10 月建成通气，已具备年输 300 亿立方米天然气的输送能力，目前每年实际输气 220 亿—260 亿立方米。C 线于 2014 年 5 月建成投产，设计输气能力每年 250 亿立方米，目前实际输气每年 100 亿—150 亿立方米。D 线以土库曼斯坦复兴气田为气源，途经乌兹别克斯坦、塔吉克斯坦、吉尔吉斯斯坦进入中国，止于新疆乌恰，全长 966 公里，设计年输气量 300 亿立方米，将于 2020 年左右建成投产。[②] 详见图 1-6。

[①]　https：//en.wikipedia.org/wiki/Central_Asia-Center_gas_pipeline_system.
[②]　王尔德：《中亚天然气管道将有望每年向中国输气 850 亿方》，《21 世纪经济报道》2017 年 7 月 17 日第 12 版。

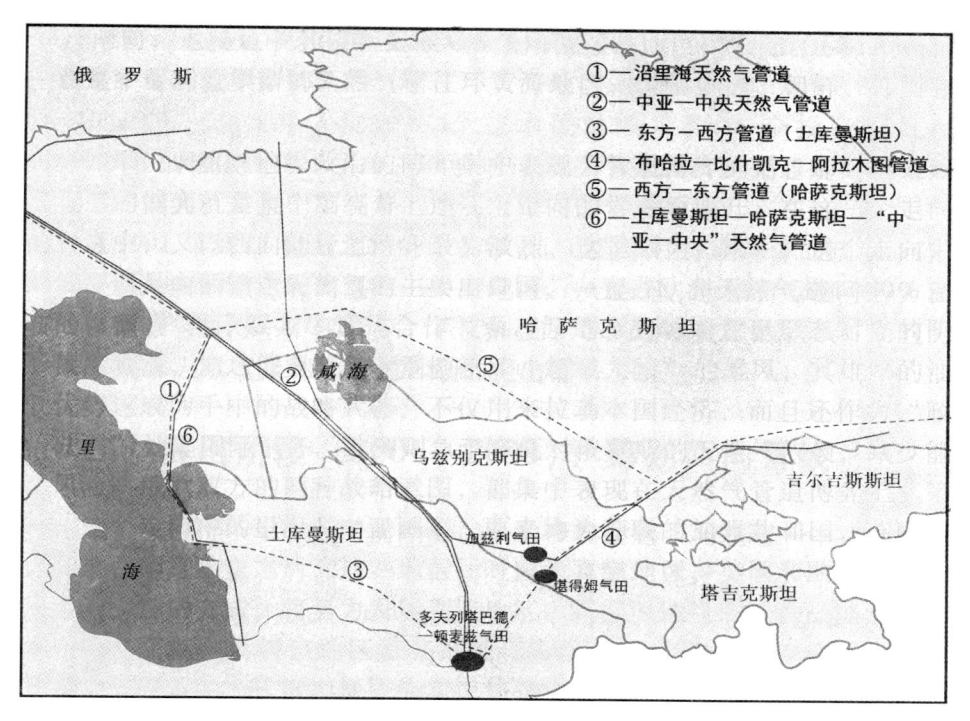

图 1-5 中亚—中央天然气管道系统线路图

图片来源：https://en.wikipedia.org/wiki/Central_Asia-Center_gas_pipeline_system。

7. 伊朗—亚美尼亚天然气管道（Iran-Armenia Gas Pipeline）：伊朗输往亚美尼亚的一条天然气管道，全长 140 公里，在伊朗境内从西北部的大不里士（Tabriz）到两国边境，在亚美尼亚境内从梅格里（Meghri）到撒尔达利亚（Sardarian），于 2006 年 12 月开始运营，初始输送量为每年 11 亿立方米，到 2019 年将增加到 23 亿立方米。[1]

8. 伊朗—土耳其输气管道（Iran-Turkey Pipeline），也称大不里士—安卡拉输气管道（Tabriz-Ankara pipeline）：从伊朗西北部的大不里士到土耳其首都安卡拉的天然气输送管道，全长 2577 公里，在埃尔祖鲁姆与南高加索天然气管道相连接。该管道于 2001 年 7 月投产，通常每年给土耳其输气 110 亿立方米。[2]

---

[1] https://en.wikipedia.org/wiki/Iran-Armenia_gas_pipeline.
[2] https://en.wikipedia.org/wiki/Tabriz-Ankara_pipeline.

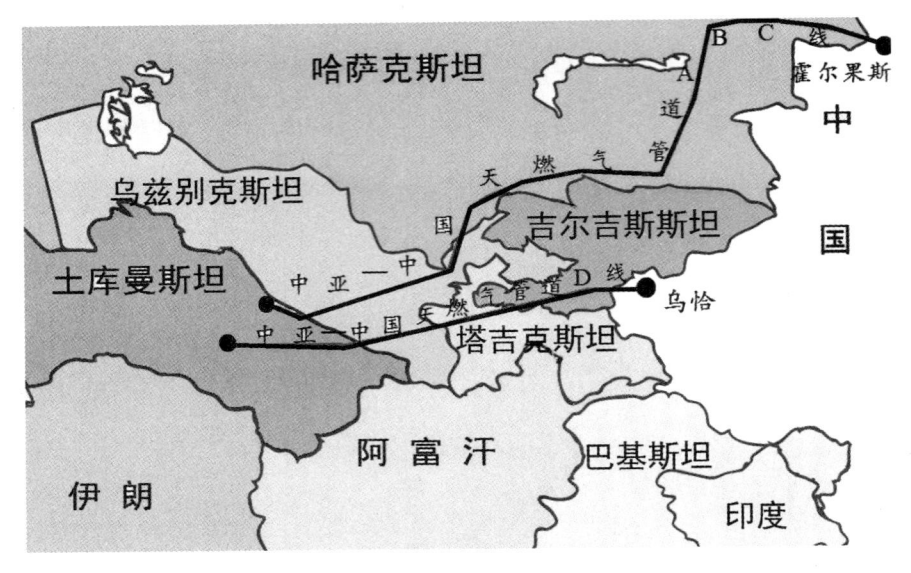

图 1-6 中亚—中国天然气管道线路图

图片来源：https：//en. wikipedia. org/wiki/Central_ Asia-China_ gas_ pipeline。

9. 中缅天然气管道（Sino-Myanmar Pipeline）：连接缅甸在孟加拉湾的深水港口皎漂市（Kyaukphyu）到中国云南省昆明市的天然气管道，与中缅石油管道双线并行，合称为"中缅油气管道"。中国和缅甸之间的可行性商谈开始于2004年，并于2005年12月签署了30年内购买天然气的协议。2009年3月，中缅正式签署了建设天然气管道的协议。2009年10月，在缅甸马德岛举行了开工仪式。2013年6月缅甸段管道竣工，并于当年10月开始向中国供气。管道总长度为2806公里，缅甸境内段从皎漂依次经过曼德勒（Mandalay）、腊戍（Lashio）和木姐（Musei），在云南瑞丽进入中国境内，到达昆明后又延伸到贵州和广西，每年从缅甸的海上气田向中国输气120亿立方米。[①]

10. 阿拉伯天然气管道（Arab Gas Pipeline）：将埃及的天然气出口到约旦、叙利亚和黎巴嫩的天然气管道，包括一条向以色列输气的海底管道，总长度为1200公里。第一段管道从埃及的阿里什（Arish）到约旦的亚喀巴（Aqaba），于2003年7月完工，输气量为每年103亿立方米。第

---

① https：//en. wikipedia. org/wiki/Sino-Myanmar_ pipelines.

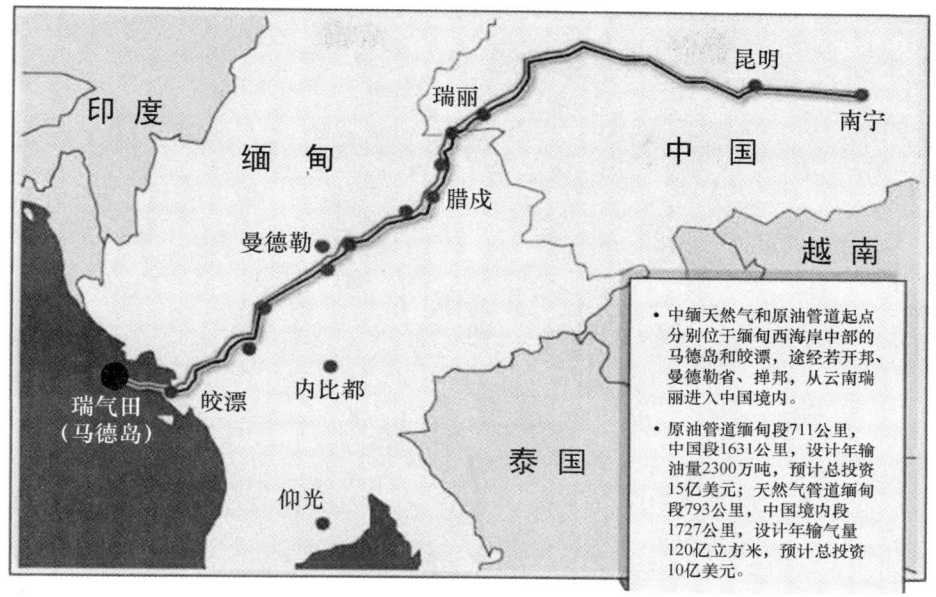

图 1-7 中缅油气管道线路图

图片来源：财新网，http：//promote.caixin.com/2013-06-18/100542212_all.html。

二段在约旦从亚喀巴延伸到首都安曼（Amman），于2005年开始启用。第三段从约旦进入叙利亚，经由大马士革（Damascus）到达胡姆斯（Homs）附近的阿尔拉恩（Al Rayan）压缩站，于2008年2月竣工。第四段由胡姆斯到黎巴嫩首都的黎波里（Tripoli），于2009年10月开始正常通气。[1] 详见图1-8。

11. 西非天然气管道（The West African Gas Pipeline，缩写WAGP）：从尼日利亚的尼日尔三角洲输往贝宁、多哥和加纳等国的天然气管道，是撒哈拉以南非洲的第一个区域性天然气输送系统，管道总长度为678公里，1989年起开始运营，输气能力为每年50亿立方米。[2]

12. 跨地中海天然气管道（Trans-Mediterranean Gas Pipeline），共有4条管线：一条是阿意天然气管道（Algeria-Italy Gas Pipeline），从阿尔及利

---

[1] https://en.wikipedia.org/wiki/Arab_Gas_Pipelin.
[2] https://en.wikipedia.org/wiki/West_African_Gas_Pipeline.

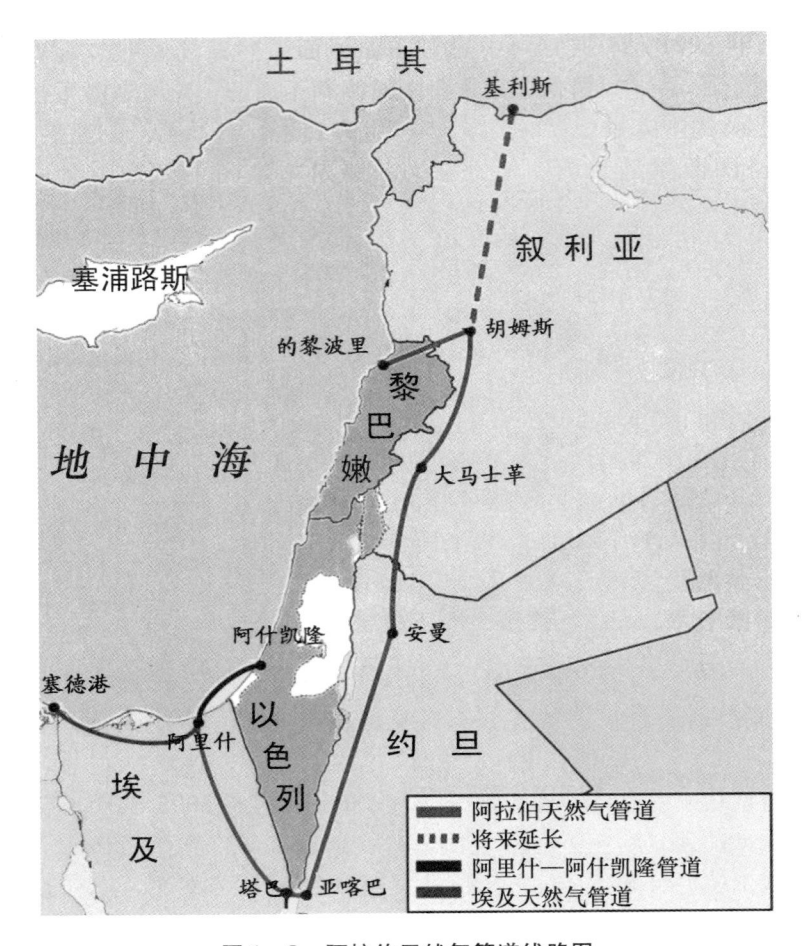

图 1-8 阿拉伯天然气管道线路图

图片来源：http：//en. wikipedia. org/wiki/File：Arab_ Gas_ Pipeline. svg。

亚的哈西鲁迈勒气田（the Hassi R'mel field）至突尼斯邦角半岛（the Cap Bon）的胡瓦里耶（Haouaria），穿越西西里海峡后，经西西里岛再跨越墨西拿海峡进入意大利本土。该管道是第一条连接非洲与欧洲的洲际输气管道，目前每年的输气能力为 302 亿立方米。[1] 再一条跨地中海天然气管道是"绿溪管道"（Green Stream Pipeline），起点是利比亚西部的瓦法，在美

---

[1] https：//en. wikipedia. org/wiki/Trans-Mediterranean_ Pipeline.

丽塔（Mellitah）进入地中海，跨越地中海后到达西西里岛的杰拉（Gela），2004年建成投产，初期每年输气80亿立方米，后增加到110亿立方米。① 第三条是马格里布—欧洲管道（Maghreb-Europe Gas Pipeline），也是以哈西鲁迈勒气田为起点，经过摩洛哥到达西班牙的科尔多瓦（Cordoba），主要用于给摩洛哥、西班牙和葡萄牙供应天然气，初始供气能力为每年86亿立方米，后增加到120亿立方米。② 第四条阿西天然气管道则是阿尔及利亚直接通往西班牙的水下天然气管道，同样是起自哈西鲁迈勒气田，从贝尼萨夫港口（the port of Beni Saf）下水，在西班牙的阿尔梅里亚（Almería）登陆，于2011年3月建成投产，每年供气量为80亿立方米。③ 详见图1-9。

13. 欧洲1号管道（Europipe Ⅰ）：从挪威北海气田到欧洲大陆的一条670公里长的天然气管道，终端在德国的多尔努姆（Dornum），1995年10月投产，输气能力为每年180亿立方米。④

14. 欧洲2号管道（Europipe Ⅱ）：以挪威罗加兰郡（Rogaland county）斯塔万格（Stavange）以北的卡尔斯托（Kårstø）加工厂为起点，经过丹麦到达德国多尔努姆的接收终端，每年输气量为240亿立方米。⑤

15. 泽布勒赫输气管道（Zeepipe）：将挪威北海气田的天然气输往比利时泽布勒赫（Zeebrugge）的天然气管道，1993年10月建成投产，是当时世界上最长和管径最大的海底输气管道系统，年输气量为150亿立方米。⑥

16. 兰格勒德输气管道（Langeled pipeline）：挪威天然气输送到英国的海底管道，2004年开工建设，分为南北两段，南段部分从挪威的斯雷普尼尔（Sleipner）平台到英国的伊辛顿（Easington），于2006年10月开始输送天然气；北段从挪威的尼哈姆那（Nyhamna）到斯雷普尼尔（Sleipner）平台，于2007年10月开始运营。管道全长1166公里，建成时是世界上最长的海底管道，年输气量255亿立方米。⑦

---

① https：//en.wikipedia.org/wiki/Greenstream_pipeline.
② https：//en.wikipedia.org/wiki/Maghreb-Europe_Gas_Pipeline.
③ https：//en.wikipedia.org/wiki/Medgaz.
④ https：//en.wikipedia.org/wiki/Europipe_Ⅰ.
⑤ https：//en.wikipedia.org/wiki/Europipe_Ⅱ.
⑥ https：//en.wikipedia.org/wiki/Zeepipe.
⑦ https：//en.wikipedia.org/wiki/Langeled_pipeline.

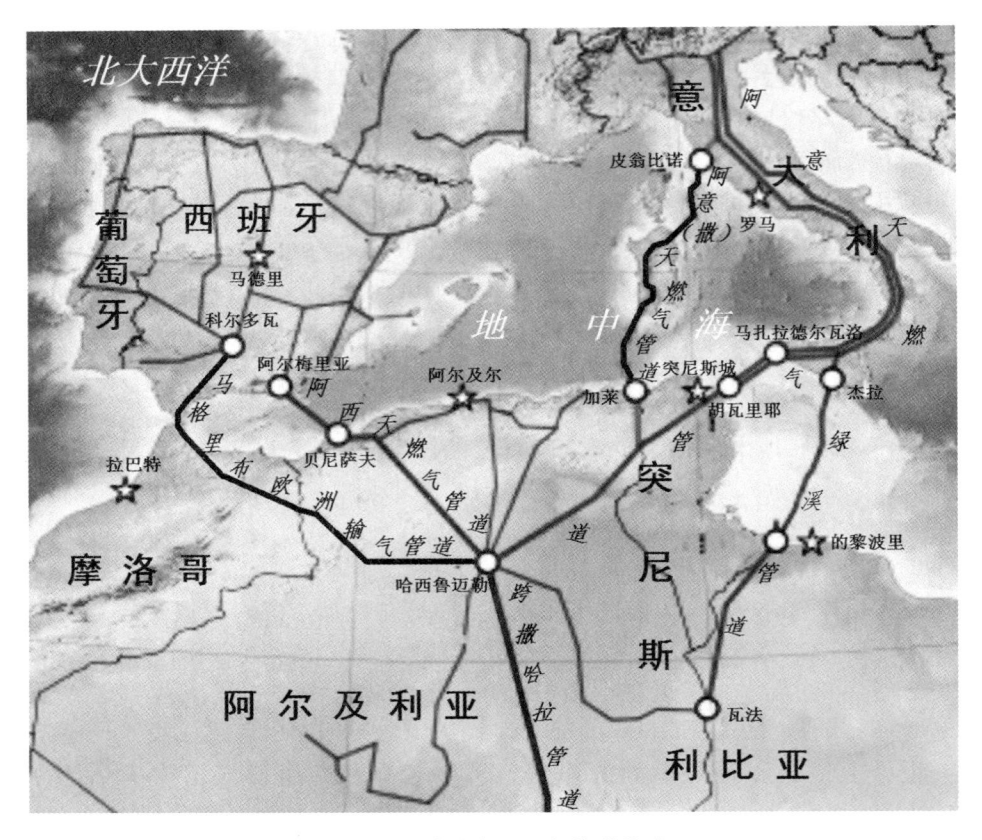

图 1-9 跨地中海天然气管道线路图

图片来源：http：//en.wikipedia.org/wiki/File：Gas_pipelines_across_Mediterranee_and_Sahara_map-en.svg。

17. 美加联盟输气管道系统（Alliance Pipeline System）：起自加拿大东北部的不列颠哥伦比亚省和西北部的亚伯达省，通往美国芝加哥的输气系统，全长 3848 公里，2000 年建成通气。[①]

18. 跨加勒比海输气管道（Trans-Caribbean pipeline）：南美洲由哥伦比亚输往委内瑞拉，并计划向巴拿马和尼加拉瓜延伸的天然气管道。工程于 2006 年 7 月开始建设，2007 年 10 月开始试运行，长度为 244.4 公里，最大输气量为每年 50 亿立方米。2013 年 10 月和 2014 年 5 月，由于受到叛

---

① https：//en.wikipedia.org/wiki/Alliance_Pipeline.

军袭击和干旱的原因,该管道两度中断供气。2015 年 2 月恢复运营后,供气量只达到此前的一半。在委内瑞拉于 2015 年 6 月宣布不再从哥伦比亚进口天然气之后,管道停止了使用。①

目前,在建或规划中的重要跨国天然气管道有:

1. "南溪天然气管道"(South Stream Pipeline):由俄罗斯经过土耳其的黑海水域,在保加利亚上岸后分成两个支线,西北支线经过塞尔维亚、匈牙利、斯洛文尼亚至奥地利,西南支线经过希腊和地中海通往意大利。作为欧盟"纳布科管道"的竞争对手,该项目旨在绕过乌克兰向欧洲输送天然气。然而在 2014 年,由于发生了克里米亚危机以及随后欧盟对俄罗斯的制裁,俄罗斯于这年 12 月宣布放弃了该项目。②

2. "土耳其流管道"(Turkish Stream):规划中的天然气管道,以俄罗斯南部斯克拉斯诺达尔边疆区的阿纳帕(Anapa)为起点,横穿黑海,到达土耳其北部克尔克拉雷利省维泽区的基易科伊(Kıyıköy)。2014 年 12 月俄罗斯总统普京对土耳其进行国事访问时宣布,该规划旨在取代已被放弃的"南溪管道"项目。2015 年 11 月发生土耳其击落俄罗斯战机事件后,该项目一度被叫停。但在 2016 年夏季俄土关系恢复之后,两国在当年 10 月签订了该项目的政府间协议。在 2016 年 12 月和 2017 年 2 月,先后签定了第一条管线和第二条管线的合同,并于 2017 年 5 月在俄罗斯近海区域开始铺设第一条管线。该管道的规划容量为每年 315 亿立方米天然气,总长度为 1090 公里,预计在 2019 年 4 季度建成投产。③ 到 2018 年 5 月,该项目已完成 62% 的管道铺设,其中第一条管线已经建成,2018 年第三季度将继续深水铺设第二条管线。④

3. 南部天然气走廊(Southern Gas Corridor):欧洲天然气供应委员会提出的从里海和中东地区通往欧洲的倡议。该倡议的目标是减少欧洲对俄罗斯天然气的依赖,增加能源供应的多样性,气源的主要供应地是阿塞拜疆位于里海的"沙赫—丹尼兹"(Shah Deniz)气田。最初,从阿塞拜疆到欧洲的管线包括"南高加索管道"(the South Caucasus Pipeline)、"跨安纳

---

① https://en.wikipedia.org/wiki/Trans-Caribbean_pipeline.
② https://en.wikipedia.org/wiki/South_Stream.
③ https://en.wikipedia.org/wiki/Turkish_Stream.
④ 《俄气土耳其溪天然气管道项目已完成 62% 施工》,中国石油新闻中心网,2018 年 5 月 9 日,http://news.cnpc.com.cn/system/2018/05/09/001689569.shtml。

托利亚管道"（the Trans-Anatolian Pipeline）和"纳布科管道"（Nabucco Gas Pipeline）。后来，又增加了"跨亚得里亚海管道"（the Trans-Adriatic Pipeline）。其中，"南高加索管道"从"沙赫—丹尼兹"气田到土耳其西部，已经建成通气。"跨安纳托利亚管道"是"南部天然气走廊"的中段，横穿土耳其的安纳托利亚半岛，之后向西北接上通往奥地利的"纳布科管道"，向西接上通往意大利的"跨亚得里亚海管道"。① 不过，往西北方向的"纳布科管道"计划已在2013年6月被宣布放弃。② 在"南部天然气走廊"的大框架内，还包括从格鲁吉亚穿越里海到达乌克兰，再进一步延伸到中欧国家的"白溪管道"（White Stream，又称 the Georgia-Ukraine-EU Gas Pipeline）和"土耳其—希腊—意大利互连管道"（Interconnector Turkey-Greece-Italy，缩写为ITGI）。

4. 跨里海天然气管道（Trans-Caspian Gas Pipeline）：规划中的一条横跨里海的水下天然气管道，从土库曼斯坦的土库曼巴什（Türkmenbaşy）到阿塞拜疆的巴库（Baku），有的规划还包括哈萨克斯坦的田吉兹气田，意在绕开俄罗斯和伊朗将土库曼斯坦和哈萨克斯坦的天然气直接输送到欧盟国家，也被认为是"南部天然气走廊"的向东延伸。③

5. 跨阿富汗天然气管道（Trans-Afghanistan Pipeline），又称土—阿—巴—印天然气管道（Turkmenistan-Afghanistan-Pakistan-India Pipeline，缩写为TAPI）：建设中的土库曼斯坦的加尔克内什（复兴）气田（Galkynysh Gas Field）通往阿富汗、巴基斯坦和印度的天然气管道，于2015年12月在土库曼斯坦开工建设，预计将在2019年底投入运营。④

6. 伊朗—巴基斯坦—印度天然气管道（Iran-Pakistan-India Gas Pipeline）或伊朗—巴基斯坦天然气管道（Iran-Pakistan Gas Pipeline），又称"和平管道"（the Peace Pipeline）：1995年，伊朗和巴基斯坦签订了一个协议，修建一条从伊朗南部气田到巴基斯坦首都卡拉奇的天然气管道。后来，伊朗又提议将管道从巴基斯坦延伸到印度，并在1999年与印度签订了协议。然而在2009年，印度又退出了该项目。2013年1月，巴基斯坦联邦政府正式批准铺设伊朗—巴基斯坦天然气管道的协定，并计划于2014

---

① https：//en.wikipedia.org/wiki/Southern_Gas_Corridor.
② https：//en.wikipedia.org/wiki/Nabucco_pipeline.
③ https：//en.wikipedia.org/wiki/Trans-Caspian_Gas_Pipeline.
④ https：//en.wikipedia.org/wiki/Turkmenistan-Afghanistan-Pakistan-India_Pipeline.

年完成。然而，由于受伊核问题的影响，该项目后来被搁置下来，而印度则在2017年提出了修建直通伊朗的水下管道计划。①

7. 阿尔及利亚—意大利撒丁岛管道（Gasdotto Algeria Sardegna Italiagasdott，缩写为GALSI）：规划中从阿尔及利亚到意大利的撒丁岛，再延伸到意大利北部的天然气管道，2007年11月两国签订政府间协议，原计划于2014年建成运营，但由于天然气价格等原因至今尚未实施。②

8. 跨撒哈拉天然气管道（Trans-Saharan Gas Pipeline）：规划中从尼日利亚到阿尔及利亚的天然气管道，起点是尼日利亚的瓦里地区，向北通过尼日尔到达阿尔及利亚的哈西鲁迈勒，在此连接上跨地中海的阿意管道、阿西管道和马格里布—欧洲管道。2009年7月，尼日利亚、尼日尔和阿尔及利亚能源部长在尼日利亚首都阿布贾签署了关于管道的政府间协定。可是，由于2013年1月的艾因阿迈纳斯人质危机事件以及诸多恐怖主义活动，出于对安全问题的考虑，这一规划被搁置了下来。③

9. 中俄天然气管道东线：2014年5月签署商业合同，规定从2018年起俄罗斯将每年向中国输送天然气，最终达到每年380亿立方米。管道的俄罗斯境内段于2014年9月开工，总长度近4000公里，途经俄罗斯远东的伊尔库茨克州、萨哈（雅库特）共和国、阿穆尔州、犹太自治州和哈巴罗夫斯克边疆区，俄罗斯将其称为"西伯利亚力量"（Power of Siberia）。中国境内段在2015年6月启动，起自黑龙江省黑河市中俄边境，止于上海市，途经黑龙江、吉林、内蒙古、辽宁、河北、天津、山东、江苏、上海等9省区市，拟新建管道3170公里。④ 2017年12月，该管线的中国境内段开启全面加速建设，北段（黑龙江省黑河市至吉林长岭）预计将于2019年10月建成投产，中段（由长岭至河北永清）和南段（由永清至上海）也将于2020年内建成投产。⑤ 详见图1-10。

10. 中俄天然气管道西线，又称阿尔泰天然气管道（Altai Gas Pipeline）：从俄罗斯西西伯利亚向中国西北部出口天然气的管道，全长2800公里，其中在俄罗斯境内2666公里，进入中国新疆后与西气东输管道相

---

① https：//en.wikipedia.org/wiki/Iran-Pakistan_gas_pipeline.
② https：//en.wikipedia.org/wiki/GALSI.
③ https：//en.wikipedia.org/wiki/Trans-Saharan_gas_pipeline.
④ 吴焰、曲颂：《中俄能源合作驶入快车道》，《人民日报》2017年8月4日第3版。
⑤ 綦宇：《中俄东线建设全面加速预计2020年正式通气》，《21世纪经济报道》2017年12月14日第12版。

天然气管道外交与地缘政治博弈

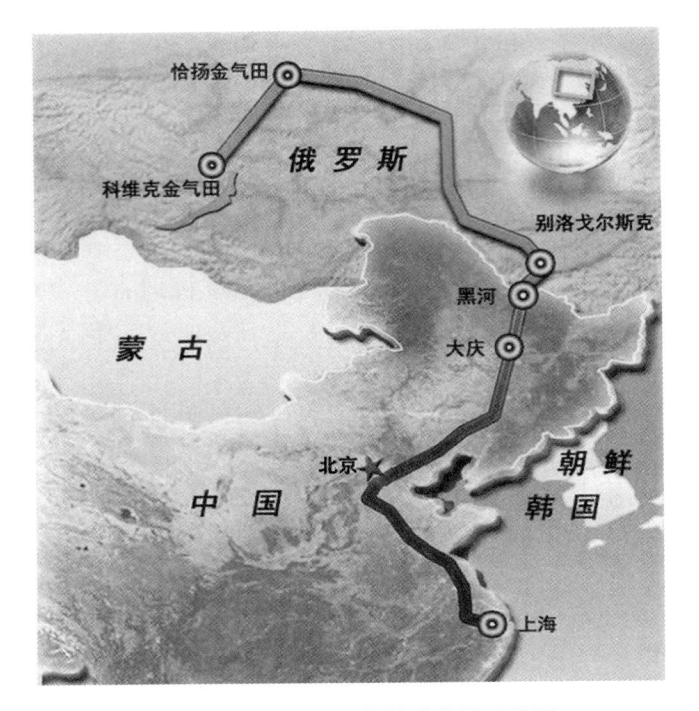

图 1-10 中俄天然气管道东线路线图

图片来源：牟雪江：《中俄东线天然气管道全线开工建设综述》，《中国石油企业》2015 年第 7 期，第 18 页。

连接。① 2014 年 11 月中俄签署框架协议，规定未来俄罗斯每年由此管道向中国供应天然气 300 亿立方米，期限 30 年。但在 2015 年后，由于天然气价格和中国天然气需求疲软等原因，该项目被推迟了。②

第三节 天然气及其管道对地缘政治格局的影响

能源问题历来与地缘政治有着不解之缘。世界能源问题权威丹尼尔·

---

① https://en.wikipedia.org/wiki/Altai_gas_pipeline.
② 《中国天然气需求疲软中俄西线天然气项目推迟》，《国土资源》2015 年第 8 期，第 16 页。

第一章 天然气和天然气地缘政治

耶金曾说过这样一句名言："石油与地缘政治之间的密切关系，是其他任何原材料都无法企及的。这一点在中东、俄罗斯、中国、拉美……乃至世界任何地区都可以得到证实。"① 由这句话可见，石油在地缘政治问题上占据着多么重要的地位。而到了今天，"天然气的崛起同时也带来了地缘政治问题"。② 本章前两节所述的世界天然气的地缘分布格局，包括天然气储量和产量的地缘格局、天然气消费和贸易的地缘格局，已经不仅只是一种关乎国家经济发展的重要内政，而且对世界地缘政治格局也产生了深刻而严重的影响。

一 天然气对地缘政治格局的影响

上一节主要分析的是作为能源的天然气本身的地缘分布格局。那么，它与全球的地缘政治格局是否有关联呢？或者说，天然气是否对世界地缘政治的格局变化产生影响呢？

（一）天然气地缘政治的格局

同石油一样，天然气也具有两大特点：第一，不可再生性，即随着产量的不断增长，储量将日趋减少；第二，不均衡性，即它的储量相对集中在不多的一些国家和地区中，而且巧合的是，大多数发达国家基本上都不是天然气储产大国，而又都是天然气消费大国，这就决定了大多数发达国家都要依赖进口。天然气的这一特点，决定了它必然与地缘政治发生越来越密切的关系。

著名地缘政治学家麦金德（Halford J. Mackinder）在20世纪初提出了"心脏地带"的理论，认为欧洲、亚洲、非洲这个世界最大、人口最多、最富饶的陆地组合是"世界岛"（World island），在这个"世界岛"的中央是自伏尔加河到长江、自喜马拉雅山脉到北极的"心脏地带"（Heartland）。他说："谁统治了东欧谁便控制了'心脏地带'；谁统治了'心脏地带'谁便控制了'世界岛'；谁统治了'世界岛'谁便控制了世界。"③

---

① ［法］菲利·普赛比耶—洛佩兹：《石油地缘政治》，潘革平译，社会科学文献出版社2008年版，第1页。
② ［英］戴维·G. 维克托、［英］埃米·M. 贾菲、［英］马克·H. 海斯编著：《天然气地缘政治：从1970到2040》，王震、王鸿雁等译，石油工业出版社2010年版，序言第1页。
③ ［英］麦金德：《民主的理想与现实》，武源译，商务印书馆1965年版，第134页。

不过，麦金德当时认为某一强权通过铁路网的覆盖，便能够实现对"心脏地带"的统治，并进而实现对"世界岛"乃至全世界的控制。而在当代世界，鉴于石油和天然气与地理和战略决策密切相关，美国的梅尔文·科能特（Melvin A. Conant）提出了"能源地缘政治学"（Geopolitics of Energy）的理论。中国学者徐小杰借鉴麦金德和科能特的理论，提出了"石油心脏地带"（Petroleum Heartland）的概念，认为"从北非的马格里布到波斯湾，从波斯湾到里海，再到俄罗斯西伯利亚和其远东地区。在这个巨大的地理带蕴藏65%的世界石油储量和73%的天然气储量"，"这是未来几十年内世界油气的主要供应源。对于这个对油气供应高度敏感的世界政治经济来说，这个地带无疑是一个生命攸关的地带"，可以说就是当代世界的"石油心脏地带"。[①] 他进而提出："环绕上述'石油心脏地带'外部的两个部分。一是'内需求月形地带'，包括东北亚、东南亚、南亚和欧洲大陆。英国和日本分别处于'内需求月形地带'的外围；二是'外需求地块'，主要是北美、南撒哈拉非洲和澳大利西亚（Australasia，指澳大利亚、新西兰及附近南太平洋诸岛之总称）。"当代的"油气地缘政治版图"，就是由上述"石油心脏地带"和"内需求月形地带"及"外需求地块"构成的。[②]

笔者非常赞同徐小杰教授提出的这种论述，同时又认为，徐小杰教授的两个概念有不够吻合之处：对于"心脏地带"他用的是"石油心脏地带"的概念，而对"地缘政治版图"他用的是"油气地缘政治版图"的概念，笔者认为有必要将两者统一起来。也就是说，"心脏地带"既是石油的心脏地带，同时也是天然气的心脏地带，两者应合称为"油气心脏地带"。正因为存在着这个"油气心脏地带"，才形成了当代世界的"油气地缘政治版图"。

（二）天然气地缘政治的作用

上述当代世界的"油气地缘政治版图"清楚地表明，石油和天然气的地缘政治在以下两个方面有重大的意义和作用：

第一，它成为关乎谁能主导世界宏观经济和政治利益的重大因素。美国学者埃德温·奥康诺（Edwin O'Connor）认为能源安全与国际政治、经

[①] 徐小杰：《新世纪的油气地缘政治——中国面临的机遇与挑战》，社会科学文献出版社1998年版，第34页。

[②] 同上。

济安全的联系日益紧密,他说:"谁占有石油,谁就占有了世界,因为它可以用柴油统治海洋,用高度精炼的石油统治天空,用汽油和煤油来统治陆地。除此之外,他还能在经济上统治他的同胞,因为从石油中他可以取得意想不到的财富。"① 这一论断尽管有夸大之嫌,但却形象说明了能源安全已经不是单纯的能源问题,也不是单纯的经济问题,而是涉及一个国家的对外战略、国家安全、战略经济利益以及分配格局等多层次的战略性问题。

世界的能源富集地是在"从北非的马格里布,到中东的波斯湾,到里海,再到俄罗斯西伯利亚和其远东地区"这个心脏地区中,油气储量和产量又比较集中在里海—中亚—中东地区,由此,我们可以将麦金德那句著名的三段论解读为:在当代世界,谁统治了里海—中亚—中东地区,谁便控制了"油气心脏地带";谁统治了"油气心脏地带",谁便控制了欧、亚、非"世界岛";谁统治了"世界岛",谁便控制了全世界。这就可以解释在近数十年里,中东地区为何会持续成为国际政治关注的焦点,而里海—中亚地区又为何成为步中东后尘的又一个焦点。

第二,它成为关乎各个国家宏观经济和政治利益的因素。在各国经济发展的各种因素中,以石油和天然气为主的能源已成为关键的因素,不但左右着一个国家的经济命脉,而且影响到一个大洲或一个地区乃至整个世界的政治格局。因此,无论是发达国家还是发展中国家,都已将本国的能源安全上升为国家行为和国家战略,有的甚至还上升为地区行为和地区战略,例如欧盟国家和欧佩克国家等。同时,无论是天然气出口国还是进口国,也都在力图通过国家行为和国家战略,来使自己在国际天然气贸易中获得最大利益。出口国力图通过地缘政治的有利地位,来最大限度地获取收益;进口国则力图通过政治博弈来规避风险,改变在地缘政治中的不利地位,最大限度地保障供给安全。"这就是所谓'天然气的地缘政治效应',它不仅是国家之间对国际地位无休止的争夺,同时也是政府、投资者和其他重要参与者的有影响力的政治行动。"②

随着天然气将逐渐取代石油作为第一大能源的发展趋势,天然气地缘

---

① 陈柳钦:《新世纪中国能源安全面临的挑战及其战略应对》,《中国市场》2011 年第 24 期,第 13 页。
② [英] 戴维·G. 维克托、[英] 埃米·M. 贾菲、[英] 马克·H. 海斯编著:《天然气地缘政治:从 1970 到 2040》,王震、王鸿雁等译,石油工业出版社 2010 年版,第 5 页。

政治也将逐渐成为能源地缘政治的主角，从而天然气地缘政治格局还会更加深刻地影响到世界能源的地缘政治格局。

二 管道成为天然气地缘政治的主要载体

管道运输是天然气贸易的主要渠道。从产出国来说，要想获得天然气利益的最大化，主要依赖于管道；从消费国来说，要想保证天然气的供应安全，也主要依赖于管道。由此，原本仅仅作为输送工具的管道，就被附加上了强烈的地缘政治色彩，成为天然气地缘政治的主要载体。

（一）天然气地缘政治的核心是天然气管道政治

天然气作为一种商品，其运输方式与其他商品有很大的不同：其一，一般商品的自然形态大都是固体或液体，因而其运输渠道可以有很多种，包括陆地车辆运输、空中飞机运输、海上轮船运输以致牲畜和人工运输等等；而天然气作为一种气体形态的商品，其贸易目前只有两种渠道，即管道运输和液化运输。上一节说过，管道运输现在是天然气贸易主要渠道，占了天然气全球贸易份额的2/3，而液化气只占1/3。因此，天然气管道在天然气贸易中就具有举足轻重的作用。其二，一般商品的国际贸易，都是出口国和进口国之间的商业行为，大都不牵涉第三国的利益；而天然气贸易因为以管道贸易为主，如果在地理位置上没有毗邻关系的国家之间开展贸易，就必须要从别的国家过境，这就牵涉出第三方即过境国的利益问题。天然气运输过程中表现出来的这两个特点，决定了天然气管道在天然气地缘政治中无可替代的地位和作用，乃至于可以说，天然气地缘政治的实质就是天然气管道政治。

（二）天然气管道是天然气地缘政治的载体和外在表现形式

著名的地缘政治学者斯皮克曼（Nicholas John Spykman）曾说，所谓地缘政治，其实质就是"根据地理要素来筹划一个国家的安全政策"，即"利用地理因素来帮助制定适当的政策，以达到某种正当的目的"。[①] 从这个意义上说，天然气地缘政治就是根据天然气地理分布格局来筹划一个国家的安全政策，即利用天然气地理分布格局来制定适当的政策，来达到实现国家利益的目的。这个定义表明，天然气本身不是政治，只是由于其分

---

① ［美］尼古拉斯·斯皮克曼：《和平地理学》，刘愈之译，商务印书馆1965年版，第14页。

布的地理位置不同而影响到国家政策的制定，从而才具有了政治的内涵。

当一个国家根据天然气的分布格局来筹划安全政策时，所要解决的最大问题应是主观意图的政策怎样去符合客观存在的自然地理环境。这就是说，作为自然状态的天然气分布格局是无法改变的，各个国家如果想要在天然气贸易中居于有利地位，重要的不是围绕着天然气的生产过程去制定政策，而是围绕着天然气的运输过程去制定政策。既然天然气运输的主要手段是管道运输，那么无论是出口国还是进口国，其地缘政治的目标就应该围绕着天然气管道来确定。从出口国方面来说，就是要在规划和实施天然气管道工程时，努力实现使本国获取最大收益的目标；从进口国方面来说，就是要在规划和实施天然气管道工程时，努力实现规避风险保障供应安全的目标。天然气管道就是这样，从一种本来意义上的商品流通工具，成为天然气地缘政治的载体和外在表现形式。

（三）谁控制了天然气管道谁便掌握了天然气地缘政治的主动权

当天然气管道承担起天然气地缘政治的使命之后，国际的能源博弈就集中在了对天然气管道的控制上，而心脏地带的管道控制权就显得尤为重要了。由此，可以进一步将"心脏地带"的理论推演为：谁控制了"天然气心脏地带"的管道，谁便控制了"天然气心脏地带"。这就给处于"内需求月形地带"和"外需求地块"的地区和国家提供了机会，使他们可以利用天然气管道这个载体，到"心脏地带"去投棋布子和辗转腾挪，拓展自己的空间，从而改变原本在天然气地缘分布上所处的不利地位和被动局面。

三 围绕天然气管道展开的地缘政治博弈

在当代世界，地缘政治博弈与能源博弈紧紧地缠绕在了一起，乃至于两者在诸多空间和时间范围内成了同义词。自进入21世纪以来，这种特点更加明显。而无论是地缘政治博弈，还是能源博弈，都集中指向了同一个方向——管道。在20世纪后20年到21世纪初，围绕着石油管道的布局和走向，全球各种政治力量曾经展开过激烈的博弈。现在，随着天然气战略地位的上升，国际的能源博弈和地缘政治博弈又集中在了对天然气管道的控制上，而博弈的空间场所又相对集中在了被称为"第二个波斯湾"的里海—中亚地区。

（一）天然气地缘政治博弈集中表现为管道博弈

天然气地缘政治的政策，归根结底要通过有关各方的博弈行为来实现。由于天然气国际贸易的主要输送渠道是依靠管道，因而贸易双方或各方也就必然将博弈的重点放在天然气管道上。不过，如同地缘政治已经不同于冷战时期的那种"国家为了保证其权利和安全所进行的竞争性的零和博弈"[①]一样，天然气地缘政治也在逐渐摒弃零和博弈的传统方式而越来越走向正和博弈。正和博弈的一个主要标志就是有一个对双方或各方都具有约束力的契约，而跨国天然气管道的铺设和运营，如果没有事先签订协议或者合同的话，都是难以实施的。可以说，在天然气管道面前，只有双方或多方的合作才能产生联合的收益，从而达到"双赢"的结果，而任何使用强制力量的行为都是行不通的。

然而，博弈论的常识告诉我们："实际生活中的博弈大多处于合作博弈与非合作博弈之间"，这主要是因为"现实中的协议或契约可能是部分可强制执行，而另一部分不能强制执行。一些局中人可达成契约，另一些人却不能达成契约。在实施过程中，其中有若干步可执行，其余的则不可执行"。[②] 在天然气管道的博弈中，也必定存在着这种"处于合作博弈与非合作博弈之间"的情况。博弈中的任何一方，尽管是以合作为前提，但却无一不在运用自身的实力和各种技巧，制定有利于己的最优策略，使自己在协议的制定和实施中处于有利地位，从而实现自身利益的最大化。在国际关系中，国家利益从来都是各国政府制定对外政策的首要依据，因而围绕天然气管道的博弈也绝不会一团和气，残酷激烈甚至是白热化的竞争是难以避免的。

（二）21世纪以来天然气管道博弈的具体表现

本章的第二节详细述介了目前世界的天然气管道现状，从中可以看出，除了美洲之外，无论是已有的还是在建或规划中的天然气管道，都是环绕着"北非—中东—里海—俄罗斯"这个"油气心脏地带"，呈三个方向输往欧洲和东亚—东南亚这两个"需求月形地带"，即（1）西向，主要是俄罗斯和里海—中亚的天然气向西输往欧洲。由于历史的原因，里海—中亚国家输往欧洲的天然气大都先往北进入俄罗斯，再通过俄罗斯输往欧洲。

[①] ［英］戴维·G. 维克托、［英］埃米·M. 贾菲、［英］马克·H. 海斯编著：《天然气地缘政治：从1970到2040》，王震、王鸿雁等译，石油工业出版社2010年版，第5页。

[②] 熊义杰编著：《现代博弈论基础》，国防工业出版社2010年版，第198页。

(2) 南向，主要是中东和中亚的天然气向南输往印度次大陆。(3) 东向，主要是中亚和俄罗斯的天然气输往环黄海地区，包括中国、朝鲜、韩国和日本。

如果说天然气地缘政治的博弈集中表现为管道博弈的话，那么，天然气管道的博弈就是集中围绕着上述三个走向的管道而展开。在这三个走向的管道中，又以西向的管道博弈最为激烈，这是因为：第一，这个走向中的俄罗斯是向西输送天然气的主要出口国，一直占欧洲天然气进口40%左右的份额。[①] 俄欧双方尽管是合作关系，但是冷战时期意识形态对立的阴影依然难消，加之俄罗斯急于重振往日"超级大国"的雄风，其雄厚的油气优势遂成为手中的战略武器，不仅用来拉动本国经济，而且还作为"政治砝码"处理国际事务。欧洲则急于降低对俄罗斯的天然气依赖，减少能源风险。俄欧双方的两种战略意图，都集中表现在天然气管道博弈上。第二，这个走向中的里海—中亚国家，原来均为苏联的加盟共和国，苏联解体和这些国家独立之后，这一地区一时成为真空地区，美国和欧洲迅速利用经济援助的方式，将势力发展到该地区，其能源地缘政治的战略意图非常明显，那就是要将该地区富集的油气资源纳入美欧的战略体系中。为此，油气管道的合作博弈便成为实现其战略意图的主要途径。2002年，由美欧援助的"巴—杰石油管道"（Baku-Tbilisi-Ceyhan oil pipeline，简称BTC）开工建设，并于2005年正式开通，该管道起自阿塞拜疆首都巴库（Baku），经过格鲁吉亚首都第比利斯（Tbilisi），到达土耳其地中海港口城市杰伊汉（Ceyhan）。通过这一管道，里海—中亚地区的石油通过陆路抵达地中海，然后运往欧洲各国，从而既保证了欧美的石油供应，又减少了欧盟国家对俄罗斯的能源依赖，里海—中亚国家也拓展了石油的输出途径。"巴—杰石油管道"的成功为里海—中亚地区的天然气管道博弈起到了示范的效应，本书论述的"南部天然气走廊"管道计划，就是里海—中亚地区天然气管道博弈的典型代表。

[①] 英国石油公司（BP）《2019年世界能源数据评估》（BP Statistical Review of World Energy June 2019）的数据显示，2018年欧洲国家管道天然气进口总量为4789亿立方米，其中由俄罗斯管道输入1938亿立方米，占40.47%。

第二章 "南部天然气走廊"的背景和进程

在当代世界，欧洲是世界上最大的能源进口地区，里海—中亚是继中东之后又一个新的能源富集地区，被称为是"第二个波斯湾"。欧洲与里海—中亚在地理位置上虽不毗邻，但也并不遥远，是"邻居的邻居"。欧洲能源在20世纪后半期曾长期依赖中东，20世纪90年代以来又开始依赖俄罗斯，欧盟①同这两个合作伙伴之间存在着难以消除的地缘政治矛盾，这势必影响到欧洲的能源供应安全。而里海—中亚各国②在1991年独立之后，在国际政治舞台上奉行均衡或"中立"政策，在国际经济舞台上又急于利用能源出口来发展国内经济，这对于欧洲来说真是一个千载难逢的机遇。欧盟国家倘若能从里海—中亚地区获取能源，非但政治风险不大，而且还可以利用能源合作向这一地区扩张势力，可谓是反守为攻的两得之举。欧盟围绕着"南部天然气走廊"所展开的地缘政治博弈，其根本原因盖出于此。

---

① 欧盟（全称"欧洲联盟"，European Union）是一个动态的概念，在1992年以前为欧共体（全称"欧洲共同体"，European Communities），成员国有12个，即法国、联邦德国、意大利、荷兰、比利时、卢森堡、英国、丹麦、爱尔兰、希腊、葡萄牙、西班牙。1992年签署《马斯特里赫条约》后成立欧洲联盟，此后奥地利、瑞典和芬兰在1995年加入，爱沙尼亚、拉脱维亚、立陶宛、波兰、捷克、斯洛伐克、匈牙利、斯洛文尼亚、马耳他和塞浦路斯在2004年加入，罗马尼亚和保加利亚在2007年加入，克罗地亚在2013年加入，使欧盟达到28国。2016年，英国脱离欧盟。在本书中，使用"欧盟"一词时是涵盖了"欧盟"和"欧共体"两个概念的。
② 指环里海各国和中亚各国，其中里海国家指的是里海沿岸的俄罗斯、哈萨克斯坦、阿塞拜疆、土库曼斯坦和伊朗5国，中亚国家指的是乌兹别克斯坦、吉尔吉斯斯坦、土库曼斯坦、塔吉克斯坦和哈萨克斯坦5国。土库曼斯坦和哈萨克斯坦两国既是里海国家，又是中亚国家。

第二章 "南部天然气走廊"的背景和进程

第一节 "南部天然气走廊"的背景和动因

"南部天然气走廊"提出的直接背景，无疑是欧盟成员国天然气对外依存度的日益企高，由此而产生了为保障天然气供应安全而追求天然气进口多元化战略的动因。欧盟国家最大的"软肋"是能源的匮乏。在20世纪后半期的"石油时代"，欧洲能源的主要依赖和风险来源是中东地区，当时的欧共体曾经为摆脱风险和保障能源供应安全而进行了长期探索，终于使石油的对外依存度逐渐降了下来。可是，这种努力在世纪之交却由于两个新因素的发生而付之流水：其一，由于东欧剧变后众多新加盟的成员国大都是能源匮乏、供求矛盾突出的国家，这就更加增大了能源进口的负担；其二，来自于俄罗斯的能源依赖和风险日益加大，尤其是天然气供应的风险突出起来。2006年1月发生的第一次俄罗斯"断气"事件，凸显了天然气供应安全的重要性，使欧盟认识到天然气领域的隐患绝不亚于石油，由此加快了天然气安全战略的制定和完善。"南部天然气走廊"的管道方案，正是这种探索和追求的结果。

一 历史背景：欧盟对外能源依存度的日益加剧

欧洲是近代工业革命的发源地。工业革命以后，随着以蒸汽机为代表的动力技术广泛使用，煤炭逐渐取代木材成为欧洲各国的主要能源。到19世纪中叶，由于英国煤矿、法国的加来海峡地区和德国鲁尔地区的煤矿发现与开发，整个世界从1830年煤炭消耗量占整个能源消耗量的不到30%，迅速在1888年达到48%。[1] 在此后的一百年间，煤炭在欧洲一直充任着能源主角的作用，欧洲大多数国家在相当长的一段时间里都能够实现能源供应基本自给，因而那时没有产生过能源危机感。然而，在二战结束之后，这种能源独立的局面伴随着主要能源由石油逐渐取代煤炭而走向了终结。

---

[1] 刘汉元、刘建生：《能源革命：改变21世纪》，中国言实出版社2010年版，第26页。

在战后对外能源依赖局面形成的过程中，欧共体（1993年后欧盟）国家经历了初步形成、暂时下降和加剧上升三个阶段。

第一阶段：从二战结束到20世纪70年代初，由煤炭消费为主的基本自给到石油消费为主的基本依赖，这是欧洲能源依赖局面的初步形成阶段。

石油成为能源主角虽说是一个必然的过程，但这一过程在欧洲的完成，美国的"马歇尔计划"（"欧洲复兴计划"）无疑起到了推波助澜的作用。由于二战后欧洲的煤炭产量难以满足经济复兴对能源的需要，这使得"马歇尔计划"的制定者认为，只有改用石油才能解决欧洲的能源供应问题。在"马歇尔计划"中，"欧洲能源危机包括在首批解决的问题中。……改用石油是解决能源危机的一个办法。美国政府在当时提出的一份报告中指出，'没有石油，马歇尔计划不可能起作用'。"据估计："1946年，欧洲消费石油的77%来自西半球，到1951年人们估计80%的石油来自中东地区。"从这个视角来看，"马歇尔计划"固然推动了战后欧洲的经济重建，但与此同时也带来了一个后果："马歇尔计划使欧洲发生了前所未有的转变——从以煤炭为动力的经济转向以进口石油为动力的经济。"[1]

据资料显示："在西欧一次能源消费结构中，1950年煤炭占76%，石油14%，水力和原子能10%。……到六十年代中期，在西欧地区，石油取代煤炭成为主要能源。1965年石油比重已占46.0%，煤炭42%，天然气、水力和原子能分别为2%、10%。……到1973年，石油在西欧一次能源消费结构中的优势地位达到了最高峰，其比重高达58%，煤炭降至24%，天然气上升为12%，水力和原子能为6%。"[2]

这种能源结构的转变，正是欧洲形成对外能源依赖局面的直接原因。1960年，欧共体6国的能源进口率还只是35%，到1973年已经上升到65%。其中，意大利进口能源占到87%，法国81%，西德55%，英国48%，荷兰26%。详见表2-1。

---

[1] [美]丹尼尔·耶金：《石油大博弈》（下册），艾平等译，中信出版社2008年版，第27—28页。

[2] 伍贻康、黄文杰：《西欧的能源问题及有关国家的对策》，《世界经济》1981年第4期，第22页。

表 2-1　　西欧主要国家能源净进口占一次能源消费总量的比重

（单位：%）

年份	1960 年	1965 年	1970 年	1973 年
CECD—欧洲	35%	50%	63%	65%
西德	11%	34%	49%	55%
英国	26%	37%	47%	48%
荷兰	61%	78%	60%	26%
意大利	65%	83%	85%	87%
法国	44%	56%	72%	81%

数据来源：John G. Clark, The Political Economy of World Energy: A Twentieth-Century Perspective。

由于欧洲石油资源严重匮乏，能源消费又高度依赖石油，因而石油的对外依存度尤高。在 1973 年，西欧国家自身的石油产量不到 2000 万吨，而对石油的需求量则高达 7.4 亿吨，意味着 98% 的石油消费要依靠进口。[①] 至此，欧洲各国已经从煤炭为主的能源基本自给过渡到了以石油为主的能源基本依赖阶段。

第二阶段：从 20 世纪 70 年代中期到 90 年代中期，欧共体国家对石油为主的能源依存度一度有所下降，处于一种时起时伏的状态。

对于石油资源匮乏的欧共体国家来说，之所以能够在这 20 多年里成功地降低能源的依赖程度，从主观原因来说，是欧共体国家接受了两次石油危机（1973—1975 年、1979—1980 年）的教训，采取了旨在减少对进口石油过度依赖的能源安全战略，其中包括合理利用能源、开发本土能源、强化国际能源合作等多项内容。这些措施直接催生了：

1. 能源利用效率的提高。1983 年国民生产总值的单位能耗比 1973 年降低了 20%；发电用油量由 1973 年的 32% 降到 1983 年的 13%。

2. 本土能源的开发和利用。北海油田（North Sea Oil Field）的开发，欧共体国家 1983 年的石油有 30% 来自北海油田。

3. 新能源和可再生能源的发展。核能在 1973 年只占能源需求量的 2%，1984 年上升到 10%；天然气用量 1983 年比 1973 年增加了 40%。

---

① 伍贻康、黄文杰：《西欧的能源问题及有关国家的对策》，《世界经济》1981 年第 4 期，第 22 页。

从客观原因上来说,则是由于两次石油危机的打击,导致欧洲国家出现了自 1929 年大萧条时代以来最严重的经济衰退,工业经济先后出现了两次低谷,第一次是在 1980 年,第二次是在 1982 年。工业经济活动的停滞,大大减少了对石油的需求。1983 年,欧共体的能源需求量比 1979 年减少了 11%,比 1973 年减少了 6%;其中石油的需求量比 1979 年减少了 24%,比 1973 年减少了 27%。

由于以上主客观两个方面的原因,欧共体进口石油的比重由 1973 年的 62% 降到 1983 年的 32%。[1]

与此同时,国际油价从 1985 年下半年起发生暴跌,此后国际能源市场长期低迷,欧共体国家的能源危机感有所减轻。在这种形势下,欧洲石油进口量再次增长,导致进口依存度有所回升,从 1986 年的 43% 上升到 1992 年的 50% 以上。[2] 尽管如此,也没有达到第一次石油危机前的程度。

第三阶段:在 20 世纪末到 21 世纪初,欧盟国家对外能源依存度再次走高,并且发展到对石油和天然气的双重依赖。

1992 年,欧共体正式更名为欧盟,到 1995 年成员国由 12 个扩大到 15 个。此后到 2002 年,欧盟东扩使成员国达到 25 个,2007 年增加到 27 个。在欧盟东扩的同时,能源依存度也在迅速提升。据欧盟发布的 2011 年能源统计数据显示:从 1998 年到 2008 年的十年间,欧盟能源依存度从 46.1% 上升到 54.8%,其中石油由 76.0% 上升到 84.2%,天然气由 45.6% 上升到 62.3%。详见表 2-2。

表 2-2　　　　　　1998—2008 年欧盟 27 国能源依存度

(单位:%)

年份	1998	1999	2000	2001	2002	2003	2004	2005	2006	2007	2008
全部燃料	46.1	45.2	46.8	47.5	47.6	49.0	50.3	52.6	53.8	53.1	54.8
固体燃料	26.6	27.8	30.7	33.8	33.1	34.9	38.1	39.9	41.1	41.5	44.9
石油	76.0	73.0	74.5	76.7	75.4	77.7	80.0	81.6	83.2	82.9	84.2
天然气	45.6	47.9	48.9	47.3	51.2	52.5	54.0	57.7	60.8	60.3	62.3

资料来源:Europe in figures-Eurostat yearbook 2011:Energy。

---

[1] 周长益编译:《欧洲共同体能源形势及展望》,《应用能源技术》1985 年第 2 期,第 41 页。
[2] Paul K. Lyons, *Energy Policy in the European Union*, London: EC INFORM, 1994, p. 90.

欧盟国家能源依存度之所以在这个阶段又呈现出上升态势，其直接原因有三：

1. 20世纪80年代中期以来国际能源市场长期低迷，供应充足，导致欧盟对能源依赖的危机感有所放松。

2. 欧盟国家本来能源资源就非常有限，石油储量主要集中在北海油田，但这里开采成本昂贵，且储量不够丰富。在1998—2008年，其能源产量从940.0下降到842.7百万吨油当量，而且在产量比重中，作为主要消费品的石油和天然气只占到12.7%和19.9%。详见表2-3。

表2-3　　　　　1998—2008年欧盟27国一次能源生产总量

（单位：百万吨油当量）

年份	一次能源生产总量		2008年总产量的份额（%）				
	1998	2008	核能	固体燃料	天然气	石油	再生能源
欧盟27国	940.0	842.7	28.7	21.0	19.9	12.7	17.6

资料来源：Europe in figures-Eurostat yearbook 2011：Energy。

3. 在能源生产呈下降趋势的同时，欧盟国家的能源消费却呈现出上升趋势。在1998—2008年，其能源消费量从1723上升到1799百万吨油当量，详见表2-4。

表2-4　　　　　1998—2008年欧盟27国一次能源消费总量

（单位：百万吨油当量）

年份	1998	1999	2000	2001	2002	2003	2004	2005	2006	2007	2008
欧盟27国	1723	1711	1724	1763	1759	1803	1825	1825	1826	1808	1799

资料来源：Europe in figures-Eurostat yearbook 2011：Energy。

在能源依存度呈现上升趋势的同时，这一阶段欧盟国家的能源进口还呈现出以下两个结构性的变化：

1. 能源来源国的结构变化。20世纪80年代以前，欧共体国家的石油来源国主要是中东国家。即便是经过第一次石油危机，在1975年西欧进口石油总量中，中东仍占72%，非洲18%，苏联和加勒比海地区各占2%，其他地区为6%。到1979年，从中东进口的石油比重虽然有所下降，也高达65%，非洲增至20%，苏联上升为11%，拉美3%，其他为1%。[1] 到了世纪之交，对苏联地区（俄罗斯、哈萨克斯坦和阿塞拜疆）的石油进口急剧上升，2000年为20.3%，2008年达到36.3%，其中俄罗斯占到29%；而对中东国家（沙特阿拉伯、伊朗和伊拉克）的石油进口则由2000年的21.9%下降到2008年的14.4%。详见表2-5。

表2-5　　2000—2008年欧盟27国进口石油主要来源国所占比重

（单位：%）

	2000	2001	2002	2003	2004	2005	2006	2007	2008
俄罗斯	18.7	22.7	26.1	28.1	30.0	29.9	30.4	30.4	29.0
挪威	19.3	17.9	17.4	17.5	17.3	15.5	14.3	13.8	14.0
利比亚	7.6	7.3	6.6	7.6	7.9	8.1	8.5	9.1	9.3
沙特阿拉伯	10.8	9.5	9.0	10.1	10.2	9.7	82.	6.6	6.3
伊朗	5.9	5.2	4.4	5.7	5.7	5.6	5.8	5.6	5.0
哈萨克斯坦	1.6	1.5	2.3	2.6	3.5	4.2	4.3	4.4	4.6
尼日利亚	3.7	4.3	3.1	3.8	2.4	3.0	3.2	2.5	3.7
伊拉克	5.2	3.4	2.7	1.4	2.0	2.0	2.7	3.1	3.1
阿塞拜疆	0.6	0.8	0.9	0.9	0.8	1.1	1.9	2.6	2.7
其他	26.6	27.4	27.5	22.3	20.1	21.0	20.7	22.0	22.2

资料来源：Europe in figures-Eurostat yearbook 2011：Energy。

2. 能源消费品种的结构变化。1973年，西欧国家的石油消费占全部能源消费的58%，天然气只占12%。[2] 而到1998年，石油消费在欧盟国家全部能源消费中的比重下降到41%，天然气则上升到了22%。并且，据欧盟2000年绿皮书预测，到2030年，石油消费比重会继续下降到38%，而天然气将上升到29%。[3] 而且，天然气的主要来源国也是俄罗斯，1998年欧盟国家从俄罗斯进口的天然气占到总进口量的41%，2008年尽管下降到31.5%，也仍然近1/3要依赖俄罗斯。详见表2-6。

---

[1] 伍贻康、黄文杰：《西欧的能源问题及有关国家的对策》，《世界经济》1981年第4期，第22—23页。

[2] 同上书，第22页。

[3] Green Paper-Towards a European strategy for the security of energy supply, COM（2000/0769）final, Brussels, 29/11/2000. //http：eur-lex. europa. eu/LexUriServ/LexUriServ. do？uri = CELEX：52 000DC0769：EN：HTML

表2-6　　2000—2008年欧盟27国进口天然气主要来源国所占比重

（单位：%）

	2000	2001	2002	2003	2004	2005	2006	2007	2008
俄罗斯	40.4	38.5	36.7	37.2	35.9	34.5	33.0	31.7	31.5
挪威	17.4	18.6	21.3	21.0	20.3	20.7	21.4	23.2	24.1
阿尔及利亚	19.6	17.0	17.2	16.4	14.8	15.3	13.8	12.7	12.4
尼日利亚	1.5	1.9	1.8	2.6	3.0	3.0	3.6	3.9	3.3
利比亚	0.3	0.3	0.2	0.2	0.3	1.4	2.1	2.5	2.5
埃及	0.1	0.2	0.7	0.6	1.2	1.3	1.5	1.8	1.8
卡塔尔	0.0	0.0	0.0	0.0	0.0	1.4	2.1	1.5	1.4
特林尼达和多巴哥	0.3	0.2	0.2	0.0	0.0	0.2	1.1	0.7	1.4
克罗地亚	0.0	0.0	0.0	0.0	0.0	0.0	0.3	0.2	0.2
其他	20.4	23.3	22.1	21.9	24.4	22.2	21.2	21.8	21.4

资料来源：Europe in figures-Eurostat yearbook 2011：Energy。

以上第三阶段所呈现出的这两个结构性变化有一个共同的指向，那就是欧盟国家的两大主要消费能源——石油和天然气的主要进口渠道和主要依赖对象都是俄罗斯。这种具有风险性的能源地缘政治局势，正是"南部天然气走廊"提出的直接历史背景。换言之，围绕着"南部天然气走廊"所展现出来的一系列国际矛盾和外交博弈，正是在这种背景下发生和发展的。

二　深层动因：欧盟能源进口多元化的现实选择

1973年中东国家石油禁运和提价造成的第一次石油危机，给严重依赖进口石油的欧共体国家以沉重打击，并最终引发了1973—1975年战后资本主义世界最大的一次经济危机，1975年欧共体GDP降幅超过1%。欧共体总结这次石油危机的教训，开始认识到减少能源依赖的紧迫感和重要性。在此后的30多年里，欧共体—欧盟为减少能源依赖和保障能源安全而做了长期的探索和努力，根据阶段性的不同特征先后制订和实施了6部具有战略意义的能源决议。

第一部：1974年12月17日《关于1985年共同体能源政策目标的决议》（Council Resolution of 17 December 1974 concerning Community energy policy objectives for 1985)。该决议明确提出了旨在减少能源依赖的目标为："到 1985 年将共同体进口能源的依存度降低到 50%，如果可能的话降到 40%（1973 年为 63%）"，其中要"将进口石油在能源总需求中的比例降到 38%—28%（1973 年为 61%），或者石油消费总量的 75%—70%（1973 年为 98%）"。[①] 为了实现上述目标，共同体提出了一系列具体的实施措施，其中主要有：（1）合理使用能源和节约能源；（2）开发本土资源；（3）促进能源供应多样化。显然，这个能源战略的实质是石油战略，也就是通过减少石油进口来达到降低能源依存度的目的。相反，对于天然气的进口，则不但未提出降低要求，而且还采取了扩大的导向。根据决议的要求，欧共体国家全部一次能源的依存度若从 1973 年的 63% 降到 1985 年的 50% 或 40%，则石油须由 1973 年的 61.4% 降到 49% 或 41%，而天然气则由 1973 年的 11.6% 升到 18% 或 23%。详见表 2-7。

表 2-7　欧共体 1974 年能源决议关于 1985 年目标的一次能源总需求比重

（单位：%）

	估计在 1973 年	原预测到 1985 年	1985 年依存度若降至 50%	1985 年依存度若降至 40%
固体燃料	22.6	10	17	17
石油	61.4	64	49	41
天然气	11.6	15	18	23
水电和地热	3	2	3	3
核能	1.4	9	13	16
总需求	100	100	100	100

数据来源：The Council of the European Communities: Council Resolution of 17 December 1974 concerning Community energy policy objectives for 1985。

这种目标性的导向，是为了解决石油依赖这个当时的突出问题，同时又不影响欧洲国家的能源需求和消费。然而，这可以说是"按下葫芦起来瓢"，从后来的实施结果看，对石油的依存度固然是降了下来，而天然气的依存度却日益上升，乃至于竟逐渐取代石油而成了欧盟能源的新"软肋"。

---

① http://eur-lex.europa.eu/legal-content/EN/TXT/PDF/?uri=CELEX:31975Y0709(02)&qid=1515118313362&from=EN.

第二部：1980 年 6 月 9 日《关于 1990 年共同体能源政策目标及成员国政策趋同的决议》（Council resolution of 9 June 1980 concerning Community energy policy objectives for 1990 and convergence of the policies of the Member States）。这部决议是在直接总结第二次石油危机的基础上形成的，总的要求是："共同体应努力节约能源，减少石油消费和石油进口"，到 1990 年"把石油消费在共同体一次能源总消费中的比重下降到 40% 左右。"[1] 这个目标要求的精神与第一部决议基本是一致的。

第三部：1986 年 9 月 16 日《关于 1995 年共同体新能源政策目标及成员国政策趋同的决议》（Council Resolution of 16 September 1986 concerning new Community energy policy objectives for 1995 and convergence of the policies of the Member States）。这部决议制订时，欧共体已经成功地将进口石油的比重由 1973 年的 62% 降到 1985 年的 31%。尽管如此，决议仍然把目标的重点放在石油上，到 1995 年"石油消费占能源消费量的比重应保持不超过 40%，石油净进口应保持不超过能源总消费的 1/3"；"采取有效应对危机的措施，特别是在石油领域"，同时继续提升天然气在能源消费中的作用，"保持天然气在能源平衡中的比重，以此作为政策基础来确保其稳定和多元化的供应"。[2]

第四部：1995 年 12 月 13 日《欧洲能源政策白皮书》（White Paper—An Energy Policy For The European Union）。由于石油在欧盟能源总消费中达到 44%，超过了 1986 年文件所设定的 40% 的目标，能源安全问题再次敲响警钟。在这种背景下出台的白皮书，继续把供应安全作为一个核心目标，其主要解决措施就是促进能源供应多样化。其中，在能源品种多样化方面，列入发展的是固体燃料、核能和可再生资源，而天然气已不在其列。文件指出："天然气将会成为燃料结构中一种与石油竞争的主要成分"，因为"在需求方面，天然气消费量将增长最大，至少会增加一倍"；"进口依赖目前已接近消费总量的 1/2，到 2020 年可能会达到 3/4，这是随着对天然气需求快速增加而导致的对天然气依赖增加的结果"。[3] 显然，

---

[1] http：//eur-lex. europa. eu/legal-content/EN/TXT/PDF/? uri = CELEX：31980Y0618（01）&from = EN.
[2] http：//eur-lex. europa. eu/legal-content/EN/TXT/PDF/? uri = CELEX：31986Y0925（01）&qid = 1515117204172&from = EN.
[3] http：//eur-lex. europa. eu/legal-content/EN/TXT/PDF/? uri = CELEX：51995DC0682&qid = 1515117589410&from = EN.

白皮书已经把天然气列入了和石油一样对能源安全产生消极影响的品种，意味着欧盟下一步要想降低或者保持能源进口依存度的话，就不但要降低或保持石油进口的依存度，而且还要降低或保持天然气进口的依存度。

第五部：2000年11月29日《迈向欧洲能源供应安全战略绿皮书》（Green Paper—Towards a European strategy for the security of energy supply）。当时欧盟的能源形势依然紧张，"欧盟极其依赖于外部供应，目前约50%的需求要依赖进口，而照目前趋势持续下去的话，这个数字在2030年将上升到70%左右"；其中对石油和天然气的依赖尤甚，"石油依存度可能达到90%，天然气可能达到70%"；"从长期来说，欧洲天然气供应将造成一种新的依赖"；应该采取的措施包括"促进技术发展，实施供应多元化，开展天然气之间的竞争，实现更加广泛的欧洲市场一体化并且整合和增强与外部供应国和过境国的关系，才能够提高供应的安全性"。[①] 这部文件显然是大大提高了对天然气依存度的风险防范意识。

第六部：2006年3月8日《欧洲可持续、竞争力和安全的能源战略绿皮书》（Green Paper—A European Strategy for Sustainable, Competitive and Secure Energy）。该文件第一句话就强调："欧洲已经进入了一个新的能源时代"，"我们的进口依存度一直在上升"，因此，"欧洲的能源政策应包括三个主要目标：可持续发展；竞争力；供应安全"；在能源供应方面，"按照当前的趋势，天然气进口在未来25年要增长到80%"。还指出："欧盟天然气消费约有一半来自于三个国家——俄罗斯、挪威和阿尔及利亚"，其中"有的是受到非安全因素威胁的地区"。[②] 这表明欧盟既深刻认识到了其能源安全问题突出地表现为天然气的供应问题，也深刻认识到了天然气进口的来源渠道过于集中的问题。欧盟大多数成员国都需要从俄罗斯进口天然气，这已经成为其能源供应的不安全因素。

以上6部纲领性的能源文件，反映了欧盟在能源安全战略方面的演进历程，在认识上明显地表现出对风险防范的重点由石油逐渐向天然气过渡的轨迹，而天然气领域又存在着进口渠道过度集中的风险。在这种思想认识的指导下，欧盟要选择一种规避从俄罗斯进口天然气的方案，实现能源

---

① http：//eur-lex. europa. eu/legal-content/EN/TXT/HTML/? uri = CELEX：52000DC0769&qid = 1515118521138&from = EN.

② http：//eur-lex. europa. eu/legal-content/EN/TXT/PDF/? uri = CELEX：52006DC0105&qid = 1515119819267&from = EN.

进口多元化的战略目标,从里海—中亚地区寻求能源来源渠道就成为其能源安全战略的题中应有之义,这正是"南部天然气走廊"管道计划的深层动因之所在。

第二节 "南部天然气走廊"的酝酿和提出

从本章第一节的论述中可以看出,欧盟国家能源依赖实际有两个维度:一个是能源种类的维度,即能源依赖的主要品种是石油和天然气;再一个是能源来源的维度,即能源依赖的主要地区是中东和俄罗斯。将这两个维度结合起来考虑,欧盟如果要实现能源供应安全的目标,则必须要努力减少对这两个地区的石油和天然气依赖。欧盟能源安全战略中反复强调的能源供应多样化,主要的方面就是指石油和天然气进口渠道的多样化。实际上,由于两次石油危机的深刻教训,欧盟早在20世纪80年代就开始了努力降低对中东地区的石油依赖,并且已经取得了较大的成效。而对于降低对俄罗斯的能源特别是天然气的依赖,欧盟只是在近十多年来才逐渐开始认识。"南部天然气走廊"的方案在21世纪之初出台,与这种认识是同步的。

一 酝酿阶段(1991—2002):构建合作框架

欧盟国家自身油气资源不足,因此要想寻求能源进口渠道的多样化,除了中东和俄罗斯之外,最佳的选择是里海—中亚地区。这一地区不但拥有丰富的能源储量,是世界三大油气资源富集区之一,而且与欧盟国家地理接近,是"邻居的邻居",对于欧盟国家来说具有地缘政治和地缘经济的双重价值。1991年苏联解体,这个地区的苏联加盟共和国纷纷独立,这给欧盟与这一地区的接触和合作提供了契机。从这时起到2002年,欧盟开始酝酿寻求从里海—中亚地区直接进口天然气的方案。在这个阶段,欧盟采取了三个方面的步骤和举措:

(一)构建经济合作框架

在1991年中亚国家独立初期,欧盟首先同这些国家建立起了经济贸易关系，从战略上为进一步开展能源合作构建了总的框架。

1. 与中亚 5 国（哈萨克斯坦、土库曼斯坦、乌兹别克斯坦、塔吉克斯坦、吉尔吉斯斯坦）签订"伙伴与合作协定"（Partnership and Cooperation Agreements，简称 PCAs）。苏联解体之后，欧盟陆续与中亚 5 国在 1998 年至 1999 年间签订了双边的"伙伴与合作协定"，涉及包括能源合作在内的广阔领域，成为欧盟与中亚各国合作关系的法律基础。后来欧盟在 2007 年制定《欧盟委员会 2007 至 2013 年间援助中亚区域战略文件》（European Community Regional Strategy Paper for Assistance to Central Asia for the Period 2007–2013）时回顾说："这些'伙伴与合作协定'为欧盟与中亚 5 国的合作提供了一个共同的地区框架"。[1]

2. 向中亚 5 国提供"塔西斯计划"（TACIS，全称为 Technical Assistance to the Commonwealth of Independent States，即"对独联体国家的技术援助计划"）。早在 1991 年 7 月 15 日，欧共体理事会就通过了一项《对苏维埃社会主义共和国经济改革和复兴的技术援助计划》（Technical Assistance to Economic Reform and Recovery in the Union of Soviet Socialist Republics），决定与苏联各加盟共和国开展经贸合作，对包括能源在内的 5 个领域"尽可能地提供技术援助"。[2] 苏联解体之后，这一援助计划改称为"对独联体国家的技术援助计划"（TACIS），受援助的"新独立国家"（the Newly Independent States，缩写为 NIS）有亚美尼亚、阿塞拜疆、白俄罗斯、格鲁吉亚、哈萨克斯坦、吉尔吉斯斯坦、摩尔多瓦、俄罗斯、塔吉克斯坦、土库曼斯坦、乌兹别克斯坦、乌克兰，"援助项目的 5 个核心领域是公私部门培训、能源、运输、金融服务和食品分配"。[3] 这个计划的援助指向，在地区上包括了里海—中亚国家，在领域里包括了能源。这样，欧盟就通过这种经济援助，加强了与中亚国家之间的关系，为后来欧盟介入中亚事务打下了基础。

（二）构建能源合作框架

同样是在苏联解体和中亚国家独立之初，欧盟通过签署《欧洲能源宪章》和《能源宪章条约》，初步构建起了同中亚国家进行能源合作的法律

---

[1] http://eeas.europa.eu/archives/docs/central_asia/rsp/07_13_en.pdf.
[2] http://eur-lex.europa.eu/legal-content/EN/TXT/PDF/?uri=CELEX:31991R2157&rid=1.
[3] http://eur-lex.europa.eu/legal-content/EN/TXT/PDF/?uri=CELEX:51993DC0362&qid=1515165738356&from=EN.

框架。

1.《欧洲能源宪章》(The European Energy Charter)。1991 年 12 月,欧共体各成员国和从苏联独立出来的各国(包括中亚 5 国和里海沿岸国家)以及美、日、加、澳等 53 个国家签署了《欧洲能源宪章》,其中特别提到:"必须考虑中欧和东欧国家以及苏联国家的重建和重组问题,并且意识到签约国渴望通过共同努力来促进这些国家走向市场的改革以及其能源部门的现代化";并以"宣言"的形式,确定要在"发展能源贸易"、"能源领域合作"和"能源效率和环境保护"三个领域开展行动,其中在合作领域中专门提到要"勘探、开采、运输和使用天然气,输气网络间的连接以及通过高压输气管道进行天然气的输送"。① 这个宪章虽然还只是一个政治承诺,不具有法律约束力,但是所确定的原则,为东西方能源合作初步搭建起了一个框架。

2.《能源宪章条约》(The Energy Charter Treaty,简称 ECT)。这是在 1994 年 12 月由《欧洲能源宪章》的多数签署国所缔结的一个具有法律效力、被缔约国立法机构所认可的多边协定,"是根据宪章的目标和原则,在互补和互利的基础上,为促进能源领域的长期合作而创建的一个法律框架"。② 整个条约共分 8 部分 50 条,主要内容有能源投资、能源贸易、能源运输、环境问题以及争端解决等。

值得注意的是,条约中设有专门的一条即第 7 条,对"过境运输"做出了专门规定,其中的内容有:"缔约方应鼓励相关实体在以下方面进行合作:(1)能源原料和产品过境运输所必要的能源运输设施的现代化;(2)开发和运行为更多缔约方提供服务的能源运输设施;(3)减轻中断能源原料和影响产品供应的措施;(4)促进能源运输设施间的连接";"如果在现有的能源运输条件下,不能在商业条件下完成能源原料和产品的过境运输,缔约方不能对建立新的运输能力设置障碍"。③ 这些规定,无疑为后来在中亚地区建设油气管道提供了法律上的依据。

(三)构建运输合作框架

在与里海—中亚国家构建起经济和能源合作框架的基础上,运输项目

---

① 国家发展计划委员会编:《能源宪章条约:条约、贸易修正案及相关文件》,中国电力出版社 2000 年版,第 130—136 页。
② 同上书,第 27 页。
③ 同上书,第 30—31 页。

的合作被提上议事日程,"塔西斯计划"(TACIS)援助中的一些重大项目安排在了这一领域,其中最重要的是《跨国向欧洲输送石油和天然气计划》(INOGATE)和《欧洲—高加索—亚洲运输走廊计划》(TRACECA)。

1.《跨国向欧洲输送石油和天然气计划》(INOGATE,全称为Interstate Oil and Gas Transport to Europe)是欧盟与东欧、高加索和中亚国家之间所开展的能源技术合作项目,启动于1995年,后在2004年11月通过"巴库倡议"(the Baku Initiative)而扩展成为政策框架,并在2006年11月通过的《欧盟、黑海和里海沿岸国家及其邻国加强能源合作部长宣言》上形成最后结论。该项目重点合作的目标有4个方面:①"根据欧盟内部能源市场的原则,并考虑到合作伙伴国家特殊性的基础上,来实现能源市场的融合";②"通过解决能源出口/进口、供应多元化、能源运输和能源需求等问题,促进能源安全";③"支持可持续能源的发展,其中包括能源效率、可再生能源和需求管理的发展";④"为共同利益和地区利益的能源项目吸引投资"。[①]

迄今为止,欧盟已向INOGATE提供了15000万欧元的援助资金,成功实施了70个项目。[②] 这一方面为中亚国家的经济转型提供了帮助,解决了这些国家在发展能源过程中的一些困难;另一方面也增强了欧盟对中亚事务尤其是能源事务的影响力,从而为欧盟在后来中亚能源博弈中处于一种有利地位打下了基础。

2.《欧洲—高加索—亚洲运输走廊计划》(TRACECA,全称为Transport Corridor Europe-Caucasus-Asia)始于1993年,内容既包括公路运输、铁路运输、水上运输和航空运输,也包括油气管道运输。1998年,各有关国家在巴库签订了《关于发展欧洲—高加索—亚洲国际运输通道的基本多边协定》(Basic Multilateral Agreement on International Transport for Development of the Europe-the Caucasus-Asia Corridor),明确该项目的目标是:"发展欧洲、黑海、高加索、里海和亚洲地区的经济联系、贸易和交通运输";"促进公路、铁路运输和海上交通贸易向国际开放";"促进货物、乘客的国际运输和碳氢化合物的国际运输";"确保交通安全、货物安全和环境保

---

① Ministerial Declaration on Enhanced energy co-operation between the EU, the Littoral States of the Black and Caspian Seas and their neighbouring countries, http://www.consilium.europa.eu/register/en/content/out? &typ = ENTRY&i = ADV&DOC_ ID = ST – 15457 – 2006 – INIT.

② http://www.inogate.org/energy_cooperation? lang = en.

护";"协调运输政策和在运输领域的法律框架";"在不同的运输类型之间创造平等的竞争条件"。①

在1996—2006年，共有61个技术援助项目和15个投资项目在TRACECA的框架内得以实施，欧盟通过改善中亚国家的交通基础设施而增强了影响力，并且为下一步的能源合作创造了条件。

从1991年到21世纪之初的十多年里，欧盟利用苏联解体的政治形势，将其能源外交的重点转向里海—中亚地区，从经济、能源和运输等各方面实质性地参与里海—中亚事务，不仅加强了与该地区各国的联系，而且为后来"南部天然气走廊"管道计划的提出铺平了道路。

二 提出阶段（2001—2008）：筹划西向管线

欧盟在进行了十多年的前期酝酿，初步构建起了与里海—中亚国家在经济、能源和运输各方面的合作框架之后，开始把建设天然气管道项目提上议事日程。在刚刚迈入21世纪的2001年和2002年，围绕里海—中亚天然气的输送问题，有关国家筹划了两条输气管道，一条是"南高加索天然气管道"（South Caucasus Pipeline），一条是"纳布科天然气管道"（Nabucco Gas Pipeline），这两条管线为欧盟后来推出"南部天然气走廊"方案铺垫了前期的基础。

1. "南高加索天然气管道"（SCP）。2001年3月，首先是土耳其与阿塞拜疆两国政府签订了长期购买和供应天然气的合同。为此，需要修建一条从阿塞拜疆巴库，经过格鲁吉亚第比利斯到达土耳其埃尔祖鲁姆的输气管道，后被称为"南高加索天然气管道"。同年9月，阿塞拜疆与格鲁吉亚两国政府签订了过境国的协定。管道建设计划在2002年中期开工，2005年开始向土耳其输气。② 后来，工程实际于2006年5月建成，9月交付使用，12月开始输气，每年输气量为250亿立方米。③

"南高加索天然气管道"虽然不长，只有692公里，但却意义重大。此前，里海—中亚的天然气都是向北经过俄罗斯的管道，再往西输送到欧

---

① http：//www.traceca-org.org/fileadmin/fm-dam/MLA/MLAE.PDF.
② 陈峻岭：《阿塞拜疆与格鲁吉亚签订天然气过境和销售协议》，《东欧中亚市场研究》2002年第6期，第40页。
③ https：//en.wikipedia.org/wiki/South_Caucasus_Pipeline.

洲。而"南高加索天然气管道"则是第一条从南部把里海—中亚天然气输往西向的管道。详见图 2-1。

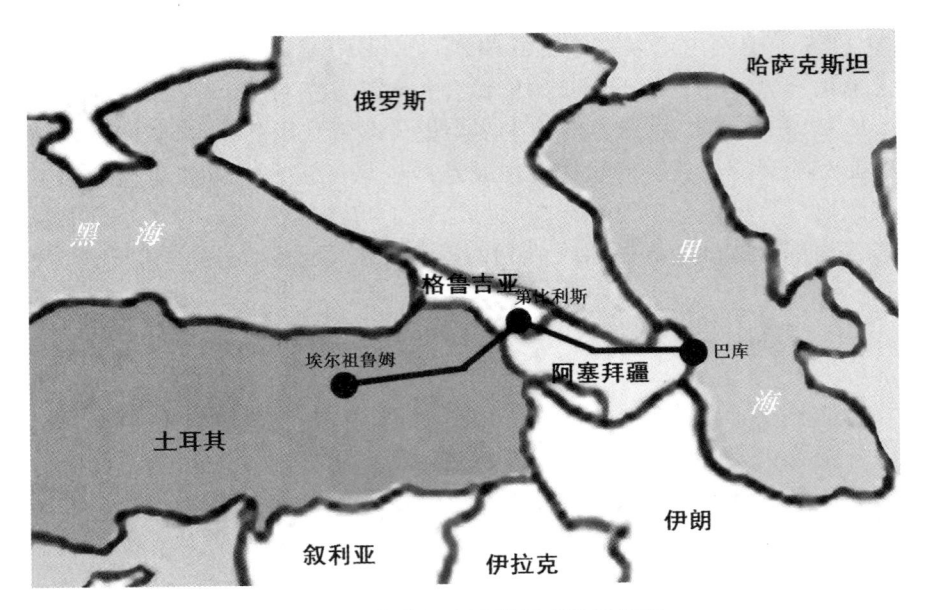

图 2-1 南高加索天然气管道示意图

图片来源：作者自制。

2. "纳布科天然气管道"（Nabucco）。就在土、格、阿三国签订"南高加索天然气管道"合同的一年之后，土耳其国家石油天然气公司（BOTAŞ）又在 2002 年 5 月与奥地利天然气石油集团（OMV）签署了共同开发一条"土耳其—奥地利天然气管道"（the Turkey-Austria gas pipeline）的意向协定书。显然，这种意向是因为有了此前的"南高加索天然气管道"作为上游，才使得两家能源公司筹划了将这条管道进一步向西延伸，建设一条通往欧洲的天然气管道计划。同年 6 月，3 个过境国保加利亚、罗马尼亚和匈牙利的能源公司保加利亚燃气公司（Bulgargaz）、罗马尼亚天然气运输公司（Transgaz）和匈牙利油气公司（MOL）也加入进来。10 月，5 家公司共同签订了对该项目进行可行性研究的合作协定。[①] 在签署

---

① Nabucco Pipeline—About us, http://www.nabucco-pipeline.com/portal/page/portal/en/company_main/about_us.

合作协定的会议结束之后，5家合作伙伴来到维也纳国家剧院观看了朱塞佩·威尔第的著名歌剧《纳布科》。后来，这条管道便被授予了"纳布科管道"的名称。① 该管道的设想是：全长3300公里，起点是格鲁吉亚/土耳其边境或者伊朗（伊拉克）/土耳其边境，中间经过土耳其、保加利亚、罗马尼亚和匈牙利，到达奥地利的鲍姆加滕（Baumgarten）。详见图2－2。

图2－2　纳布科天然气管道规划图

图片来源：http：//en.wikipedia.org/wiki/File：2010Nabuccopipelinemap.jpg。

5国能源公司当时的计划是2011年动工，2014年实现首次供气，初期输气能力每年80亿立方米，到2018年达到150亿立方米，2022年最大量达到250亿至310亿立方米。对于这一计划，发起者认为这是"一条将里海地区、中东和埃及，经过土耳其、保加利亚、罗马尼亚、匈牙利，与奥地利以及中欧和西欧天然气市场连接起来的新的天然气管道"。②

2003年12月，欧盟委员会签署了一份对该计划进行国际财政援助的协定，提供对项目开展可行性研究50%的费用资助，明确表明了欧盟对该项目的支持态度，以及要将该项目纳入欧盟能源安全战略框架之中的意图。欧盟一直在追求降低对俄罗斯天然气依存度的目标，具有这种能源地缘价值的"纳布科管道"正契合了欧盟的战略目标。

2006年1月，俄罗斯与乌克兰之间发生了轰动一时的"断气"风波：

---

① http：//en.wikipedia.org/wiki/Nabucco_pipeline.
② Mark Rowley：The Nabucco Pipeline Project Gas Bridge To Europe? Pipeline & Gas Journal, September 2009, p.72.

由于天然气价格纠纷,俄罗斯于2006年1月1日停止向乌克兰供应天然气。此举殃及欧盟国家,因为当时欧盟国家来自俄罗斯的天然气有90%要经过乌克兰境内向西输送。这次事件暴露出欧盟能源严重依赖进口的风险,对此,欧盟能源问题委员皮耶巴尔格斯表示:"通过这次事件,欧盟更清楚地认识到天然气供应途径单一的隐患。"① 在这种背景下,奥、土、保、罗、匈5国在2006年6月签署了"纳布科管道"的部长级声明,将此项目由企业商业活动上升到了各有关国家的政府行为。对此,皮耶巴尔格斯表示欢迎说,纳布科管道"可以减少欧盟对俄罗斯天然气供应的单方面依赖,欧盟委员会将支持这一项目的建设"。②

2007年1月,在欧委会给欧洲议会和欧洲理事会的通报中说,目前欧洲天然气的来源地主要有挪威、俄罗斯和北非3个方向,而"重要的是应有一个'第四走廊'的管道",这就是能够从"中亚、里海地区和中东"引入300亿立方米天然气,到2010年能够满足欧洲需求7%的"纳布科管道"。③

2007年9月,欧盟又在匈牙利首都布达佩斯召开了"纳布科天然气管道国际会议",专题讨论"纳布科管道"的建设问题,皮耶巴尔格斯在会上表示:"纳布科天然气管道是欧盟的'共同项目',体现出欧盟的能源政策。"④

3. "南部天然气走廊"(SGC)。早在2003年,欧盟就提出了建设一个从南部的土耳其引进里海地区和中东地区天然气的设想,最初的名称为"天然气线路3"(Natural gas route 3,简称NG3)。2003年12月,欧委会在提交给欧洲议会和理事会的制定跨欧洲能源网络指导方针的建议中,共开列了6个天然气管道网络系统即:

"天然气线路1"(NG1):英国—北欧;

"天然气线路2"(NG2):阿尔及利亚—西班牙—意大利—法国—欧洲大陆北部;

"天然气线路3"(NG3):里海国家—中东—欧盟国家;

---

① 李力:《俄乌天然气纠纷给欧盟敲响警钟》,《光明日报》2006年1月5日第12版。
② 宋国城:《欧盟将减少对俄天然气依赖》,《人民日报》2006年6月28日第11版。
③ http://eur-lex.europa.eu/resource.html?uri=cellar:b2828164-27d6-4efa-81e8-99c83c8a2e7d.0003.03/DOC_2&format=PDF.
④ 朱彤:《纳布科天然气管道国际会议召开》,http://www.chinapipe.net(中国管道商务网)2007-09-17。

"天然气线路4"(NG4):比利时、法国、西班牙、葡萄牙、意大利和波兰的液化天然气枢纽;

"天然气线路5"(NG5):西班牙、葡萄牙、意大利、希腊和波罗的海地区的地下天然气储藏;

"天然气线路6"(NG6):地中海欧盟成员国—东地中海天然气圈。

其中对于"天然气线路3"(NG3)的阐释是:"从新的资源地区通往欧盟的新的天然气管道网络,包括土耳其—希腊,希腊—意大利,土耳其—奥地利的天然气管道。"①

在2006年9月欧委会关于制定跨欧洲能源网络指导方针的决定中,继续沿用了"天然气线路3"(NG3)的概念,不过在阐释中略有改进,说:"新的天然气管道网络包括土耳其—希腊,希腊—意大利,土耳其—奥地利和希腊—斯洛文尼亚—奥地利(经过巴尔干半岛西部)的天然气管道。"②

2007年1月,欧盟对2006年欧盟能源战略进行了第一次评估(Strategic Energy Review),提出了应对能源安全的《欧洲能源政策》(An Energy Policy for Europe),同时要求欧委会每年对能源行动计划进行定期评估。2007年5月,欧盟理事会通过《欧盟与中亚:新伙伴关系战略》(European Union and Central Asia: Strategy for a New Partnership),在阐述欧盟与中亚伙伴关系时,明确表示:"欧盟将向中亚国家提供政治支持和援助,以开发一条新的里海—黑海—欧盟能源运输走廊。"③

按照《欧盟与中亚:新伙伴关系战略》的这一思路,欧委会在2008年11月的第二次评估(Second Strategic Energy Review)中,第一次明确提出了"南部天然气走廊"(the Southern Gas Corridor,缩写为SGC)的概念。这次评估的核心文件是《能源安全与合作行动计划》(An EU Energy Security and Solidarity Action Plan),该计划在阐述5项重点行动中的第一项"促进建设对欧盟至关重要的能源基础设施"时,列出了6个优先开发的项目,其中一项就是"必须开发南部天然气走廊以获得来自里海和中东地

---

① http://eur-lex.europa.eu/legal-content/EN/TXT/PDF/?uri=CELEX:52003PC0742&rid=2.

② Decision No 1364/2006/EC of the European Parliament and of the Council of 6 September 2006 laying down guidelines for trans-European energy networks and repealing Decision 96/391/EC and Decision No 1229/2003/EC, http://eur-lex.europa.eu/legal-content/EN/TXT/PDF/?uri=CELEX:02006D 1364-20130701&rid=36.

③ The EU and Central Asia: Strategy for a New Partnership, http://data.consilium.europa.eu/doc/document/ST-10113-2007-INIT/en/pdf.

区的天然气供应，这可能是欧盟未来需要潜在供应的重要组成部分，是欧盟最高的能源安全优先项目之一"，为此"欧盟委员会和成员国需要加强开展与有关国家，特别是与诸如阿塞拜疆、土库曼斯坦、伊拉克和马什里克国家等合作伙伴的工作，达到迅速获得这些国家在各个阶段坚定承诺天然气供应和管道建设的共同目标。从长远来看，在政治条件允许的情况下，该地区的其他国家，例如乌兹别克斯坦和伊朗，也应成为欧盟另一个重要的天然气供应源"。①

在该计划的结论部分中，欧委会向欧洲理事会和欧洲议会提出，包括"南部天然气走廊"在内的六个优先项目"对于欧盟能源安全至关重要"，必须采取行动以确保这些重要基础设施的建设，并特别强调"欧委会已下决心确保南部天然气走廊的开发"。②

从欧盟的第二份能源战略评估报告中可以看出，在欧盟能源供应多样化的优先项目中，建立"南部天然气走廊"已经成为其天然气供应多样化的中心部分，目标地区也非常明确，那就是里海—中亚以及中东地区，尤其是阿塞拜疆、土库曼斯坦、乌兹别克斯坦、伊朗等国家。

第三节 "南部天然气走廊"的构建和演进

一 架构阶段（2009—2010）：搭建管网框架

1. 以"纳布科管道"为旗舰项目。2008年11月欧盟的第二次能源战略评估中，在发布《能源安全与合作行动计划》的同时，还通过了一份《绿皮书：迈向安全、可持续、竞争力的欧洲能源网络》（Green Paper：Towards a Secure, Sustainable and Competitive European Energy Network），其中说："新的进口路线，特别是从中亚和里海，以及从中东和非洲，也将是必要的"；"欧盟负责包括'纳布科计划'在内的'南方天然气走廊'的协调

---

① Second Strategic Energy Review: An EU Energy Security and Solidarity Action Plan, http://eur-lex.europa.eu/legal-content/EN/TXT/PDF/?uri=CELEX：52008DC0781&qid=1515469759126&from=EN.
② Ibid..

员，已经强调了网络规划与实施的基本困难"；"欧委会将与有关国家共同合作，从现在起一年内获得对纳布科管道建设做出确定的承诺"。① 表明了欧盟要把"纳布科管道"作为"南部天然气走廊"具体管道线路的意向。

在欧盟做出第二份评估报告之后不久，俄罗斯与乌克兰两国再次爆发了天然气争端。从2009年1月1日起，俄罗斯首先中断了对乌克兰的天然气供应，接着又于7日中断了经乌克兰向欧洲的供气。"'城门失火，殃及池鱼'，俄乌天然气争端给欧洲多数国家带来了不小的压力"，"18个欧洲国家受到不同程度的影响，而东欧和中欧一些严重依赖俄罗斯天然气的国家的形势尤为严峻"，甚至有"几个欧盟国家因为天然气短缺宣布进入'紧急状态'"。② 这次俄罗斯的"断气"风波再次给欧盟的能源供应敲响了警钟，牛津大学能源政策方面的专家指出："'断气'事件是一个强烈的信号，欧盟各国应该尽快改变目前能源供给严重依赖俄罗斯的单一局面，求得能源供给多样化，这是一个亟待解决的大问题。"③ 欧盟轮值主席国捷克总理托波拉内克呼吁："欧盟应把支持建设'纳布科管道'视为'最优先任务'。"④ 在这种形势下，欧盟加快了确定"南部天然气走廊"具体管道线路的步伐。

2009年5月7日，欧盟27国同乌克兰、白俄罗斯、摩尔多瓦、亚美尼亚、格鲁吉亚和阿塞拜疆6国在捷克首都布拉格举行峰会，宣布欧盟与这6个原苏联国家成立"东部伙伴关系"，并签署了《布拉格东部伙伴关系峰会联合宣言》（Joint Declaration of the Prague Eastern Partnership Summit）。在宣言中，欧盟特别强调要与东部伙伴"通过长期稳定和安全的能源供应和运输"来"加强能源安全"。⑤ 这为随后与这些伙伴国家探讨共同开发"南部天然气走廊"做了铺垫。

就在东部伙伴关系峰会结束的第二天，即2009年5月8日，欧盟首次

---

① European Commission, Green Paper Towards a Secure, Sustainable and Competitive European Energy Network, Brussels, 13.11.2008COM (2008) 782 final, http://eur-lex.europa.eu/legal-content/EN/TXT/PDF/? uri = CELEX: 52008DC0782&rid = 3.
② 栗清振：《俄乌气争殃及欧洲》，《中国石油报》2009年1月20日第7版。
③ 杨晓静、徐珊珊：《"南部走廊"能否重绘欧盟能源版图》，《中国石化报》2009年6月4日第5版。
④ 杨舒怡：《欧洲18国惨遭俄乌斗气之殃》，《中国青年报》2009年1月16日第5版。
⑤ Joint Declaration of the Prague Eastern Partnership Summit, Prague, 7 May 2009, http://europa.eu/rapid/press-release_ PRES-09-78_ en.htm.

"南部走廊——新丝绸之路"峰会在布拉格举行,欧盟委员会和阿塞拜疆、格鲁吉亚、土耳其、埃及4国在会上共同签署了《布拉格南部走廊峰会宣言》(The Declaration-Prague Summit,Southern Corridor)。宣言表达了对于"南部走廊"的政治支持,认为"这是一项重要而互利的倡议,将促进所有相关国家的共同繁荣、稳定和安全"。宣言将2006年6月《纳布科天然气管道项目部长级声明》和2009年1月《纳布科峰会宣言》列为与"南部走廊"具有协同作用的文件之一,指出在天然气领域,欧洲理事会已于2009年3月批准对"纳布科计划"和"土耳其—希腊—意大利互连管道计划"等项目给予财政支持,因此应将其与"南部走廊"建立起互联互通,欧盟的相关成员国应尽快与土耳其完成围绕"纳布科计划"政府间协议的谈判,在2009年6月底签署协议。另外,宣言还"同意对'南部走廊'的建设给予必要的政治支持,有可能的话还要提供技术和资金援助输气管道项目"。①

《布拉格南部走廊峰会宣言》强调"南部走廊"方案的重心是尽快建成"纳布科天然气管道",这对于"南部走廊"具有重大意义,不仅标志着欧盟正式确定把"纳布科管道计划"作为"南部天然气走廊"的首选项目,而且"纳布科项目因规模巨大,将成为'南方天然气走廊'的旗舰项目"。② 欧洲理事会主席米雷克·托波拉内克在会上表示:"像'纳布科'这样一个如此重要而又处于起步阶段的项目,只有加深合作才会更加迅速和更加集中地全面推进。"③

欧盟除了将"纳布科天然气管道"作为"南部走廊"方案的主要项目之外,还为该项目提供了启动资金。在2009年7月13日欧委会通过的为能源项目提供共同体财政资助的第663/2009号条例中,给符合条件的18个天然气项目提供了14亿欧元的资助,其中"纳布科计划"获得2亿,是资助数额最大的项目之一。④ 这体现出欧盟对"南部天然气走廊"的高

---

① Prague Summit Southern Corridor May 8, 2009, http://www.eu2009.cz/assets/news-and-documents/press-releases/the-declaration---prague-summit--southern-corridor--may-8--2009.pdf.
② 于欢:《欧盟阿塞拜疆首签天然气协议》,《中国能源报》2011年1月17日第7版。
③ Opening address by Mirek Topolánek at the Southern Corridor—New Silk Road summit, http://www.eu2009.cz/en/news-and-documents/speeches-interviews/opening-address-by-mirek-topolanek-at-the-southern-corridor-_-new-silk-road-summit-21884/index.html.
④ Regulation (EC) No 663/2009 of the European Parliament and of the Council of 13 July 2009 establishing a programme to aid economic recovery by granting Community financial assistance to projects in the field of energy, http://eur-lex.europa.eu/legal-content/EN/TXT/PDF/?uri=CELEX:32009R0663&rid=1.

度重视，不但对于"南部走廊——新丝绸之路"峰会能够顺利达成协议，而且对于此后实施"南部天然气走廊"方案和"纳布科管道"计划，都是一个重要的促进因素。

2010年5月，欧委会在给欧洲议会、欧洲理事会以及欧洲经济与社会委员会、欧洲区域委员会提交的2007—2009年跨欧洲能源网络执行情况的报告中，对"纳布科计划"做出通报说："纳布科天然气管道是将里海地区和中东天然气资源连接到中欧和西欧天然气市场的一条新网管。该管道将从土耳其东部边境通过保加利亚、罗马尼亚和匈牙利，到达奥地利鲍姆加滕的天然气交易枢纽。它的总长度大约是3300公里。管道将分为几个阶段来建设，预计在2014年达到输气能力为80亿到100亿立方米的第一阶段，2016年输气能力增加到150亿立方米，最后到2019年达到310亿立方米的全面生产能力"；"目前，该项目已进入授权阶段"。[1]

2. 以"土—希—意管道"为依托项目。除了"纳布科计划"之外，在2009年5月8日欧盟首次"南部走廊——新丝绸之路"峰会上发表的《布拉格南部走廊峰会宣言》中，在"南部天然气走廊"框架中还列入了一条天然气管道，就是"土耳其—希腊—意大利互连管道（Interconnector Turkey-Greece-Italy，缩写为ITGI）"。宣言中说："在天然气领域，将通过'纳布科计划'和'土耳其—希腊—意大利互连管道'以及其他项目，建立起'南部走廊'框架内的互联管网。"[2] 表明在欧盟的"南部走廊"网络方案中，"土耳其—希腊—意大利互连管道"是仅次于"纳布科管道"的项目。

"土耳其—希腊—意大利互连管道"的最初方案是"土耳其—希腊管道"（Turkey-Greece pipeline），于2002年3月由土耳其天然气公司（BOTAŞ）和希腊公共燃气公司（DEPA）动议修建，并在2003年12月签

---

[1] Commission Staff Working Document Annex to the Report from the Commission to the European Parliament, THE Council, THE European Economic and Social Committee and the Committee of the Regions on the Implementation of the Trans European Energy Networks in the Period 2007 – 2009 Pursuant to Article 17 of Regulation (EC) 680/2007 and Articles 9 (2) and 15 of Decision 1364/2006/EC ｛COM (2010) 203 final｝, http：//eur-lex. europa. eu/legal-content/EN/TXT/PDF/? uri = CELEX：52010SC0505&rid = 1.

[2] Prague Summit Southern Corridor May 8, 2009, http：//www. eu2009. cz/assets/news-and-documents/press-releases/the-declaration---prague-summit--southern-corridor--may-8--2009. pdf.

署了两国的政府间协定。

几乎在"土耳其—希腊管道"签署协定的同时,希腊公共燃气公司(DEPA)又跟意大利爱迪生能源公司(Edison S. p. A)开始酝酿修建一条从希腊通往意大利的天然气管道,于2003年进行了"希腊—意大利互连管道"(Interconnector Greece-Italy,缩写为IGI)的可行性研究。之后,两家公司合资成立了"希腊—意大利互连管道海神公司"(IGI Poseidon SA),该管道也由此称为"海神管道"(Poseidon pipeline)。详见图2-3。

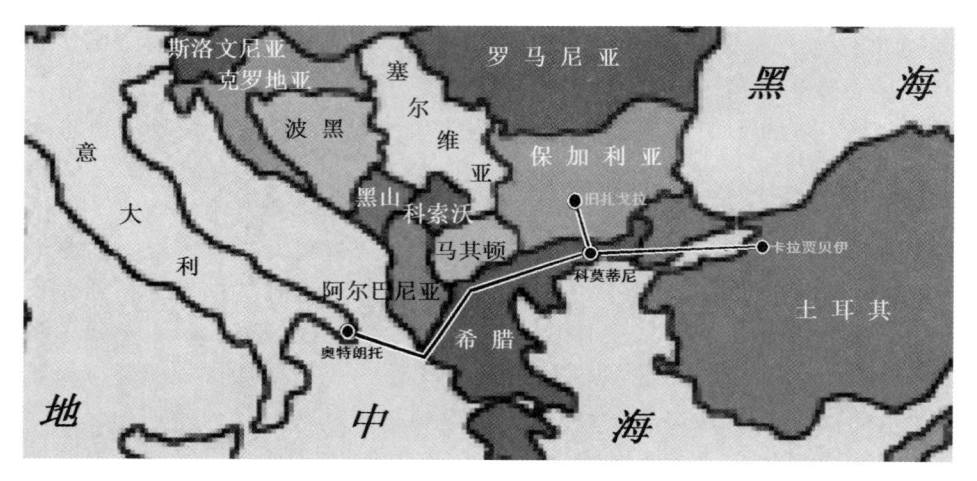

图2-3 "土—希管道"、"希—意管道"和"希—保管道"线路图
图片来源:作者自制。

"土耳其—希腊管道"和"希腊—意大利管道"是历史上第一条从南方的土耳其通往欧洲的天然气管道,因而在提出之初,便立即得到了欧盟的支持。2003年12月欧委会在给欧洲议会和理事会的建议中提出,应该支持建设"土耳其—希腊—意大利天然气管道",并将这条管道具体描述为"将里海和伊朗的天然气经过东南欧而引入欧盟和巴尔干国家市场的互连管道。"[1] 2004年,欧盟为该项目第一阶段的前端工程提供了322.5万

---

[1] Proposal for a Decision of the European Parliament and of the Council laying down guidelines for trans-European energy networks and repealing Decisions No 96/391/EC and No 1229/2003/EC, http://eur-lex.europa.eu/legal-content/EN/TXT/PDF/?uri=CELEX:52003PC0742&rid=2.

欧元的支持资金。①

2005年7月，"土耳其—希腊管道"正式开工建设。② 2005年11月，希腊和意大利两国签署了建设"意大利—希腊天然气管道"的政府间协议。③ 这使得将两条管道连接起来，共同构成"土耳其—希腊—意大利管道"的方案进一步明朗化。据此，欧委会在2006年9月做出的制定跨欧洲能源网络指导方针的决定中，提出了在"里海国家—中东—欧盟国家"的"天然气线路3（NG3）"中所包含的具有"欧洲利益"两个项目是："土耳其—希腊—意大利天然气管道"（Turkey—Greece—Italy gas pipeline）和"土耳其—奥地利天然气管道"（Turkey—Austria gas pipeline）。④ 其中前者即是"土耳其—希腊管道"和"意大利—希腊管道"的连接方案，而后者即为"纳布科管道"。

2007年1月，意、希两国官员签署了"加快建设连接希腊西海岸和意大利南部地区的天然气输送管道"的协议，该管道工程预计2008年开工，3年后投入运营。⑤ 2007年5月，欧盟委员会表示"已经有条件地批准了意大利和希腊之间的一条新的天然气管道的建设"。⑥ 2007年11月，"土耳其—希腊管道"正式建成开通，这条"全长285公里的天然气管道每年将能把120亿立方米的里海天然气输送到希腊"。⑦ 两条管

---

① Council Common Position（EC）No 1/2006 adopted by the Council on 1 December 2005 with a view to adopting Decision No …/2006/EC of the European Parliament and of the Council of … laying down guidelines for trans-European energy networks and repealing Decision 96/391/EC and Decision No 1229/2003/EC（2006/C 80 E/01），http：//eur-lex. europa. eu/legal-content/EN/TXT/PDF/? uri = CELEX：52006AG0001&rid = 1

② https：//en. wikipedia. org/wiki/Interconnector_ Turke-Greece-Italy.

③ Italy and Greece Ink Pipeline Deal，November 04，2005，https：//www. rigzone. com/news/oil_ gas/a/26656/italy_ and_ greece_ ink_ pipeline_ deal.

④ Decision No 1364/2006/EC of the European Parliament and of the Council of 6 September 2006 laying down guidelines for trans-European energy networks and repealing Decision 96/391/EC and Decision No 1229/2003/EC，http：//eur-lex. europa. eu/legal-content/EN/TXT/PDF/? uri = CELEX：02006D 1364-20130701&rid = 36.

⑤ 贾延宁：《欧盟欢迎意大利和希腊签署加快天然气管道建设协议》，国际在线，2007年2月2日，http：//www. in-en. com/article/html/energy-66509. shtml。

⑥ 《欧盟委员会有条件批准意大利希腊间输气管道建设》，世华财讯，2007年5月24日，http：//gas. in-en. com/html/gas-93481. shtml。

⑦ 李峻：《希土管道建成将减少欧洲对俄罗斯的依赖》，国际能源网，2007年11月21日，http：//gas. in-en. com/html/gas-139451. shtml。

道的重大进展，使欧盟增强了推进"土耳其—希腊—意大利管道"的信心。2009年3月，欧洲议会在《关于第二次能源战略评估的决议》中，正式将"土耳其—希腊—意大利天然气互连管道"与"纳布科管道"和"南溪管道"一起，列入了表示要支持的"南部天然气走廊"的开发项目。①

2009年7月，保加利亚国家能源控股公司同希腊公共燃气公司和意大利爱迪生能源公司签署一项拟建设"希腊—保加利亚互连管道"（Interconnector Greece-Bulgaria，缩写为 IGB）的协议，该管道从希腊的科莫蒂尼到保加利亚的旧扎戈拉，长度为160公里。② 按照计划，这条管道将于2013年建成投入使用，届时每年将从希腊向保加利亚以及周边国家输送30亿至50亿立方米的天然气。③ 就在同月，欧委会通过了资助能源项目的第663/2009号条例，为符合条件的18个天然气项目提供14亿欧元的资助，其中给"希腊—意大利管道"项目资助1亿欧元，给"希腊—保加利亚互连管道"资助0.45亿欧元。④

2010年5月，欧委会在给欧洲议会、欧洲理事会以及欧洲经济与社会委员会、欧洲区域委员会提交的2007—2009年跨欧洲能源网络执行情况的报告中，对"土耳其—希腊—意大利天然气管道"做出的叙述是："'土耳其—希腊—意大利互连管道'（ITGI）项目旨在通过土耳其和希腊将里海和中东的天然气连接到意大利和欧盟，由相互连接的两段组成"；"第一段'土耳其—希腊互连管道'已于2007年完工，全长295公里，从土耳其的卡拉贾贝伊到希腊的科莫蒂尼，增加了110亿立方米的进口容量"；"第二段'希腊—意大利互连管道'处于授权阶段"，"该项目目前面临3

---

① European Parliament resolution of 3 February 2009 on the Second Strategic Energy Review（2008/2239（INI）），http：//eur-lex. europa. eu/legal-content/EN/TXT/PDF/? uri = CELEX：52009IP0038&rid = 1.
② Bulgaria, Greece agree to link pipelines for delivery of Azerbaijan gas, 14 July 2009, https：//en. trend. az/business/energy/1505048. html.
③ 《保加利亚和希腊签署跨境天然气管道协议》，中国管道商务网，2010年12月1日，http：//gas. in-en. com/html/gas-829394. shtml。
④ Regulation（EC）No 663/2009 of the European Parliament and of the Council of 13 July 2009 establishing a programme to aid economic recovery by granting Community financial assistance to projects in the field of energy, http：//eur-lex. europa. eu/legal-content/EN/TXT/PDF/? uri = CELEX：32009R0663&rid = 1.

年的延误，预计将于 2015 年投入使用"。①

3. 以"南溪管道"为备选项目。"南溪管道"（South Stream，俄语为 Южный Поток）项目最初是在 2007 年 6 月由俄罗斯天然气工业股份公司（Gazprom）与意大利埃尼公司（Eni）共同商定建设的天然气管道项目，旨在绕过乌克兰，将俄罗斯和中亚的天然气输往欧洲。该管道由俄罗斯陆上、黑海水下和东南欧陆上三部分管道组成。其中俄罗斯的陆上部分从波钦基（Pochinki）压气站到阿纳帕（Anapa）附近的罗斯卡亚（Russkaya）压气站，黑海部分是从罗斯卡亚压气站经过 931 公里的水域到达保加利亚瓦尔纳（Varna）附近的加拉塔（Galata），上岸后的陆上部分共 1455 公里，先从瓦尔纳到普列文（Pleven），从这里，最初的线路是往西南方向，经过希腊和爱奥尼亚海到达南部意大利，但这一线路后被放弃。新的线路是往西北方向，从普列文进入到塞尔维亚的扎耶查尔（Zaječar），在塞尔维亚北部分为两支，一支经过匈牙利，到达奥地利的鲍姆加滕；另一支经过匈牙利到达克罗地亚和斯洛文尼亚，并延伸到意大利北部的塔尔维西奥。管道计划铺设 4 条平行的管线，每条管线的输气能力为 157.5 亿立方米，整个管道每年向欧洲供气 630 亿立方米，其中第一条管线预计在 2015 年底建成通气，第二条和第三条在 2016 年底、第四条在 2017 年底完成。②详见图 2-4。

在接下来的几年里，俄罗斯先后与该管道的各个过境国保加利亚、塞尔维亚、匈牙利、希腊、斯洛文尼亚、克罗地亚和奥地利签署了合作建设的政府间协议和企业间协议。由于在黑海的管道要经过土耳其的专属水域，俄罗斯还与土耳其签署了一项合作协议。③

欧盟对于这条由俄罗斯主导的"南溪管道"最初是持欢迎态度的，因为它将给欧洲输送 630 亿立方米的天然气，这对于严重缺乏天然气的东南欧国家来说无疑是雪中送炭。因此，在欧盟构建"南部天然气走廊"管道

---

① Commission Staff Working Document Annex to the Report from the Commission to the European Parliament, the Council, the European Economic and Social Committee and the Committee of the Regions on the Implementation of the TransEuropean Energy Networks in the Period 2007 – 2009 Pursuant to Article 17 of Regulation (EC) 680/2007 and Articles 9 (2) and 15 of Decision 1364/2006/EC {COM (2010) 203 final}, http://eur-lex.europa.eu/legal-content/EN/TXT/PDF/? uri = CELEX: 52010SC0505&rid = 1.

② https://en.wikipedia.org/wiki/South_Stream.

③ Ibid..

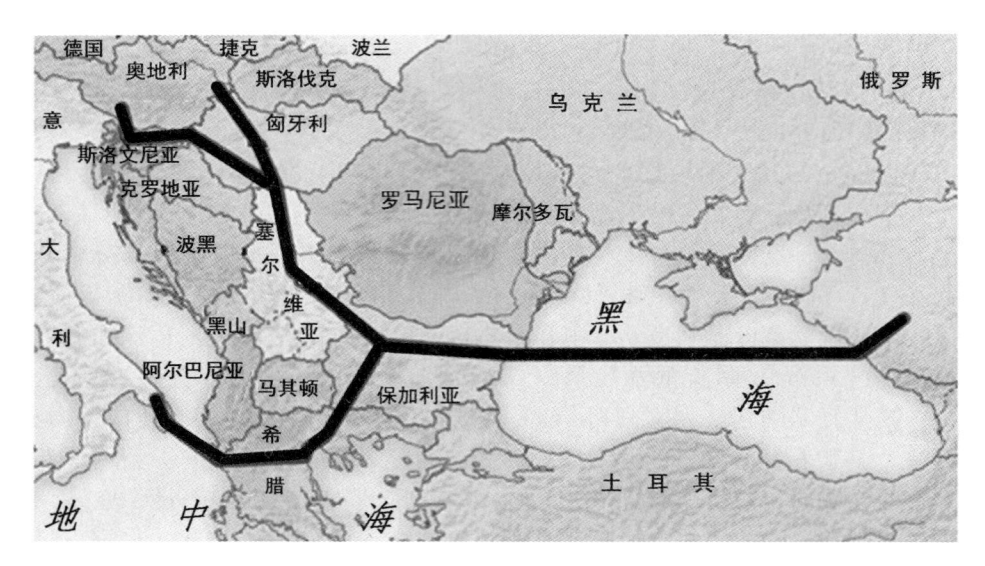

图 2-4 "南溪天然气管道"线路图

图片来源：https：//en. wikipedia. org/wiki/South_Stream#/media/File：South_Stream_map. png。

网络的初期，也把"南溪管道"列入了"南部走廊"的项目之一。2009年1月由欧洲议会法国议员拉普罗兹在第二次能源战略评估给欧洲议会工业、研究和能源委员会的报告中建议，将"南溪管道"与"纳布科管道"和"土耳其—希腊—意大利互连管道"一并列入"南部天然气走廊"的框架之中。[1] 3月，欧洲议会在《关于第二次能源战略评估的决议》中批准了这一建议，正式将"南溪管道"列为要特别支持的"南部天然气走廊"的开发项目。[2]

然而，欧盟天然气供应安全的目标之一，却又恰恰是要尽量减少对俄罗斯天然气的依赖，这与对"南溪管道"的支持是相抵牾的。实际上，还是在"南溪管道"之初，欧盟的成员国之间的态度就是不一样的。2008

---

[1] Report on the Second Strategic Energy Review (2008/2239 (INI))，http：//www. europarl. europa. eu/sides/getDoc. do? pubRef = -//EP//NONSGML + REPORT + A6 - 2009 - 0013 + 0 + DOC + PDF + V0//EN.

[2] European Parliament resolution of 3 February 2009 on the Second Strategic Energy Review (2008/2239 (INI))，http：//eur-lex. europa. eu/legal-content/EN/TXT/PDF/? uri = CELEX：52009IP0038&rid = 1.

年1月,在俄罗斯与保加利亚两国签署了建设"南溪管道"的协议之后,一方面,欧盟委员会发言人埃斯普尼表示该项目"不是欧盟的优先建设项目",另一方面,东南欧的欧盟国家却抱着欢迎的态度,认为该项目"将使欧洲南部和中部的国家不仅能保证自己对天然气的需求,而且还能为自己带来许多经济益处"。①

在欧盟内部这种意见不统一的情况下,欧盟委员会主席巴罗佐表示,欧盟既不打算给"南溪管道"项目提供资金援助,但又不反对俄罗斯建造"南溪"天然气管线。②

2009年1月,拉普罗兹在给欧洲议会的报告中,还针对"南溪管道"与"纳布科管道"是竞争关系的说法,特意阐述说:"欧盟的'纳布科天然气管道'项目要想获得进展,就应该与俄罗斯实行合作,以避免两条天然气管道的竞争,才能最终获得从俄罗斯、伊朗和里海地区输送来的天然气。"③

但是,当欧洲议会在两个月后作出《关于第二次能源战略评估的决议》时,虽然批准了拉普罗兹提出的将"南溪管道"列为"南部走廊"框架项目的建议,表示"要支持那些能源供应路线多元化的项目,特别是要发展包括'纳布科管道'、'土耳其—希腊—意大利互连管道'和'南溪管道'等项目在内的'南部天然气走廊'"。但是,该决议却并未采用拉普罗兹关于应该与俄罗斯实行合作的阐述,只是指出"各成员国尚缺乏团结","敦促理事会和委员会创建起一个团结的机制"。④ 并且,在2009年7月欧委会通过的资助能源项目的第663/2009号条例中,"纳布科管道"和"希腊—意大利管道"以及"希腊—保加利亚互连管道"都获得了数额不等的资助,而"南溪管道"却并未出现在项目清单中。⑤ 这充分

---

① 臧文茜:《俄罗斯稳保欧洲能源垄断权》,《第一财经日报》2008年1月23日第A04版。
② 《俄匈达成"南溪"天然气管道协议》,新华网,2009年3月12日,http://gas.in-en.com/html/gas-314839.shtml。
③ Report on the Second Strategic Energy Review (2008/2239 (INI)), http://www.europarl.europa.eu/sides/getDoc.do?pubRef=-//EP//NONSGML+REPORT+A6-2009-0013+0+DOC+PDF+V0//EN。
④ European Parliament resolution of 3 February 2009 on the Second Strategic Energy Review (2008/2239 (INI)), http://eur-lex.europa.eu/legal-content/EN/TXT/PDF/?uri=CELEX:52009IP0038。
⑤ Regulation (EC) No 663/2009 of the European Parliament and of the Ccouncil of 13 July 2009 establishing a programme to aid economic recovery by granting Community financial assistance to projects in the field of energy, http://eur-lex.europa.eu/legal-content/EN/TXT/PDF/?uri=CELEX:32009R0663。

表明，欧盟虽然把"南溪管道"列进了"南部走廊"的大框架内，但也只是作为一个备选项目而已。

二 演进阶段（2011—2013）：系统增汰定型

1. 增选"跨亚得里亚海管道"。"跨亚得里亚海管道"（Trans-Adriatic Pipeline，缩写 TAP）陆上部分的起点在希腊和土耳其边界，穿过整个希腊北部和阿尔巴尼亚，抵达亚得里亚海海岸。海上部分从阿尔巴尼亚的费里（Fier）开始，穿越亚得里亚海在意大利南部登陆后，与意大利天然气网络相连接。管道总长度为 878 公里（希腊 550 公里，阿尔巴尼亚 215 公里，亚得里亚海 105 公里，意大利 8 公里），建成后初期输气能力为每年 100 亿立方米，将来输气能力增加还可转运至东南欧乃至中西欧国家。[①] 详见图 2-5。

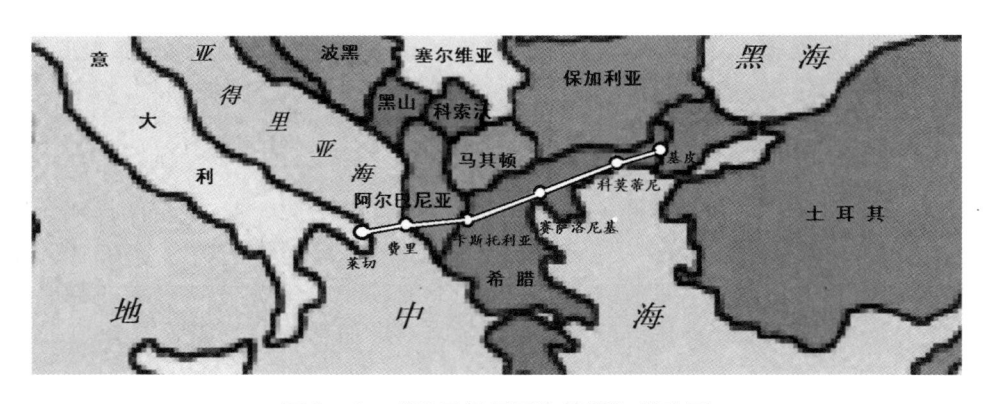

图 2-5 "跨亚得里亚海管道"线路图

图片来源：作者自制。

"跨亚得里亚海管道"是在"南部天然气走廊"方案出台之前提出的。2003 年，瑞士的能源公司劳芬堡电力集团（EGL，现名 Axpo）首先提出了建设"跨亚得里亚海管道"的设想，并在 2006 年 3 月完成了可行性研究。2008 年 2 月，劳芬堡集团和挪威石油公司（Statoil）联合成立了合资的跨亚得里亚海管道公司（TAP AG），并在 6 月向希腊政府提交了一个建

---

① TAP at a glance，https：//www.tap-ag.com/the-pipeline.

设从塞萨洛尼基（Thessaloniki）到希腊—阿尔巴尼亚边境200公里管段的申请。①

"跨亚得里亚海管道"从一开始就受到了欧盟的密切关注。在该管道刚启动之际，欧盟便在2004年指出这是"一个连接意大利和东南欧能源市场的天然气管道"，并资助了102.6万欧元以支持该项目的可行性研究。② 2006年9月欧洲议会和理事会《制定跨欧洲能源网络指导原则的决议》在谈到"发展天然气供气管道输送能力"时，特别提到"跨亚得里亚海管道"，认为这是一条"从里海地区、俄罗斯或中东进口天然气，连接意大利和东南欧能源市场的天然气输送管道"。③

不过，在2008年11月欧盟出台"南部天然气走廊"方案时，并未将"跨亚得里亚海管道"列为该输气网络的一部分，当时欧盟的主要思路还是以"纳布科管道"作为"南部走廊"的主要管线。在2009年5月欧盟与阿塞拜疆、格鲁吉亚、土耳其、埃及4国签署的《南部走廊峰会宣言》中，也只将"纳布科管道"和"土耳其—希腊—意大利互连管道"列入"南部天然气走廊"的框架中。④ 在2009年3月第二次能源战略评估时，在表示特别要支持的"南部天然气走廊"的项目中，除了上述两条管道外，又增列了"南溪管道"，仍没有纳入"跨亚得里亚海管道"。⑤ 2009年7月13日欧盟的能源项目财政资助清单中，在"南部天然气走廊"目下只有两个受到资助的项目，即"纳布科管道"和"土耳其—希腊—意大利互连管道"，仍然没有考虑"跨亚得里

---

① https：//en. wikipedia. org/wiki/Trans_ Adriatic_ Pipeline.
② Council Common Position (EC) No 1/2006 adopted by the Council on 1 December 2005 with a view to adopting Decision No …/2006/EC of the European Parliament and of the Council of … laying down guidelines for trans-European energy networks and repealing Decision 96/391/EC and Decision No 1229/2003/EC (2006/C 80 E/01), http：//eur-lex. europa. eu/legal-content/EN/TXT/PDF/? uri = CELEX：52006AG0001.
③ Decision No 1364/2006/EC OF THE EUROPEAN PARLIAMENT AND OF THE COUNCIL of 6 September 2006 laying down guidelines for trans-European energy networks and repealing Decision 96/391/EC and Decision No 1229/2003/EC, http：//eur-lex. europa. eu/legal-content/EN/TXT/PDF/? uri = CELEX：32006D1364.
④ Prague Summit Southern Corridor May 8, 2009, http：//www. eu2009. cz/assets/news-and-documents/press-releases/the-declaration---prague-summit--southern-corridor--may-8--2009. pdf.
⑤ European Parliament resolution of 3 February 2009 on the Second Strategic Energy Review (2008/2239 (INI)), http：//eur-lex. europa. eu/legal-content/EN/TXT/PDF/? uri = CELEX：52009IP0038.

亚海管道"。①

2009 年 7 月 16 日，欧委会在给欧洲议会和理事会提交的一份关于保障天然气供应安全的建议中，第一次把"跨亚得里亚海管道"列入了"第四条走廊"（the 4th corridor）中，说："希腊从里海地区经过土耳其进口天然气有几条计划中属于'第四条走廊'（里海/中东到欧盟国家）的管道项目：'纳布科管道'、'土—希—意互连管道'、'跨亚得里亚海管道'和'白溪管道'。"② 这里说的"第四条走廊"也就是"南部走廊"。

随着欧盟国家能源安全形势的日益严峻，欧盟急于打通从里海—中亚地区直接引入天然气的渠道，扩大了对管道线路的选择范围。2010 年 5 月，在欧委会提交的 2007—2009 年跨欧洲能源网络执行情况的报告中，正式把"跨亚得里亚海管道"列入到了"第三条线路"（"南部天然气走廊"）的"优先项目"中，说："从里海和中东输送天然气到欧盟，将由于'土—希—意互连管道'、'纳布科管道'、'跨亚得里亚海管道'以及'白溪管道'的铺设而得到保证"；并具体介绍说："'跨亚德里亚海管道'是一条过境管道，主要通过土耳其、希腊和阿尔巴尼亚将里海地区和中东地区的天然气输送到意大利。管道全长 520 公里，预计输气能力为每年 100 亿立方米。项目目前处于授权阶段，其总费用估计为 15 亿欧元，欧盟已经分别在 2004 年和 2005 年的两个'跨欧洲能源网络计划'（TEN-E）中为其提供了 102.6 万欧元和 200 万欧元的资助"。③

在欧盟的支持下，"跨亚得里亚海管道"项目在 2009 年以后取得了一系列实质性的进展：2009 年 3 月，意大利和阿尔巴尼亚两国签署了能源合

---

① Regulation (EC) No 663/2009 of the European Parliament and of the Council of 13 July 2009 establishing a programme to aid economic recovery by granting Community financial assistance to projects in the field of energy, http：//eur-lex. europa. eu/legal-content/EN/TXT/PDF/？uri = CELEX：32009R0663.

② Commission Staff Working Document Accompanying document to the Proposal for a Regulation of the European Parliament and of the Council concerning measures to safeguard security of gas supply and repealing Directive 2004/67/EC, http：//eur-lex. europa. eu/legal-content/EN/TXT/PDF/？uri = CELEX：52009SC0979.

③ Commission Staff Working Document Annex to the Report from the Commission to the European Parliament, the Council, the European Economic and Social Committee and the Committee of the Regions on the Implementation of the TransEuropean Energy Networks in the Period 2007 – 2009 Pursuant to Article 17 of Regulation (EC) 680/2007 and Articles 9 (2) and 15 of Decision 1364/2006/EC ｛COM (2010) 203 final｝, http：//eur-lex. europa. eu/legal-content/EN/TXT/PDF/？uri = CELEX：52010SC0505.

作的政府间协定,认为"跨亚得里亚海管道"是一个符合两国共同利益的项目。2012年2月,"跨亚得里亚海管道"被阿塞拜疆"沙赫—丹尼兹"财团预选为独家谈判的第一个项目。2012年9月,阿尔巴尼亚、希腊和意大利签署了一份谅解备忘录,确认了他们对该管道项目的政治支持。2012年11月22日,"跨亚得里亚海管道"项目集团和"跨安纳托利亚天然气管道"(TANAP)的合作伙伴签署了一份谅解备忘录,建立双方之间的合作框架。2013年2月,希腊、意大利和阿尔巴尼亚签署了政府间协定。2013年6月,该项目在与"纳布科西线"项目(Nabucco West project)的竞争中,被"沙赫—丹尼兹"二期气田(Shah Deniz II)正式选定为通往欧洲的天然气输送线路。①

随着"跨亚得里亚海管道"项目的推进,欧盟也将该项目增选为"南部天然气走廊"管道网络的正式组成部分。2012年11月,欧委会在一份做好内部能源市场工作的报告中指出,成员国意大利"应继续积极扩大其能源供应多元化的路线,包括实施作为'南部天然气走廊'意大利分支的'跨亚得里亚海管道'。"② 说明此时欧盟已经将"跨亚得里亚海管道"视为"南部天然气走廊"的一部分。2013年10月,在欧洲议会和理事会《关于跨欧洲能源基础设施指导原则修正案》所列的"共同利益项目"(PCI)清单中,将"从希腊经由阿尔巴尼亚和亚得里亚海到达意大利"的"跨亚得里亚海管道",正式列入了优先的"南部天然气走廊"的能源网络当中。③

2. 纳入"跨安纳托利亚管道"。"跨安纳托利亚管道"(Trans-Anatolian gas pipeline,缩写TANAP,土耳其语为Trans-Anadolu Doğalgaz Boru Hattı)是从阿塞拜疆通过格鲁吉亚和土耳其到欧洲的天然气管道,是"南

---

① https://en.wikipedia.org/wiki/Trans_Adriatic_Pipeline.
② Brussels, 15.11.2012SWD (2012) 367 COMMISSION STAFF WORKING DOCUMENT: Investment projects in energy infrastructure Accompanying the document COMMUNICATION FROM THE COMMISSION TO THE EUROPEAN PARLIAMENT, THE COUNCIL, THE EUROPEAN ECONOMIC AND SOCIAL COMMITTEE AND THE COMMITTEE OF THE REGIONS Making the internal energy market work {COM (2012) 663 final} {SWD (2012) 368 final}, http://eur-lex.europa.eu/legal-content/EN/TXT/PDF/? uri = CELEX: 52012SC0367.
③ COMMISSION DELEGATED REGULATION (EU) No 1391/2013 of 14 October 2013 amending Regulation (EU) No 347/2013 of the European Parliament and of the Council on guidelines for trans-European energy infrastructure as regards the Union list of projects of common interest, http://eur-lex.europa.eu/legal-content/EN/TXT/PDF/? uri = CELEX: 32013R1391.

部天然气走廊"的一个中心部分。它将通过与"南高加索管道"（SCP）和"跨亚得里亚海管道"（TAP）的连接，将阿塞拜疆位于里海的丹尼兹大型气田的天然气输送到欧洲。①

最初，当2008年欧盟委员会开始构建"南部天然气走廊"的框架方案时，还并未包括"跨安纳托利亚管道"，这是因为这一管道计划当时还没有推出。那时，欧盟的设想是以"纳布科计划"的线路来建设一条横贯土耳其的管道。

"跨安纳托利亚管道"计划最早是2011年11月17日在伊斯坦布尔举行的第三次黑海能源和经济论坛上宣布的。2011年12月，土耳其和阿塞拜疆签署了一项谅解备忘录，成立了一个建设和运营这条管道的财团，并于2012春季启动了技术和经济的可行性研究。2012年6月，阿塞拜疆总统阿利耶夫和时任土耳其总理的埃尔多安签署了对该项目具有约束力的政府间协议。"跨安纳托利亚管道"计划在2018年铺设到土耳其，2020年初到达欧洲，初期输气能力为每年160亿立方米，以后逐渐增加到310亿立方米，其中大约60亿立方米供应土耳其，其余的输送到欧洲。②

"跨安纳托利亚管道"从将要实施的"南高加索天然气管道扩建项目"（SCPx）在埃尔祖鲁姆（Erzurum）的终端开始，到达埃斯基谢希尔（Eskishehir），然后一支往希腊，在基皮（Kipoi）与"跨亚得里亚海管道"（TAP）相连接，另一支往保加利亚。③ 详见图2-6。

"跨安纳托利亚管道"计划甫一推出，便立即受到欧盟的看重。在土耳其和阿塞拜疆签署建设该管道的当年，欧委会便在2012年10月给欧洲议会和理事会提交的关于土耳其在准备加入欧盟方面取得进展的报告中指出："2012年6月，土耳其和阿塞拜疆签订了一个协定，成立了建设'跨安纳托利亚天然气管道'（TANAP）的一个项目公司，随后两国之间签署了政府间协议"，表明欧盟在该地区的"能源网络领域可以取得一些进展"。④

---

① https：//en. wikipedia. org/wiki/Trans-Anatolian_ gas_ pipeline.
② Foundation laid for pipe to carry Azeri gas to EU, Hurriyet Daily News, March 17/2015, http：//www. hurriyetdailynews. com/foundation-laid-for-pipe-to-carry-azeri-gas-to-eu---79790.
③ https：//en. wikipedia. org/wiki/Trans-Anatolian_ gas_ pipeline.
④ TURKEY 2012 PROGRESS REPORT accompanying the document COMMUNICATION FROM THE COMMISSION TO THE EUROPEAN PARLIAMENT AND THE COUNCIL Enlargement Strategy and Main Challenges 2012 – 2013 ｛COM（2012）600 final｝, http：//eur-lex. europa. eu/legal-content/EN/TXT/PDF/? uri = CELEX：52012SC0336.

图 2-6 "跨安纳托利亚管道"线路图

图片来源：http://www.tanap.com/corporate/about-us/。

2013年3月，欧委会在《欧洲睦邻政策在阿塞拜疆的实施：2012年的进展及行动建议》中指出："欧盟和阿塞拜疆在能源战略伙伴关系方面取得了重大进展"，其中之一便是"阿塞拜疆和土耳其议会已经批准了建设通往欧盟国家的'跨安纳托利亚天然气管道'的双边协定"，表明"南方能源走廊的认识已经一步步地在走近"。还说："对于天然气通过土耳其境内的运输来说，阿塞拜疆和土耳其签署和批准的建设'跨安纳托利亚天然气管道'的协议，具有里程碑的意义。"①

2013年10月，在欧洲议会和理事会《关于跨欧洲能源基础设施指导原则修正案》所列的"共同利益项目"（PCI）清单中，将"从欧盟经过土耳其、格鲁吉亚、阿塞拜疆和里海到达土库曼斯坦的天然气管道"列为了"南部天然气走廊"的第一项，并具体指出这条管道是"'跨安纳托利亚天然气管道'（TANAP）与'南高加索管道扩建项目'（SCP-(f)x）和'跨里海天然气管道'（TCP）的结合"。② 表明欧盟此时已经将"跨安纳托利亚管道"纳入到了"南部天然气走廊"的框架之内。

3. 放弃"南溪管道"和"白溪管道"。欧盟在2008年推出"南部天

---

① Implementation of the European Neighbourhood Policy in Azerbaijan Progress in 2012 and recommendations for action, http://eur-lex.europa.eu/legal-content/EN/TXT/PDF/?uri=CELEX：52013SC0088.
② COMMISSION DELEGATED REGULATION (EU) No 1391/2013 of 14 October 2013 amending Regulation (EU) No 347/2013 of the European Parliament and of the Council on guidelines for trans-European energy infrastructure as regards the Union list of projects of common interest, http://eur-lex.europa.eu/legal-content/EN/TXT/PDF/?uri=CELEX：32013R1391.

然气走廊"的网络方案之初,也曾经考虑过把俄罗斯主导的"南溪管道"项目收纳进来。2009年3月欧盟做出的《关于第二次能源战略评估的决议》,就表示要支持包括"南溪管道"在内的"能源供应路线多元化的项目"。① 但是,欧盟从一开始就是把"南溪管道"当作一个备选项目来对待的。2009年7月欧委会开列的能源资助清单,在"南部天然气走廊"目下没有"南溪管道"的份额。2010年5月,在欧委会的跨欧洲能源网络(TEN-E)执行情况的报告中的"第三条线路"(即"南部天然气走廊")的"优先项目"之下,列出了"土—希—意互连管道""纳布科管道""跨亚得里亚海管道"和"白溪管道",并无"南溪管道"的名字,表明欧盟此时已经不再将"南溪管道"作为"南部天然气走廊"的一个备选项目,而是用"白溪管道"取代了"南溪管道"。

"白溪管道"(White Stream Gas Pipeline)也称为"格鲁吉亚—乌克兰—欧盟天然气管道"(the Georgia-Ukraine-EU Gas Pipeline),是一条计划中将里海地区的天然气输送到罗马尼亚和乌克兰,再进一步供应中欧国家的管道。2005年,乌克兰政府官员最先提出了这一管道线路的设想。2008年1月,乌克兰总理季莫申科提出了希望欧盟考虑参与"白溪"项目的请求。2008年5月,欧委会确认该项目为"共同利益项目"(PCI),并且进一步将其标记作为"优先项目"。2009年3月,格鲁吉亚政府签署了与"白溪"项目合作的谅解备忘录。②

"白溪管道"计划从格鲁吉亚首都第比利斯附近的"南高加索天然气管道"(SCP)分出,在格鲁吉亚境内运行133公里,到达黑海边的苏普萨(Supsa)。在黑海的管道线路有两种可能:直线是从苏普萨到罗马尼亚的康斯坦察(Constanţa),长度为1105公里。另一个选择是管道通过克里米亚(Crimea)到达康斯坦察,其中第一段是630公里的海域部分,在克里米亚的费奥多西亚(Feodosiya)附近登陆,第二段是215公里穿越克里米亚的陆地部分,第三段是395公里海域部分到达罗马尼亚。在乌克兰,管道将由200公里长的陆上支线连接到乌克兰的输送系统,并进一步供应到波兰、立陶宛和斯洛伐克。在罗马尼亚,除了供给本国及邻近市场需求之外,还拟建一条陆上管道,与计划中的泛欧洲输油管道平行运行,穿越

---

① European Parliament resolution of 3 February 2009 on the Second Strategic Energy Review (2008/2239 (INI)), http://eur-lex.europa.eu/legal-content/EN/TXT/PDF/?uri=CELEX:52009IP0038.
② https://en.wikipedia.org/wiki/White_Stream.

巴尔干半岛到达意大利东北部的的里雅斯特（Trieste），或通往奥地利的鲍姆加滕（Baumgarten）天然气枢纽。详见图2-7。

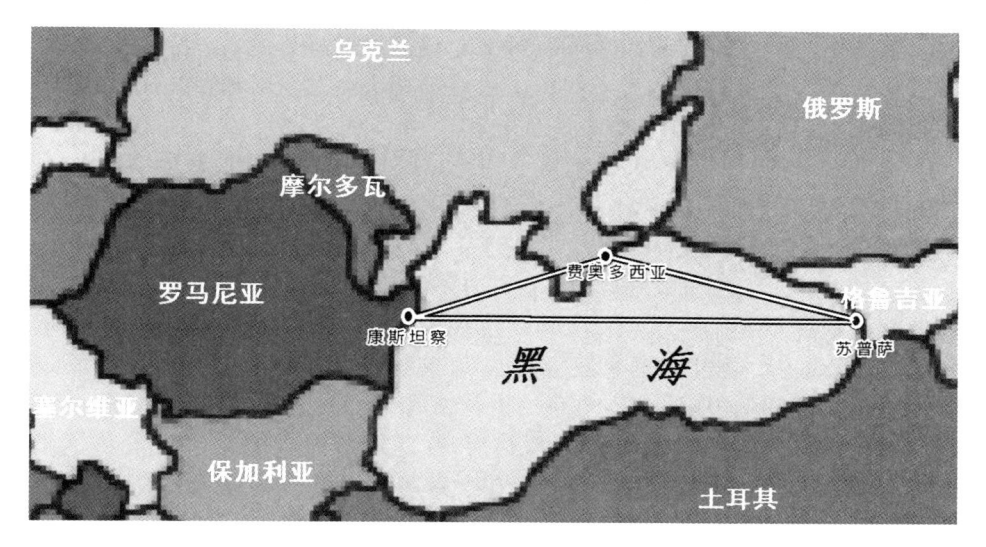

图2-7 "白溪管道"线路图

图片来源：作者自制。

"白溪管道"的构想虽然提出的较早，但却一直没有实质性的推进。因此，欧盟在2008年11月提出建立"南部天然气走廊"输气网络的方案时，并没有把"白溪管道"考虑进去。但是有一点是重要的，那就是"白溪管道"把里海地区作为输气来源地，这与欧盟绕开俄罗斯，减少对俄罗斯天然气依存度的初衷是相吻合的。尤其是在2009年1月因俄罗斯与乌克兰再度发生天然气纠纷而殃及众多欧盟国家之后，对于凡是能避开俄罗斯的输气方案，欧盟都会予以高度关注。在这种形势下，欧委会在2009年7月16日提交给欧洲议会和理事会的一份关于保障天然气供应安全的建议中提出："计划中属于'第四条走廊'（里海/中东到欧盟国家）的管道项目有：'纳布科管道'、'土—希—意互连管道'、'跨亚得里亚海管道'和'白溪管道'。"①

---

① COMMISSION STAFF WORKING DOCUMENT Accompanying document to the Proposal for a REGULATION OF THE EUROPEAN PARLIAMENT AND OF THE COUNCIL concerning measures to safeguard security of gas supply and repealing Directive 2004/67/EC，http：//eur-lex. europa. eu/legal-content/EN/TXT/PDF/？uri＝CELEX：52009SC0979.

这是第一次把"白溪管道"列进"第四条走廊"（即"南部天然气走廊"）的大框架里。

2009年10月，阿塞拜疆总统阿利耶夫在政府关于天然气问题的特别会议上提出，阿塞拜疆的天然气有可能通过黑海出口，并说"'白溪管道'和液化天然气是最近正在考虑的两个可能的解决方案"。[①] 据此，欧盟进一步提高了对"白溪管道"的关注度。2010年5月4日，欧委会在2007—2009年跨欧洲能源网络执行情况的报告中，正式把"白溪管道"列入"第三条线路"（即"南部天然气走廊"）的"优先项目"之中，说："从里海和中东输送天然气到欧盟，将由于'土—希—意互连管道'、'纳布科管道'、'跨亚得里亚海管道'以及'白溪管道'的铺设而得到保证"；并具体介绍说："'白溪天然气管道'将提供一个格鲁吉亚'南高加索天然气管道'（SCP）通过克里米亚穿越黑海与罗马尼亚之间的联结。该管道长度估计为1100公里，其中700公里从格鲁吉亚到克里米亚为海底部分，实施后第一阶段的初始输气能力大约为80亿立方米，随后的阶段将逐步扩大（第二阶段为160亿立方米），在'跨里海天然气管道'（TCP）从土库曼斯坦和其他里海东部国家启动输气后，最大可达到320亿立方米。届时，'白溪管道'将会进一步向欧盟成员国（如匈牙利、斯洛文尼亚、捷克、波兰、波罗的海国家等）输送里海的天然气。该项目目前处于研究阶段，预计在2016年开始运营。项目总费用预估为40亿欧元，欧盟已经分别在2007年和2008年的两个'跨欧洲能源网络计划'（TEN-E）中为其提供了30万欧元和35万欧元的资助。"[②]

2010年5月20日，欧洲议会在《欧盟对南高加索地区战略需求的决议》中指出："要认识到该区域对欧盟能源合作和能源安全的重要性，特别是在开发'南部走廊'（'纳布科管道'和'白溪管道'）的背景下；强

[①] White Stream can De-Monopolize the Turkish Transit of Gas to Europe, Eurasia Daily Monitor Volume: 6 Issue: 199: October 29, 2009 1, https://jamestown.org/program/white-stream-can-de-monopolize-the-turkish-transit-of-gas-to-europe.

[②] COMMISSION STAFF WORKING DOCUMENT Annex to the REPORT FROM THE COMMISSION TO THE EUROPEAN PARLIAMENT, THE COUNCIL, THE EUROPEAN ECONOMIC AND SOCIAL COMMITTEE AND THE COMMITTEE OF THE REGIONS ON THE IMPLEMENTATION OF THE TRANSEUROPEAN ENERGY NETWORKS IN THE PERIOD 2007–2009 Pursuant to Article 17 of Regulation (EC) 680/2007 and Articles 9 (2) and 15 of Decision 1364/2006/EC ｛COM (2010) 203 final｝, http://eur-lex.europa.eu/legal-content/EN/TXT/PDF/? uri = CELEX: 52010SC0505.

调加深欧盟与阿塞拜疆能源伙伴关系的重要性,并注意到阿塞拜疆能源资源的巨大价值及其在其经济发展中所发挥的重要作用。"① 已经明确地把"白溪管道"作为"南部走廊"框架内的一个项目。

在 2011 年 5 月 25 日,欧委会在《欧洲睦邻政策的实施 2010》的"格鲁吉亚"分报告中,仍把"白溪管道"当作是"南部走廊"的一部分,说:"对格鲁吉亚的重点要放在发展'南部天然气走廊'上,包括'纳布科管道'和'白溪管道'(穿越黑海的天然气管道)。"② 直到 2013 年 10 月,在欧洲联盟议会和理事会《关于跨欧洲能源基础设施指导原则的修正案》所开列的关于共同利益项目(PCI)的联合清单中,在"7. 优先走廊'南部天然气走廊'(SGC)"的名录下,还仍然列有"7.2.3. 连接格鲁吉亚与罗马尼亚的海底管道(目前称为'白溪管道')"。③

然而,在 2015 年 11 月欧委会发布的最新版本的"共同利益项目"(PCI)清单中,在"7. 优先走廊'南部天然气走廊'(SGC)"的名录下写的却是"7.2. 不再考虑任何一项列入共同利益项目"。④ 说明欧盟此时在"南部走廊"的方案中也放弃了对"白溪管道"项目的支持。

4. 更换"纳布科管道"。在"南部天然气走廊"方案最初推出,以及推出后的很长一段时间里,都是把"纳布科管道"作为其主要项目的。由于"纳布科管道"的设计线路有 2000 公里在土耳其境内,占总长度的 2/3,"作为纳布科管线最主要的过境国,土耳其的作用非常微妙"。⑤ 因

---

① The need for an EU strategy for the South Caucasus P7_ TA(2010)0193 European Parliament resolution of 20 May 2010 on the need for an EU strategy for the South Caucasus(2009/2216(INI))(2011/C 161 E/20),http://eur-lex. europa. eu/legal-content/EN/TXT/PDF/? uri = CELEX:52010IP0193.

② JOINT STAFF WORKING PAPER Implementation of the European Neighbourhood Policy in 2010 Country report:Georgia,http://eur-lex. europa. eu/legal-content/EN/TXT/PDF/? uri = CELEX:52011SC0649.

③ COMMISSION DELEGATED REGULATION(EU)No 1391/2013 of 14 October 2013 amending Regulation(EU)No 347/2013 of the European Parliament and of the Council on guidelines for trans-European energy infrastructure as regards the Union list of projects of common interest,http://eur-lex. europa. eu/legal-content/EN/TXT/PDF/? uri = CELEX:32013R1391.

④ COMMISSION DELEGATED REGULATION(EU)2016/89 of 18 November 2015 amending Regulation(EU)No 347/2013 of the European Parliament and of the Council as regards the Union list of projects of common interest,http://eur-lex. europa. eu/legal-content/EN/TXT/PDF/? uri = CELEX:32016R0089.

⑤ 佟刚:《纳布科天然气管线盼来"绿灯"》,《中国石化报》2009 年 8 月 6 日第 5 版。

此，要想实施这一计划，首先就要与土耳其达成协议。在 2009 年 5 月欧盟"南部走廊—新丝绸之路"峰会结束之后，欧盟国家首先要做的事情就是要同土耳其达成协议。在经过一番斡旋之后，4 个与"纳布科计划"直接相关的欧盟国家奥地利、保加利亚、罗马尼亚和匈牙利，在 2009 年 7 月由 4 国总理出面，同土耳其总理共同签订了《纳布科政府间协议》（The Nabucco Intergovernmental Agreement）。① 该协议的签订标志着 4 个欧盟国家与土耳其之间的天然气输送建立起了法律框架和政治框架的基础，标志着"纳布科管道的计划终于正式启动"。② 后来，在 2011 年 6 月，以上 5 国和德国又签署了"纳布科管道"项目的支持协议。③ 此举标志着"纳布科管道"法律框架的最终完成，也标志着各国政府承诺对"纳布科计划"的支持。

在此前后，欧盟还经过多方斡旋，先后获得了阿塞拜疆（2007 年 9 月）、伊朗（2008 年 1 月）、土库曼斯坦（2009 年 7 月）、伊拉克（2009 年 11 月）的供气意向。

在接下来的几年里，虽然欧委会在 2010 年 11 月公布的未来 20 年欧洲电力和天然气网络发展规划中，仍然将"里海天然气管道建设列为优先建设项目"，"'纳布科管道'是里海—欧洲能源走廊的旗舰项目"。④ 在 2011 年 10 月公布的欧盟 2014 到 2020 年能源预算中，也将"南部天然气走廊"列为优先发展的项目，其中"意在将里海的天然气运送到欧洲的'纳布科天然气管道'是重中之重"。⑤ 但是，由于没有落实气源地和资金两大关键问题，因而"纳布科计划"一直没有实质性的进展。2011 年 3 月，负责"纳布科管道"项目筹备与建设的纳布科国际财团总裁米特舍克在接受采访时说："由于受到气源、资金等因素的影响，'纳布科计划'的启动已经一拖再拖，其未来前景面临诸多变数。"⑥

在气源这个被视为是"纳布科计划"瓶颈的问题上，几个潜在的供

---

① Nabucco Summits Begins, 7/13/2009, http://www.turkishpress.com/news.asp?id=346171.
② 张祖谦：《纳布科输气管计划"四两拨千斤"》，《上海证券报》2009 年 7 月 24 日第 B6 版。
③ 郑金发、王秀琼：《土耳其等六国签署纳布科输气管道项目支持协议》，《中国煤炭报》2011 年 6 月 13 日第 7 版。
④ 于欢：《欧盟公布未来 20 年能源基建蓝图》，《中国能源报》2010 年 11 月 22 日第 8 版。
⑤ 王海霞：《欧盟欲提速能源管道和电网建设能源基础设施首列入预算》，《中国能源报》2011 年 10 月 17 日第 7 版。
⑥ 宋飞：《纳布科天然气管道项目前景令人堪忧》，《中国电力报》2011 年 3 月 19 日第 7 版。

气国一直停留在意向阶段,始终没有签订合同。曾经在 2009 年 7 月与欧盟签署了《布拉格南部走廊峰会宣言》的阿塞拜疆,虽然保证向欧盟长期提供天然气,但是这一协议没有明确供气的数量以及时间表。而且,即便最后能够签订商业合同,阿塞拜疆也只能每年提供 100 亿立方米天然气,这个数量距离"纳布科计划"所设计的 310 亿立方米还相差很大。在这种情况下,"纳布科计划"转而向其他几个潜在供气国寻找更多气源。2010 年 11 月,土库曼斯坦政府表示如果"纳布科计划"得以实施,土库曼斯坦准备每年向欧洲供应 400 亿立方米的天然气。[1] 这也仍然属于一种意向。欧盟也曾考虑将伊朗作为一个主要供气候选者,可是由于伊核问题上美国的制裁,使得这几乎是"不可能的任务"。伊拉克和埃及也曾被欧盟列为供气对象,但受基础设施等限制,这两国都还不具备大量供气的能力。[2]

在资金问题上,一方面建设成本的翻番,预计耗资的数额从过去的 79 亿欧元上升到 140 亿欧元。[3] 另一方面,欧洲复兴开发银行(EBRD)、欧洲投资银行(EIB)和世界银行下属的国际金融公司(IFC)曾于 2010 年 9 月签署过一个为决策 40 亿欧元融资方案而开展评估程序的授权书,融资方案的构成是:欧洲投资银行 20 亿欧元,欧洲复兴开发银行 12 亿欧元,国际金融公司 8 亿欧元。[4] 但是,这三大金融机构却一直没有做出最后的投资决定。

就在"纳布科计划"举步艰难之时,阿塞拜疆和土耳其在 2011 年 12 月签署了建设"跨安纳托利亚管道"(TANAP)的协定,这条管道在土耳其境内的路线与"纳布科管道"形成了重复关系,这使得"纳布科计划"已经没有必要再进行这种重复建设,更新线路势在必行。在这种形势下,纳布科国际财团于 2012 年 5 月推出了"纳布科西线"(Nabucco West)的

---

[1] 李峻:《土库曼斯坦同意向纳布科管道供应天然气》,国际燃气网,2010 年 11 月 24 日, http://gas.in-en.com/html/gas-0842084214819577.html。
[2] 丹尼尔·格雷尔伯:《纳布科项目重在市场而非政治》,李慧编译,《中国能源报》2012 年 1 月 9 日第 10 版。
[3] 李峻:《欧洲纳布科管道项目可能耗资 140 亿欧元》,中国石化信息网,2011 年 10 月 14 日, http://www.sinopecnews.com.cn/news/content/2011-10/14/content_1085363.shtml。
[4] EBRD, EIB and IFC start appraisal of Nabucco pipeline, 6.9.2010, http://www.nabucco-pipe-line.com/portal/page/portal/en/press/NewsText?p_item_id=8F89091FA522BB6AE040A8C001012BAD。

新方案，该方案的起点是土耳其—保加利亚边境，终点仍是奥地利的鲍姆加滕，管道长度为1300公里，其中在保加利亚境内412公里，罗马尼亚境内469公里，匈牙利境内384公里，奥地利境内47公里。详见图2-8。

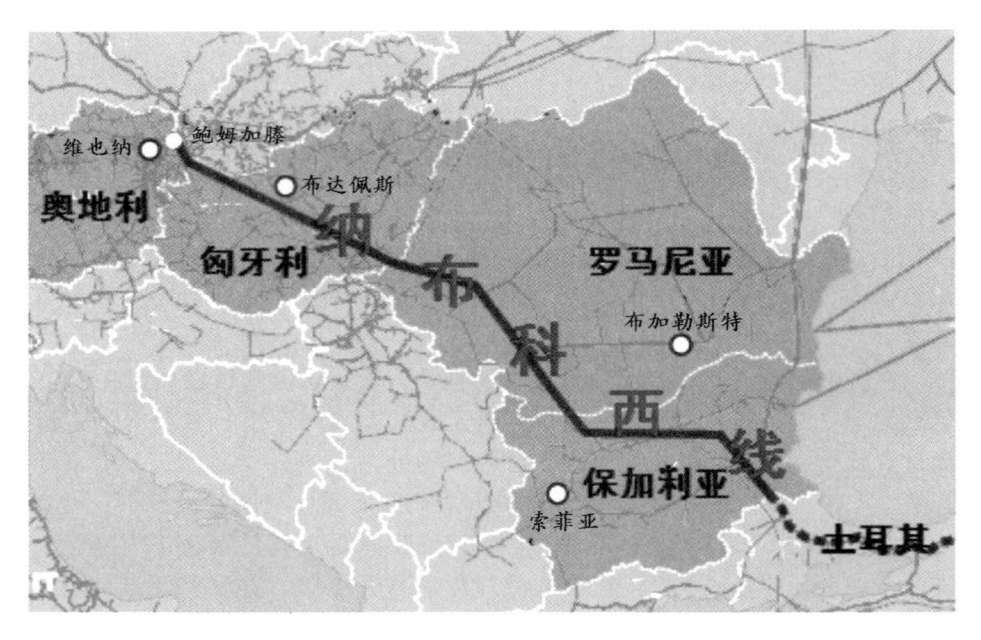

图2-8 纳布科西线管道线路图

图片来源：http://ec.europa.eu/energy/eepr/projects/files/gas-interconnections-and-reverse-flow/nabucco_en.pdf。

2012年6月，沙赫—丹尼兹气田的股东阿塞拜疆国家石油公司（SOCAR）和英国石油公司（BP）联合发布公告说，阿塞拜疆及有关合作方初步决定采用"纳布科西线"方案从土耳其边境向欧洲输送阿塞拜疆天然气，负责开发阿塞拜疆沙赫—丹尼兹气田的国际公司已完成评估，"纳布科西线"成为"向欧洲输送阿天然气的优先方案，最终决定将于2013年做出"。[①]

2013年4月，在"纳布科项目"政府间协议签署国保加利亚、匈牙

[①] 王珊珊：《阿塞拜疆决定用"纳布科西线"方案向欧洲供气》，中国新闻网，2012年6月29日，http://finance.chinanews.com/ny/2012/06-29/3996768.shtml。

利、罗马尼亚、土耳其和奥地利5国组成的纳布科委员会第四次会议上,各成员国一致重申,将致力于实现将里海天然气输往欧洲的"纳布科西线"项目,并使其成为外送里海天然气的第一条管道。然而欧盟此时已经不再看好该项目。欧盟能源委员会表示,他们会支持所有的管道项目,比如"跨亚得里亚海天然气管道"项目。①

在2013年6月,沙赫—丹尼兹财团最终在"纳布科西线管道"和"跨亚得里亚海管道"的"二选一"竞标时选择了后者。6月26日,阿塞拜疆沙赫—丹尼兹财团的代表在雅典与希腊总理萨马拉斯会面,确认将最终选择"跨亚得里亚海天然气管道"项目向欧洲输送天然气。② "纳布科计划"股东之一的奥地利石油和天然气集团(OMV)首席执行官罗伊斯在第二天的新闻记者会上承认:"对于我们来说,'纳布科项目'已经结束了",同时指出"跨亚得里亚海管道"之所以被选中作为将阿塞拜疆天然气输往欧洲的管道,是因为在意大利和希腊能够获得更高的价格。③ 对于欧盟来说,"纳布科管道"和"跨亚得里亚海管道"都是"南部天然气走廊"的组成部分,任何一项获选都意味着欧盟多年以来追求的以里海地区作为气源地的愿景终于成为现实,所以欧委会主席巴罗佐表示:"我欢迎沙赫—丹尼兹财团选择'跨亚得里亚海管道'作为'南部天然气走廊'输欧路线的决定。这是欧洲的共同成就,也是加强我们欧盟能源安全的里程碑。"欧盟能源专员奥廷格也说:"我们现在有了一个新的天然气合作伙伴,我相信我们将来会得到更多的天然气。"④

第四节 "南部天然气走廊"的实施和前景

从2008年11月欧盟提出"南部天然气走廊"的战略设想以后,经过了5年多的汰选和整合,到2013年底,由各条管线组成的管网框架系统

---

① 焦旭:《地中海国家押注"纳布科西线"》,《中国能源报》2013年4月29日第8版。
② 韩秉宸、郑红、张晓东:《纳布科天然气管道项目流产》,《人民日报》2013年6月28日第22版。
③ EU-backed Nabucco project 'over' after rival pipeline wins Azeri gas bid, https://www.euractiv.com/section/energy/news/eu-backed-nabucco-project-over-after-rival-pipeline-wins-azeri-gas-bid.
④ Ibid..

已基本定型，即以阿塞拜疆"沙赫—丹尼兹"二期气田（Shah Deniz II）为气源地，经由已经建成的"南高加索管道扩建项目"（SCPx），新开工建设3条管线：（1）"跨安纳托利亚管道"（TANAP）；（2）"跨亚德里亚海管道"（TAP）；（3）"土—希—意管道"（ITGI）。如果有可能的话，还要争取建设"跨里海天然气管道"（TCGP），以便将土库曼斯坦的天然气引进来，进一步扩大"南部走廊"的效能。

一　实施阶段（2014—2018）：世纪工程动工开建

尽管"南部天然气走廊"的旗舰项目"纳布科管道"最终流产，但是"跨安纳托利亚管道"和"跨亚德里亚海管道"的有关各方却都先后达成了合作的协议，从2015年3月起陆续开工建设，标志着"南部走廊"正式进入了实施阶段。这两条管线都是避开俄罗斯，把产自阿塞拜疆的天然气运往欧洲，进入实施阶段意味着欧盟寻求多年的天然气进口多元化战略目标开始走向了现实。

（一）"南高加索管道扩建项目"的运营

2006年建成的"南高加索输气管道"（"巴库—第比利斯—埃尔祖鲁姆管道"）在被纳入到"南部天然气走廊"管网系统之后，欧盟与阿塞拜疆和土耳其进行合作，实施了对该管道的扩建工程，共投资47亿美元，包括在阿塞拜疆境内新建一条管道和在格鲁吉亚境内新建两座压缩气站。2014年9月，该扩建项目举行了开工的奠基仪式。[①] 2018年6月，"南高加索天然气管道扩建项目"开始运营，由阿塞拜疆里海"沙赫—丹尼兹气田"出产的第一批天然气，开始经格鲁吉亚向土耳其方向输送，初期年输气量100亿立方米，预计2020年整体开通后年输气量将超过160亿立方米。有评论认为，"南方天然气走廊"的开通是具有重大历史意义的事件，它不仅提升了阿塞拜疆的国际地位和国际影响，巩固了阿塞拜疆、格鲁吉亚和土耳其三国之间的合作关系，而且也进一步加强了这三国与欧盟之间的联系。尤其是，这条天然气管道预示着欧洲能源供应市场将出现多元化新格局，将对欧洲能源格局产生持续性的重

---

① 驻阿塞拜疆经商参处：《南方天然气走廊项目今日举行通气仪式》，中华人民共和国驻阿塞拜疆大使馆经济商务参赞处网，2018年5月29日，http：//az.mofcom.gov.cn/article/jmxw/201805/20180502749678.shtml。

大影响。①

（二）"跨安纳托利亚管道"的建设

"跨安纳托利亚管道"是"南方天然气走廊"的中心部分。2014 年 9 月 20 日，巴库举行了"南方天然气走廊"项目的开工奠基仪式，参加仪式的有阿塞拜疆和保加利亚的总统，希腊、格鲁吉亚和黑山的总理，土耳其和阿尔巴尼亚的能源部长，以及英国石油公司的执行总裁等。阿塞拜疆总统阿利耶夫在谈到这个被称作 21 世纪的"世纪工程"的管道项目时说：这条被命名为"跨安纳托利亚天然气管道"（TANAP）的新项目将把阿塞拜疆的天然气输往格鲁吉亚和土耳其。然后从保加利亚起，将铺设一条穿过意大利、希腊和阿尔巴尼亚的新天然气管道。格鲁吉亚总理加里巴什维利说，"跨安纳托利亚管道"项目的实施将改变欧洲的能源版图。②

2015 年 3 月 17 日，在土耳其东北部的卡尔斯省举行了以"能源丝绸之路"命名的"跨安纳托利亚管道"开工仪式，土耳其总统埃尔多安、格鲁吉亚总统马尔格韦拉什维利和阿塞拜疆总统阿利耶夫出席了开工仪式。根据项目机构的规划，"跨安纳托利亚管道"的初期输气量为每年 160 亿立方米，并将逐步增加到 310 亿立方米，其中 60 亿立方米输送到土耳其，其余部分提供给欧洲。首次输往土耳其的通气时间是 2018 年，之后待 2020 年"跨亚得里亚海管道"建成之后开始向欧洲输气。到 2023 年，"跨安纳托利亚管道"的输气能力将达到每年 230 亿立方米，2026 年达到 310 亿立方米。土耳其总统埃尔多安在开工仪式上发表演说，盛赞"'跨安纳托利亚管道'由于其线路和目标所具有的特别意义，使得它不存在有其他项目的替代方案"。而在同时，土耳其能源部长塔纳尔·伊尔迪兹又说："'跨安纳托利亚管道'在其整个发展过程中还面临着许多政治和经济障碍。"③ 他所说的"障碍"，主要就是怎样把里海东岸土库曼斯坦的天然气运送到里海西岸，然后再通过"南高加索管道"输送到"跨安纳托利亚管道"，从而增加"跨安纳托利亚管道"的输气量，最大限度地发挥该管

---

① 《"南方天然气走廊"开通：阿塞拜疆参与构建欧洲能源新格局》，中国石油新闻中心网，2018 年 6 月 8 日，http：//news.cnpc.com.cn/system/2018/06/08/001693514.shtml。
② 《阿塞拜疆开工欧洲燃气项目　助欧摆脱对俄依赖》，http：//world.cankaoxiaoxi.com/2014/0923/506754.shtml。
③ Foundation laid for pipe to carry Azeri gas to EU, Hürriyet Daily News 2015 – 3 – 17, http：//www.hurriyetdailynews.com/foundation-laid-for-pipe-to-carry-azeri-gas-to-eu-79790.

道效能的问题。

还是在 2014 年，土耳其就同里海东岸天然气资源富足的土库曼斯坦达成了供气的协定，具体方案是建设一条"跨里海天然气管道"。2014 年 11 月，埃尔多安访问土库曼斯坦，双方就"跨里海天然气管道"达成了框架协议，强调欧洲能源安全对两国来说十分重要。[①] 双方议定以土库曼斯坦作为向"跨安纳托利亚管道"供应天然气的来源国，土耳其和阿塞拜疆也就土库曼斯坦的天然气问题达成了一项框架协议，期望能将土库曼斯坦的天然气出口到世界市场。[②]

2015 年 3 月 3 日，土库曼斯坦总统别尔德穆哈梅多夫对土耳其展开为期两天的国事访问，土耳其总统埃尔多安在会见时表示，考虑到战略前景，双方计划将土库曼斯坦的天然气经土耳其运往欧洲市场。土库曼斯坦是中亚对欧输气的关键国家，土耳其则是"南方天然气走廊"的关键一环，是阿塞拜疆天然气进入欧洲的中转国。他还补充说，土耳其、土库曼斯坦和阿塞拜疆将结成联盟，建立一个能源三方机制。[③]

获得土库曼斯坦的支持，对于增强"跨安纳托利亚管道"的价值具有重要意义。这是因为，尽管此前"跨安纳托利亚管道"已经获得了阿塞拜疆 100 亿立方米天然气的承诺，但是这个数额无论是对于该管道的容量，还是对于欧洲的需求来说，都是远远不够的。而土库曼斯坦作为世界第四大天然气储量国，如果能够通过"跨安纳托利亚管道"向欧洲供气，对于欧洲来说则是非常期盼和需要的。

然而，"土库曼斯坦天然气入欧的重要通道是跨里海天然气管道。该管道于 1998 年初被提出，起点为土库曼斯坦，经里海、阿塞拜疆、格鲁吉亚至土耳其"，尽管"管道建设的可行性研究已经完成，但终因多方利益难以协调而搁浅"，有分析称土库曼斯坦天然气入欧遇到的难题将是政治上的，而非经济或生态问题，"俄罗斯和伊朗曾多次以破坏环境为由，反对建设跨里海天然气管道"。[④] 所以，土耳其的困境正是在于这些经济方面尤其是政治方面所面临的"障碍"。

---

① 张琪：《双"土"联手欧洲能源有保障》，《中国能源报》2015 年 3 月 9 日第 7 版。
② Foundation laid for pipe to carry Azeri gas to EU, Hürriyet Daily News 2015 – 3 – 17, http://www.hurriyetdailynews.com/foundation-laid-for-pipe-to-carry-azeri-gas-to-eu-79790.
③ 张琪：《双"土"联手欧洲能源有保障》，《中国能源报》2015 年 3 月 9 日第 7 版。
④ 同上。

与此同时，欧盟能源委员会高级官员也访问了土库曼斯坦，商讨双边能源合作问题，其中包括从土库曼斯坦至阿塞拜疆的"跨里海天然气管道"项目。由于阿塞拜疆天然气储量有限，难以满足欧盟的大规模市场需求，土库曼斯坦及里海周边国家成为欧盟真正中意的"南部天然气走廊"潜在气源地。①

（三）"跨亚得里亚海管道"的建设

在2013年6月，沙赫—丹尼兹财团最终确定选择"跨亚得里亚海管道"将其天然气从里海输送到欧洲，而不是与其竞争的"纳布科管道"。也就是说，天然气不再经过土耳其、保加利亚、罗马尼亚、匈牙利到达奥地利，而是经过土耳其后，再通过希腊北部、阿尔巴尼亚和亚德里亚海输送到意大利。2013年10月，欧盟正式将"跨亚得里亚海管道"纳入到"南部天然气走廊"的能源框架中。据欧盟有关人士宣称，"跨亚得里亚海管道"将于2018年前建成，里海天然气将于2019年初通过此管道向欧洲供应。这将是各有关参与方取得的重大成就，对欧洲天然气供应多元化将作出较大贡献。②

2013年11月，"跨亚得里亚海管道"的各股东做出开工建设的决定。12月，沙赫—丹尼兹财团做出投资二期项目的最终决议，据此沙赫—丹尼兹财团将投资280亿美元进一步开发沙赫—丹尼兹气田，并通过建设"跨安纳托利亚管道"和"跨亚得里亚海管道"，将该气田的天然气出口到格鲁吉亚、土耳其、希腊、保加利亚、阿尔巴尼亚和意大利等国家。阿塞拜疆总统阿利耶夫在决议签字仪式上说，"沙赫—丹尼兹"二期气田项目将会改变该地区的能源版图。沙赫—丹尼兹财团主要股东英国石油公司（BP）首席执行官鲍勃·达德利表示，"沙赫—丹尼兹"二期气田工程将使阿塞拜疆的天然气资源首次直接提供给欧洲的消费者。③

2014年4月，在进行了战略和进度的评估之后，"跨亚得里亚海管道"项目公司重新启动采购的程序。10月，"跨亚得里亚海管道"项目公司发布第一个管道陆上部分建造的重大招标邀请。招标范围包括在希腊和阿尔

---

① 《欧盟挖掘土库曼斯坦及里海天然气 企图绕过俄罗斯》，http：//www.chinapipe.net/national/2014/21810.html。
② 《里海天然气将于2019年初通过跨亚得里亚海管道向欧洲供应》，中华人民共和国商务部网站，http：//www.mofcom.gov.cn/article/i/jyjl/m/201310/20131000339682.shtml。
③ 《阿塞拜疆签订280亿美元天然气投资协议》，中国新闻网，http：//www.chinanews.com/ny/2013/12-18/5635964.shtml。

巴尼亚境内的 760 公里陆上管道建造的工程设计、采办和施工，并计划在 2016 年开始建造。①

2016 年 3 月 3 日，欧盟委员会在一份声明中表示，欧委会日前批准了希腊当局和"跨亚得里亚海管道"（TAP）公司之间达成的一项有关建造 TAP 天然气管道把阿塞拜疆天然气输送到欧洲的协议。声明援引欧盟反垄断专员玛格丽特·维斯塔格的话说，跨亚得里亚海管道将给欧盟带来新的天然气并将增加东南欧洲能源供应的安全。②

2016 年 5 月，希腊在北部城市塞萨洛尼基举行了"跨亚得里亚海管道"的开工仪式。9 月，阿尔巴尼亚在施工起点标志的菲耶尔河镇附近举行了开工典礼。至 2019 年 4 月，管道建设项目已完工 86.5%。③ 2019 年，该项目将启动海上安装，在横跨亚得里亚海 105 公里的海上部分铺设钢管，管道最深处为海平面下的 820 米。2020 年，"跨亚得里亚海管道"将正式启动运营。④

"跨亚得里亚海管道"的起点在希腊东北部与土耳其接壤的边陲小镇基皮，在这里与"跨安纳托利亚管道"相连接，由此向西的陆上部分穿越整个希腊北部和阿尔巴尼亚，到达亚得里亚海岸。海上部分从阿尔巴尼亚的菲耶尔开始，穿过亚得里亚海与意大利南部的管网相连接。

由于"跨亚得里亚海管道"与"海神管道"（Poseidon pipeline，音译为"波塞冬管道"，即"希腊—意大利管道"）在气源地、目的地以及走向上都是相同的，这使得"经土耳其经希腊至意大利的'波塞冬'管道方案多年来一直无法起步，在输给'跨亚得里亚海管道'后，该项目更是于 2012 年起被搁置"。⑤

---

① 李峻：《TAP 邀请投标陆上管道建造合同》，中国石化新闻网，http://www.sinopecnews.com.cn/news/content/2014-10/17/content_1452162.shtml。
② 李峻：《欧委会批准希腊—跨亚得里亚海管道项目协议》，中国石化新闻网，http://www.sinopecnews.com.cn/news/content/2016-03/07/content_1594958.shtml。
③ 驻阿塞拜疆经商参处：《跨亚得里亚海天然气管道（TAP）项目 86% 已完工》，中华人民共和国商务部网，2019 年 4 月 29 日，http://www.mofcom.gov.cn/article/i/jyjl/e/201904/20190402858635.shtml。
④ TAP project milestones，https://www.tap-ag.com/the-pipeline/project-timeline/tap-project-milestones。
⑤ 《希腊 TAP 天然气管道举行开工仪式》，中国经济新闻网，2016 年 5 月 18 日，http://www.cet.com.cn/nypd/trq/1765249.shtml。

二 前景展望（2018— ）：取决地缘博弈态势

到2018年6月，"南部天然气走廊"的三大项目——"南高加索管道扩建项目"已经竣工，"跨安纳托利亚管道"和"跨亚得里亚海管道"正在建设。阿塞拜疆能源部部长帕尔维兹·沙巴佐夫在2018年2月表示，"沙赫—丹尼兹二期工程"和"南高加索管道扩建工程"已近收尾，这两个项目以及"跨安纳托利亚管道项目"都将在今年年中开始输气。① 另外，为了进一步扩大输气量的"跨里海天然气管道"也正在酝酿。这些表明，"南部天然气走廊"在目前的进展是比较顺利的。那么，这是否意味着"南部天然气走廊"计划已经渡过难关而走上坦途了呢？笔者以为结论还不应这么肯定，因为还有很多问题仍未解决。从目前的情况来看，"南部天然气走廊"能否获得实质性的效果，还要取决于以下三个态势的发展和演化情况：

（一）取决于欧盟推动能源安全战略的态势

前面说过，欧盟自进入21世纪以来，已初步认识到天然气来源渠道过于单一所存在的风险，并在2006年3月公布的《欧洲可持续、竞争和安全的能源战略绿皮书》中将这一内容纳入到了其能源安全战略体系之中，这正是"南部天然气走廊"出台的深层次动因。也就是说，只要欧盟继续推行旨在减少进口俄罗斯天然气依赖的战略目标，就必定会大力实施"南部天然气走廊"的计划。

那么，在近十年里，欧盟进口天然气依存度的情况是否有所改善呢？据欧盟统计局《能源、运输和环境指标2017》公布的数据，欧盟28国在2005年到2015年的能源依存度仍然处于持续走高的状态，全部燃料的依存度从2005年的52.1%上升到2015年的54.0%，天然气依存度更是从2005年的57.1%攀升到了2015年的69.1%。② 详见表2-8。

在天然气来源渠道方面，尽管欧盟近年来努力减少对俄罗斯的依赖，从俄罗斯进口天然气的比例从2005年的34.6%降低到了2015年的

---

① 《南方天然气走廊项目的实施进入关键阶段》，中国石油新闻中心网，2018年2月6日，http://news.cnpc.com.cn/system/2018/02/06/001677563.shtml。
② Energy, transport and environment indicators—2017 edition, https://publications.europa.eu/en/publication-detail/-/publication/d0983bb6-db00-11e7-a506-01aa75ed71a1/language-en/format-PDF.

29.4%，但高度依赖俄罗斯的总体格局依然没有改变。① 详见表 2-9。

表 2-8   2005—2015 年欧盟 28 国能源依存度

（单位:%）

	2005	2006	2007	2008	2009	2010	2011	2012	2013	2014	2015
全部燃料	52.1	53.6	52.8	54.5	53.5	52.6	54.0	53.4	53.1	53.4	54.0
固体燃料	39.4	41.7	41.5	44.9	41.1	39.5	41.7	42.2	44.3	45.7	42.8
石油	82.2	83.4	82.3	84.3	83.5	84.4	85.1	86.4	87.4	87.5	88.8
天然气	57.1	60.3	59.5	61.7	63.4	62.1	67.1	65.8	65.3	67.3	69.1

数据来源：（1）Energy, transport and environment indicators—2015 edition；（2）Energy, transport and environment indicators—2017 edition。

表 2-9   2005—2015 年欧盟 28 国进口天然气主要来源国所占比重

（单位:%）

	2005	2006	2007	2008	2009	2010	2011	2012	2013	2014	2015
俄罗斯	34.6	33.0	32.1	31.2	27.6	26.8	28.3	27.8	32.4	29.7	29.4
挪威	20.2	21.7	23.3	23.7	24.5	22.9	22.1	24.9	23.6	25.0	25.9
阿尔及利亚	15.0	13.6	12.7	12.3	11.9	11.7	10.7	10.8	10.1	9.7	8.8
卡塔尔	1.3	1.5	1.8	1.9	4.6	8.1	9.6	6.8	5.2	5.5	6.1
利比亚	1.4	2.1	2.5	2.4	2.4	2.2	0.6	1.5	1.4	1.7	1.7
尼日利亚	2.9	3.6	3.8	3.5	2.0	3.4	3.6	2.8	1.4	1.2	1.6
特林尼达和多巴哥	0.2	1.0	0.7	1.4	1.9	1.2	0.9	0.7	0.6	0.7	0.5
秘鲁	0.0	0.0	0.0	0.0	0.0	0.0	0.0	0.6	0.4	0.3	0.2
土耳其	0.0	0.0	0.0	0.1	0.2	0.1	0.2	0.1	0.2	0.2	0.2
其他	24.5	23.5	23.1	23.5	24.8	23.5	24.2	23.9	24.8	26.0	25.5

数据来源：Energy, transport and environment indicators—2017 edition。

除了天然气依存度依然高居不下之外，近年来连续发生的俄罗斯与乌克兰的天然气管道冲突尤其是乌克兰危机，对欧盟国家的能源安全尤其是天然气安全产生了重大影响。俄罗斯是欧洲最重要的能源供应国，俄罗斯天然气出口的 50% 面向欧盟市场，俄输欧的天然气又有超过 50% 需过境

---

① Energy, transport and environment indicators—2017 edition，https://publications.europa.eu/en/publication-detail/-/publication/d0983bb6-db00-11e7-a506-01aa75ed71a1/language-en/format-PDF.

乌克兰。① 2006 年和 2009 年两次俄乌天然气纠纷，俄停止对乌天然气供应而使欧盟国家饱受"断气"之苦。2013 年 11 月，因当时的乌克兰总统亚努科维奇中止签署与欧盟的联系国协议及自由贸易协定，引发乌克兰严重的政治危机，反对派发起大规模示威，最终导致总统下台，政权更迭。在危机不断加深的过程中，俄罗斯于 2014 年 3 月 4 日宣布，由于乌克兰尚拖欠逾 15 亿美元天然气费，自 4 月起停止向乌克兰供应优惠天然气，但依旧保证对欧出口。欧盟则以共同能源安全考虑为由，协助欧洲企业实施天然气"回流"，将从俄罗斯进口的天然气转售给乌克兰。这一做法导致俄罗斯指责欧盟违反供气协议，警告欧盟或遭"断气"制裁。3 月 17 日，克里米亚经过公投"脱乌入俄"，加入俄罗斯联邦，引发美欧国家对俄罗斯进行多轮制裁，导致俄欧关系进一步激化。俄罗斯不但减少了与欧盟的天然气贸易量，甚至在 2014 年 12 月宣布放弃了布局多年的"南溪天然气管道"计划。

乌克兰危机的爆发又一次为欧盟的天然气安全敲响了警钟，欧盟力求降低对俄天然气依赖的意愿更为明显，从而加大了调整天然气政策的力度以保障其能源安全。2014 年 5 月 28 日，欧盟公布了新的《欧洲能源安全战略》（European Energy Security Strategy），提出以下措施：（1）立即采取行动增加欧盟克服重大破坏的能力。鉴于当前乌克兰事件和能源供应中断的可能性，短期行动必须集中于那些依赖一个天然气供应国的国家；（2）加强应急/团结机制，包括风险评估和应急计划的协调，保护战略基础设施；（3）调节能源需求；（4）建立完善的和完全一体化的内部市场；（5）增加欧盟自身的能源生产；（6）进一步开发能源技术；（7）使能源的外部供应和相关基础设施多样化；（8）加强国家能源政策协调，在对外能源政策上以一个声音说话。文件还特别提到"欧盟必须通过对能源、供应商和管线的多样化来减少对特定供应商的外部依赖"，包括"加速建设南部天然气走廊"。②

欧盟在近年来的能源战略和政策表明，只要欧盟国家天然气对外依存度高企的形势依然严峻，那么，欧盟寻求能源进口渠道多元化和能源供应安全

---

① 周弘、黄平、江时学主编：《欧洲发展报告　乌克兰危机与欧盟：起源、应对与影响》，社会科学文献出版社 2015 年版，第 35 页。
② European Energy Security Strategy, http：//eur-lex. europa. eu/legal-content/EN/ALL/? uri = CEL-EX：52014DC0330&qid = 1407855611566.

的战略措施就一定会坚定推行,旨在绕过俄罗斯把里海中亚地区的天然气输送到欧洲的"南部天然气走廊"计划就一定会获得欧盟支持。这不但是"南部天然气走廊"出台的原因,也是它存在和发展的理由。从这个态势上来说,"南部天然气走廊"不管遇到再大的困难,也是一定会实施下去的。

(二) 取决于气源地和输气量两大问题的解决态势

在操作层面上来说,"南部天然气走廊"方案要想顺利推进,还必须解决气源地和输气量两大问题。

关于"南部走廊"的供气来源问题,当欧盟还是以"纳布科管道"为其旗舰项目的时候,就有外国媒体评论说:"修建天然气管道的原因通常是由于有剩余天然气想要出口,但'纳布科'却正好相反。欧盟希望借修建该管道寻找天然气供应国。这样本末倒置的做法给该项目的进行带来了更多障碍。连供气国都无法保障,那其他类似项目可行性等问题更是无从谈起。"[1] 这个评论实际也道出了整个"南部天然气走廊"计划的要害。目前,"南部天然气走廊"能落实的气源地只有一个,即阿塞拜疆的"沙赫—丹尼兹"二期气田,而这个气田给"南部天然气走廊"的供气量是:先将160亿立方米天然气输送进"跨安纳托利亚管道"(TANAP),其中60亿供给土耳其,其余100亿通过"跨亚得里亚海管道"输送到欧洲。

据英国石油公司《2019世界能源数据评估》的统计,欧洲国家在2018年的天然气消费量是5490亿立方米,其中欧盟国家4585亿立方米;天然气进口量是5509亿立方米,其中欧盟国家4300亿立方米。[2] 而"南部走廊"建成初期的输气量只有160亿立方米,其中还有60亿立方米输送给土耳其,真正给欧盟国家提供的数量只有100亿立方米。对于欧盟国家来说,100亿立方米仅能满足其消费量的2.18%,进口量的2.33%。并且,即便是按照"沙赫—丹尼兹"二期气田的目标,到2025年天然气的总产量达到400亿立方米,因为其出口方向还有土耳其、格鲁吉亚、俄罗斯和伊朗等国,对于欧盟国家来说仍然是杯水车薪。

与此相比,俄罗斯在近几年酝酿筹建的跨黑海通过土耳其向欧洲输气的"土耳其流管道"(Turkish Stream,又译作"土耳其溪"),其供气量则

---

[1] 马特·胡伯特:《欧洲天然管道:该结束政治游戏了》,王晓苏编译,《中国能源报》2012年4月16日第10版。

[2] https://www.bp.com/content/dam/bp/business-sites/en/global/corporate/pdfs/energy-economics/statistical-review/bp-stats-review-2019-full-report.pdf.

占了较大的上风。在 2014 年底俄罗斯与土耳其签署该管道项目备忘录时，曾号称年输气能力达到 630 亿立方米。① 后来，2016 年 10 月两国签署建设该管道的政府间协议时，将供气能力修订为每年 315 亿立方米。② 这比起"南部天然气走廊"100 亿立方米的输欧量来说，其竞争的优势是显而易见的。正因为"土耳其流管道"具有这样的优势，使得有的欧盟国家如希腊、匈牙利等国也表现出了加入"土耳其流管道"项目的意向。尤其是在建成时间上，"南部天然气走廊"最早通过"跨亚得里亚海管道"给欧洲的输气时间是 2020 年，而"土耳其流管道"则是在 2019 年。③ 详见图 2-9。

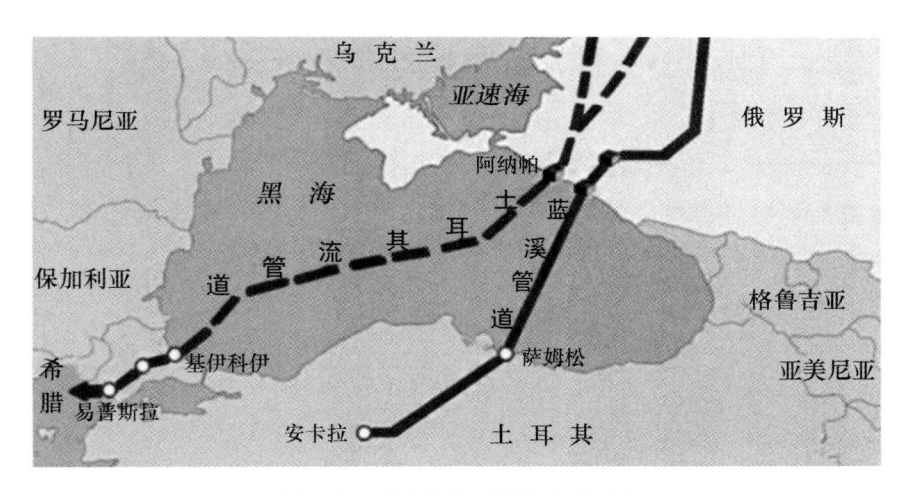

图 2-9 "土耳其流管道"线路图

图片来源：中国石油新闻中心网，http://news.cnpc.com.cn/system/2016/10/18/001616208.shtml。

综合气源地和供气量两个方面的因素，可以得出结论："南部天然气走廊"只有在阿塞拜疆之外的其他里海—中亚国家（包括土库曼斯坦、乌

---

① 《"土耳其流"天然气管道将于 2016 年 12 月投入使用》，中华人民共和国商务部网，2015 年 5 月 8 日，http://www.mofcom.gov.cn/article/i/jyjl/e/201505/20150500965717.shtml。
② 《土耳其：博弈亚欧能源通道》，中国石油新闻中心网，2016 年 10 月 18 日，http://news.cnpc.com.cn/system/2016/10/18/001616208.shtml。
③ 《"土耳其流"天然气管道将于 2019 年年底建成》，中国石油新闻中心网，2016 年 10 月 13 日，http://news.cnpc.com.cn/system/2016/10/13/001615305.shtml。

兹别克斯坦、哈萨克斯坦、伊朗、伊拉克等）获得新的气源地，才能扩大供气来源，增加供气量，否则的话，即便有欧盟能源安全战略的支持，其前景也是难以明朗起来的。而要想获得新的供气渠道，则又要取决于下面的第三个态势。

（三）取决于能源地缘政治博弈的发展态势

如果天然气的买卖仅仅是一个商业项目，那么，与供气国的谈判也就仅仅是要达成一种交易合同，能否成交也就只是一种经济行为。然而，由于天然气作为一种战略资源，已经不可能没有政治的参与。因此，在当代世界，政治参与能源资源博弈也就在所难免了，对此，中东地区已经有了先例，里海—中亚地区作为"第二个中东"也自然步其后尘。在这种形势下，任何一个能源项目，均难以避免有大量的政治因素参与进来，而绝不可能仅仅成为一个商业行为。"南部天然气走廊"项目之所以曲折艰难，就是因为它原来设想的一连串储量丰富的气源国，由于政治博弈的原因，除了阿塞拜疆硕果仅存之外，其他都逐一地破灭了，例如：土库曼斯坦和哈萨克斯坦要想给"南部走廊"输送天然气，就必须首先解决里海的法律地位问题；伊朗要成为"南部走廊"的气源国，中间横亘着"伊核问题"的巨大障碍；伊拉克要想为"南部走廊"供气，则存在着"库尔德问题"。除此之外，更有欧盟、美国、俄罗斯以及中国在这些新兴资源国家之间的大国能源博弈。"南部天然气走廊"的前景和走向，在根本上是要取决于这些政治因素的解决程度和大国博弈的消长态势上。

综上所述，可对"南部天然气走廊"的前景做出这样的逻辑推论：既然欧盟对外尤其是对俄罗斯的天然气高度依赖格局没有改变，则欧盟寻求供应渠道多元化的能源安全战略就会推行下去，对"南部天然气走廊"也就会支持下去，从而"南部天然气走廊"的实施也就会坚定地推行下去。然而，要把这一方案变为现实，除了管道的建设之外，还必须解决供气来源的问题。而要解决供气来源的问题，就必须要在政治博弈中赢得筹码。也就是说，"南部天然气走廊"的前景说到底，是要取决于能源地缘政治博弈的此消彼长上。正因为如此，所以本书将在下面的第三章和第四章中，对围绕着"南部天然气走廊"所展开的国际关系和地缘政治博弈进行专题的讨论和研究。

第三章 "南部走廊"与里海——中亚国家的外交博弈

前文说过，由于天然气能源不但是涉及国家安全、国家利益和对外战略的国家战略问题，而且已成为一个关乎国际能源供求和能源地缘政治的国际战略问题，因而也就不能不把国家或国际组织牵扯进来。而"南部天然气走廊"又是一个由多条管道组成，不但要穿越多个国家，而且还横跨欧亚两大洲的大型管道网络系统，因而，围绕着"南部天然气走廊"所发生的国际关系，就不仅是一种"直接、具体的国际经济合作"，而是上升到了一种经济外交的层次，即"通过外交政策和手段推动、促进国际经济合作，为建立国际经济合作事业制定相关的政策，进行有关的国际协调，为经济主体之间的国际合作铺路、牵线、搭桥等的外交活动"。[①] "南部天然气走廊"方案自提出之后所表现出来的相关国家之间激烈而又旷日持久的博弈，正是这种经济外交的典型体现。它已经并且还在继续推动着里海—中亚各国以及欧、俄、美、中国、中东、南亚等复杂的双边或多边关系的转变和演化，其涉及的国家之多，引起的连锁反应之广，在当代国际外交生活中是罕见的。因而，本章和下一章将对相关各方围绕"南部天然气走廊"所展开的能源外交博弈进行分析和论述。

第一节 里海—中亚国家天然气及其管道的战略地位

里海—中亚国家指环里海各国和中亚各国。从地理概念上来说，里海

---

① 周永生：《经济外交》，中国青年出版社2004年版，第326页。

国家指的是里海沿岸的俄罗斯、哈萨克斯坦、阿塞拜疆、土库曼斯坦和伊朗5国，中亚国家指的是乌兹别克斯坦、吉尔吉斯斯坦、土库曼斯坦、塔吉克斯坦和哈萨克斯坦5国。其中，土库曼斯坦和哈萨克斯坦既是里海国家，也是中亚国家，同时俄罗斯作为一个大国需要专门论述，因此本章所论述的"里海—中亚国家"，主要是指阿塞拜疆、伊朗、哈萨克斯坦、土库曼斯坦、乌兹别克斯坦、吉尔吉斯斯坦和塔吉克斯坦7个国家。这7个国家有一些共同的特点：从经济上来说，都是以能源（石油和天然气）作为主要支柱；从宗教上来说，均主要信奉伊斯兰教；从政治上来说，除伊朗以外的6个国家均为原苏联的加盟共和国。

在这7个国家中，有5个先后被"南部天然气走廊"列为潜在的气源国，它们是阿塞拜疆、伊朗、哈萨克斯坦、土库曼斯坦和乌兹别克斯坦。详见图3-1。

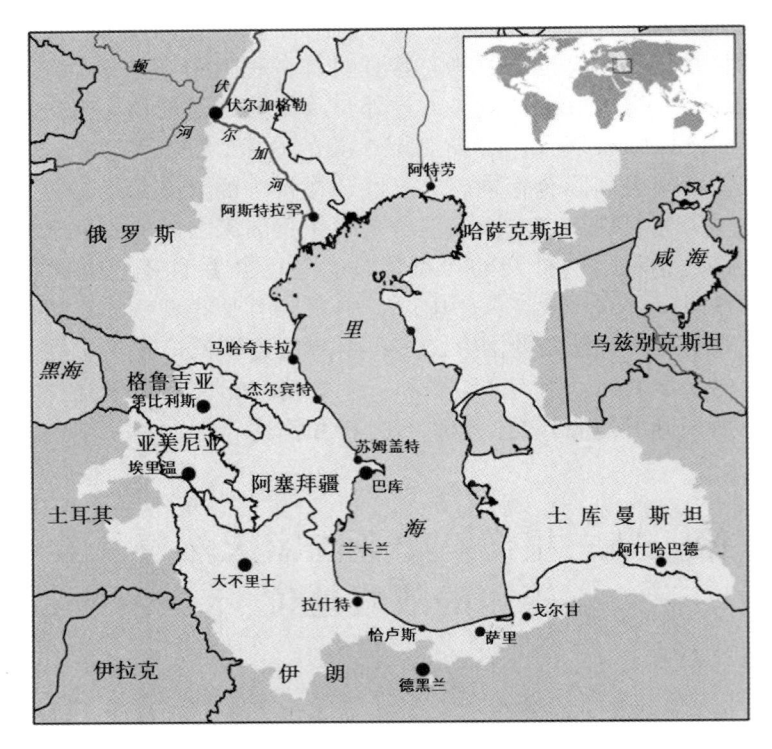

图3-1　"南部天然气走廊"的潜在气源国

图片来源：http：//zh.wikipedia.org/wiki/File：Caspianseamap.png。

第三章 "南部走廊"与里海—中亚国家的外交博弈

下面就将这 5 个国家合称为"里海—中亚五国",来论述它们围绕"南部天然气走廊"而进行的能源外交博弈。

一 里海—中亚五国的天然气资源现状

关于里海—中亚地区的能源地缘战略地位,正如《新世纪的油气地缘政治》一书中指出的:"冷战后,一个重大的变化事件是中亚和高加索新独立国家的出现,使环里海地区成为世界新的油气供应源。……国外人士预测,环里海地区将成为下个世纪的波斯湾……对于世界来说同时也意味着一个更大的石油中东地区的出现,即今后环里海地区将在油气市场开发、出口和地缘政治上与波斯湾带连成一体。"[①] 里海—中亚地区正在成为国际瞩目的能源"生命线",成为世界油气供应战略格局中的新兴力量中心。

（一）里海—中亚五国的天然气储量

里海—中亚地区现已与中东波斯湾地区和俄罗斯远东西伯利亚地区并称为全球三大油气基地,但在实际上,中亚地区的塔吉克斯坦和吉尔吉斯斯坦两国的资源储量并不丰富,里海—中亚地区真正油气富集的国家是阿塞拜疆、哈萨克斯坦、土库曼斯坦和乌兹别克斯坦,以及既是里海国家也是波斯湾国家的伊朗。其中在天然气方面,根据英国石油公司（BP）的数据统计,2018 年底全球探明总储量为 196.9 万亿立方米,而里海—中亚五国家就以 55.7 万亿立方米而占了其中的 28.3%,尤其是伊朗占到了全球总储量的 16.2%,土库曼斯坦占到了 9.9%。详见表 3-1。

表 3-1　　　　　2018 年底里海—中亚五国天然气储量和全球占比

国家	储量（万亿 m³）	占比（%）
土库曼斯坦	19.5	9.9
哈萨克斯坦	1.0	0.5
乌兹别克斯坦	1.2	0.6
阿塞拜疆	2.1	1.1

---

① 徐小杰:《新世纪的油气地缘政治——中国面临的机遇与挑战》,社会科学文献出版社 1998 年版,第 31—32 页。

续表

国家	储量（万亿 m³）	占比（%）
伊朗	31.9	16.2
合计	55.7	28.3

数据来源：BP Statistical Review of World Energy June 2019, p.30。

（二）里海—中亚五国的天然气产量

2018年全球天然气总产量为38679亿立方米，其中里海—中亚五国的天然气产量是4008亿立方米，占了全球天然气总产量的10.4%，其中伊朗占到了6.2%。详见表3－2。

表3－2　　2018年底里海—中亚五国天然气产量和占全球份额

国家	产量（亿 m³）	份额（%）	储产比
土库曼斯坦	615	1.6	316.8
哈萨克斯坦	244	0.6	40.7
乌兹别克斯坦	566	1.5	21.4
阿塞拜疆	188	0.5	113.6
伊朗	2395	6.2	133.3
合计	4008	10.4	

数据来源：BP Statistical Review of World Energy June 2019, p.32。

相对于这5个国家占全球28.3%的天然气探明储量来说，10.4%的产量显得不高，这反映出这些国家的开采能力还不高。但从储产比来看，土库曼斯坦和伊朗分别高达316.8年和133.3年，阿塞拜疆和哈萨克斯坦也分别达到113.6年和40.7年，说明这些国家都具有长期开采和迅速增长的巨大潜力。

（三）里海—中亚五国的天然气贸易

2018年全球天然气贸易总量为12352亿立方米，其中管道天然气贸易量为8024亿立方米，液化气（LNG）4328亿立方米。里海—中亚五国在2018年的天然气出口贸易量是962亿立方米，均为管道贸易，占全球天然气贸易总量的7.79%，占全球管道贸易量的11.99%。详见表3－3。

表3-3　　　　　2018年底里海—中亚五国管道天然气贸易量

（单位：亿 m³）

国家	管道		液化气	
	出口	进口	出口	进口
土库曼斯坦	352	0	0	0
哈萨克斯坦	256	66	0	0
乌兹别克斯坦	141	0	0	0
阿塞拜疆	92	0	0	0
伊朗	121	—	0	0
合计	962	66	0	0

数据来源：BP Statistical Review of World Energy June 2019, p. 34。

尽管如此，相对于5国丰富的天然气储量来说，其产量和贸易量是偏低的。这表明，该地区在天然气的生产和贸易方面具有巨大的提升空间和潜力。加上这5个国家同时也是新兴的石油资源富集区，因而日益成为当代国际能源争夺的焦点地区。

二　里海—中亚五国的天然气管道现状

里海—中亚五国地处欧亚两大洲结合部的腹地，都是典型的内陆型国家，而且本地区的天然气消费有限，因此天然气的大量出口必须建设相应的天然气管道。里海—中亚的市场环境很好，向西、向南和向东分别面对着欧洲、南亚和亚太三大天然气需求市场，这种有利的地缘使得其天然气贸易具有广阔的市场前景。然而要把这种前景变成现实，出口管道建设就成了关键的因素。

（一）现已建成运营的天然气管道

在苏联解体之前，已经建成运营的有中亚—中央天然气管道（Central Asia-Center gas pipeline，简称CAC），苏联解体后由俄罗斯控制。该管道始于土库曼斯坦的多夫列塔巴德气田（Dauletabad gas field），经乌兹别克斯坦和哈萨克斯坦连接到俄罗斯的管网系统，然后由俄罗斯经乌克兰向欧洲出口天然气。详见图3-2。

苏联解体和中亚国家独立后，自20世纪90年代以来新建成投入运营的天然气管道有3条，即南高加索天然气管道、中亚—中国天然气管道和土库曼斯坦—伊朗天然气管道。详见表3-4。

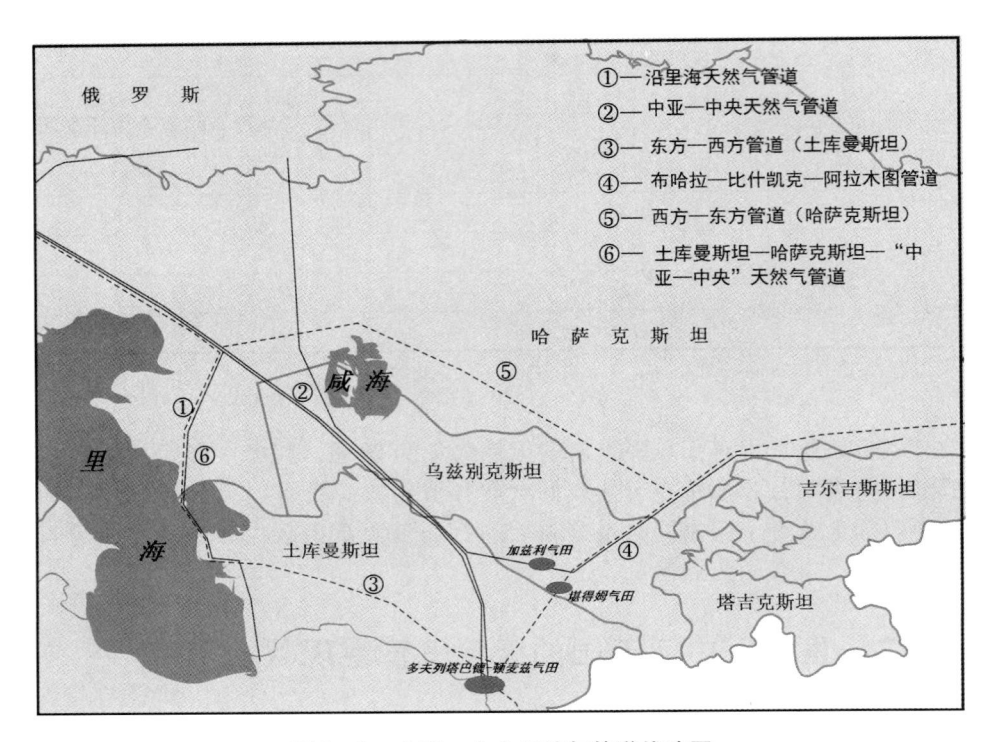

图3-2 中亚—中央天然气管道线路图

图片来源：http://en.wikipedia.org/wiki/Central_Asia%E2%80%93Center_gas_pipeline_system。

表3-4　　　　　　　里海—中亚地区新建投产的天然气管道

名称	线路	能力	长度	备注
南高加索天然气管道	阿塞拜疆的巴库—格鲁吉亚的第比利斯—土耳其的埃尔祖鲁姆	设计输气能力66亿立方米	690公里	2006年开始注气，承运阿塞拜疆里海沙赫—丹尼兹气田的天然气到土耳其的埃尔祖鲁姆。
中亚—中国天然气管道	土库曼斯坦—乌兹别克斯坦—哈萨克斯坦—中国	A、B、C、D四线设计输气能力合计850亿立方米	1833公里	中亚天然气管线是我国第一条跨境天然气管线，其中A、B、C三线已建成通气，D线计划于2020年投产。

续表

名称	线路	能力	长度	备注
土库曼斯坦—伊朗天然气管道	土库曼斯坦科尔比泽—库尔特—伊朗的库伊	设计输气能力140亿立方米	199.5公里	中亚第一条绕过俄罗斯的中亚天然气出口管道，自1997年12月至今一直承担土库曼斯坦向伊朗供应天然气功能。

（二）在建和规划中的天然气管道

目前，里海—中亚地区正在规划中的天然气管道项目有5个，其中北向一个，西向和南向各两个。

北向通往俄罗斯的是沿里海管道（Caspian Coastal Pipeline，又称Prekaspiysky Pipeline）。2007年12月，俄罗斯、土库曼斯坦和哈萨克斯坦商定建设一条新的，与现有的中亚—中央3号管道平行的里海天然气管道，输气能力为每年200亿—300亿立方米，计划在2009年开工建设，不过后来被搁置下来。

西向正在建设的是"跨安纳托利亚管道"，规划中的是"跨里海天然气管道"。"跨里海天然气管道"规划在土库曼斯坦的土库曼巴什（Türkmenbaşy）和阿塞拜疆的巴库（Baku）之间铺设一条里海海底管道。如果建成，可以同时绕过俄罗斯和伊朗，把哈萨克斯坦和土库曼斯坦的天然气输送到中欧。[①] 详见图3–3。

"跨里海天然气管道"和"跨安纳托利亚管道"有很大的关联性。如果"跨安纳托利亚管道"能够获得土库曼斯坦作为气源地的话，这两条管道可以合作使用，即以"跨里海管道"作为上游管道，"南高加索管道"作为中游管道，"跨安纳托利亚管道"作为下游管道，接力棒似的将里海—中亚的天然气资源输往欧洲。

而且，这两个项目都是在欧盟推动和支持下规划的，其目的也都是为了适应欧盟能源安全战略的需要，绕开俄罗斯，将里海—中亚地区的天然气直接输送到欧盟国家，从而摆脱对俄罗斯的高度依赖。

南向两条规划中的管道，一条是"伊—巴天然气管道"（Iran-Pakistan

[①] Trans-Caspian Gas Pipeline, Wikipedia The Free Encyclopedia, 16 March 2013, http://en.wikipedia.org/wiki/Trans-Caspian_Gas_Pipeline.

gas pipeline，简称 IP），又称"伊—巴—印天然气管道"（Iran-Pakistan-India gas pipeline，简称 IPI）；另一条是"土—阿—巴—印天然气管道"（Turkmenistan-Afghanistan-Pakistan-India Pipeline，简称 TAPI）。

图 3-3　跨里海天然气管道线路图

图片来源：http://en.wikipedia.org/wiki/Trans-Caspian_Gas_Pipeline。

"伊—巴天然气管道"是一条旨在将伊朗的天然气输送到巴基斯坦的管道，两国政府早在 1994 年就已开始探讨，1995 年达成了一个初步协议。后来，伊朗又建议将管道延长到印度，并于 1999 年与印度签订了一个初步协议。所以，这条管道也称为"伊—巴—印天然气管道"。2004 年，该规划曾根据联合国开发计划署（UNDP）的《和平与繁荣天然气管道》报告进行修改，因此又被称为"和平管道"（the Peace pipeline）。2009 年，印度退出了该项目。2013 年 2 月 27 日，该项目的巴基斯坦部分正式开工建设，预计工期 22 个月与伊朗接通，然而因西方对伊朗的制裁和美国对巴基斯坦的施压而使这一计划一拖再拖。

另一条规划中的南向天然气管道"土—阿—巴—印天然气管道"，旨在将土库曼斯坦的天然气经过阿富汗进入巴基斯坦，最后到达印度。由于中间要穿过阿富汗，所以又称"跨阿富汗管道"（Trans-Afghanistan Pipeline）。最初是在 1995 年，土库曼斯坦与巴基斯坦签订了一项天然气管道合作的谅解备忘录，之后由于阿富汗局势动乱，该项目一直迟迟未能付诸实施。直到 2010 年 9 月，印、巴、土、阿四国政府才签订修建 TAPI 天然气管道的协议，2012 年 5 月完成可行性研究，同月印度和土库曼斯坦正式签署天然气供销协议。2013 年 2 月，印度政府批准设立 TAPI 天然气管道公司。按照规划，天然气管道将在 2018 年建成投入使用。[①] 详见图 3-4。

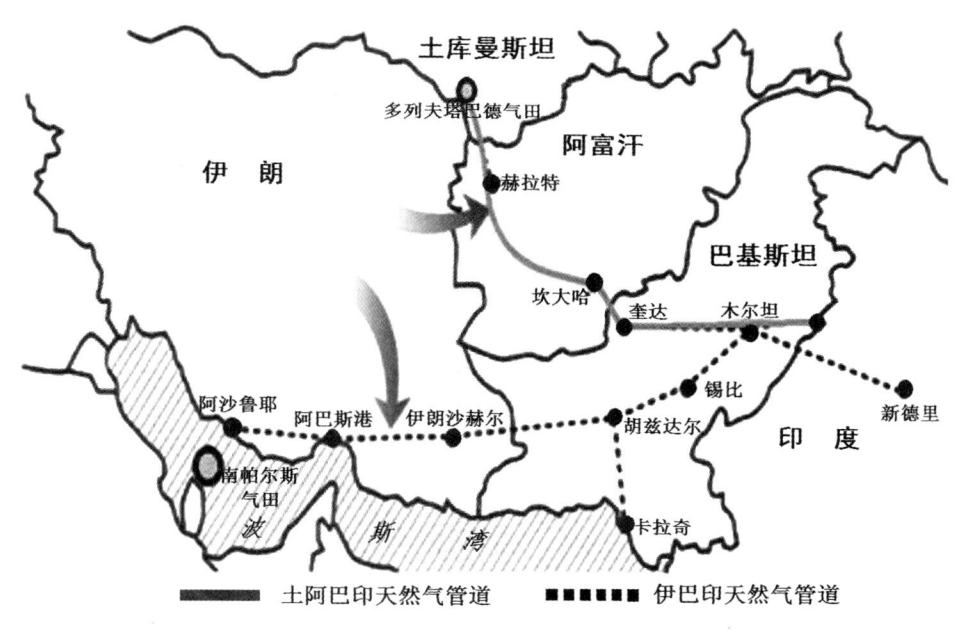

图 3-4 土—阿—巴—印天然气管道线路图

图片来源：国际燃气网，http://gas.in-en.com/html/gas-09400940361380463.html。

---

① Trans-Afghanistan Pipeline, Wikipedia The Free Encyclopedia, 28 March 2013, http://en.wikipedia.org/wiki/Turkmenistan-Afghanistan%E2%80%93Pakistan%E2%80%93India_pipeline.

上述在建及规划中的管道表明,里海—中亚国家的天然气出口渠道已改变了过去单纯北向依赖俄罗斯的局面,新打开了东、西、南三个方向的通道,初步形成了"四通八达"的多元化出口格局。

三 里海—中亚五国地缘政治博弈的特点和焦点

从 20 世纪 90 年代以来,里海—中亚地区的地缘战略价值日益重要。一方面,由于苏联解体,原属苏联的阿塞拜疆、哈萨克斯坦、乌兹别克斯坦和土库曼斯坦这些原本与欧美西方资本主义国家对抗的国家,在冷战结束后成为政治上的真空地带,其地缘政治的价值凸显出来,成为各种政治力量特别是大国力量政治竞争的对象。另一方面,尽管里海—中亚地区曾在 20 世纪上半期是一个重要的陆地石油基地,但在 20 世纪下半期,由于中东地区成为世界能源的中心,里海—中亚地区的能源地位有所下降。然而自 20 世纪 90 年代以来,随着里海一批新的大型油气田的探明,其能源价值也凸显出来,再次成了能源博弈的焦点地区。本书在第一章中曾经指出,这一地区已不但是地缘政治的"心脏地带",而且还成为石油和天然气的"心脏地带"。因此,地缘政治与能源博弈紧密地胶合在一起,成为这一地区国际关系的最大特征。

由于地缘政治与能源博弈紧密地胶合在一起,因此,参与这一地区博弈的任何一方国际关系行为主体,也都在实行着政治竞争和能源竞争相互推助的博弈策略。

从欧美国家来说,一方面力图将其政治势力乃至军事力量扩张到里海—中亚地区,削弱俄罗斯在该地区的传统影响并阻碍俄与该地区的一体化进程,防止俄罗斯的重新崛起;另一方面,也力图尽可能多地获得在该地区的油气资源开采权和运输权,使其成为欧洲的能源供应地。这显然是一种既借助能源博弈来扩张政治势力,又利用政治势力来进一步谋取能源利益的策略。

从俄罗斯来说,一方面继续把里海—中亚地区视作自己的势力范围,最大程度地恢复它在这一地区的政治和经济影响;另一方面则充分利用俄罗斯的能源优势,向里海—中亚国家特别是哈萨克斯坦、土库曼斯坦和阿塞拜疆又拉又压,来确保三国的油气经过俄罗斯出口外运,由此扩大俄罗斯在开采油气资源中的份额和权益。俄罗斯的策略是借助能源优势来达到在政治上阻止里海—中亚被纳入西方势力范围的目的。

里海—中亚国家中的原苏联国家,包括阿塞拜疆、哈萨克斯坦、乌兹别克斯坦和土库曼斯坦,则是充分利用自己的能源优势,采取"油气立国"的战略,一方面最大程度地获得经济利益来拉动本国的经济发展,另一方面也利用能源优势来争取国际地位,在各种外部势力之间寻求平衡。因此,寻求多元化的出口渠道成为他们的战略选择,这样就能够在继续保持和俄罗斯的传统合作之外,通过向西、向东和向南三个方向的开拓,最大程度地获得自己的能源收益。而对于另一个里海国家伊朗来说,则一方面要通过能源优势保护自己的经济利益,打破美国为首的西方国家对它的经济封锁;另一方面也要通过能源博弈,积极拓展政治活动空间,打破西方国家对它的制裁。

在当代世界,天然气管道已经成为天然气地缘政治的载体,谁控制了天然气管道,谁便掌握了天然气地缘政治的主动权,这一点在里海—中亚地区的政治竞争和能源竞争中表现得尤为明显。曾任美国国家安全事务助理的著名地缘战略学者布热津斯基在论述里海—中亚地缘政治时说过:"竞争特别集中在能否进入该地区的问题上",因为在苏联时期,进入该地区的途径完全由莫斯科所垄断,包括所有的铁路运输、油气管道,甚至航空运输,都要经过莫斯科这个中心来运营。俄罗斯作为苏联的直接继承者,当然希望将这种状况一直保持下去。俄罗斯的地缘政治家们深知,"谁控制或主导了进入该地区的途径,谁就最可能赢得这一地缘政治和经济的大奖"。[1] 这就是石油和天然气管道问题成为里海—中亚主要问题的根本原因。曾任美国副总统的切尼更加清楚地说:"谁控制了油气管线,谁就控制和主导了进入中亚里海地区的途径。"[2] 这充分说明,里海—中亚地区地缘政治的一切博弈,最终的焦点都落在了出口管道的争夺上,石油博弈是如此,天然气博弈也是如此。油气管道已经不再是一个纯粹经济性的问题,而成为博弈各方获得地缘政治优势的重要战略内容。纵观目前里海—中亚五国的天然气出口管道,无论是已建成使用的,还是正在建设或者规划中的,也无论是过程还是结局,无一不是充满着博弈。而且,越是

---

[1] [美]兹比格纽·布热津斯基:《大棋局:美国的首要地位及其地缘战略》,中国国际问题研究所译,上海人民出版社2015年版,第115页。
[2] 徐洪峰、李林河:《美国的中亚能源外交2001—2008》,知识产权出版社2010年版,第145页。

在规划阶段的管道，由于尘埃尚未落定，因而博弈的态势也就越是激烈。

从方向上来说，北向的天然气管道主要体现了俄罗斯的博弈倾向，因而俄罗斯扩大中亚国家天然气出口的方案就是"沿里海天然气管道"，同时将对现有中亚通向俄罗斯的"中亚—中央天然气管道"进行更新改造。俄罗斯希望借此达到中亚天然气被其"统购统销"的目的，今后凡是使用中亚天然气的中东欧乃至西欧国家，都须经过俄罗斯，从而继续保持俄罗斯对中亚地区的控制。

西向的管道主要体现了美国和欧盟的博弈倾向。已经建成使用的"南高加索天然气管道"，正在建设的"跨安纳托利亚管道"和"跨亚得里亚海管道"，以及筹划中的"跨里海天然气管道"，都是这种博弈倾向的反映，其目的非常明确，那就是在能源上打破对俄罗斯的依赖，在政治上削弱俄罗斯对里海—中亚的传统影响，达到由西方势力主导里海—中亚地区事务的目的。正因为这个原因，"跨里海天然气管道"遭到了俄罗斯的全力反击。尽管早在2007年，"跨里海天然气管道"就被欧盟列为最重要的优先基础设施项目，并且也得到气源地阿塞拜疆和土库曼斯坦的积极响应，但是俄罗斯则联合伊朗，以里海法律地位问题为由坚决反对。2011年9月，伊朗和俄罗斯两国石油部长举行会谈，双方共同声明反对欧盟里海天然气输送管道铺设计划，认为在里海铺设海底天然气管道将会破坏里海生态平衡，污染环境。由于俄、伊的坚决反对，导致该方案一拖再拖。

东向的管道主要体现了中国的博弈倾向。"中亚—中国天然气管道"将土库曼斯坦的天然气经过乌兹别克斯坦和哈萨克斯坦输送到中国，目前已建成A、B、C三条管线，实现输气每年550亿立方米，并且正在建设与土库曼斯坦、乌兹别克斯坦、塔吉克斯坦和吉尔吉斯斯坦合作的D线，预计2020年建成投产，设计输气能力为每年300亿立方米。这一管道不但解决了中国的能源问题，同时也显示出了中国在该地区的存在。

南向的管道主要体现了伊朗、印度和巴基斯坦的博弈倾向。尽管这些国家的主要目的是解决能源问题，但也难以摆脱地缘政治的影响，其中最大的政治问题当数伊核问题。土库曼斯坦与伊朗合作建成的"土库曼斯坦—伊朗天然气管道"（Turkmenistan-Iran pipeline），就曾遭到美国的强烈反对。土库曼斯坦还曾讨论过经伊朗通往土耳其的管道方案，因受到美国反对而搁置。印度也是因为遭到美国在伊核制裁问题上的施压，被迫退出了与伊朗的天然气管道合作，使得"伊—巴—印天然气管道"（IPI）变成了"伊—巴天然气管道"（IP）。

从在里海—中亚地区四个方向的天然气管道博弈态势中可以看出，北向和西向之争是焦点中的焦点，而其中博弈态势最为激烈的则是"南部天然气走廊"所涉及的各条管道。下面各节，就来专题分析里海—中亚的各潜在供气国围绕"南部天然气走廊"所展开的博弈情况。

第二节 阿塞拜疆的博弈趋向

阿塞拜疆、土库曼斯坦、哈萨克斯坦、乌兹别克斯坦和伊朗 5 个里海—中亚国家，均已被"南部天然气走廊"列为潜在的供气国。"南部天然气走廊"的前景，在很大程度上取决于这 5 个国家是否愿意为其提供气源。从共性上来看，这 5 个国家都意欲充分利用天然气资源的客观优势，再通过主观上的能源外交博弈，在政治上巩固自己的国际地位，在经济上拉动国内其他行业的生产，提高本国的综合国力。从个性而言，各国由于国情及其在地缘政治中的地位不同，其具体的能源策略也有所不同。

一 阿塞拜疆的能源概况和地缘政治地位

阿塞拜疆共和国位于亚洲西部外高加索的东南部，东临里海，北界俄罗斯，西与亚美尼亚、格鲁吉亚为邻，南接伊朗，东部与哈萨克斯坦、土库曼斯坦隔海相望，海岸线长 800 公里。历史上，1920 年 4 月成立阿塞拜疆苏维埃社会主义共和国，1936 年改为直属苏联的一个加盟共和国，1991 年 2 月改国名为阿塞拜疆共和国，8 月宣布独立，现为独联体成员国。

阿塞拜疆的石油天然气资源丰富，主要分布在濒临里海的阿普歇伦半岛和里海大陆架。早在苏联时期，阿塞拜疆就是重要的石油生产地，首都巴库成为苏联石油的代名词。独立以后，除石油生产继续保持外，天然气生产也开始起步。据美国《油气杂志》统计，阿塞拜疆的天然气从 2002 年的估计探明储量 1245.95 亿立方米，增长到了 2016 年的可采储量 11480

亿立方米；天然气产量从2002年的101.88亿立方米，增长到了2016年的174.6亿立方米。① 另据英国石油公司的统计，阿塞拜疆的天然气可采储量2017年为1.319万亿立方米，2018年为2.131万亿立方米；天然气产量2017年为177.3亿立方米，2018年为187.6亿立方米。② 从这些数据可以看出，阿塞拜疆的天然气储量增长很快，而生产能力虽有一定发展，但相对天然气储量来说还有很大的提升潜力。

阿塞拜疆目前共有57个油气田，其中海上油气田18个，其余均在陆上。迄今为止，阿塞拜疆与世界15个国家的30多家公司签署了26个含油气管道项目在内的产品分成协议，有34家来自世界15个国家的公司在阿从事油气开发。当前，油气开发项目以"阿齐久"和"沙赫—丹尼兹"进展最为顺利。③

沙赫—丹尼兹气田（Shah Deniz gas field）发现于1999年，位于里海西南部阿塞拜疆海岸一侧的大陆架，距离巴库70公里，深度为600米，面积860平方公里。这个位置可以直接将天然气输往欧洲，从而避开俄罗斯、伊朗等政治上具有某些不确定因素的国家。2006年底，"南高加索天然气管道"建成投入运营，开始将该气田的天然气通过格鲁吉亚输往土耳其。目前，"沙赫—丹尼兹"二期气田项目已获得批准，该项目的合作伙伴有英国石油公司（BP，持股25.5%）、挪威国家石油海德罗公司（Statoil，持股25.5%）、阿塞拜疆国家石油公司（SOCAR，持股10%）、法国道达尔公司（Total，持股10%）、俄罗斯鲁克石油公司（LukAgip，持股10%）、伊朗国家石油公司（NIOC，持股10%）和土耳其国家油气公司（TPAO，持股9%）。④

2007年4月，阿塞拜疆总统伊·阿利耶夫在政府工作会议上称，阿专家经过论证发现，里海"沙赫—丹尼兹"气田的天然气探明储量为12000亿立方米，大大超过外国公司先前所做的结论（英国石油公司其时通报的

---

① 《2001年和2002年世界天然气储产量》，《国际石油经济》2003年第6期，第52页；《2015和2016年世界主要国家或地区天然气储产量》，《国际石油经济》2017年第6期，第101页。
② 《2016年和2017年世界主要国家或地区天然气储产量》，《国际石油经济》2018年第6期，第100页；《2017年和2018年世界主要国家或地区天然气储产量》，《国际石油经济》2019年第6期，第100页。
③ 商务部欧洲司：《独联体国家优势产业介绍》，中华人民共和国商务部网，2013年1月26日，http://ozs.mofcom.gov.cn/article/c/200709/20070905136632.html。
④ http://en.wikipedia.org/wiki/Shah_Deniz.

该气田可采储量为6250亿立方米）。阿利耶夫说，如果阿以后不向国际市场出口天然气，那么这些天然气资源足够阿本国使用100年，何况阿境内不止这一个气田。①

2007年前的三年期间，阿塞拜疆每年要从俄罗斯进口约45亿立方米天然气，以补充国内产量的不足。2007年以后，阿塞拜疆停止从俄罗斯进口天然气，同时开始向格鲁吉亚和土耳其输出天然气。今后，如阿塞拜疆所属里海天然气产量稳定，将有可能与欧洲国家直接达成供气协议，大幅增加天然气出口数量，最终实现进入欧洲能源市场的构想。

2011年9月，阿塞拜疆国家石油公司又对外宣布，在阿塞拜疆勘探出了新的大型海上气田"阿布谢隆"。该气田位于油田"阿泽利—齐拉克—居涅什里"的西南方，气田面积为260平方公里，潜在储存量为3500亿立方米天然气和4500万立方米凝析气。至此，在阿已探明的天然气储量达到2.55万亿立方米。该项目的参与者有阿塞拜疆国家石油公司（SOCAR，占股40%）、法国道达尔公司（Total，占股40%）、法国燃气苏伊士集团（Gaz De France Suez，占股20%）。②

阿塞拜疆走上独立发展的道路之后，它所占据的独特地理位置决定了它的地缘政治地位：一方面，这种地理位置成为该国决定对外政策的一个重要因素；另一方面，这种地理位置也成为其他国家尤其是地区大国和世界大国制定对其政策的一个主要考量因素。正是由于这个原因，布热津斯基在《大棋局》一书中列了5个在欧亚大陆中"起着十分重要的地缘政治支轴国家的作用"的国家，阿塞拜疆是其中之一。布热津斯基认为阿塞拜疆"是装满了里海盆地和中亚的财富的大瓶的瓶塞"，因为"阿塞拜疆虽然面积有限，人口不多，但具有丰富的能源资源，在地缘政治方面也十分重要"。③ 阿塞拜疆学者也充分认识到该国在能源地缘政治格局中的重要地位，认为"阿塞拜疆由于自身丰富的石油和天然气资源以及其协助过境中亚资源的兴趣，已经成为欧盟的一个新的重要能源供应者，帮助欧洲国家

---

① 《阿塞拜疆沙赫德尼斯天然气储量12000亿立方米》，中华人民共和国商务部网，2007年4月23日，http://www.mofcom.gov.cn/article/i/jyjl/m/200704/20070404597257.shtml。
② 《阿塞拜疆已探明的天然气储量将达到2.55万亿立方米》，中华人民共和国商务部网，2011年9月19日，http://www.mofcom.gov.cn/article/i/jyjl/m/201109/20110907746538.shtml。
③ [美]兹比格纽·布热津斯基：《大棋局：美国的首要地位及其地缘战略》，中国国际问题研究所译，上海人民出版社2015年版，第35、39页。

实现能源资源和路线的多样化"。① 无论是对于西方还是对于东方，阿塞拜疆都是一个十分关键的地区。

二 阿塞拜疆的能源博弈策略

依靠油气能源的优势，阿塞拜疆确定了自己的能源博弈策略，即以能源作为战略武器，来保证自己的国家安全和国家利益。

从国家安全来说，早在苏联时期，阿塞拜疆就爆发了纳卡冲突。苏联解体后，冲突不但演变为阿塞拜疆族与亚美尼亚族的战争，而且直接导致了阿塞拜疆和亚美尼亚两国之间的敌对关系，直到1994年才在俄罗斯等国调停下实现停火。尽管纳卡问题对阿塞拜疆的国家安全形成了严重威胁，但是阿塞拜疆并未把这种威胁上升到国家战略的高度，而是容忍了纳卡的实际独立地位，并且在2008年签署了和平解决纳卡问题的声明。阿塞拜疆也曾把俄罗斯看成是影响本国未来发展的威胁，不过由于俄罗斯注意改善同阿塞拜疆的关系，并且双方还在里海开发等问题上取得了一些共识，因而两国一直将苏联时期的传统友好关系保持了下来。

在国家安全没有大的威胁的前提下，阿塞拜疆把能源博弈的重点放在了对国家经济利益的追求上，特别是要利用自己的石油和天然气出口，来最大限度地赢取利润，拉动本国整个国民经济的发展。在苏联时期，阿塞拜疆的主要产业是油气产业，其他产业（包括机械制造业、金属工业、化学工业等）也基本是围绕着油气产业而布局的。因此，阿塞拜疆独立后发展经济的主要任务，就是要通过能源工业获得发展资金，然后来发展其他产业，改变自己产业单一的格局。为了这个目标，油气出口就成为其获得发展资金的主要渠道。

正是因为这个原因，阿塞拜疆接受了欧美大力支持的"巴—杰石油管道"（BTC，全称为Baku-Tbilisi-Ceyhan oil pipeline）。该管道的起点是阿塞拜疆的巴库，经过格鲁吉亚的首都第比利斯，到达土耳其地中海的港口城市杰伊汉，全长1760公里，耗资40亿美元，是世界上最长、最昂贵的输油管道之一。"巴—杰石油管道"于2006年7月正式开通，第一阶段运力为每年2500万吨，原油主要来自阿塞拜疆的里海大陆架，出口到意大利、

---

① Elkhan Nuriyev: Azerbaijan's Geo-strategic Role in the EU's Energy Security, Caucasus Analytical Digest, No. 3, 2009, p. 16.

以色列、美国、印度等国家。尽管欧美支持这条管道具有强烈的政治博弈目的,特别是减少对俄罗斯和中东这两大石油产地的依赖,并借此把西方势力渗透到里海—中亚地区,然而阿塞拜疆的策略目的也很明确,那就是利用欧美的这一动机,来扩大自己的出口能力,减少自己的出口成本,从而获得自己的经济利益。

也是出于这个原因,阿塞拜疆还接受了欧美支持的"巴库—第比利斯—埃尔祖鲁姆天然气管道"即"南高加索天然气管道项目"(South Caucasus Pipeline)。该管道于2006年底开始从沙赫—丹尼兹气田输送天然气,其目的也同样是绕开俄罗斯,把阿塞拜疆的天然气通过土耳其输送到欧洲,而阿塞拜疆也同样从这条管道中获得的是经济利益。

同样的原因还促使阿塞拜疆于2011年12月与土耳其签订了建设"跨安纳托利亚天然气管道"的协定,其气源地是"沙赫—丹尼兹"二期气田。在商谈期间,阿塞拜疆曾明确表示,该国首选的是风险最小且回报丰厚的合作项目。[1]

关于上述管道项目的意义,阿塞拜疆的学者认为:"到今天为止,阿塞拜疆领导人已经实施了一系列重要战略意义的项目,这些确保该国参与全球经济一体化的举措已经成为重要的里程碑。""巴库—第比利斯—杰伊汉、巴库—苏普萨和巴库—新罗西斯克石油管道,以及巴库—第比利斯—埃尔祖鲁姆天然气管道,加强了阿塞拜疆在建立南高加索—里海—欧盟能源和运输走廊中的地缘战略地位"。[2]

由此来看,阿塞拜疆在处理国际关系上的基本外交策略是:以油气资源为后盾来大力推动本国的经济发展,只要符合这个目标,就既可以保持与俄罗斯的传统关系,又同时结交欧美西方国家,希望抓住平衡点与各国建立友好关系,来最大化地谋取自己的国家利益。

三 阿塞拜疆确定成为"南部走廊"供气国

阿塞拜疆的基本外交策略,决定了它对欧盟在"南部天然气走廊"框

---

[1] 任瑞恩:《阿塞拜疆探明天然气储量有望达到5万亿立方米》,新华网,2009年7月23日,http://news.xinhuanet.com/fortune/2009-07/31/content_11806116.htm.

[2] Elkhan Nuriyev: Azerbaijan's Geo-strategic Role in the EU's Energy Security, Caucasus Analytical Digest, No. 3, 2009, p. 15.

架下选定的各条管道，无一例外都选择了接纳和支持。

阿塞拜疆是"南部天然气走廊"上游管道——"南高加索管道"的东道国之一，因此向这条管道输气是题中之意。虽然这条管道在2006年12月建成之后，阿塞拜疆还只是给格鲁吉亚和土耳其两国输送天然气，但是也在考虑将来通过这条管道向欧洲出口天然气。2007年4月，阿塞拜疆总统阿利耶夫表示："我们对欧洲市场非常感兴趣"，希望能够通过"南高加索管道"出口天然气到欧洲。[①] 为了实现向欧洲输送天然气的目标，阿塞拜疆和格鲁吉亚两国决定对"南高加索管道"实行扩能建设。2012年4月，阿塞拜疆能源部长表示，"南高加索天然气管道"将进行扩能建设，使该管道的年输送能力从当前的160亿立方米增加至300亿—350亿立方米，最终甚至将扩能至当前的三倍多。[②] 2013年12月，阿塞拜疆做出了"南高加索管道扩建项目"（SCP_X）的最终投资决定，扩建工程包括铺设横跨阿塞拜疆的新管道和在格鲁吉亚建造两个新的压缩机站，这将使通过管道出口的输气量增加三倍，每年超过200亿立方米。到2017年，工程的主线建设已经完工。[③]

对于"南部走廊"初期框架下的旗舰项目"纳布科管道"，早在2009年10月，阿塞拜疆国家石油公司副总裁维塔利·贝拉巴尤夫就表示，今后可以每年向"纳布科管道"提供70亿立方米的天然气。[④] 2010年5月，阿塞拜疆总统办公厅社会政策处处长阿利·加萨诺夫表示："纳布科管道"项目意义重大，阿塞拜疆准备把本国生产的50%的天然气通过该管道输送。阿塞拜疆2009年天然气产量为235.84亿立方米，这意味着将有超过100亿立方米的天然气要通过"纳布科管道"输送。[⑤] 2012年5月，当纳布科跨国财团推出"纳布科西线"方案后，阿塞拜疆即于6月表示说，初步决定采用"纳布科西线"方案从土耳其边境向欧洲输送阿天然气，气源

[①] 《阿塞拜疆计划年底前向欧盟出售天然气》，中国石化新闻网，2007年4月2日，http://www.sinopecnews.com.cn/news/2007-04/02/content_431236.shtml。

[②] 庞晓华：《南高加索天然气管线或被大幅扩能》，中国石化新闻网，2012年4月25日，http://www.sinopecnews.com.cn/news/content/2012-04/25/content_1161837.shtml。

[③] South Caucasus pipeline, https://www.bp.com/en_az/caspian/operationsprojects/pipelines/SCP.html.

[④] 李峻：《阿塞拜疆能向纳布科管道年供70亿方天然气》，国际燃气网，2009年10月4日，http://gas.in-en.com/html/gas-473809.shtml。

[⑤] 张光政：《阿塞拜疆官员表示保障纳布科管道供气》，人民网，2010年5月7日，http://world.people.com.cn/GB/57507/11539038.html。

主要依靠阿境内里海上的"沙赫—丹尼兹"二期气田工程。① 只是因为后来有了建设成本更低的另一条输欧路线——"跨亚得里亚海管道",阿塞拜疆才最终放弃了"纳布科管道"项目。

"南部天然气走廊"中游的"跨安纳托利亚管道"虽然完全在土耳其境内,而阿塞拜疆国家石油公司(SOCAR)则是最大股东,拥有该管道80%的股份。2013年1月18日,阿塞拜疆总统阿利耶夫批准了阿塞拜疆和土耳其之间"跨安纳托利亚天然气管道"系统协议,"以便把产自阿塞拜疆沙赫—丹尼兹大气田的天然气通过土耳其输送到欧洲。这条管道的初始年输气能力预计将到160亿立方米,其中大约60亿立方米天然气将交付给土耳其,其余天然气将输送到欧洲"。②

对于"南部天然气走廊"下游部分的"跨亚得里亚海管道",为了选择给该管道供气,阿塞拜疆先后放弃了给"纳布科管道"和希腊直通意大利"海神管道"的供气意向。2013年6月,阿塞拜疆沙赫—丹尼兹财团做出决定,选择"跨亚得里亚海天然气管道"将其天然气从里海输送到欧洲,而不是与其竞争的"纳布科管道"。③ 2016年5月,"跨亚得里亚海管道"正式开始动工建设,该项目"预计每年向欧洲国家供应约100亿立方米的阿塞拜疆天然气,足够满足约700万户欧洲家庭的能源需求"。④

除了同建设各条管道的国家签订协约之外,阿塞拜疆还同欧盟直接接洽,表达了供气的意向。2011年1月,欧盟主席巴罗佐访问阿塞拜疆,与阿利耶夫总统签署了从阿塞拜疆进口天然气以及阿塞拜疆帮助欧盟减少对传统重要的天然气供应国俄罗斯依赖的政治协议,确认欧洲将能直接获得来自里海的天然气。⑤ 6月,阿利耶夫在同巴罗佐的谈判中表示:"阿塞拜

---

① 《阿塞拜疆决定以"纳布科西线"方案供气欧洲》,中国能源网,2012年7月3日,https://www.china5e.com/news/news-230828-1.html。
② 《阿塞拜疆总统批准TANAP天然气管道协议》,中国石化新闻网,2013年1月23日,http://www.sinopecnews.com.cn/news/content/2013-01/23/content_1255142.htm。
③ 韩秉宸、郑红、张晓东:《纳布科天然气管道项目流产》,《人民日报》2013年6月28日第22版。
④ 《跨亚得里亚海天然气管线开始动工建设》,中国石化新闻网,2016年5月18日,http://www.sinopecnews.com.cn/news/content/2016-05/18/content_1617739.shtml。
⑤ 《欧盟签署从阿塞拜疆进口天然气协议》,中国石化新闻网,2011年1月17日,http://www.sinopecnews.com.cn/news/content/2011-01/17/content_920718.shtml。

疆支持将天然气输往欧洲的南方天然气走廊工程。"①

  2016年2月，阿利耶夫总统在"南部天然气走廊"磋商委员会第二次会议称，"南部天然气走廊"项目是21世纪具有历史意义的项目，它将改变欧洲的能源版图，"'南部天然气走廊'项目不仅将加强阿塞拜疆与参与该项目各国在能源领域合作，而且也将推动阿塞拜疆与这些国家在各领域合作的全面发展。因此，阿塞拜疆也将在市场原则的基础上履行自身在该项目实施中所承担的义务"。② 2017年2月，阿利耶夫总统在与欧洲理事会主席图斯克会谈时表示，阿是欧盟重要的天然气替代供应国，正在实施的"南方天然气走廊项目"是目前在欧实施的最大基础设施项目。③ 同月，阿利耶夫总统在巴库举行的第三届"南部天然气走廊"磋商委员会上表示，阿塞拜疆将全力推动"南部天然气走廊"按原计划完工，"任何事情都无法阻挡该项目按时推进"。④

  不过，阿塞拜疆也非常清楚，就目前的供气能力来说，给"南部天然气走廊"提供的输气量还非常有限。如果要想在下一步满足对欧洲的供气，最为理想的方案是力争将里海对岸国家哈萨克斯坦和土库曼斯坦的天然气引入到"南高加索天然气管道"，再经过"跨安纳托利亚管道"和"跨亚得里亚海管道"输送到欧洲。这样的话，自己就可以利用供气国和过境国的双重身份获利。这个目标，已经成为阿塞拜疆目前能源外交博弈的努力方向。正是抱着这种动机，阿塞拜疆的有关负责人一再表示，非常期望哈萨克斯坦、土库曼斯坦等中亚国家利用阿境内管线实施油气过境运输，阿也积极支持"跨里海天然气管道"项目的倡议。⑤

---

① 《阿塞拜疆宣布支持南方天然气走廊工程》，中国燃气设备网，2011年8月11日，http://ccgas2.xm04.host.35.com/conn/zi.asp? id = 2808。
② 《"南部天然气走廊"磋商委员会第二次会议在阿塞拜疆举行》，国际在线网，2016年3月1日，http://news.cri.cn/201631/a3db70a5-b1fa-f469-ec14-2bd554796e0d.html。
③ 《阿塞拜疆是欧盟重要天然气替代供应国》，中华人民共和国商务部网，2017年2月8日，http://www.mofcom.gov.cn/article/i/jyjl/e/201702/20170202511720.shtml。
④ 《"南部天然气走廊"对欧盟有战略意义》，新华网，2017年2月23日，http://www.xinhuanet.com/world/2017-02/23/c_129494543.htm。
⑤ 《阿塞拜疆油气开发近况及对经济的影响》，中华人民共和国商务部网，2008年7月28日，http://www.mofcom.gov.cn/article/i/dxfw/jlyd/200807/20080705684928.shtml。

第三节 土库曼斯坦的博弈趋向

土库曼斯坦是"南部天然气走廊"重点选择的潜在供气国。与阿塞拜疆相比，该国拥有更加充足的气源，同时在地缘政治层面上更加深入中亚腹地。如果欧盟能够推动"南部天然气走廊"与该国合作，则必定会取得能源和地缘政治的双重博弈成果。特别是在阿塞拜疆一国的供气量不能满足"南部天然气走廊"需求量的情况下，土库曼斯坦对"南部天然气走廊"的取舍态度，就显得更加重要。

一 土库曼斯坦的天然气及其管道现状

土库曼斯坦位于里海东岸，东北与乌兹别克斯坦为邻，西北是哈萨克斯坦，南部是伊朗，东南与阿富汗接壤。1917年12月建立苏维埃政权，1924年10月建立土库曼苏维埃社会主义共和国，并加入苏联。1991年10月宣布独立，改国名为土库曼斯坦共和国，同年12月加入独联体，2005年8月宣布退出独联体。

土库曼斯坦的石油和天然气资源极为丰富，其天然气探明储量在俄罗斯、伊朗和卡塔尔之后列世界第四。据美国《油气杂志》统计，2002年，土库曼斯坦天然气的探明储量是28600亿立方米，占全球总储量的1.85%，到2016年则增长到72345亿立方米，占全球总储量的3.84%。[1] 而据英国石油公司统计的数据，土库曼斯坦的天然气探明储量在2008年是8.2万亿立方米，2018年增长到19.5万亿立方米，占全球总储量的比例高达9.9%。详见表4-5。

截止到2013年，土库曼斯坦共探明有1000多个含油气前景构造，共发现38个油田，82个凝析气田及153个气田，其中142个气田位于陆上，11个位于里海。目前在国家平衡表中有160多个油气田，正在开发的有

---

[1] 刘倩如：《2001年和2002年世界天然气储产量》，《国际石油经济》2003年第6期，第52页；梁刚：《2016年世界石油储产量及天然气储量》，《国际石油经济》2017年第1期，第105页。

70多个。①

表 4-5　2008—2018 年土库曼斯坦天然气探明储量

（单位：万亿 m³）

2008 年底	2017 年底	2018 年底	2018 年底占全球比例	2017 年底储产比
8.2	19.5	19.5	9.9%	316.8

数据来源：BP Statistical Review of World Energy June 2019, p. 30。

在天然气产量方面，据英国石油公司的数据，土库曼斯坦在近十年里由 2008 年的 333 亿立方米，增长到 2018 年的 615 亿立方米，占全球总产量的 1.6%。储产比为 316.8 年，是全球储产比最高的国家之一，开采潜力巨大。而且，土库曼斯坦的国内天然气消费量小，出口所占比例大。2018年，土库曼斯坦的天然气产量为 615 亿立方米，其中国内消费量为 284 亿立方米，仅占产量的 45.8%，说明有巨大的出口潜力。详见表 4-6。

表 4-6　2009—2018 年土库曼斯坦天然气产量和消费量

（单位：亿 m³）

	2009	2010	2011	2012	2013	2014	2015	2016	2017	2018
产量	333	401	563	590	590	635	659	632	587	615
消费量	171	183	207	229	193	200	254	241	253	284

数据来源：BP Statistical Review of World Energy June 2019, pp. 32-34。

在天然气出口方面，土库曼斯坦拥有东西南北 4 个出口方向：（1）向北，通过管道，经过乌兹别克斯坦和哈萨克斯坦出口到俄罗斯；（2）向南，对阿富汗和伊朗等国出口。既有管道，也通过公路和铁路向伊朗出口液化气；（3）向东，通过中亚—中国天然气管道，经过乌兹别克斯坦和哈萨克斯坦向中国出口；（4）向西，以海运方式，经过里海向欧洲出口。

土库曼斯坦目前已经建成使用的跨国天然气出口管道有 4 条：

1. "中亚—中央天然气管道"（Central Asia-Center Gas Pipeline，俄语为 Средняя Азия-Центр），是苏联时期遗留下来的天然气管道，1967 年开建，1974 年建成，以土库曼斯坦的多列夫塔巴德气田为气源地。现在，俄

---

① 徐小杰：《俄罗斯及中亚西亚主要国家油气战略研究》，中国社会科学出版社 2017 年版，第 79 页。

罗斯从中亚进口天然气总量的63.7%仍然通过这条管道运输。

2."土库曼斯坦—伊朗管道"（Turkmenistan-Iran Pipeline），亦称"科尔佩杰—库尔德—库伊管道"（Korpeje-Kord-Kuy Pipeline），即从土库曼斯坦西部的科尔佩杰气田，到达伊朗的库尔特—库伊。该管道全长200公里，土库曼斯坦境内135公里。这条管道从1998年9月开始运营，是土库曼斯坦独立后建成的第一条不经过俄罗斯的天然气出口管道。

3."多夫列塔巴德—罕格兰管道"（Dauletabad-Khaniran Pipeline），是土库曼斯坦到伊朗的第二条输气管线，长30.5公里，于2010年1月通气，设计输气量为每年60亿立方米。

4."中亚—中国天然气管道"（Central Asia-China Gas Pipeline），又称"土—中天然气管道"（Turkmenistan-China Gas Pipeline）。从阿姆河右岸土库曼斯坦和乌兹别克斯坦的边境出发，经乌兹别克斯坦中部和哈萨克斯坦南部，最后从阿拉山口进入中国，已经建成A、B、C三条管线，实现输气每年550亿立方米。正在兴建经过乌兹别克斯坦、塔吉克斯坦和吉尔吉斯斯坦的D线，预计2020年建成投产，设计输气能力为每年300亿立方米。

目前正在规划和酝酿的跨国天然气管道有3条：

1."沿里海天然气管道"（the Caspian Coastal Pipeline，俄语为Прикаспийский газопровод）。这是拟与俄罗斯合作的一个项目。2007年5月，俄罗斯、土库曼斯坦和哈萨克斯坦签署的备忘录，12月签订协议，建设一条沿里海天然气管道。原计划于2009年上半年开工，不过后来被搁置下来。

2."跨里海天然气管道"（Trans-Caspian Gas Pipeline，土库曼语为Transhazar turbaly geçiriji），是一个拟与欧盟合作的项目。2006年5月，欧盟能源委员会专员皮耶巴尔格斯给正在哈萨克斯坦访问的土库曼斯坦总统尼亚佐夫表示，欧盟支持建设"跨里海天然气管道项目"。然而在2007年5月，俄罗斯、土库曼斯坦和哈萨克斯坦三国总统做出了建设"沿里海天然气管道"的决定，比利时《新欧洲周刊》的文章评论说："这一决定或许就终结了欧洲计划的另一个项目——'跨里海天然气管道'。"[①] 不仅如此，《圣彼得堡时报》引述俄罗斯工业与能源部长科里斯琴柯的话说："跨里海天然气管道存在着技术上、法律上、环境上以及其他方面的风险，除

---

① Kulpash Konyrova：Putin deal torpedoes Trans-Caspian gas pipeline plans, New Europe, 17 May 2007.

了政治上的支持之外，它是找不到投资方的。"① 2008 年 9 月，伊朗副外长萨法里也以环境问题为由而表示反对"跨里海天然气管道"项目。尽管如此，土耳其能源部长耶尔德兹在 2012 年 9 月与欧盟能源委员奥廷格以及阿塞拜疆和土库曼斯坦的官员会谈后声称，土耳其将要通过"跨里海管道"向土库曼斯坦购买天然气。

3. "土—阿—巴—印天然气管道"（Turkmenistan-Afghanistan-Pakistan-India Pipeline，缩写为 TAPI）。2010 年 9 月，土库曼斯坦与阿富汗、巴基斯坦和印度 4 国政府签订了修建"土—阿—巴—印天然气管道"的协议。该管道的土库曼斯坦境内段已于 2015 年 12 月正式开建，阿富汗境内段也于 2018 年 2 月动工，建成后土库曼斯坦的天然气将输送到印、巴、阿 3 国。按照规划，天然气管道全长 1420 公里，每年的输气量为 330 亿立方米，将于 2019 年建成投入运营。②

这种"东西南北"四面出击的天然气管道格局，使土库曼斯坦改变了过去长期依赖俄罗斯作为出口通道的被动局面。其中，"中国—中亚天然气管道"的开通，为土库曼斯坦打开了通往东方的通道。而在积极筹建中的"跨里海天然气管道"、"土—阿—巴—印天然气管道"以及"南部天然气走廊"的诸条管道，将使印度、巴基斯坦、欧洲成为新的出口增长点。开拓多元化的天然气对外销售路径，利用天然气出口获得的资金发展本国经济，已经成为土库曼斯坦今后的长期国策。

二　土库曼斯坦的中立外交和能源博弈策略

土库曼斯坦是在苏联解体的大背景下获得独立的，因此在独立伊始即面对的是一种全新的地缘政治形势，如土库曼斯坦首任总统尼亚佐夫说的："目前出现了一个包括中亚、中东、西南亚及部分外高加索和近东国家在内的新地区。在这一地区土库曼斯坦占据了非常有利的位置，实际上处于该地区的中心。"③ 在这种新的地缘政治格局中，土库曼斯坦最初曾是

---

① Miriam Elder: Putin Triumphant in Turkmen Gas Deal, The St. Peterburg Times, May 15, 2007.
② Turkmenistan-Afghanistan-Pakistan-India Pipeline, https: //en. wikipedia. org/wiki/Turkmenistan-Afghanistan-Pakistan-India_ Pipeline.
③ 龚猎夫：《积极中立　世代安宁——透视土库曼斯坦的中立政策》，《国际问题研究》2008 年第 2 期，第 28 页。

独联体的一员,在东方与苏联国家存在着千丝万缕的联系,在西向则面临着欧美势力对其政治上和资源上的觊觎,东南是恐怖主义的基地阿富汗,西南是有着强大宗教力量的伊朗。面对这种险恶而又复杂的地缘政治环境,土库曼斯坦审时度势,做出了"永久中立"的外交决策。在 1995 年 12 月,联合国大会正式做出《土库曼斯坦的永久中立的决议》,土库曼斯坦成为世界上第一个正式记录在案,并得到联合国承认的中立国。2005 年 8 月,土库曼斯坦宣布退出了独联体。土库曼斯坦的这种"永久中立"的外交战略,为其政治上和经济上的发展创造了有利的国际环境:

第一,从政治上来说,"永久中立"的外交政策有利于维护国家的主权和独立。土库曼斯坦在获得独立之后,不但具有显要的战略位置,而且还拥有丰富的自然资源,因而立即成为世界各大政治势力争夺的对象,表现在:(1)土库曼斯坦的独立使其在政治上成为"真空地带",以美国为首的西方国家力图把势力深入进来,来填补这块"政治真空";(2)中亚国家独立前是苏联的一部分,作为苏联继承者的俄罗斯力图把中亚继续作为传统势力范围来加以控制;(3)土库曼斯坦的大多数居民信奉伊斯兰教,因而邻近的伊朗等伊斯兰国家则力图利用伊斯兰教来影响土库曼斯坦。面对各大势力的争夺,土库曼斯坦要想维护其来之不易的独立地位,最明智的选择是采取多方位的独立自主的外交政策。这种选择,在要求一切国家尊重自己的中立地位的同时,又与一切国家既保持友好关系,又保持相当距离,这就为自己在各大势力的觊觎中筑起了一道维护国家安全的屏障。

第二,从经济上来说,"永久中立"的外交政策有利于土库曼斯坦充分利用自己的丰富资源来推进本国的经济建设。尼亚佐夫总统说:"土库曼斯坦不把任何意识形态和宗教因素作为自己政策的基础,而要把对外政策的全部注意力都集中到探索互利的经济合作的途径上去。"[1] 尼亚佐夫认为,丰富的自然资源是土库曼斯坦选择走中立道路的一个重要条件。由于拥有丰富的资源,就可以不依赖其他任何国家。同时,在实行了中立政策之后,又可以在政治上充分保护自己的自然资源,不至于使自己的自然资源被其他外部势力所掠夺。也就是说,中立政策成为保护本国资源的重要政治屏障。

与这种政治上奉行中立的外交政策相吻合的,是在经济上奉行开放的

---

[1] 龚猎夫:《积极中立 世代安宁——透视土库曼斯坦的中立政策》,《国际问题研究》2008 年第 2 期,第 29 页。

原则。由此，土库曼斯坦确定了自己的能源博弈策略是：在大国间搞穿梭交易，和各个国家都进行接触，最大限度地实现天然气供应渠道多元化、利益最大化，实施"能源富国"战略。

"东西南北"四面出击的天然气管道布局，便是这种能源博弈策略的具体体现。2003年，土库曼斯坦与俄罗斯签署了为期25年的天然气合作协议，协议规定土库曼斯坦在25年内向俄罗斯供应2万亿立方米的天然气。2006年，土库曼斯坦开始加强同中国的能源合作，先后签订了《关于实施中土天然气项目和土库曼斯坦向中国出售天然气的总协议》、《阿姆河右岸油气田产量分成协议》和《中国石油天然气集团公司和土库曼斯坦国家天然气康采恩购销天然气协议》。2008年8月，土库曼斯坦与中国达成了在"中亚—中国天然气管道"建成通气后的30年里每年给中国供应400亿立方米天然气的协议。2009年7月，土库曼斯坦和伊朗达成对伊天然气年出口量从80亿立方米增加到140亿立方米的协议，并在未来将提高到200亿立方米。

为了推动天然气出口渠道的多元化，2007年接任的土库曼斯坦总统库尔班古力·别尔德穆哈梅多夫开始把目光扩展到欧洲。2009年4月，土库曼斯坦通往俄罗斯的"中亚—中央天然气管道"发生爆炸事件，导致土库曼斯坦对俄罗斯的供气一度中断。此后供气虽然恢复，但是输气量大为减少。在这种形势下，别尔德穆哈梅多夫总统开始把目光投向西方，表达了要向"南部天然气走廊"供气的意愿。

三 土库曼斯坦对"南部走廊"的博弈态势

土库曼斯坦围绕天然气管道所展开的能源博弈，最集中地体现在对"南部天然气走廊"的取舍上。如前文所分析过的，对于"南部天然气走廊"框架内的各条管道来说，阿塞拜疆的天然气储量和产量都不够富集，因而土库曼斯坦能否参与该项目就显得尤为重要。自从欧盟在2008年推出"南部天然气走廊"的方案之后，在长达十多年的历程中，土库曼斯坦表现出来由消极到积极、由含糊到逐渐明朗的趋向，表现出了该国既要保持政治上的中立原则和经济上的开放政策，又想通过能源博弈来实现天然气出口多元化和谋取利益最大化的战略意向。

早在2007年5月，当土库曼斯坦与俄罗斯和哈萨克斯坦签署"沿里海天然气管道"项目,评论界都认为这是对"跨里海天然气管道"项目的致命打击的时候,别尔德穆哈梅多夫总统就表示说:"跨里海天然气管道"是一个"出口线路多元化的项目,这个项目现在并没有被完全删除"。① 表现出了土库曼斯坦中立外交政策在能源博弈中的贯彻和应用。

果然,在2009年4月8日,土库曼斯坦和乌兹别克斯坦边境段的"中亚—中央天然气管道"发生爆炸。这一事件不仅导致土库曼斯坦全面停止了向俄罗斯输送天然气,而且还影响到土库曼斯坦做出了关乎"南部天然气走廊"的新决策。2009年5月,在捷克首都布拉格召开的欧盟"南部走廊—新丝绸之路"能源峰会上,土库曼斯坦派代表出席了会议。② 2009年7月10日,土库曼斯坦总统别尔德穆哈梅多夫在一次政府会议上表示,土库曼斯坦打算给"南部天然气走廊"的旗舰项目"纳布科管道"提供气源,说:"目前土库曼斯坦拥有过剩的天然气可以用作贸易,我们准备把过剩的天然气出售给国外的任何消费者,其中当然包括纳布科管道。"③ 据业内专家分析,自从4月俄罗斯停止购买土库曼斯坦的天然气之后,土库曼斯坦每月的天然气出口因此损失10亿美元的收入。正是这个原因,导致土库曼斯坦加快了出口渠道多元化的步伐。2010年7月,纳布科跨国财团常务董事米切克说,土库曼斯坦表示了参与"纳布科计划"的意愿,将为"纳布科管道"提供100亿立方米的天然气。④ 2010年11月,土库曼斯坦政府负责燃料和能源工业的副总理巴伊穆拉特·霍尔德穆罕默多夫在一次国际能源会议期间说,如果纳布科管道项目得以实施,土库曼斯坦准备每年向欧洲供应400亿立方米的天然气。欧洲国家没有必要担心天然气供应问题。⑤

与此同时,土库曼斯坦还做出了停止与俄罗斯合作建设"沿里海天然气管道项目"的决定。2011年10月,土库曼斯坦和俄罗斯正式宣布暂停

---

① Kulpash Konyrova: Putin deal torpedoes Trans-Caspian gas pipeline plans, New Europe, 17 May 2007.
② 《欧盟"南部走廊"能源峰会落幕》,国际能源网,2009年5月16日,http://www.in-en.com/article/html/energy-350178.shtml。
③ 《土库曼斯坦准备向纳布科管道供应天然气》,中国石化新闻网,2009年7月13日,http://www.sinopecnews.com.cn/news/content/2009-07/13/content_649145.shtml。
④ 《纳布科天然气管道供气国将于年内签约》,国际燃气网,2010年7月19日,http://gas.in-en.com/html/gas-0845084522704644.html。
⑤ 《土库曼斯坦同意向纳布科管道供应天然气》,中国石化新闻网,2010年11月24日,http://www.sinopecnews.com.cn/news/content/2010-11/24/content_897683.shtml。

建设"沿里海天然气管道项目"。这一决定,进一步增大了土库曼斯坦参与"南部天然气走廊"的可能性。

然而,土库曼斯坦作为一个地理位置在里海东岸的国家,要想把本国的天然气输送到欧洲,就必须要通过里海,修建一条"跨里海天然气管道"。如果没有"跨里海天然气管道"的话,土库曼斯坦给"南部天然气走廊"供气就成为一句空话。由此,围绕着"跨里海天然气管道"而展开博弈,就成为土库曼斯坦天然气外交的重点之所在。2011年9月,当欧盟委员会发表声明表示要与阿塞拜疆和土库曼斯坦就建设"跨里海天然气管道项目"举行谈判时,阿塞拜疆与土库曼斯坦两国都予以回应,表达了希望向欧洲输送天然气的意向。①

可是,"跨里海天然气管道"项目却遭到俄罗斯的强烈反对,其理由是在里海法律地位未被确定的情况下,土库曼斯坦和阿塞拜疆的任何一方都不得在没有与里海沿岸国家协商的情况下单方面采取行动,特别是外部势力的介入只会使里海未来地位的谈判更趋复杂化。2011年9月,俄罗斯外交部发言人卢卡舍维奇表示,俄外交部对欧盟与阿塞拜疆、土库曼斯坦谈判铺设"跨里海天然气管道"一事表示遗憾。② 2012年4月,俄罗斯外交部部长拉夫罗夫更加强硬地表示,关于开发里海的任何决议,如果没有考虑到里海沿岸5个国家(俄罗斯、伊朗、阿塞拜疆、土库曼斯坦和哈萨克斯坦)的意见,而是由远离里海的欧盟参与进来的话,将是不可接受的。③

尽管如此,土库曼斯坦政府仍然于2012年5月表示,土库曼斯坦能源政策将与欧盟合作作为优先考虑事项。④ 2015年3月,土库曼斯坦总统与土耳其总统签署双边文件,认为土库曼斯坦是连通中亚天然气和国际市场的重要角色,土库曼斯坦将通过"跨安纳托利亚天然气管道"向欧洲输气,以降低欧洲对俄罗斯的依赖。⑤ 2016年9月,土库曼斯坦与"南高加

---

① 《欧盟将与阿土就跨里海天然气管道展开谈判》,新华网,2011年9月13日,http://news.xinhuanet.com/energy/2011-09/13/c_122022700.htm。
② 《俄罗斯对欧盟决定铺设跨里海天然气管道表示遗憾》,新华网,2011年9月13日,http://news.xinhuanet.com/world/2011-09/13/c_122028494.htm。
③ 《俄罗斯外长反对欧盟参与跨里海天然气管道项目》,中华人民共和国商务部网,2012年4月3日,http://www.mofcom.gov.cn/aarticle/i/jyjl/m/201204/20120408049180.html。
④ 《与欧盟合作成土库曼能源政策优先考虑事项》,国际能源网,2012年5月14日,http://www.in-en.com/finance/html/energy-1393505.shtml。
⑤ 黄晓勇主编:《世界能源发展报告2015》,社会科学文献出版社2015年版,第130页。

索管道"的 3 个国家阿塞拜疆、格鲁吉亚和土耳其,以及欧洲委员会一起讨论了每年向欧盟供应 100 亿至 300 亿立方米天然气的可能性,并认为"这里的问题在于选择土库曼斯坦天然气的出口,尤其是实施一个通过里海向阿塞拜疆海岸铺设一条全长 300 公里天然气管道的项目"。[①] 2017 年 8 月,土库曼斯坦总统别尔德穆哈梅多夫和阿塞拜疆总统阿里耶夫共同签署了一份有关战略合作关系的声明,表示两国将在欧洲输送能源一事上进行合作,"阿塞拜疆和土库曼斯坦将支持建设跨里海的海底管道"。[②]

由此可见,往西打通输送天然气到欧洲的渠道,已经被作为土库曼斯坦天然气出口管道多元化的重要举措,尽管这一举措面临着很大的难度。下一步,土库曼斯坦要想推进天然气出口多元化的渠道,在往东、往南都已打开通道,往北受阻的情况下,其重点会放在往西的管道规划上,也就是说,该国选择修建"跨里海天然气管道"而输送天然气给"南部天然气走廊"的趋向已日渐明朗。但是,要想把这个愿望变为现实,还必须克服两大难题:

一个难题是里海法律地位问题。如果要建设"跨里海天然气管道",所有里海沿岸国家首先要在海底分割问题上达成协议。从历史上看,在苏联解体之前,里海沿岸只有苏联和伊朗两个国家。但在苏联解体之后,里海周边国家由两个增加到了 5 个,即俄罗斯、哈萨克斯坦、土库曼斯坦、阿塞拜疆和伊朗。从 1990 年以来,里海沿岸 5 国一直致力于达成一项重新划分里海的法律文件,但一直存在着分歧:土库曼斯坦和伊朗两国主张 5 国平均分配里海海底资源,也就是各占 20%;而俄罗斯、哈萨克斯坦和阿塞拜疆 3 国却主张根据各国海岸线长短,按比例以中心线划分里海海底资源,水域共管,如果按照这种主张,土库曼斯坦只能得到 18% 的海底份额,所以土库曼斯坦反对这种主张。为了解决分歧,5 国从 2002 年以来每 4 年召开一次首脑峰会,终于在 2018 年 8 月的第五届峰会上签订了《里海法律地位公约》,这个公约有一项重要内容,就是"铺设海底管道不需要五国共同批准,而只需要管道所经国家批准即可"。[③] "本次公约的签署,

---

[①] 《土库曼斯坦考虑每年向欧盟供应 3 百亿立方米天然气》,中国石化新闻网,2016 年 9 月 21 日,http://www.sinopecnews.com.cn/news/content/2016-09/21/content_1645815.shtml。
[②] 《阿土两国将携手合作向欧洲输送能源》,中国石化新闻网,2017 年 8 月 11 日,http://www.sinopecnews.com.cn/news/content/2017-08/11/content_1685648.shtml。
[③] 刘乾:《里海油气开发前景与挑战》,《中国石油报》2018 年 8 月 21 日第 6 版。

使土库曼斯坦建设里海海底管道,从而打通西北向至欧洲的出口通道迈进了一大步。"① 不过,公约还只是一个共识性和框架性声明,不具有真正的约束效力,具体执行起来究竟会怎样还难以确定。尤其是《公约》规定建设里海海底管道"必须遵守环保要求"。② 也就是说,修建"跨里海天然气管道"必须首先解决里海的环境问题,对此相关国家需要通过谈判和协商,取得其他国家的同意才能实施,有评论认为"鉴于里海封闭的特殊环境,铺设跨里海油气管道可能因为环境问题的谈判而被持续拖延"。③

再一个难题是本国的供气量分配问题。尽管土库曼斯坦拥有富足的天然气储量,但往东要给中国每年输送500亿立方米,往南要给伊朗每年输送100亿立方米,如果"土—阿—巴—印管道"建成后还要向阿、巴、印3国输送330亿立方米。如果再给"南部天然气走廊"输气,则土库曼斯坦的天然气年出口量必须达到1100亿—1200亿立方米。目前,土库曼斯坦的天然气年产量是600亿—800亿立方米,显然,要想同时满足多个方向的供气量,还存在着400亿—600亿立方米的巨大缺口。届时,能否通过大幅提高本国生产能力来弥补这个缺口,还是个未知数。

第四节　哈萨克斯坦的博弈趋向

哈萨克斯坦也是"南部天然气走廊"的潜在供气国之一,但目前还只在备选之列,尚未列入重点考虑的范围。尽管如此,在阿塞拜疆和土库曼斯坦两国都还存在着诸多不确定因素的情况下,哈萨克斯坦对"南部天然气走廊"的取舍趋势也同样显得举足轻重。

一　哈萨克斯坦的油气资源现状

哈萨克斯坦是独联体中面积第二大的国家,也是世界上面积最大的内

---

① 刘红光:《里海公约,没搔到痒处》,《中国石油石化》2018年第18期,第50页。
② 陈宇:《〈里海公约〉签署,"湖海之争"结束》,《世界知识》2018年第18期,第37页。
③ 黄庆:《大国博弈下的跨里海能源合作依然面临严峻挑战》,《中国青年报》2019年3月20日第4版。

陆国，位于欧亚大陆的结合部，西濒里海，东南连接中国新疆，北邻俄罗斯，南与乌兹别克斯坦、土库曼斯坦和吉尔吉斯斯坦接壤，与阿塞拜疆和伊朗隔里海相望。历史上，哈萨克斯坦于1917年11月建立苏维埃政权，1936年12月定名为哈萨克苏维埃社会主义共和国，并加入苏联。1991年12月10日改名为哈萨克斯坦共和国，16日正式宣布独立，21日加入独联体。

哈萨克斯坦是世界上石油和天然气资源最丰富的国家之一，其中石油开采对于该国经济发展具有决定性的意义。早在2006年12月，哈萨克斯坦总统纳扎尔巴耶夫就在访问中国时声称，哈萨克斯坦的石油储量约为120亿吨至170亿吨，已具备了成为世界产油大国的潜力。[①] 2010年12月美国能源情报署（EIA）发布报告称，未来10年，哈萨克斯坦有可能成为全球最大的5个石油生产国之一。[②] 2011年5月，哈萨克斯坦油气能源企业协会主席库里巴耶夫宣称，哈萨克斯坦有望成为世界5大石油出口国之一。[③] 2012年2月，哈石油与天然气部长萨·门巴耶夫称，哈萨克斯坦石油与天然气凝析油可采储量为53亿吨，目前哈年产量为8100万吨，计划至2015年提升至9000万吨，至2020年可能提升至1.2亿吨。[④] 2012年6月，哈萨克斯坦国家油气公司表示，哈萨克斯坦已探明石油储量50亿吨，预计储量170亿吨，其主体部分蕴藏在包括里海水域在内的里海沿岸盆地内。[⑤]

据美国《油气杂志》统计，哈萨克斯坦的石油探明储量在2006年为410958.90万吨，占全球总储量的2.28%，位列世界第十；2016年仍为410958.9万吨，占全球总储量的1.82%，位列世界第十二。石油实际产量在2006年为4971万吨，占全球总产量的1.37%，位列世界第十七；2016年为7750万吨，占全球总产量的1.98%，位列世界第

---

① 藏日：《中哈将建第二条石油管道》，《西部时报》2006年12月26日第1版。
② 王林：《哈萨克斯坦或成五大产油国之一》，《中国石化报》2010年12月31日第5版。
③ 驻哈萨克斯坦使馆经商参处：《哈萨克斯坦有望成为世界石油出口五强之一》，中华人民共和国商务部网，2011年5月26日，http：//www.mofcom.gov.cn/article/i/jyjl/m/201105/20110507571444.shtml。
④ 李洁：《哈萨克斯坦计划至2015年将石油与天然气凝析油产量提升至9000万吨》，中国管道商务网，2012年3月2日，http：//www.chinapipe.net/national/2012/14855.html。
⑤ 驻哈萨克斯坦使馆经商参处：《哈萨克斯坦石油预计储量170亿吨》，中华人民共和国商务部网站，2012年6月19日，http：//www.mofcom.gov.cn/article/i/jyjl/m/201206/20120608187050.shtml。

十四。① 另据英国石油公司的统计，哈萨克斯坦的石油探明储量在2018年为300亿桶，占全球总储量的1.7%，排世界第十一位。石油产量在2018年为9120万吨，占全球总产量的2.0%，位列世界第十三。②

和石油一样，哈萨克斯坦的天然气资源也非常丰富。美国《油气杂志》的统计情况是：哈萨克斯坦的天然气探明储量在2007年为28317亿立方米，占全球总储量的1.62%，位列世界第十一；2016年为23205亿立方米，占全球总储量的1.23%，位列世界第十五。③ 英国石油公司的统计数据是：哈萨克斯坦的天然气探明储量在2008年为1.3万亿立方米，2018年为1.0万亿立方米，占全球总储量的0.5%。天然气产量在2008年为183亿立方米，2018年增长到244亿立方米，占全球总产量的0.6%。④

由于计算方法的不同，美国《油气杂志》和英国石油公司的数值也有一定出入，但总的结论是一致的，那就是哈萨克斯坦是一个油气资源十分丰富的国家。正因为如此，哈萨克斯坦从独立以后，便把"资源立国"作为其能源战略的核心指导思想。

二 哈萨克斯坦的外交战略和能源外交政策

自1991年独立之后，哈萨克斯坦便奉行了全方位的平衡外交战略。在里海—中亚国家中，哈萨克斯坦既是面积最大的国家，也是综合实力最强的国家，拥有"地区性大国"的地位。因此，它所奉行的这种平衡外交战略，对于其他里海—中亚国家来说，具有很大的示范作用。

（一）哈萨克斯坦的全方位平衡外交战略

哈萨克斯坦的地理位置决定了它在世界地缘政治格局中的特殊地位。对此，布热津斯基在《大棋局》一书中说："在5个新独立的中亚国家中，

---

① 《2006年世界石油探明储产量及在产油井数》，《国际石油经济》2007年第1期，第54—55页；《2016年世界石油储产量及天然气储量》，《国际石油经济》2017年第1期，第105—106页。
② https：//www.bp.com/content/dam/bp/business-sites/en/global/corporate/pdfs/energy-economics/statistical-review/bp-stats-review-2019-full-report.pdf.
③ 《2006和2007年世界天然气储产量》，《国际石油经济》2008年第6期，第69—70页；《2016年世界石油储产量及天然气储量》，《国际石油经济》2017年第1期，第105—106页。
④ https：//www.bp.com/content/dam/bp/business-sites/en/global/corporate/pdfs/energy-economics/statistical-review/bp-stats-review-2019-full-report.pdf.

哈萨克斯坦和乌兹别克斯坦是最重要的 2 个。哈萨克斯坦是本地区的屏障，……哈萨克斯坦的面积和地理位置保护了其他国家免于直接受到俄罗斯的实际压力"。① 由于这种特殊的地缘政治地位，哈萨克斯坦在独立伊始就确定了全方位平衡外交战略。对此，纳扎尔巴耶夫总统解释说，这种外交战略就是要"在国际公认的伙伴关系的基础上同所有国家发展联系"，"既面向东方又面向西方，既面向近邻也面向远邻"。②

早在 1993 年 10 月，时任哈萨克斯坦第一副外长的托卡耶夫在访问中国时就明确地说："哈萨克斯坦是一个欧亚国家，这就排除了其对外政策在这两个方向上的对立。许多国家都梦寐以求拥有如此有利的政治地理位置，以便实行多方位的对外政策方针。"③ 2006 年 4 月，已经担任外交部部长的托卡耶夫在访问中国时再次阐述说："我国外交政策的基本原则是不会改变的。这就是积极的、全方位的和均衡的以及现实主义，建设性对话和全面合作。哈萨克斯坦外交政策的重点是不仅发展同周边国家的互利合作，也与那些决定着当代世界秩序的国家发展互利合作。"④

根据这种多方位的平衡外交战略，哈萨克斯坦继续维持与俄罗斯的传统联系，两国建立战略盟友关系，在国际和地区事务中合作默契，经济、社会、文化的联系与交流密切，使俄罗斯在哈萨克斯坦维护独立、发展经济、提高国际地位等方面发挥助力。同时，哈萨克斯坦也与欧美保持着良好关系，是北约和平伙伴关系成员，加入了欧安组织，与美国建立了战略伙伴关系。

（二）哈萨克斯坦的能源多元外交政策

根据这种全方位平衡外交战略和"资源立国"的核心指导思想，哈萨克斯坦确定了自己的多元能源外交政策，其具体表现是"对所有的国家开放，同世界上所有的国家建立建设性关系"。⑤

---

① ［美］兹比格纽·布热津斯基：《大棋局：美国的首要地位及其地缘战略》，中国国际问题研究所译，上海人民出版社 2015 年版，第 106 页。
② 于洪君：《从欧亚大陆的结合部走向世界——哈萨克斯坦的外交战略与策略》，《外交学院学报》1995 年第 4 期，第 44 页。
③ ［哈］托卡耶夫：《哈萨克斯坦的欧亚国家地位及多方位外交》，何希泉译，《现代国际关系》1993 年第 12 期，第 35 页。
④ ［哈］托卡耶夫：《哈萨克斯坦外交部长 K. 托卡耶夫在哈驻华使馆会见中国社会、政界人士的讲话》，《俄罗斯中亚东欧研究》2006 年第 3 期，第 92 页。
⑤ 同上。

1. 保持与俄罗斯的能源合作。由于和俄罗斯的传统关系,哈萨克斯坦所开采的大部分天然气都由俄罗斯购买。目前,哈萨克斯坦天然气每年有100亿立方米由俄罗斯天然气工业股份公司(Gazprom)帮助供应到其他国家和地区。由于俄罗斯在中亚油气外运上有着明显的优势地位,哈萨克斯坦也有受其制约的一面,例如哈萨克斯坦为了改变本国没有出海口的局面而赞成修建"跨里海天然气管道",但却因为受到俄罗斯的反对而一直处于搁浅状态。

2. 开展与美国的能源外交。为了摆脱地缘上对俄罗斯的高度依赖性,提升本国在中亚地区的实力和在世界上的影响力,哈萨克斯坦也积极开展与美国的能源外交。美国也希望通过与哈萨克斯坦的能源合作,在中亚建立起新的能源基地。1992年5月,哈萨克斯坦与美国协定对著名的"腾吉斯油气田"进行联合开发,方式是股权各占一半,双方合作期长达40年,美方将投资200亿美元。[①] 2006年4月,哈萨克斯坦外交部部长托卡耶夫在阐述该国外交政策时说:"我们对美国的合作给予特别的优先关注。美国在对哈萨克斯坦的经济投资规模中占有主导地位。"[②] 2008年1月,哈萨克斯坦国务秘书萨乌达巴耶夫在会见到访的美国国务院欧亚地区能源外交问题协调员斯蒂文·曼时说:"哈萨克斯坦将保持与美国在能源领域的合作并就扩大对全球能源供应问题与美方开展对话。"[③] 2014年11月,哈萨克斯坦能源部长什果里尼科对到访的美国副国务卿理查德·霍格兰表示:哈国政府更关心油气运输问题,霍格兰则表示:"美国尊重哈国多维度的外交政策和多维度的经济政策。作为油气生产国,的确需要可预期的稳定市场。"[④]

3. 开拓中国的能源市场。哈萨克斯坦非常重视通过开展与中国的能源合作来实现多元能源外交战略。早在1997年9月,哈萨克斯坦就与中国签订了《关于在石油天然气领域合作的协议》。2004年5月,又与中国签署了《关于在油气领域全面合作的框架协议》,并在2004年6月签署了《阿拉山口原油管道建设基本原则协议的补充协议》,正式启动了哈中原油

---

① 常庆:《哈萨克斯坦与美国的关系》,《今日东欧中亚》1996年第3期,第24页。
② [哈]托卡耶夫:《哈萨克斯坦外交部长 K. 托卡耶夫在哈驻华使馆会见中国社会、政界人士的讲话》,《俄罗斯中亚东欧研究》2006年第3期,第93页。
③ 《哈萨克斯坦表示将保持与美国在能源领域的合作》,国际在线网,2008年1月25日,http://news.cri.cn/gb/19224/2008/01/25/1062@1926966.htm。
④ 何英:《原油出口成美哈会晤要点》,《中国能源报》2014年11月10日第6版。

管道建设。2006年7月11日,哈萨克斯坦的原油开始注入位于阿拉山口口岸的哈中输油管线阿拉山口至独山子线首站的计量储罐,这是"我国第一条大型跨国长输管线输送的我国进口哈萨克斯坦的原油","标志着我国开始以管道输送方式从哈萨克斯坦进口原油"。① 2006年12月,纳扎尔巴耶夫总统在访问中国时表示:"中国对能源的需求量不断增长,哈萨克斯坦愿加强与中国在能源领域的合作。"② 2008年7月,哈萨克斯坦至中国天然气管道举行开工典礼,这是"中亚—中国天然气管道"工程的一部分,"是中哈经济合作的新成果"。③ 2011年6月,哈萨克斯坦和中国发表《关于发展全面战略伙伴关系的联合声明》。声明指出,能源领域合作对发展双边关系具有重要意义。双方将本着互利原则,继续不断扩大和深化能源合作。为进一步发展油气领域合作,双方将共同努力确保中哈天然气管道二期、中哈原油管道二期第二阶段、中国—中亚天然气管道第三条管线哈萨克斯坦境内段顺利建设,以及中哈原油管道和中国—中亚天然气管道哈萨克斯坦境内段长期安全稳定运营。④ 20多年的能源合作,中国与包括哈萨克斯坦在内的中亚国家的能源合作硕果累累,"广袤的中亚大地,一条原油管道,四条天然气管道,绵延万里,连接起中国和中亚国家。其中,原油管道和ABC三条天然气管道都经过哈萨克斯坦"。⑤ 2017年10月,哈萨克斯坦正式开始通过"中亚—中国天然气管道"C线向中国输气,"这标志着哈萨克斯坦正式开始执行向中国供气协议,第一年供气量50亿立方米"。⑥ 2018年1月,哈萨克斯坦做出决定,在2019年底前,将哈萨克斯坦—中国天然气管道A、B线路输送量增加至每年100亿立方米。⑦

4. 开展与欧盟的能源外交。哈萨克斯坦也把欧盟看作是开展多元能源外交的重要对象。2006年12月,欧盟与哈萨克斯坦签署了一份加强能源

---

① 李晓玲、魏宁:《哈中输油管道投入商业运营》,《人民日报》2006年7月12日第6版。
② 谭晶晶:《哈萨克斯坦总统:愿加强哈中能源合作》,新华网,2006年12月21日,http://news.xinhuanet.com/world/2006-12/21/content_5517255.htm。
③ 李雷:《哈萨克斯坦至中国天然气管道开工》,《经济日报》2008年7月12日第7版。
④ 《中华人民共和国和哈萨克斯坦共和国关于发展全面战略伙伴关系的联合声明》,《人民日报》2011年6月14日第3版。
⑤ 《中哈能源合作:互利共赢的典范》,《人民日报》2017年5月8日第1版。
⑥ 《哈萨克斯坦正式向中国供应天然气》,《中国石油报》2017年10月23日第1版。
⑦ 《哈萨克斯坦向中国出口天然气规模将增至每年100亿立方米》,《天然气工业》2018年第1期,第108页。

合作的谅解备忘录，具体包括增进在能源政策方面的信息交流，以及在能源运输基础设施和环保技术开发领域的合作。欧盟委员会的声明说："这份谅解备忘录为双方增进能源合作奠定了基础。"① 2008 年 4 月，哈萨克斯坦议会正式批准哈萨克斯坦和阿塞拜疆签署的关于将哈萨克斯坦石油经里海沿巴库—第比利斯—杰伊汉石油管道（BTC）运送原油的协议。② 2008 年 8 月，纳扎尔巴耶夫总统批准了哈外交部制定的《2009—2011 年"通往欧洲之路"国家计划》，开展能源合作是该计划中的一项重要内容，包括哈萨克斯坦在欧洲国家并购港口、码头、炼油厂、加油站及其他一些基础设施，以稳固哈在欧洲市场的长期存在，并将欧洲经验运用于进一步发展能源领域的基本市场原则。③ 2015 年 3 月，哈萨克斯坦与欧盟合作委员会举行会议，确定在近期将批准和签署扩大合作伙伴关系的新协议中，哈萨克斯坦将是欧盟在能源领域，尤其是石油领域内的重要合作伙伴。④ 2016 年 3 月，哈萨克斯坦与欧盟合作委员会举行第 15 次会议，双方就深化包括能源在内的各领域合作交换了意见，商定要进一步加强哈欧政治和经济领域的合作。⑤

此外，哈萨克斯坦还积极发展了同乌克兰、日本、韩国以及伊斯兰国家的能源外交。哈萨克斯坦希望通过这种能源外交多元化政策来保障本国能源出口渠道的稳定性，由此不断强化自己的国家实力，真正成为中亚乃至世界范围内具有一定影响力的地区性大国。

三 哈萨克斯坦对"南部走廊"的博弈态势

哈萨克斯坦是一个远离港口的内陆国家，不得不依赖管道将油气资源输往国际市场。独立以后，哈萨克斯坦为了贯彻"资源立国"的指导思

---

① 尚奥军：《欧盟与哈萨克斯坦签署能源合作协议》，《中国矿业报》2006 年 12 月 7 日第 C02 版。
② 《哈萨克斯坦议会批准经巴库第比利斯杰伊汉管道输油》，中俄交流网，2008 年 4 月 25 日，http://www.zejl.com/new_ xx.asp? id=11715。
③ 尹树广：《"通往欧洲之路"计划：哈萨克斯坦大国平衡外交新举措》，《远东经贸导报》2008 年 12 月 2 日第 7 版。
④ 舒艳：《哈萨克斯坦和欧盟将签署扩大合作伙伴关系新协议》，中华人民共和国商务部网，2015 年 3 月 18 日，http://www.mofcom.gov.cn/article/i/jyjl/e/201503/20150300913229.shtml。
⑤ 《哈萨克斯坦与欧盟合作委员会第 15 次会议召开》，中国新闻网，2016 年 3 月 11 日，http://www.chinanews.com/gj/2016/03-11/7792603.shtml。

想，将油气输送管道作为其基本设施建设的重点。现已建成输送出口石油的主要管道有：（1）萨马拉管道，年输送能力1750万吨，过境俄罗斯销往东欧、黑海及波罗的海国家；（2）CPC（里海管道财团）管道，哈萨克斯坦境内年输送能力2820万吨，石油输送至新俄罗斯港；（3）中哈石油管道，年输送能力2000万吨，石油输送至中国。此外，还有一条重要的石油长输干线，即从俄罗斯鄂木斯克南下经哈萨克斯坦到土库曼斯坦的石油管道，苏联用于向哈萨克斯坦和土库曼斯坦输送西西伯利亚的石油。苏联解体后，俄罗斯通过该管道继续向哈萨克斯坦东北部巴甫洛达尔炼厂供油，每年大约400万吨；向南哈萨克斯坦州奇姆肯特炼厂供油，每年大约250万吨。[①]

相对于输油管道来看，哈萨克斯坦的输气管道要滞后一些。现有的天然气管道中，南北走向的主要有"中亚—中央管道"、"布哈拉—乌拉尔管道"，东西走向的主要有"中亚—中国管道"（途经哈萨克斯坦）、"巴佐伊—奇姆肯特管道"、"加兹利—奇姆肯特管道"、"布哈拉—塔什干—阿拉木图管道"、"奥伦堡—新普斯科夫管道"、"马卡特—北高加索管道"等。[②] 这些管道，80%左右都是过境管道。其中最主要的有两条，一条是苏联时期留下的"中亚—中央天然气管道"，通过这条管道将天然气输往俄罗斯，然后出口至欧洲。显然，这必然要受到俄罗斯的控制。还有一条是土库曼斯坦通往中国的"中亚—中国天然气管道"，哈萨克斯坦是一个重要的过境国，也可以利用这条管道向中国出口天然气。从目前的情况来看，由于哈萨克斯坦的天然气产量还不高，而且国内天然气消费也处于增长时期，因此这两条天然气出口管道还暂时能够满足需要。然而，哈萨克斯坦拥有丰富的天然气储量，天然气产能还有巨大的空间。因此，必然会将扩大天然气出口的问题提上议事日程。在这种背景下，下一步能源战略亟待解决的问题就是要增设新的天然气出口管道。

实际上，哈萨克斯坦政府早在《2004—2010年哈萨克斯坦天然气领域发展规划》中，就将"发展天然气输送体系"列为6个实施方向之一，计划通过对"中亚—中央天然气输送管道"的改造，来扩大天然气

---

① 谈谈：《丝绸之路上的哈萨克斯坦——"一带一路"上的产油国之一》，《石油知识》2017年第1期，第61页。
② 黄伟、杨桂荣、张品先：《哈萨克斯坦石油天然气工业发展现状及展望》，《天然气与石油》2015年第2期，第5页。

出口能力。① 在 2018 年 2 月，哈萨克斯坦能源部表示，哈 2017 年开采天然气 529 亿立方米，出口 172 亿立方米。2018 年计划开采 535 亿立方米天然气，出口 174 亿立方米。② 如果按照这个发展趋势，那么现有的管道运力显然是不够的。所以，出口管道的不足已经成为困扰哈萨克斯坦能源战略的主要问题。

近几年，哈萨克斯坦一方面充分利用通往俄罗斯的"中亚—中央天然气管道"和通往中国的"中亚—中国天然气管道"，努力扩大这两条天然气管道干线的输气量；另一方面，也在酝酿和规划铺设新的跨国天然气管道，在这一方面，围绕着"沿里海天然气管道"和"跨里海—南部走廊天然气管道"而展开了能源和地缘政治的博弈。

2007 年 5 月，俄罗斯、哈萨克斯坦和土库曼斯坦 3 国商定了建设"沿里海天然气管道"的项目，当时哈萨克斯坦是站在了老伙伴俄罗斯一边，纳扎尔巴耶夫总统将这一项目称之为是"一个纯粹务实的项目"。③ 哈萨克斯坦之所以做这种选择，主要原因有二：其一，土库曼斯坦的天然气经过哈萨克斯坦进入俄罗斯，哈萨克斯坦可以获得丰厚的过境费收益；其二，如果土库曼斯坦的里海部分开发出新的油气田，哈萨克斯坦以及俄罗斯都可以获得连接的机会。

然而，《新欧洲周刊》在当时就评论说："这条将哈萨克斯坦和中亚的天然气输往世界市场的管道，是在陆地上而不是在水下，是经过俄罗斯境内而不是绕过它，这将会给予俄罗斯一个真正的机会，使它能够继续保持能源主要供应商的独特位置"，"在将来的很多年里，哈萨克斯坦和土库曼斯坦出口世界市场的天然气股份都会继续受到俄罗斯的控制"；相反，"哈萨克斯坦如果实现与'跨里海天然气管道'的连接，那么，中亚的天然气就能够绕开俄罗斯管线而进入世界市场，从而也就摆脱了'俄气'的垄断控制"。④ 由此可见，哈萨克斯坦在"沿里海天然气管道"和"跨里海天然气管道"的博弈中，扮演着举足轻重的角色。

然而，"沿里海天然气管道"如同昙花一现，最后成了一个有始无终

---

① 《2010 年前哈萨克斯坦天然气领域发展计划》，《远东经贸导报》2006 年 2 月 20 日第 2 版。
② 《哈萨克斯坦 2018 年计划开采 535 亿方天然气》，中国管道商务网，2018 年 2 月 26 日，http://www.chinapipe.net/national/2018/33917.html。
③ Kulpash Konyrova: Putin deal torpedoes Trans-Caspian gas pipeline plans, New Europe, 17 May 2007.
④ Ibid..

的项目。由于俄罗斯与土库曼斯坦之间在 2009 年 4 月发生的天然气冲突,该项目最终被撤销了,而且至今也看不到重启的可能性。

哈萨克斯坦原本就奉行平衡外交的政策和能源出口多元化的策略,因而即便是在 2007 年"沿里海天然气管道"项目与欧盟支持的"跨里海天然气管道"项目博弈正酣之际,哈萨克斯坦政府也并未对后者说"不"。因为在此之前的 2006 年 12 月,哈萨克斯坦就与欧盟签署了一份谅解备忘录,欧盟委员会主席巴罗佐说:通过这份文件,"哈萨克斯坦和欧盟为在能源领域的建设性合作打下了基础,这种合作对双方都极其有益"。[①] 2009 年 4 月,当"沿里海管道"项目因土库曼斯坦与俄罗斯的冲突而陷入停顿之后,哈萨克斯坦出于多元化的考虑,进一步谋求与欧盟的合作。2010 年 7 月,哈萨克斯坦总统纳扎尔巴耶夫做出表示说,他的国家准备成为"南部天然气走廊"旗舰项目"纳布科计划"的一部分,说:"他的国家准备成为纳布科天然气管道项目的一部分,但是,欧盟必须做更多的实际工作使哈萨克斯坦参加这个项目成为可能。"[②]

2011 年 10 月,欧盟能源委员奥廷格在访问哈萨克斯坦时表示,今后几年欧盟将寻求由阿塞拜疆经土耳其向欧洲出口天然气。同时,欧盟也在就"跨里海天然气管道"项目与有关方面展开具体谈判。该项目未来也可以将哈萨克斯坦的天然气运往欧洲。哈萨克斯坦外交部也表示,哈方重视创造新的能源出口能力以及发展能源基础设施项目。[③] 2017 年 12 月,哈萨克斯坦能源部部长卡纳特·博祖姆巴耶夫表示,哈萨克斯坦将提高天然气产量,并考虑把通过阿塞拜疆作为出口线路选择。[④] 这意味着哈萨克斯坦仍然希望能够通过"跨里海天然气管道"实现与"南部天然气走廊"的对接,来达到将本国天然气输送到欧洲市场的目的。

不过,作为"南部天然气走廊"潜在的供气国,哈萨克斯坦尽管表现出了供气的意向,但迄今为止却一直未有实质性的行动,这一方面是因为它地处里海东岸,想要东气西输,就必须解决跨越或者绕过里海的问题,

---

[①] 尚军:《欧盟与哈萨克斯坦签署能源合作协议》,《中国矿业报》2006 年 12 月 7 日第 C02 版。
[②] 李峻编译:《哈萨克斯坦准备加入纳布科天然气管道项目》,中国石化新闻网,2010 年 7 月 21 日,http://www.sinopecnews.com.cn/news/content/2010-07/21/content_839309.shtml。
[③] 陈志新:《欧盟能源专员表示跨里海管道项目将充分考虑哈萨克斯坦相关诉求》,人民网,2011 年 10 月 4 日,http://world.people.com.cn/GB/57507/15810831.html。
[④] 《哈萨克斯坦计划通过阿塞拜疆输送天然气》,中国管道商务网,2017 年 12 月 13 日,http://www.chinapipe.net/national/2017/33458.html。

这一点与土库曼斯坦相似，但是又没有土库曼斯坦那么多的天然气储量。自身的这种条件，限制了其参与"南部天然气走廊"的能力。另一方面，则是存在着更加难以解决的里海法律地位问题，如果要建设"跨里海天然气管道"，首先必须解决里海海底的分割问题，这个问题不是哈萨克斯坦一国所能决定的，需要通过里海周边国家的多边外交博弈才能达成相关的协议。

第五节　乌兹别克斯坦的博弈趋向

乌兹别克斯坦也是一个拥有相当天然气储量和产量的国家，因而也被欧盟考虑作为"南部天然气走廊"的潜在供气国。不过，欧盟至今却并没有与该国发生实质性的接触。尽管如此，在围绕着"南部天然气走廊"所展开的能源和地缘政治博弈中，该国也难以避免被卷进竞争的漩涡。

一　乌兹别克斯坦的能源现状和外交战略

乌兹别克斯坦是一个中亚内陆国家，西南部与土库曼斯坦接壤，南部与阿富汗接壤，东部与塔吉克斯坦和吉尔吉斯斯坦接壤，北部和西部与哈萨克斯坦接壤，这些邻国也都是内陆国家，因此它是一个双重内陆国。但是，由于乌兹别克斯坦的天然气资源较为丰富，且天然气出口也与里海的管道息息相关，因此在里海—中亚的能源博弈棋局中也是一枚不容忽视的棋子。历史上，1917年11月俄国爆发十月革命之后，在乌兹别克地区建立了苏维埃政权。1924年10月，成立乌兹别克苏维埃社会主义共和国并加入苏联。1991年8月宣告独立，改称乌兹别克斯坦共和国，同年12月加入独联体。

（一）乌兹别克斯坦的油气资源现状

乌兹别克斯坦是中亚地区的油气大国之一。根据乌兹别克斯坦矿产资源国家储量平衡表显示，截止到2010年，已发现235个油气田，其中气田和凝析气田119个，油田50个，凝析油气田40个，油气田26个。主要油田有北索赫、帕尔万塔什、阿拉梅希克、加利恰—昌戈拉。重要的气田有乌其克尔、阿克姆，油气田有加兹连、阿克贾尔，凝析气田有北穆巴拉克、乌尔塔布拉克、坎德姆等。① 在这些油气田中，被开发的已有 50% 以上，正处于开发准备阶段的占 35%，其他还处于勘探阶段。②

乌兹别克斯坦的天然气储量和产量也在世界上居于前列，在中亚 5 国中其储量次于土库曼斯坦和哈萨克斯坦排名第三，其产量则仅次于土库曼斯坦排名第二。根据美国《油气杂志》的数据，2016 年乌兹别克斯坦的天然气储量为 17745 亿立方米，占全球总储量的 0.94%，排名世界第二十位。③ 另据英国石油公司统计，乌兹别克斯坦的天然气探明储量 2018 年为 1.2 万亿立方米，占全球总储量的 0.6%。天然气产量在 2018 年为 566 亿立方米，占全球总产量的 1.5%。详见表 4-7。

表 4-7　　　　　2008—2018 年乌兹别克斯坦天然气储产量

（单位：亿 m³）

	2008 年	2017 年	2018 年	2018 年占全球比例
储量	13000	12000	12000	0.6%
产量	610	534	566	1.5%

数据来源：BP Statistical Review of World Energy June 2019, pp. 30-32。

为了进一步开发油气资源，乌兹别克斯坦制定了 2005—2020 年油气增储战略纲要，计划加大勘探工作，力争在 15 年内使天然气探明储量新增 1.015 万亿立方米；石油探明储量新增 6980 万吨；凝析油新增储量 6570 万吨；总的新增碳氧化合物探明储量将达到 11.5 亿吨标准燃料。④

（二）乌兹别克斯坦的均势外交战略

乌兹别克斯坦的地理位置处于欧亚大陆的十字路口上，其地缘政治地位在中亚 5 国中尤为特殊。如果说，中亚地区是欧亚大陆的腹地或心脏地区的话，那么，乌兹别克斯坦可谓就是腹地中的腹地，心脏里的心脏。布热津斯基说："在 5 个新独立的中亚国家中，哈萨克斯坦和乌兹别

---

① 陈超、陈正、金玺：《乌兹别克斯坦共和国主要矿产资源及其矿业投资环境》，《中国矿业》2012 年第 5 期，第 48 页。
② 张延萍编译：《乌兹别克斯坦油气工业的现状与未来》，《国际石油经济》2010 年第 1 期，第 52 页。
③ 《2016 年世界石油储产量及天然气储量》，《国际石油经济》2017 年第 1 期，第 105 页。
④ 谈谈、李娟娟：《"白金之国"——乌兹别克斯坦——"一带一路"上的产油国之三》，《石油知识》2017 年第 3 期，第 61 页。

克斯坦是最重要的 2 个。……乌兹别克斯坦是本地区多样化的民族觉醒的灵魂。……实际上，乌兹别克斯坦是担当中亚地区领导的首选国家。"① 具有这种特殊地缘政治地位的乌兹别克斯坦，在独立以后选择了全方位的均势外交战略。

乌兹别克斯坦奉行的全方位外交政策主张各国主权平等，不使用武力或以武力相威胁，不侵犯边界，和平解决争端，不干涉别国内政；可以结盟，可以加入国际组织，也可以依据国家利益宣布退出。实行这种外交政策的目的在于巩固国家的独立和主权，扩大对外经济联系，维护国家安全。根据这种全方位的外交政策，乌兹别克斯坦在处理与大国之间的关系方面实行均势战略，在权衡利弊的基础上，为了自身利益的最大化而决定倾向于大国的哪一方。

乌兹别克斯坦是苏联时期的加盟共和国之一，自 1991 年从苏联独立出来之后，主张独联体国家应优先发展双边关系，尤其突出与俄罗斯的特殊关系。乌兹别克斯坦首任总统卡里莫夫在独立之初便宣称，如果不同俄罗斯保持友好合作关系，乌兹别克斯坦就不会有发展前途和未来。1992 年 8 月，卡里莫夫总统又提出，与独联体成员国发展直接和多边的合作关系是乌兹别克斯坦对外政策的优先方向之一。1994 年 3 月，卡里莫夫总统再次强调："为了保障国内稳定，我们应当与伟大的邻邦俄罗斯进行有效的全面合作；我们应当依靠俄罗斯的经济实力和知识潜力，依靠俄罗斯的军事实力。"② 他认为只有这样才能奠定保卫自己的生活与未来的牢固基础。基于这种指导思想，乌兹别克斯坦在独立初期与俄罗斯的关系一直非常密切，保持着在各个领域的合作。

然而，从 20 世纪 90 年代后期起，乌兹别克斯坦的外交战略慢慢向美国等西方发达国家倾斜。据 1998 年的一项民意调查表明，乌兹别克斯坦的多数民众认为该国外交的优先顺序应该依次为：美国、西欧和俄罗斯。2002 年，卡里莫夫总统指出："乌兹别克斯坦融入国际社会的具体方向是：与最发达国家建立紧密的联系，深化与美国等主要大国的多方面关系；努力发展和加强与欧洲主要国家的关系；同欧盟缔造伙伴与合作关系；与亚洲国家，首先是日本、韩国和中国发展多方面关系；同俄罗斯发

---

① ［美］兹比格纽·布热津斯基：《大棋局：美国的首要地位及其地缘战略》，中国国际问题研究所译，上海人民出版社 2015 年版，第 106—107 页。
② 陈联璧：《乌兹别克斯坦的外交政策》，《中欧东亚研究》1996 年第 4 期，第 56 页。

展历史传统、经济和文化联系具有一定意义。"[1] 此时，乌兹别克斯坦把俄罗斯排在了美国和欧洲之后，而且还不及一些发展水平较高的非大国。

不过，在2005年5月13日，乌兹别克斯坦政府在安集延市对反对派进行了镇压。事件发生后，以美国为首的北约敦促乌兹别克斯坦政府接受对"安集延事件"进行独立的国际调查。乌兹别克斯坦总统卡里莫夫则表示，安集延骚乱事件是乌兹别克斯坦的内部事务，不需要对这一事件进行国际调查。[2] 由此，乌兹别克斯坦与美国的关系迅速恶化。在这种形势下，乌兹别克斯坦与俄罗斯的关系不断升温，连续与俄罗斯签署安全条约，包括2004年的战略伙伴关系条约和共同使用空军及防空体系协议，2005年的联盟关系条约，俄罗斯承诺在乌兹别克斯坦遭受外来威胁时对其提供安全保障。俄罗斯还坚定地支持乌兹别克斯坦政府对于"安集延事件"的处理。2006年，乌兹别克斯坦加入了俄罗斯主导的独联体集体安全条约组织和欧亚经济共同体。[3]

2008年以后，由于美国改变了对乌兹别克斯坦的策略，双方关系又开始出现缓和的趋势。在这种形势下，卡里莫夫总统也再次表达了愿意与美国和西方改善关系的愿望。随着美国与乌兹别克斯坦重新接近，乌兹别克斯坦与俄罗斯的关系开始动摇。在美国的劝说和拉拢下，乌兹别克斯坦终于以欧亚经济共同体和独联体集体安全条约组织缺乏效率为理由，先后在2008年12月和2012年6月宣布中止了参与这两个组织的活动。[4] 然而，乌兹别克斯坦退出集安组织之后，并未减少与俄罗斯的合作，两国在双边层面的合作仍在继续。

在与俄、美两国之间周旋的同时，乌兹别克斯坦又进一步把中国看作是新的外交支柱。2013年乌中双方确定了战略伙伴关系，两国领导人签署了30多个文件，涉及金额达150亿美元，其中许多项目已在逐步落实。2014年8月卡里莫夫对中国进行了正式友好访问，之后两国领导人签订了

---

[1] 张磊、[哈]库阿内什娜：《中亚五国对外战略及其地缘政治动因》，《国际论坛》2009年第3期，第29页。
[2] 吴黎明、马世俊、王洁明：《北约敦促乌接受对安集延骚乱事件进行国际调查》，新华网，2005年5月25日，http://news.xinhuanet.com/world/2005-05/25/content_3001635.htm。
[3] 赵会荣：《论影响乌兹别克斯坦外交决策的因素》，《俄罗斯中亚东欧研究》2007年第1期，第63页。
[4] 宋志芹：《论俄罗斯与乌兹别克斯坦关系的演变及影响因素》，《俄罗斯学刊》2014年第3期，第61页。

20多个协议，涉及交通、能源和微电子领域的合作，金额超过60亿美元。其中最主要的有《2014—2018年发展战略伙伴关系纲要》。目前，中乌双方合作水平不断提升，乌已成为中国在中亚地区的最大贸易伙伴。[1]

2016年9月，自独立之后即担任总统长达27年之久的卡里莫夫病逝，新接任的米尔济约耶夫总统在阐述外交战略的优先方向时说："乌兹别克斯坦外交活动重要的优先方向，是和我们国家利益有着紧密联系的中亚地区"；"继续发展和全面巩固同俄罗斯联邦的友好关系，是乌兹别克斯坦对外政策的优先方向"；"我们对外政策的优先意义在于，保持和全面发展与美国的互惠与建设性合作关系"；"乌兹别克斯坦对进一步巩固同作为地区近邻、并在地区和全球问题解决中发挥重要作用的中国的全面战略伙伴关系感兴趣"。[2] 表明新政府继续寻求在大国之间保持平衡的同时，开始更加重视同中亚邻国的关系，以改变与地区内国家相对疏离的状态，积极寻求发展与周边国家的合作。

总的来说，乌兹别克斯坦的均势外交战略，对于确保实现国家利益最大化，维护国家的独立和安全是取得了明显的成效。

二 乌兹别克斯坦天然气管道现状及博弈态势

自1991年独立以来，乌兹别克斯坦的天然气产量有了较大的增长。在独立初期的1992年，其天然气产量为425亿立方米。为了保持天然气生产的增长，乌兹别克斯坦主要采取了三种方法：（1）尽量避开俄罗斯的管道系统；（2）开发国内市场；（3）重点出口周边邻国。[3] 通过这些方法，其天然气产量到2018年已经增长到566亿立方米，其中本国消费量为426亿立方米，对外出口量为141亿立方米，出口方向为哈萨克斯坦24亿立方米，俄罗斯53亿立方米，其他独联体国家1亿立方米，中国63亿立方米。[4]

---

[1] 胡梅兴：《乌兹别克斯坦内政外交新动态》，《国际研究参考》2015年第5期，第22页。
[2] 焦一强：《"继承"还是"决裂"？——"后卡里莫夫时代"乌兹别克斯坦外交政策调整》，《俄罗斯研究》2017年第3期，第115页。
[3] 张从容：《里海油气资源开发利用近况分析》，《当代石油石化》2007年第15期，第11页。
[4] https://www.bp.com/content/dam/bp/business-sites/en/global/corporate/pdfs/energy-economics/statistical-review/bp-stats-review-2019-full-report.pdf.

第三章 "南部走廊"与里海—中亚国家的外交博弈

（一）乌兹别克斯坦的天然气管道现状

乌兹别克斯坦是一个"双内陆国家"，不但自身是内陆国，而且其周边邻国也是内陆国。这样的地理位置使得该国的天然气进出口主要通过管道。目前已建天然气管道系统主要包括以下几条：

1. "中亚—中央输气管道"（CAC）。该管道是乌兹别克斯坦向俄罗斯天然气工业公司（Gazprom）出口天然气的主要途径。其西部支线将靠近里海产区的土库曼斯坦天然气运至北部，东部支线将土库曼斯坦东部与乌兹别克斯坦南部的天然气运至哈萨克斯坦西部。

2. "中亚—中国天然气管道"。该管道长1833公里，自土库曼斯坦东部气田出发，途经乌兹别克斯坦、哈萨克斯坦到中国西部，与中国西气东输管道连通。通过这条管线，土库曼斯坦向中国输送天然气的同时，乌兹别克斯坦也每年向中国输送自产气（2018年为63亿立方米）。

3. "布哈拉—乌拉尔管道"。该管道起自土库曼斯坦东南部多列夫塔巴德气田，途经乌兹别克斯坦的布哈拉天然气产区，至哈萨克斯坦，并汇入俄罗斯管道系统。

4. "塔什干—比什凯克—阿拉木图管道"。该管道起自乌兹别克斯坦东部，途经吉尔吉斯斯坦北部，至哈萨克斯坦南部，是吉尔吉斯斯坦与哈萨克斯坦南部的主要天然气来源。[①]

（二）乌兹别克斯坦对"南部走廊"的取向

在"南部天然气走廊"的5个潜在供气国中，欧盟目前已与阿塞拜疆、土库曼斯坦、哈萨克斯坦等国家签署了能源战略伙伴关系备忘录，并没有与乌兹别克斯坦签署。其中的原因，主要是因为乌兹别克斯坦不是滨里海国家。如果要将乌兹别克斯坦的天然气引入"南部天然气走廊"的话，没有直接连接的地理位置。如果再铺设管线，则一是需要资金，二是还须通过过境国。

从乌兹别克斯坦方面来说，目前也不是很急于寻求从西向往欧洲出口天然气。自从"中亚—中国天然气管道"投产之后，乌兹别克斯坦的天然气已经可以通过这条管道给中国供应天然气。并且，乌兹别克斯坦一直对土库曼斯坦天然气的过境是有限制的，乌方的主要目的是要优先考虑增加自己的天然气通过这条管道出口，而土库曼斯坦则不想在天然气输出问题

[①] 谈谈、李娟娟：《"白金之国"——乌兹别克斯坦——"一带一路"上的产油国之三》，《石油知识》2017年第3期，第61页。

上受制于乌兹别克斯坦，为此土、乌两国展开了博弈，在很大程度牵扯了乌兹别克斯坦的力量。乌兹别克斯坦更愿意把自己的天然气通过"中亚—中国天然气管道"出口，这是它当前的兴趣点。乌兹别克石油天然气公司曾表示，乌天然气领域出口的重点合作方向为发展与中国的合作，即第四条"乌兹别克斯坦—中国"天然气管道，乌天然气输送系统既不会加入TAPI（土库曼斯坦—阿富汗—巴基斯坦—印度天然气管道），也不会加入通过阿塞拜疆往欧洲输气的管道计划。①

另外，在北向的"中央—中亚天然气管道"，乌兹别克斯坦曾向俄罗斯天然气工业股份公司（Gazprom）提出过涨价要求，但被俄方拒绝。俄天然气工业股份公司认为，乌兹别克斯坦迄今为止在里海管道项目上仅发挥着微小的作用。②对于乌兹别克斯坦来说，如果能够通过能源外交实现在这条管道上收取更高的过境费，也是一个重要的兴趣点。2017年4月，乌兹别克斯坦总统米尔济约耶夫和俄罗斯总统普京共同出席了乌、俄两国天然气购销合同的签署仪式。根据合同，从2018年起，俄气公司每年从乌兹别克斯坦购买40亿立方米天然气。③

由于有以上两个兴趣点，所以，乌兹别克斯坦目前对于"南部走廊"没有表现出太大的博弈兴趣。虽然被列为潜在的供气国，看来只能是有名无实了。

第六节　伊朗的博弈趋向

伊朗是一个拥有巨大天然气储量和产量的国家，由于其西北疆界与土耳其毗邻，因而被欧盟也列为重要的潜在供气国。在"南部天然气走廊"旗舰项目"纳布科计划"的最初方案中，两条支线一条以阿塞拜疆为上

---

① 驻乌兹别克经商参处：《乌兹别克斯坦称不会接入 TAPI 和 Nabucco 天然气管道，重视中国方向》，中华人民共和国商务部网，2016年4月25日，http://www.mofcom.gov.cn/article/i/jyjl/e/201604/20160401305338.shtml。
② 宏子木：《俄罗斯釜底抽薪 纳布科前景黯淡》，《中国石化报》2008年2月14日第5版。
③ 驻俄罗斯联邦经商参处：《俄气公司与乌兹别克斯坦签署5年期天然气购销合同》，中华人民共和国商务部网，2017年4月7日，http://www.mofcom.gov.cn/article/i/jyjl/e/201704/20170402553936.shtml。

游,另一条便是以伊朗作为上游。然而,尽管欧盟对伊朗的天然气资源达到了垂涎三尺的渴望程度,但是面对几乎难以逾越的地缘政治和宗教等问题,也只能是望洋兴叹。伊朗则充分利用自身的油气资源优势与欧美展开博弈,力图在政治上打破西方势力的封锁,推动本国的经济发展,增强与欧美抗衡的综合实力。

一 伊朗的油气资源现状和地缘政治地位

伊朗位于亚洲西南部,中北部紧靠里海,南靠波斯湾和阿拉伯海,东邻巴基斯坦和阿富汗,东北部与土库曼斯坦接壤,西北与阿塞拜疆和亚美尼亚为邻,西界土耳其和伊拉克。在地缘政治上,人们主要把伊朗视为是中东国家和波斯湾国家,是里海沿岸唯一不属于原苏联的国家。1979年,伊朗发生伊斯兰革命,推翻了巴列维王朝,建立了政教合一的伊朗伊斯兰共和国。

(一) 伊朗的油气资源现状

伊朗是亚洲主要经济体之一,其经济实力位居亚洲第七位。石油是伊朗的经济命脉,据伊朗石油部长罗斯塔姆·卡希米2011年8月称,伊朗是世界第四大石油生产国、欧佩克第二大石油输出国。石油也是伊朗外汇收入的主要来源,石油收入占全部外汇收入的85%以上。截至2015年底,伊已探明原油储量1584亿桶,占世界总储量的10.6%,排名世界第四位(仅次于委内瑞拉、沙特、加拿大)。伊朗的天然气资源更加富足,已探明天然气储量约33.5万亿立方米,占世界总储量的16.6%,居世界第二位(仅次于俄罗斯)。[1] 美国《油气杂志》统计的数据是伊朗的天然气探明储量在2016年为322964.2亿立方米,占全球总储量的17.16%,也是居世界第二。[2] 英国石油公司的统计也显示,伊朗在2018年的天然气可采储量为31.9万亿立方米,仅次于俄罗斯的38.9万亿立方米。在全球天然气储量的比例,伊朗为16.2%。尤其是伊朗天然气的储产比达到了133.3年,其开采潜力十分巨大。伊朗目前的天然气产量排在美国和俄罗斯之后,2018年为2395亿立方

---

[1] 驻伊朗经商参处:《伊朗石油天然气产业概况》,中华人民共和国驻伊朗大使馆经济商务参赞处网,2016年9月14日,http://ir.mofcom.gov.cn/article/c/zwrenkou/201609/20160901392912.shtml。

[2] 《2016年世界石油储产量及天然气储量》,《国际石油经济》2017年第1期,第105页。

米，占全球总产量的6.2%，排在世界第三位。详见表4-8。

表4-8　　　　　　　2008—2018年伊朗天然气储产量

	2008年	2017年	2018年	2018年底占全球比例	2018年底储产比
储量（万亿 m^3）	28.0	31.9	31.9	16.2%	133.3
产量（亿 m^3）	1236	2202	2395	6.2%	

数据来源：BP Statistical Review of World Energy June 2019, pp.30-32。

伊朗虽然拥有巨大的天然气资源，但是其对外贸易却一直比较低迷。在里海—中亚资源国家中，伊朗的天然气出口量是偏低的，2018年为122亿立方米，仅占全球贸易量的0.99%。详见表4-9。

表4-9　　　　　　2018年里海—中亚资源国家天然气出口数量

（单位：亿 m^3）

名次	国家	管道出口	LNG出口	总计	占全球比例
1	俄罗斯	2230	251	2481	20.09%
2	土库曼斯坦	352	—	352	2.85%
3	哈萨克斯坦	256		256	2.07%
4	乌兹别克斯坦	141	—	141	1.14%
5	阿塞拜疆	92		92	0.75%
6	伊朗	122		122	0.99%

数据来源：BP Statistical Review of World Energy June 2019, p.41。

伊朗天然气出口量低的原因，主要还是自2006年以来国际经济制裁造成的。在经济制裁下，伊朗难以获得来自其他国家特别是西方发达国家的资金及技术支持，同时其生产的天然气也很难打入国际市场，从而导致其天然气开发和出口严重滞后。2016年年初，美国及西方国家对伊朗解除了经济制裁。在这种背景下，伊朗抓住机遇，加快了天然气"走出去"的步伐。为了扩大天然气的出口，伊朗一方面进一步提高天然气产量，另一方面加快基础设施的建设。伊朗石油副部长扎马尼尼亚在2017年7月表示，在去年西方国家放松对伊朗制裁后，伊朗的天然气产量及出口量将大幅上升，天然气产量将从目前每天8亿立方米上升到10亿立方米，用于出口的天然气量会达到每天 3.65 亿立方米的水平，这比世界上最大的液化天然气生产国卡塔尔的出口总量还要高。①

（二）伊朗的能源外交政策

1979 年伊朗伊斯兰革命以后，伊朗和美国从盟友变成头号敌人。冷战结束之后，美国作为唯一超级大国，在其全球战略中意图完全控制中东，对伊朗实行了全面遏制战略。特别是在 2001 年 "9·11" 事件之后，美国布什政府把伊朗列入"邪恶轴心"，指责伊朗支持阿富汗和伊拉克境内的恐怖组织和反美武装，由此对伊朗实行长期的全面制裁。2006 年之后，联合国通过了针对伊朗核问题的制裁决议，此后开始了"史上最严厉"的制裁时期。但是伊朗并未屈服，而是利用自己的能源优势展开外交博弈，力图营造自我保护、安全与发展的外交战略联盟。为此，伊朗重点实施了与下列国家和地区的能源外交：

1. 阿拉伯邻国。伊朗是伊斯兰世界的地区性大国，又是欧佩克的重要成员国，它充分利用自己的这种影响力，来扩展同阿拉伯世界的交往。伊朗倡议促进伊斯兰世界的团结和发展，为此而把能源外交的重点放在了周边相邻的伊斯兰国家，优先向这些邻国输出天然气资源。首先是土耳其，伊朗在历史上长期以来是土耳其的供气国。目前，土耳其仍然是伊朗天然气出口的主要贸易国，2018 年伊朗出口的 122 亿立方米天然气当中，有 76 亿立方米出口到土耳其，占了伊朗天然气出口总量的 62.3%。② 其次是巴基斯坦，伊朗一直在与巴基斯坦筹措一条两国间的天然气管道，并将其命名为"和平管道"（Peace Pipeline），现已完成在伊朗境内的基础建设。③ 再次是伊拉克和阿曼、亚美尼亚等国，2016 年 4 月伊朗正式开始向伊拉克输送天然气，并已完成境内的天然气管道建设，同时还与阿曼、亚美尼亚等国就出口天然气展开磋商。④ 通过这些能源的合作，伊朗巩固和发展了同伊斯兰国家的良好关系，在一定程度上消解了国际制裁所造成的压力。

2. 俄罗斯。伊朗与俄罗斯是隔里海相望的邻国。虽然在里海划分及其

---

① 《伊朗官员预计该国天然气产量及出口将大幅增长》，环球网，2017 年 7 月 12 日，http://finance.huanqiu.com/gjcx/2017-07/10970703.html。
② https://www.bp.com/content/dam/bp/business-sites/en/global/corporate/pdfs/energy-economics/statistical-review/bp-stats-review-2019-full-report.pdf。
③ 由婷：《伊朗解禁对天然气市场的影响》，《中国能源报》2016 年 1 月 4 日第 7 版。
④ 解亚娜：《伊朗欲重返国际天然气市场》，《中国石油报》2018 年 2 月 8 日第 4 版。

资源利用等技术问题上，两国存在着一定分歧，俄罗斯主张里海5国按照所占海底的份额划分，伊朗则主张均等划分，但是两国在排斥美国和欧洲势力于里海之外的战略层面是一致的。基于这一点，伊朗把俄罗斯一直视为重要的地缘政治和经济伙伴，希望通过利用俄罗斯的政治支持和能源合作，来打破美国和欧盟经济制裁所造成的困难局面。伊朗的这种努力也确实收到了成效。在国际制裁期间，欧美企业大多退出了伊朗的油气领域，而伊朗相机把俄罗斯企业引入本国市场。仅在制裁初期的2007—2010年，伊朗便引进了俄罗斯40亿美元的投资，用以开发南帕尔斯天然气项目。2010年1月，伊朗与俄罗斯能源部门讨论了石油天然气领域未来30年的合作计划。① 2015年7月联合国通过伊核协议之后，伊朗于当年11月在首都德黑兰主持召开了天然气出口国论坛第三次峰会，伊朗最高领袖哈梅内伊和伊朗总统鲁哈尼与普京在会谈中讨论了油气合作、打击恐怖主义、双边贸易等一系列问题并签署了多项协议。伊方承认，目前伊朗不具备建设向欧洲国家大规模供应天然气管线的能力，在天然气市场上无法与俄方竞争，将与俄罗斯开展更多油气开采技术方面的交流合作。② 2017年11月，普京总统再次访问伊朗，两国主要聚焦点在能源合作、伊朗核问题协议、叙利亚局势等议题上。据俄媒体报道，俄罗斯石油公司和伊朗国家石油公司将共同实施一项投资总额300亿美元的石油天然气项目，年产油量有5500万吨，并签署了伊朗境内石油天然气战略项目的实施路线图。③

3. 欧盟。在伊核危机之前，伊朗曾经与英、法、德、意等欧盟主要国家开展过能源合作，于2002年10月在德黑兰与欧盟联合成立了能源合作办公室。然而自2006年伊核危机之后，伊朗受到了欧盟的严厉制裁。欧盟继于2012年初宣布禁运伊朗的石油之后，又于2012年10月宣布禁止从伊朗进口天然气，并禁止一切欧洲与伊朗银行间的交易，加大了对伊朗的出口限制。面对欧盟新一轮更加严厉的制裁，伊朗表示欧盟对伊天然气制裁不会产生什么效应，天然气制裁是欧盟为向伊朗施压而采取的一种"宣传战"。④ 针对欧盟的制裁，伊朗仍以一贯的强硬立场予以回应。伊朗议会国家安全与外交政策委员会成员伊斯梅尔·考萨里表示，事实将证明欧盟

---

① 祖立超：《俄罗斯与伊朗的"交情"有多深》，《世界知识》2010年第7期，第43页。
② 曲颂、杨迅：《俄罗斯提升与伊朗合作关系》，《人民日报》2015年11月25日第11版。
③ 张召忠：《普京访伊剑指中东"大棋盘"》，《科技日报》2017年11月8日第5版。
④ 张杰、牟宗琮：《欧盟对伊朗再出狠招》，《人民日报》2012年10月16日第19版。

做出的是一个错误决定，欧盟成员国出于对能源的需求，终有一天会"乞求"伊朗恢复对欧盟的石油和天然气出口。① 果然，在联合国于 2015 年 7 月通过伊核协议，解除了对伊朗的经济制裁不久，欧盟即于 2016 年 1 月表示，解除对伊贸易和金融制裁，将允许欧盟国家重启对伊业务，讨论将集中于在核能、石油、天然气、可再生能源和能源效率领域的可能合作。② 2016 年 4 月，伊朗与欧盟签署每日向欧洲出口 79 万桶原油的协议。③ 2016 年 10 月，欧洲议会通过欧盟与伊朗新战略决议，称欧盟应通过全面、合作、关键和建设性的对话恢复与伊朗的关系，扩大与伊朗的贸易合作，并积极发挥欧盟的外交斡旋。④ 伊朗也抓住机会迅速恢复向欧洲出口石油，同时寻求与欧盟开展天然气合作的渠道。在天然气开发方面，伊朗与法国道达尔公司于 2017 年 7 月签署了价值 48 亿美元、为期 20 年的全球最大气田南帕尔斯气田（South Pars）11 期项目开发协议，成为伊朗自 2016 年解除制裁以来首个大型油气合同。⑤ 在天然气出口方面，伊朗扩大出口的意愿非常强烈，很希望把欧洲作为一个出口方向。尽管有俄罗斯的掣肘，但是出于本国利益的考虑，也向欧盟表达了通过土耳其向欧洲输送天然气的意向。

4. 东亚和东南亚国家，其中主要是中国、日本、印度等国。伊朗一直积极响应并参与中国倡议的"一带一路"建设，是中国在中东地区重要的经贸伙伴。在美欧对伊朗实施严厉制裁，西方公司纷纷撤离伊朗市场时期，中国企业仍继续与伊朗开展正常的商贸活动。制裁期间，中国购买了近半的伊朗出口原油，对于缓解伊朗的经济压力发挥了重要作用。伊核问题全面协议达成后，伊朗积极与中国对接发展战略。2016 年 1 月，习近平主席对伊朗进行国事访问，两国建立全面战略合作伙伴关系，签署"一带一路"合作备忘录。此后，两国在"一带一路"框架下开展了多个领域的

---

① 何光海、杜源江、孙闻：《欧盟对伊朗"禁气"更像是宣传战》，《中国改革报》2012 年 10 月 18 日第 10 版。
② 《欧盟积极重启对伊经济关系》，视界网，2016 年 1 月 20 日，http：//news.cbg.cn/hotnews/2016/0120/2058377.shtml。
③ 驻伊朗经商参处：《伊朗与欧盟签署每日出口 70 万桶原油协议》，中华人民共和国商务部网，2016 年 4 月 23 日，http：//www.mofcom.gov.cn/article/i/jyjl/j/201604/20160401304440.shtml。
④ 驻伊朗经商参处：《欧洲议会通过有关扩大与伊朗合作的决议》，中华人民共和国商务部，2016 年 10 月 27 日，http：//www.mofcom.gov.cn/article/i/jyjl/j/201610/20161001482123.shtml。
⑤ 王林：《伊朗"后制裁时代"重拾投资者信心》，《中国石化报》2017 年 7 月 21 日第 5 版。

合作项目，尤其是 2017 年，中国石油又与法国道达尔、伊朗相关石油公司就共同开发伊朗南帕尔斯天然气田第 11 区块项目签署协议，进一步提升了两国能源合作的水平。① 伊朗与日本也曾有过能源合作，但是从 2006 年 7 月联合国通过对伊制裁的决议之后，日本放弃了对伊朗油田的开发，也减少了从伊朗进口石油。伊朗也同印度签署过"伊—巴—印天然气管道"（IPI）项目的协议，但是在制裁期间，印度也退出了该项目。不过，随着对伊朗制裁的解除，日本开始改善与伊朗的关系，不仅宣布解除日本对伊朗石油、天然气领域实施的制裁，而且也已经着手与伊朗签署投资协定。② 其中，日本"国际石油开发帝石"（INPEX）有意就伊朗西南部阿扎德甘油田开发项目再次与伊方签约，日本三菱、三井公司也已就相关项目与伊朗签署了合作备忘录。③ 伊朗也开始重启与印度的能源合作。2016 年 2 月，伊朗与印度探讨了在两国之间建设一条跨海天然气管道的议题，以作为印度放弃"伊朗—巴基斯坦—印度天然气管道"的替补。④ 2016 年 4 月，伊朗与印度签署加强石油和能源合作的协议，主要内容包括开发海上法尔扎德 B 气田（Farzad-B）、伊朗向印度出口原油和石油产品以及加强双方在石化工业方面的合作。⑤

5. 中亚国家。伊朗与土库曼斯坦一直保持着天然气合作，通过运营多年的"伊朗—土耳其管道"将土库曼斯坦的天然气输送至土耳其。伊朗与哈萨克斯坦也将恢复 2011 年中断的里海石油交换协定，并启动新的能源合作项目。⑥

伊朗通过以上这种重点化的能源外交，既获得了经济实惠，促进了本国的经济改革和发展，又抗衡了美国的遏制政策，从而获得了比较广阔的发展空间和回旋余地。

---

① 解亚娜、王正安：《"一带一路"为深化中伊能源合作架起桥梁——访中国驻伊朗大使庞森》，《中国石油报》2018 年 1 月 9 日第 2 版。
② 刘滢：《日本盯着伊朗商机》，《工人日报》2016 年 1 月 26 日第 8 版。
③ 刘秀玲：《伊朗石油资源惹垂涎》，《中国矿业报》2017 年 1 月 10 日第 8 版。
④ 驻伊朗经商参处：《印度计划与伊朗共建跨海天然气管线》，2016 年 3 月 2 日，http：//www.mofcom.gov.cn/article/i/jyjl/j/201603/20160301266247.shtml。
⑤ 驻伊朗经商参处：《印度与伊朗签署石油能源协议》，中华人民共和国商务部网，2016 年 4 月 10 日，http://www.mofcom.gov.cn/article/i/jyjl/j/201604/20160401292869.shtml。
⑥ 韩隽：《伊朗的"回归"与中亚地缘政治格局的调整》，《新疆社会科学》2016 年第 6 期，第 68 页。

二 伊朗的里海能源地缘战略

伊朗是世界上唯一一个坐拥波斯湾和里海两大能源基地的国家，同时还是一个政治上和经济上的地区性大国。它充分利用这种能源地缘政治优势，在里海法律地位和伊核两大问题上同美、俄两个大国展开了长期的能源博弈。

(一) 伊朗的能源地缘政治地位

在里海5国之中，伊朗的地理位置具有特殊的地缘战略地位，素有"东西方空中走廊"和"欧亚陆桥"之称。作为西亚国家，伊朗东西连接南亚、中亚、地中海东岸国家及阿拉伯半岛，南北连接印度洋、波斯湾、阿曼海、霍尔木兹海峡、里海和高加索地区。因此，伊朗就成了连接南亚、中东、中亚和高加索地区各民族、多文明的桥梁。

从地缘政治上看，伊朗地处欧、亚、非三大洲的交通要冲，在冷战时期处于东西方两大对立集团的接合部，如今又是各种政治利益的交汇点，布热津斯基在《大棋局》一书中说："伊朗基本上属于重要的地缘政治支轴国家"，"也可以被看作是地缘战略棋手"。[①] 无论是对于中东还是中亚，伊朗都具有地缘政治的战略地位。就中东而言，伊朗是中东的中心地带；对于中亚而言，伊朗是中亚地区的前沿地带。它还扼守着霍尔木兹海峡这个波斯湾的咽喉要道。因此，伊朗拥有非常有利的地缘政治地位。

同时，伊朗还拥有非常有利的能源地缘地位。在南边的波斯湾地区，伊朗凭借着丰富的石油储产量，再加上扼守着霍尔木兹海峡这一石油咽喉要道，既能够影响世界的油价动态，又能够对一些能源消费大国形成石油安全的威胁。在北边的里海地区，则由于该地区油气资源的大量探明和开采而被认为是"第二个波斯湾"，成为世界各国关注的焦点。尽管里海沿岸国家由2个变成了5个，伊朗则是唯一不属于原苏联的滨里海国家。于是，伊朗就不仅在南部地区和波斯湾沿岸拥有丰富的油气资源，而且在里海地区也具有战略地位，是唯一跨越中东—波斯湾和中亚—里海两大能源产区的国家。又由于里海及其周围是一个封闭的内陆地区，里海沿岸的其他油气资源国（阿塞拜疆、哈萨克斯坦和土库曼斯坦）经伊朗出口波斯湾

[①] [美] 兹比格纽·布热津斯基：《大棋局：美国的首要地位及其地缘战略》，中国国际问题研究所译，上海人民出版社2015年版，第39页。

是最为经济便捷的路线。因此，在里海地区的能源博弈便成了伊朗寻求生存和国家安全利益的一个重要筹码。

然而，伊朗的这种地缘优势也给自己带来诸多难题。伊朗北临里海，南濒波斯湾，处于全球两大能源基地的中间地带，因而也就不能不受到大国和利益集团能源争霸的影响，伊朗也就难以避免地成为各方竞争和博弈的对象。美国长期以来抓住伊朗问题不放，其深层次的原因皆源于此。美国从全球战略的目标出发，为了完全控制中东并进而控制里海—中亚地区，就势必要想方设法除去伊朗这个障碍。这也就决定了伊朗的地缘战略目标是确保自身的生存和安全，并为此而利用各种博弈手段，包括能源外交，同美国展开纵横捭阖的长期周旋。

（二）伊朗的里海能源地缘战略及其制约因素

伊朗在里海地区的能源开拓严重受制于里海的法律地位问题和核危机问题，伊朗的里海地缘能源战略也主要是围绕着这两个问题展开的。

1. 里海法律地位问题。里海究竟是"湖"还是"海"？如果把里海定为"海"，根据国际海洋法的规定，就应该由5个沿岸国家（阿塞拜疆、俄罗斯、哈萨克斯坦、土库曼斯坦、伊朗）把它分为5个部分，每国都有专属于自己的水域。而如果把里海定为"湖"，根据国际法有关规定，就应该视为是沿岸各国的共有财产，没有明确的划分方法，任何一国对水域的开发都须征得沿岸其他国家同意或经过共同协商。伊朗所临里海水域的油气资源较少，因而与情况相同的俄罗斯意见一致，主张里海是"湖"，提出有限划分或共同开发，这样伊朗和俄罗斯就有可能获取更多的石油和天然气。然而，这种主张遭到阿塞拜疆、哈萨克斯坦和土库曼斯坦3国的反对，后3国由于所临水域油气资源丰富，竭力主张里海是"海"。

不过，俄罗斯的立场后来发生了变化。2000年7月，俄罗斯提出"海底划分，水面共享"的主张。根据这种主张，里海5国所占的海底份额分别为：哈萨克斯坦28.4%，阿塞拜疆21%，俄罗斯19%，土库曼斯坦18%，伊朗13.6%。对于这种主张，尽管阿、哈、土3国均认可，但遭到伊朗的坚决反对。伊朗表示愿意接受按照国家划分里海，但强调应是均等划分，即每个国家都应得到20%的份额。俄罗斯不接受这种均分主张。2003年5月，俄罗斯、哈萨克斯坦和阿塞拜疆就里海海底边界达成协议，划分了里海64%的海底，3国分别得到27%、19%和18%的海底控制权。① 剩下33%的南部里海水域留给土库曼斯坦和伊朗。对此，伊朗不予接受，土库曼斯坦的观点与伊朗接近。

为了协商利用和开发里海资源问题，沿岸5国从2002年到2018年召开了五届"里海沿岸国家首脑峰会"。在2014年9月第四届峰会之前，均未能就里海的法律地位问题达成共识，不过俄方表示，各国元首已经成功商定了里海水域划分的问题，在下一次峰会期间将有可能签署《里海合法地位公约》。② 阿塞拜疆官员也说，各方已就里海法律地位公约草案的大部分问题达成共识，其余的问题正在进行谈判，未商定的问题中最重要的是划分原则问题，预计在下次里海国家首脑峰会之前能够签署该公约。③ 果然，在2018年8月于哈萨克斯坦召开的第五届峰会上，五国领导人共同签署了《里海法律地位公约》。根据这一公约，里海既没有被界定为海，也没有被界定为湖。对于备受关注的海底油气资源分割问题，公约并没有给出明确规定，但强调里海海底资源由相邻国家根据国际法准则通过谈判进行分割。公约还规定，里海国家有权在里海海底铺设油气管道，但必须获得管道所经过里海国家同意并符合环保要求。尽管未能就所有资源的分割做出最终裁决，但会议成果依然得到与会各方充分肯定。俄罗斯总统普京表示，本次会议对所有里海国家而言都具有里程碑意义。伊朗总统鲁哈尼指出，会议各项决议充分考虑了沿岸5国的利益。哈萨克斯坦总统纳扎尔巴耶夫将《里海法律地位公约》称为"里海宪法"，认为这份公约进一步明确了各国的权利与义务，"相信《里海法律地位公约》将成为里海地区安全、稳定和繁荣的法律保障"。④

2. 伊朗核危机问题。1979年伊朗发生伊斯兰革命跟美国断交之后，美国对伊朗的"和平利用核能"一再指责，认为伊朗"和平利用"是假，秘密发展核武器是真，由此对伊朗实行了"遏制"政策。自冷战结束以后，伊朗的和平利用核能活动得到俄罗斯的援助，美国为此对伊朗采取了

---

① 孙永祥：《俄罗斯及有关国家里海能源争夺动向》，《天然气技术》2007年第3期，第2页。
② 驻哈萨克经商参处：《里海沿岸国家首脑峰会在阿斯特拉罕市召开》，中华人民共和国商务部网，2014年10月8日，http://www.mofcom.gov.cn/article/i/jyjl/e/201410/20141000751791.shtml。
③ 驻土库曼经商参处：《阿塞拜疆称里海法律地位公约有可能在下次里海国家首脑峰会之前签署》，中华人民共和国商务部网，2017年1月4日，http://www.mofcom.gov.cn/article/i/jyjl/e/201701/20170102495944.shtml。
④ 周翰博：《五国签署〈里海法律地位公约〉》，《人民日报》2018年8月14日第21版。

制裁措施。2004年4月,伊朗宣布暂停浓缩铀离心机的组装,但在2006年1月又宣布恢复中止两年多的核燃料研究工作。2006年7月,联合国安理会通过决议,要求伊朗在8月31日之前暂停所有与铀浓缩相关的活动。但伊朗却表示,伊朗的铀浓缩活动不会中止,只会继续和扩大。这就是所谓"伊朗核危机问题"。这一问题成为伊朗与美国关系的焦点问题,并成为美国可能对伊朗采取战争行动的借口。

在对伊朗实行制裁的过程中,油气资源问题成为焦点中的焦点。伊朗为了反击美国,坚持不与美国的能源公司合作。美国在不能进入伊朗控制其油气资源的情况下,则以伊核问题为借口,也不让别国进入伊朗参与能源开发和合作。而且,在运输通道方面,美国也以制裁伊朗为理由,既阻止伊朗油气进入国际社会,又阻止里海石油经过伊朗进入波斯湾市场。由此可见,伊朗核危机实际反映了地缘政治和能源的双重因素。

2015年7月,在伊朗做出了同意限制自身核能力的承诺之后,伊核问题6国与伊朗达成了伊核问题全面协议,联合国安理会也随之通过了支持这一协议的决议。2016年1月,这一协议正式生效,长达10年之久的伊朗制裁就此结束。在油气解禁的背景下,伊朗开始寻求与国际社会的能源合作并取得了明显的成效。不过,伊核问题的阴霾却并未完全消散。在2017年1月特朗普就任美国总统之后,称伊朗核协议是"有史以来最糟糕的协议",扬言要退出核协议。对此,分析人士认为美国单方面退出伊核协议或加剧发生地区冲突的风险。见证伊核协议签署的美方首席核谈代表、前副国务卿温迪·谢尔曼在《纽约时报》上发表评论文章称,美国退出伊核协议将产生"难以预知的可怕后果"。[1] 这不但使得中东地区的国际局势仍然存在着许多不确定的变数,而且也使得伊朗本国的命运及其能源战略仍然面临着严峻的考验。

2018年5月8日,美国总统特朗普正式宣布美国将单方面退出伊朗核问题全面协议,并重启对伊朗的制裁。分析普遍认为,美国"退群"使全面落实伊核协议的国际统一行动遭到破坏,伊核问题前景将面临更多不确定性。[2] 尽管欧洲的法、英、德三大国政府声明将继续留在伊核协议内,但是欧洲的企业却担心制裁所带来的风险而萌生退意。5月13日,美国总统国家安全事务助理博尔顿表示,对于继续与伊朗有贸易往来的欧盟公

---

[1] 丁雪真:《伊核协议前景日趋黯淡》,《人民日报》2018年3月30日第21版。
[2] 《美国"退群",伊核问题悬念再起》,《人民日报》2018年5月10日第13版。

司，美国可能会实施经济制裁。有分析认为，如果欧洲国家政府无法确保本国同伊朗做生意的企业免受美国惩罚，那么这些欧洲企业为了避险，可能不再与伊朗展开新的贸易和投资合作，甚至可能中止双方已达成的合同。法国能源巨头道达尔公司发布公报称，公司若不能获得美国政府相关豁免，将于2018年11月4日前结束所有与伊朗南帕尔斯天然气田第十一期项目的有关活动。其他很多欧洲企业也会遵守美国的制裁要求，最终都可能被迫撤出或妥协。[①]

2018年8月7日，美国对伊朗的首批制裁措施正式生效，领域包括金融、金属、矿产、汽车等产业，而欧盟这时仍致力于维护伊核协议，于8月23日宣布向伊朗提供1800万欧元援助，以拓展双边经济关系。据报道，这笔援助旨在帮助伊朗部分抵销因美国恢复对伊朗制裁所受的损失。欧委会的公告称，欧盟计划向伊朗提供总值5000万欧元的援助，目标是协助伊朗应对经济和社会重大挑战。欧盟外交与安全政策高级代表莫盖里尼表示，欧盟致力于维护伊核问题全面协议，发展对伊合作。[②]莫盖里尼还于9月24日在纽约联合国总部说，欧盟将成立法人实体以绕过美国制裁，继续与伊朗进行合法贸易活动。[③]不过，在美国的重压下，欧盟单方面也无法保障伊核协议，法国外长勒德里昂在8月30日发表讲话称，"伊朗不能回避就其他三个主要问题进行谈判，即伊朗的导弹计划，其核计划的长期前景以及它在地区冲突中所扮演的角色"。[④]而且，欧洲一些大型企业也纷纷退出伊朗市场，如西方财团中在伊朗最大规模投资的法国道达尔公司于8月下旬退出了开发南帕尔斯天然气田第11期的项目。[⑤]"对伊朗国内而言，这标志着鲁哈尼政府倚重欧洲国家振兴伊朗经济的政策很可能失败。"[⑥]

2018年11月5日，美国正式开启了对伊朗的第二轮制裁，领域包括能源、造船、航运和银行业等。对此，欧盟、法国、德国、英国于11月2日发表联合声明，对美国重启制裁深表遗憾，承诺将继续致力于执行伊核

[①] 方莹馨、丁雪真：《伊核协议存续前景堪忧》，《人民日报》2018年5月18日第21版。
[②] 景玥、黄培昭：《欧盟向伊朗提供援助以拓展经济关系》，《人民日报》2018年8月25日第11版。
[③] 高石：《隔空互批，美伊交锋再升级》，《人民日报》2018年9月27日第21版。
[④] 李勇：《伊核协议走向崩溃边缘》，《环球时报》2018年8月31日第16版。
[⑤] 张全：《法能源巨头退出伊朗搅动国际市场？》，《解放日报》2018年8月22日第9版。
[⑥] 程彤：《伊核协议背后的美伊博弈》，《环球时报》2018年8月17日第14版。

协议，还表示正在筹备设立"特殊目的机构"，以绕过美国制裁，延续与伊朗的合法贸易活动。①

进入2019年，美国继续加大对伊朗的制裁力度。4月22日，美国决定停止包括中国在内的8个伊朗原油进口国的制裁豁免，以全面封堵伊朗原油出口。5月4日，美国决定终止伊朗浓缩铀和重水项目的制裁豁免，以强化对伊朗核活动的限制。当天，欧盟外交和安全政策高级代表莫盖里尼和法国、德国、英国三国外长发表联合声明，对美国决定不再向进口伊朗原油的部分国家和地区给予制裁豁免表示遗憾和担忧，并对美国决定终止豁免伊朗在伊核协议框架内的部分核不扩散项目表示忧虑，表示"欧盟和法德英三国坚定维护伊朗核协议"。② 为了能够帮助保护与伊朗有限的贸易不受美国制裁的影响，欧盟曾于2019年1月成立了"贸易交换支持工具"（INSTEX），以此作为欧洲和伊朗绕过美元体系进行交易的支付机构。对此，美国于6月中旬宣布，要对与INSTEX对接的伊朗金融机构特别贸易与金融研究所（STFI）实施制裁。分析人士认为，这"更是美国打击欧洲INSTEX机制的'大杀招'"，而且即便INSTEX继续有效，"也不能强迫欧洲企业与伊朗建立贸易关系，后者仍担心受到美国某种形式的制裁"。③由此看来，伊朗核危机的解决还有很长的路要走，这也使得伊朗油气的对外合作依然笼罩在浓厚的阴云之中。

三 伊朗围绕"南部走廊"的天然气管道外交

伊朗的天然气储量和产量虽然巨大，但是出口管道却仅有输往土耳其一个方向。在国际制裁时期，伊朗天然气出口量一直难以扩大。为了打破封锁，伊朗重点从东南和西北两个方向筹建跨国天然气管道，其中每一条管道的筹建都充满着激烈的政治博弈。

在东南方向的是"伊—巴—印天然气管道"（IPI），该管道起点为伊朗南部城市阿沙鲁耶（Assaluyeh），经由巴基斯坦境内的俾路支斯坦（Baluchistan）和新德（Sind）到达印度边境，全长2775公里。然而，这一项目却遭到美国的强烈反对。在美国的压力下，印度在2009年退出了

---

① 高石：《美国全面恢复对伊制裁遭普遍反对》，《人民日报》2018年11月6日第21版。
② 包小龙、陈洁：《美国制裁伊朗欧盟"深表遗憾"》，《环球时报》2019年5月6日第2版。
③ 张松：《伊朗与欧洲贸易通道面临"杀招"》，《文汇报》2019年6月13日第7版。

该项目。巴基斯坦虽然还保持着与伊朗的合作，宣称要继续维持"伊朗—巴基斯坦天然气管道"，但在启动该项目上表现得迟疑未决，未签署任何实质性协议。直到 2013 年 1 月，巴基斯坦内阁会议才正式批准修建这条"颇受争议的伊朗—巴基斯坦天然气管道"。① 3 月，该管道的开工仪式在伊朗南部城市查巴哈尔举行，其时"管道伊朗段已经完成 900 公里的铺设，剩余 320 公里仍在建设中"。② 然而直到到 2017 年，尽管伊朗境内的管段已经完成铺设，而巴基斯坦境内管段却迟迟未能动工。巴基斯坦的政府官员宣称，巴基斯坦政府尚未放弃该项目，只是由于对伊朗国际制裁所形成的巨大阻碍，尚未开始具体实施，"政府正在执行该项目，巴基斯坦将在国际社会取消对伊朗制裁后的 30 个月内完成项目建设"。③

在西北方向的即为通过"南部天然气走廊"给欧洲输气。2006 年 11 月，伊朗石油部长卡宰姆·瓦济里·哈马奈赫在会见奥地利驻德黑兰大使迈克尔·波斯特尔时说，欧洲国家有可能依赖来自伊朗的天然气出口，因为欧盟正在规划的"纳布科管道"起点在土耳其的东部边界，而"南高加索管道"（巴库—第比利斯—埃尔祖鲁姆管道）和"伊朗—土耳其管道"也在土耳其东部边界处会合。如果"纳布科计划"能够取得重大进展，则奥地利可能会成为欧洲大陆第一个获得伊朗向欧洲出口天然气的国家。④

此后，尽管对伊朗的国际经济制裁日益严厉，而伊朗仍然多次表示希望能够成为欧洲天然气的供气国，方案就是通过"伊朗—土耳其管道"与"南部天然气走廊"连通，将伊朗的天然气输送到欧洲。2008 年 1 月，伊朗外交部部长马努切赫尔·穆塔基表示，伊朗准备向欧盟的重要能源项目"纳布科管道"提供天然气。⑤ 2009 年 10 月，伊朗政府石油部副部长兼伊朗国家天然气公司总经理阿济祖拉赫·拉马扎尼表示，中亚的土库曼斯坦和阿塞拜疆等国无法供应"纳布科管道"每年输送 300 亿立方米的数量，

---

① 白晶：《巴同意修建伊朗天然气管道》，《中国能源报》2013 年 2 月 4 日第 7 版。
② 焦旭：《伊—巴天然气管道顶着制裁压力开工了》，《中国能源报》2013 年 3 月 18 日第 8 版。
③ 驻卡拉奇总领馆经商室：《伊朗—巴基斯坦天然气管道项目难以实施》，中华人民共和国商务部网，2017 年 6 月 7 日，http://www.mofcom.gov.cn/article/i/jyjl/j/201706/20170602587687.shtml。
④ 《奥地利可能成为欧洲首个获伊朗天然气国家》，中国管道商务网，2006 年 11 月 17 日，http://www.chinapipe.net/national/2006/1867.html。
⑤ 李峻：《伊朗准备向欧盟纳布科管道提供天然气》，国际燃气网，2008 年 1 月 24 日，http://gas.in-en.com/html/gas-0917091787158200.html。

而伊朗希望能够满足该管道 50% 以上的天然气需求量。① 2010 年 2 月，土耳其国务部长耶尔马兹说，土耳其和伊朗建造的天然气管道是两国最重要工程之一，土耳其计划将伊朗的天然气经过土耳其输送到欧洲。②

然而，尽管伊朗非常渴望成为欧洲的供气国，而欧盟却出于强化对伊制裁的目的，于 2012 年 10 月 15 日下令禁止进口伊朗天然气。不过，欧盟从未从伊朗进口过天然气，这个制裁决定仅具有象征意义。③ 尽管如此，这一禁令却基本关闭了欧盟与伊朗进行天然气合作的大门。这种政治因素的干预不仅限制了伊朗天然气的出口，而且对于正在里海—中亚地区寻求气源地的欧盟来说，也是一种艰难的选择和严重的打击。

不过，当联合国通过核协议，国际社会解除了对伊朗的油气禁令之后，伊朗与欧洲的天然气合作呈现出回暖的趋向，这使得伊朗往西北方向，通过"南部天然气走廊"给欧洲输气又有了新的可能。2015 年 6 月，伊朗表示很有可能参与"南部天然气走廊"框架内的"跨安纳托利亚天然气管道"（TANAP）项目。④ 2016 年 1 月伊核协议正式生效后，伊朗能源官员又表达了通过管道出口天然气给欧洲的意向，说："俄罗斯目前对欧输气通过管道，而伊朗也可以采取类似方法。"⑤ 2016 年 5 月伊朗表示要完成陆地输气管道和基础设施的建设，其中对欧洲出口天然气的主要管道线路是通过土耳其。⑥ 2018 年 2 月，欧盟委员会副主席马罗什·谢夫乔维奇在第四届"南部天然气走廊"磋商委员会部长级会议上表示，欧盟与伊朗进行了谈判，并准备与"南部天然气走廊"项目各方就伊朗加入该项目进行谈判。⑦

除了与欧盟的沟通之外，伊朗的天然气外交还面临着与俄美两个大国

---

① 李峻：《伊朗希望向纳布科管道供应 50% 以上天然气》，国际燃气网，2009 年 10 月 12 日，http：//gas. in-en. com/html/gas-0834083443476410. html。
② 郑金发、王秀琼：《土耳其计划将伊朗天然气经土输送到欧洲》，新华网，2010 年 2 月 4 日，http：//news. xinhuanet. com/world/2010 - 02/04/content_ 12926440. htm。
③ 白晶：《欧盟对伊朗实施新一轮制裁》，《中国能源报》2012 年 10 月 22 日第 7 版。
④ 《伊朗或加入阿塞拜疆的"跨安纳托利亚天然气管道"（TANAP）项目》，国际燃气网，2015 年 6 月 8 日，http：//gas. in-en. com/html/gas-2289038. shtml。
⑤ 张琪：《伊朗打包"能源"蓄势回归》，《中国能源报》2016 年 1 月 18 日第 6 版。
⑥ 李建国：《伊朗加强同欧洲在石油天然气领域合作》，国际在线网，2016 年 5 月 31 日，http：//news. cri. cn/20160531/847e8f23-377d-2d17-b926-febbc949b972. html。
⑦ 《欧洲欢迎伊朗加入"南部天然气走廊"项目》，伊朗 pars today 中文网，2018 年 2 月 18 日，http：//parstoday. com/zh/news/world-i33163。

的博弈：伊朗与俄罗斯一直是合作关系，但是在天然气输欧问题上却呈现出一种竞争关系，极易损害两国之间的关系。伊朗与美国一直是敌对关系，尤其特朗普担任美国总统以来，紧张关系加剧，美国退出核协议的威胁，极易影响到欧盟能源态势的变化。再加上中东局势尤其是叙利亚局势日益恶化，伊俄叙为一方和欧美为一方的博弈态势有可能走向白热化，这都给伊朗与欧盟之间的合作形成了严重的障碍。

第四章 "南部走廊"与欧俄美的外交博弈

"南部天然气走廊"不仅牵涉到阿塞拜疆、土耳其、希腊、阿尔巴尼亚、意大利等管道沿线国家，也不仅牵涉到土库曼斯坦、哈萨克斯坦、乌兹别克斯坦、伊朗等潜在的供气国，还把欧盟、美国、俄罗斯等大国力量也都牵扯了进来，呈现出一种大国竞争的博弈格局。在这个格局中，总的来说，欧盟是"南部天然气走廊"的积极推动者，美国是大力支持者，俄罗斯则是受制者。

欧盟与美国之所以能够在"南部天然气走廊"问题上形成统一阵线，首要因素自然是因为长期盟友所形成的相同的地缘政治利益，即都希望通过利用"南部天然气走廊"将势力嵌入到里海—中亚这一俄罗斯长期控制的地区，达到在地缘政治上挤压俄罗斯的战略目的。从这个意义上来说，"南部天然气走廊"已不仅是一条天然气管道，而且也成为一条政治通道。

然而，由于对"南部天然气走廊"的相关程度有所差异，欧美也并非是铁板一块。欧盟是"南部天然气走廊"的直接相关方，毕竟，它的直接目的是通过这一管道方案来获得新的天然气来源，从而减少对俄罗斯天然气的高度依赖，来保障自身的能源安全。也就是说，欧盟的能源目标大于它的地缘政治目标。而美国则是"南部天然气走廊"的间接相关方，它是把地缘政治目标放在首位的。因此，欧美之间实际也存在着合作博弈的关系。

而且，欧盟与俄罗斯之间也并非是零和博弈的关系。毕竟，"南部天然气走廊"只能解决欧盟国家天然气需求的一部分，而对于俄罗斯的天然气依赖只能相对减少，却不能完全断绝。因而，在与俄罗斯的博弈中，欧盟还存在着很大的妥协性。由此看来，与俄罗斯展开零和博弈的就只有美国。但是，俄罗斯也有自己的撒手锏，它利用自己强大的能源优势而进行跨国天然气管道布局，并为此展开纵横捭阖的能源外交博弈，在很大程度上对"南部天然气走廊"进行了成功的反制。

第一节 欧盟对"南部走廊"的推动

欧盟积极推动"南部天然气走廊"，其用意除了要打破俄罗斯对欧洲天然气出口的垄断地位之外，更重要的是担心自己对俄罗斯的能源依赖有朝一日会发展成政治依赖，从而影响欧盟的地缘政治安全。而通过"南部天然气走廊"的修建，实现与里海—中亚地区的能源合作，就不但有了一条不依赖于俄罗斯的输气通道，而且还能够达到与里海—中亚国家进行商品、投资、信息与人员双向交流的目的，由此来扩展西方价值理念，进而扩大欧盟对里海—中亚地区的地缘政治影响，最终达到政治改造俄罗斯周边弧形地带，打造"一个欧洲控制下的独联体"的目的。

一 欧盟的里海—中亚能源战略

欧盟自2007年以来，加大了对里海—中亚地区的外交投入。在出台了《欧盟与中亚：新伙伴关系战略》这份中亚新战略的文件之后，将其外交重点转向了能源外交，尤其是管道外交。经过一系列的外交实践活动，取得了相当丰富的成果。

（一）欧盟的里海—中亚外交战略

20世纪90年代初中亚5国和高加索3国独立之后，欧盟在相当长的一段时间里并非这一地区事务的积极参与者，竞争主要是在美、俄两国之间展开。大体而言，欧盟对里海—中亚事务的参与经历了以下三个阶段：

第一阶段（20世纪90年代）：欧盟开始初步介入里海—中亚事务，最初的主要措施是经济援助。1991年中亚5国独立之后，欧盟就向5国提供了"塔西斯计划"（TACIS，即"独联体国家技术援助"）。虽然当时欧盟的投入并不显著，但"塔西斯计划"的实施对于独立之初处于经济困境中的中亚国家来说，还是提供了一些帮助。另外，欧盟还将在苏联时期同中亚5国签署的"贸易和合作协定"(TCA)陆续升级为"伙伴与合作协定"(PCA)。"这些协定虽然是在双边基础上缔结的,但为欧盟与所有五个中亚共和国的合作提供了共同的区域框架。"[①] 同时,里海—中亚地区丰富的油气资源也引起欧盟日益增长的兴趣,欧盟国家能源公司的参与加速了该地区能源开采国际化进程。能源是欧盟对中亚国家投资最多的领域之一。1995年3月,英国"不列颠天然气公司"、意大利"阿及普公司"与哈萨克斯坦政府签署了联合开采卡拉恰加纳克油田的协议。[②]

除了经济援助之外,欧盟对里海—中亚国家的政治问题也比较关注,如欧洲议会在1999年2月通过的《欧盟发展与独立中亚国家关系的战略》强调:"在这些国家推行民主的基本权利和人权是欧盟的优先任务","呼吁中亚各国政府克服过去在民主化进程中的障碍,尤其是自由和公正的选举","呼吁通过'塔西斯计划'(TACIS)更多地支持非政府组织(NGO)的民主程序,使他们能够更有效地监督民主和人权",等。[③]

第二阶段(2001—2006年):欧盟开始相对积极地介入中亚事务,把关注的重点转向安全威胁问题。2001年在美国发生"9·11"事件之后,欧盟感到里海—中亚地区也是穆斯林聚集的地区,宗教和民族等问题比较复杂,存在着许多能够引发国家间冲突的因素。2002年10月,欧盟通过了1991年中亚国家独立以来的第一份有关中亚地区的战略文件——《2002—2006年中亚战略及2002—2004年指导计划》。该文件指出,欧盟在中亚的战略目标是"促进中亚国家的稳定与安全,支持中亚国家实现经济稳定发展以及削减贫困,其意图在于通过削减贫困来减轻贫困国家带来的安全威胁",并决定从以下五个方面实施其中亚战略:(1)加强与中亚五国的政治对话;(2)恢复针对塔吉克斯坦的"塔西斯计划";(3)继续支持中亚国家减少贫困、发展社会经济、有效管理环境和水资源;(4)共

[①] European Community Regional Strategy Paper for Assistance to Central Asia for the Period 2007 – 2013, http://eeas.europa.eu/archives/docs/central_asia/rsp/07_13_en.pdf.

[②] 柳丰华:《俄罗斯与中亚——独联体次地区一体化研究》,经济管理出版社2010年版,第245页。

[③] Resolution on the Communication from the Commission-Towards a European Union strategy for relations with the Independent States of Central Asia (COM (95) 0206 C4 – 0256/96), http://eur-lex.europa.eu/legal-content/EN/TXT/HTML/?uri = CELEX:51999IP0069&qid = 1523925967879&from = EN.

同打击毒品走私活动;(5)加强中亚国家的边界控制和管理。①

同时,随着欧盟能源安全形势的紧张和里海—中亚地区能源地缘价值的凸显,欧盟也开始重点关注里海—中亚地区的能源问题。2004年11月开始,欧盟发起"巴库倡议",其主要目标包括:(1)协调相关国家法律和技术标准以建立一个一体化能源市场;(2)加强能源供应安全;(3)改善能源供应和需求管理;(4)推动向在商业和环保方面皆可行的能源项目提供财政支持。② 此后,欧盟在"巴库倡议"框架内进行了与中亚国家的定期能源对话。

第三阶段(2007—2013年):欧盟开始在政治民主、经济贸易、能源运输、能源环境、交通运输、安全保障等各个领域全面参与里海—中亚事务。2005年,中亚多个国家发生"颜色革命"。2006年,俄罗斯与乌克兰爆发天然气冲突。这两个事件,促使欧盟全面提升中亚政策的地位。2007年1月,一直比较关注中亚地区的德国开始担任欧盟轮值国主席。2月,德国向欧洲理事会提交了"欧洲中亚战略"的草案。5月,欧盟通过了《欧盟与中亚:新伙伴关系战略》(European Union and Central Asia: Strategy for a New Partnership)这一战略文件,这是欧盟首份系统性的对中亚战略,为欧盟全面介入中亚提供了一个完整的战略框架,"标志着欧盟与中亚国家的合作关系翻开了新一页"。③ 一些专家将其称为是"历史性文件",认为欧盟与中亚国家关系从此"进入了新阶段"。④

《欧盟与中亚:新伙伴关系战略》的主要内容包括:(1)强调欧盟—中亚新伙伴关系的意义,指出:"中亚地区位于欧洲和亚洲之间的一个具有重要战略意义的路口,具有数百年将两大洲联结在一起的历史传统","在21世纪初的全球化世界中,欧盟与中亚国家之间新伙伴关系的时代已经到来。"(2)勾勒了欧盟与中亚新伙伴关系的战略框架:(a)定期举行外长级的区域政治对话;(b)启动"欧洲教育倡议",支持中亚国家发展"电子丝绸高速公路";(c)启动"欧盟法治倡议";(d)与中亚各国建立定期和富有成效的"人权对话";(e)与中亚各国开展定期的能源对话。

---

① 柳丰华:《俄罗斯与中亚——独联体次地区一体化研究》,经济管理出版社2010年版,第246页。
② 赵青海:《欧盟新中亚战略评析》,《国际问题研究》2007年第5期,第41页。
③ 王怀成:《欧盟加强与中亚能源合作关系》,《光明日报》2007年7月2日第8版。
④ 孙力:《欧盟积极推动中亚战略》,《人民日报》2008年4月14日第3版。

(3) 确定了欧盟与中亚新伙伴关系的合作目标："欧盟与中亚之间为了增强合作而结成紧密的伙伴关系，由此实现稳定和繁荣是共同的目标"，"在遵循发展、稳定、公正和社会开放这些国际规范的基础上，欧盟和中亚各国之间的伙伴关系必将结出丰硕的成果。"（4）确定欧盟与中亚新伙伴关系的优先合作领域：（a）人权、法治、善治和民主化；（b）投资未来：青年和教育；（c）促进经济发展、贸易和投资；（d）加强能源和运输联系；（e）环境的可持续性和水；（f）打击共同的威胁和挑战；（g）建设文化相互对话的桥梁。[①] 这个文件的附件《2007—2013年欧盟对中亚的地区援助战略》还决定"为了充分反映欧盟在中亚地区的参与，欧盟将以新的金融观念，以发展合作工具为依据，在2007—2013年间将对中亚的援助预算大幅度提高到总额7.50亿欧元，年均分配从2007年的0.58亿欧元递增到2013年的1.39亿欧元"。[②] 从1991年至2006年16年间，欧盟对中亚的援助资金累计才13.9亿欧元，与此相比，2008年的这次援助预算显示出欧盟大大提升了中亚在欧盟对外战略中的地位。

显然，这是一份全方位的外交战略文件，内容涉及政治、经济、安全、能源、文化、教育等各个方面，表现出欧盟开始以一种全面出击的姿态出现在里海—中亚地区。

为了确保这一新战略的落实，欧盟还在2007年4月通过了《2007—2013年欧盟援助中亚战略文件》，强调欧盟与中亚合作的3个核心战略目标是：（1）"确保该地区各国的稳定和安全"；（2）"帮助消除贫困和提高生活标准"；（3）"促进和加强中亚之间和中亚与欧盟之间的区域合作，特别是在能源、交通、高等教育和环境领域的合作"。[③]

第四阶段（2014年至今）：欧盟进一步深化和调整同里海—中亚各国的交往与合作。2014年以后，国际局势发生了许多新的变化，在东欧发生了乌克兰危机，在中东叙利亚危机加深，难民大批涌入欧洲，以及内部发生英国"脱欧"等新情况。同时，欧盟对中亚援助计划的上一个周期（2007—2013）也已结束。在这种形势下，欧盟于2014年制定了2014—

---

① The EU and Central Asia: Strategy for a New Partnership, http://data.consilium.europa.eu/doc/document/ST-10113-2007-INIT/en/pdf.
② EC 2007 – 2013 regional assistance strategy for Central Asia, http://data.consilium.europa.eu/doc/document/ST-10113-2007-INIT/en/pdf.
③ European Community Regional Strategy Paper for Assistance to Central Asia for the period 2007 – 2013, http://eeas.europa.eu/archives/docs/central_asia/rsp/07_13_en.pdf.

2020 年的中亚地区指导计划。与上一个周期不同的是，这次还分别对各个国家制定了具有差异性的 2014—2020 年指导计划，体现出欧盟下一步要深化在中亚地区参与和合作的意向。

另一方面，欧盟对中亚的外交战略也在调整。2015 年 6 月，欧盟理事会做出了《与中亚的关系——关于欧盟中亚战略的结论》，肯定了实施 2007 年中亚战略以来"欧盟与哈萨克斯坦、吉尔吉斯斯坦、塔吉克斯坦、土库曼斯坦和乌兹别克斯坦以及与整个中亚地区的关系取得了实质性进展"，同时又强调在实施该战略时，欧盟还要"考虑到该地区的经验教训和变化，以及周边不断变化的地缘政治局势"来"对某些区域的计划进行定期评价，以保证做出必要的调整"。对于欧盟中亚战略的主要目标和优先领域，该文件除了重申要加强欧盟与中亚国家之间的贸易和能源联系、加强安全和稳定方面的合作之外，还强调要重视民主化、尊重人权和法治以及发展社会经济，认为这些都是欧盟对中亚战略的基本要素。[1]

2016 年 3 月，欧盟在关于中亚战略的实施与回顾的文件中，对中亚战略的实施情况进行了检讨，指出"迄今为止与中亚国家的关系仅表现出有限的生存力和成功"，"与中亚国家的经济关系未见有相应的扩大"，"促进中亚国家区域合作与一体化的目标停滞不前"。为了改变这种状况，该文件指出欧盟在对中亚战略进行调整时，以使自己的"优先项目和目标与中亚伙伴国家的利益、要求和框架条件相一致"；同时还应"考虑到该地区各国之间的差异和各自的独特性，以便精确地制定出针对具体特定国家的行动计划"。[2] 根据这种意图，欧盟理事会在 2017 年 6 月所作出的《关于欧盟中亚战略的结论》中指出，要在 2019 年底以前提出一项新的中亚战略，为更新和增进与该地区的伙伴关系奠定基础，并指导下一步欧盟对中亚的援助。[3]

(二) 欧盟的里海—中亚能源外交战略与实践

在欧盟 2007 年 6 月出台的《欧盟与中亚：新伙伴关系战略》当中，能源安全被列为一项独立的内容。文件指出："作为全球安全的一个重要

---

[1] Relations with Central Asia—Council conclusions on the EU Strategy for Central Asia, http://data.consilium.europa.eu/doc/document/ST-10191-2015-INIT/en/pdf.

[2] Implementation and review of the EU-Central Asia Strategy European Parliament resolution of 13 April 2016 on implementation and review of the EU-Central Asia Strategy, http://eur-lex.europa.eu/legal-content/EN/TXT/PDF/?uri=CELEX:52016IP0121&rid=3.

[3] Council conclusions on the EU Strategy for Central Asia, http://www.consilium.europa.eu/media/23991/st10387en17-conclusions-on-the-eu-strategy-for-central-asia.pdf.

方面，欧盟和中亚在加强能源安全方面有着至高无上的利益。实现出口路线、需求和供应结构以及能源来源的多样化是共同的利益所在"；"中亚国家对石油和天然气资源的开发大大增加了它们作为能源生产国和过境国的作用。提高石油和天然气的开采，将有助于世界市场的更好供应并有利于多元化。来自该地区的天然气供应对于欧盟更是具有特殊的重要性"。文件还说："欧盟将支持探索新的石油、天然气和水电资源，并提升现有的能源基础设施。为了保障能源供应的安全，欧盟也将支持开发新的管道线路和能源运输网络。"① 文件还提出要在能源进出口的协调与安全、能源部门的管理能力、能源技术的提高等方面与中亚国家开展合作。

欧盟在这一中亚新战略文件中对能源问题的突出强调和明确阐述，彰显出以下几个博弈的趋向：（1）欧盟在里海—中亚地区的地缘博弈重点，由过去的经济、人权、民主和安全威胁而转向了能源领域。欧盟新中亚战略的最大特点是把能源放在首位，这与美国把地缘政治战略放在首位的中亚战略有很大的不同。（2）欧盟这种把能源放在首位的战略，显然是受到了2006年1月俄罗斯与乌克兰"斗气"事件的巨大刺激。尽管欧盟强调能源安全的书面用语是"能源供应渠道的多元化"，实际隐含的语义则是"打破俄罗斯对欧盟能源供应的垄断"，表明欧盟能源博弈的主要对手是俄罗斯。（3）如果要减少对俄罗斯的能源依赖，实现能源供应的多元化，最佳的选择方案是加强与里海—中亚国家在能源资源方面的合作，把这一地区打造成新的能源供应基地，表明欧盟能源博弈的主要地缘空间是里海—中亚地区。综合这3点，说明欧盟的经济安全问题、地缘政治问题和共同外交问题都集中指向了一点，就是能源问题，它成为欧盟对里海—中亚外交战略的关键性要素。

为了实现以上新的能源战略，欧盟从2007年以后，加快了与里海—中亚地区的能源合作步伐。在天然气领域，欧盟在2008年11月通过《欧盟能源安全和合作行动计划》，正式规划和开始实施"南部天然气走廊"的战略框架。② 在经过几年的遴选和整合之后，最终确定以"南高加索管

---

① The EU and Central Asia: Strategy for a New Partnership, http://data.consilium.europa.eu/doc/document/ST-10113-2007-INIT/en/pdf.
② Second Strategic Energy Review: An EU Energy Security and Solidarity Action Plan, http://eur-lex.europa.eu/legal-content/EN/TXT/PDF/?uri=CELEX:52008DC0781&qid=1515469759126&from=EN.

道"—"跨安纳托利亚管道"—"跨亚得里亚海管道"作为将阿塞拜疆的里海天然气输往欧洲的管网路线。在欧盟的大力推动下,"南高加索管道扩建项目"在2017年完成了主体建设;"跨安纳托利亚管道"于2015年开建,2018年6月开始供气;"跨亚得里亚海管道"于2015年开工建设,预计2020年年中向欧洲国家供气。2018年11月,"跨安纳托利亚管道"和"跨亚得里亚海管道"在土耳其和希腊边境的马里查河实现了对接。①

与此同时,欧盟也初步落实了两个气源地:一个是土库曼斯坦,欧盟委员会通过与土库曼斯坦政府签署的《能源战略伙伴关系谅解备忘录》,使土库曼斯坦承诺每年将向欧盟提供100亿立方米天然气。② 2011年1月,欧盟委员会主席巴罗佐率代表团访问阿塞拜疆,与阿总统阿利耶夫签署了《南方天然气走廊联合宣言》等文件。根据协议,阿方有义务向欧盟和其他欧洲国家长期供应天然气,而欧盟方面将保证阿方天然气能够顺利进入欧洲市场。③

在最为复杂的"跨里海天然气管道"一事上,欧盟一直也在极力斡旋。为了推进这条管道的建设,欧盟发布新闻公报强调:"近年来欧盟和中亚的能源和贸易关系已取得一定进展,未来双方将在建设'跨里海走廊'的新能源运输管线方面继续合作。"④ 欧盟还决定向土库曼斯坦提供170万欧元,"以便对穿过阿塞拜疆、格鲁吉亚和土耳其向欧洲供应天然气的跨里海管道项目进行经济技术论证"。⑤ 2008年6月,欧盟在对一年来实施中亚战略的进展报告中说:"在过去一年中探索跨越里海能源走廊的可能性的努力得到了加强,关于实际选择的技术研究已经敲定,并且正在与合作伙伴讨论结果。"⑥ 2008年9月,欧盟能源专员皮耶巴尔格斯

---

① 施春、秦彦洋:《"南部天然气走廊"两大管道项目实现对接》,新华网,2018年11月23日,http://www.xinhuanet.com/2018-11/23/c_1123756112.htm。
② 驻欧盟使团经商参处:《欧盟与土库曼斯坦签订天然气输送协议》,中华人民共和国商务部网,2008年4月15日,http://www.mofcom.gov.cn/article/i/jyjl/m/200805/20080505514069.shtml。
③ 于欢:《欧盟阿塞拜疆首签天然气协议》,《中国能源报》2011年1月17日第7版。
④ 李力:《欧盟为何放不下中亚》,《光明日报》2007年4月2日第8版。
⑤ 刘桂玲:《俄欧峰会分歧难消》,《瞭望新闻周刊》2007年第21期,第54页。
⑥ Joint Progress Report by the Council and the European Commission to the European Council on the implementation of the EU-Central Asia Strategy, http://www.consilium.europa.eu/media/30828/en-strategyasia_int.pdf.

说，欧盟希望推进一系列天然气管道的建设方案，其中包括建设里海地区通往欧洲的管道。① 2008年11月，欧委会通过了《欧盟能源安全和合作行动计划》，内容包括修建"南方天然气走廊"，包括铺设"跨里海天然气管道"。②

在2012年3月举行的"土库曼斯坦与欧洲——未来合作前景"会议上，欧盟能源委员会执行经理维诺伊斯表示："欧盟希望建设跨里海天然气管道，将里海沿岸地区主要是土库曼的天然气运送至欧洲，这对于欧盟非常重要。欧洲市场稳定可靠，价格高于其他出口方向，土库曼可获得最大收益。欧洲公司拥有先进的技术，可投资修建跨里海管道，并保证不会对环境造成影响。"③ 这个讲话传递的信息是：（1）欧盟有高价的天然气市场，土库曼斯坦给欧洲输气有利可图；（2）如果修建"跨里海管道"，欧盟具有雄厚的资金和技术能力。欧盟希冀用这种信息，来鼓励土库曼斯坦与欧洲合作的积极性，解除土库曼斯坦给欧洲输气的后顾之忧。

尽管在接下来的几年里，欧盟对"跨里海天然气管道"的推动并没有获取实质性的进展，但是欧盟也一直没有放弃努力。2015年3月，欧盟在关于中亚战略的实施与回顾的文件中，在强调要将中亚地区视为欧盟能源安全的另一个潜在来源地时，特别指出，要想加强与哈萨克斯坦和土库曼斯坦的合作，就必须"加倍努力实现'南部走廊'向中亚地区延伸和跨里海管道的目标"；欧盟要支持"南部天然气走廊"的延伸项目，其中"包括跨里海和经过伊朗的路线"。④ 2015年5月，欧盟同土库曼斯坦、阿塞拜疆、土耳其签署了关于跨里海输气管道的联合声明，计划将土库曼斯坦的天然气通过跨里海管道运往阿塞拜疆，再经土耳其出口到欧洲。⑤ 2017

---

① 《欧盟寻找新的能源供应渠道以保能源安全》，国际能源网，2008年9月18日，http：//www.in-en.com/article/html/energy-237954.shtml。
② Second Strategic Energy Review：An EU Energy Security and Solidarity Action Plan，http：//eur-lex.europa.eu/legal-content/EN/TXT/PDF/? uri = CELEX：52008DC0781&qid = 1515469759126&from = EN.
③ 《土库曼斯坦天然气多元化研究》，国际燃气网　来源：和讯网　日期：2015年12月3日。
④ Implementation and review of the EU-Central Asia Strategy European Parliament resolution of 13 April 2016 on implementation and review of the EU-Central Asia Strategy，http：//eur-lex.europa.eu/legal-content/EN/TXT/PDF/? uri = CELEX：52016IP0121&rid = 3.
⑤ 杨国丰：《土库曼斯坦：俄罗斯在欧洲的"劲敌"？》，《中国石化报》2015年7月10日第7版。

年11月,欧盟在开列的"共同利益项目"(PCI)清单中,仍然在优先项目"南部天然气走廊"的项下,将"跨里海天然气管道"列入其中,说:"通往欧洲的天然气管道来自土库曼斯坦和阿塞拜疆,经过格鲁吉亚和土耳其,也就是'跨里海天然气管道'、'扩建的南高加索管道'和'跨安纳托利亚天然气管道'的结合。"[1] 表明欧盟一直在致力于促成这条管道的建设。

二 欧盟对"南部走廊"的积极推动

在欧盟2007年新中亚战略的文件中有一条重要的内容,就是要在里海—中亚地区"支持修复现有的和新建的通往欧洲的管道"。[2] 过去,欧盟的石油和天然气主要来自于中东、俄罗斯、北欧和北非,因而油气管道也形成与此相应的布局。现在,欧盟认识到从里海—中亚地区进口油气以及修建相应管道的重要性。基于这种认识,欧盟加大了在这一地区管道外交博弈的力度。

(一)欧盟的天然气管道地缘政治博弈

欧洲是世界上天然气管网密度最大的地区。早在20世纪70年代初期,西欧的天然气输配管网(包括配气管道)长度就达到了41.4万公里,是世界管网总长的18.8%,到1997年已攀升至24.2%。到2010年,欧洲天然气干线管道为15.6万公里。[3] 还有长度超过119.5万公里的配气管道。[4] 这些管道纵横交错、交叉成网,如同铁路网一样四通八达,为许多国家提供了管网联络,将北部(荷兰)、东部(俄罗斯)和南部(阿尔及利亚)的天然气田与欧洲大陆的消费中心连为一体。详见图4-1。

---

[1] Regulations Commission Delegated Regulation (EU) 2018/540 of 23 November 2017 amending Regulation (EU) No 347/2013 of the European Parliament and of the Council as regards the Union list of projects of common interest, http://eur-lex.europa.eu/legal-content/EN/TXT/PDF/? uri = CELEX: 32018R0540&rid = 2.

[2] The European Council: The EU and Central Asia: Strategy for a New Partnership, http://data.consilium.europa.eu/doc/document/ST-10113-2007-INIT/en/pdf.

[3] 田瑛、单蕾、孙春良、魏开华:《国外天然气管道建设历程及对我国的启示》,《石油规划设计》2010年第5期,第3页。

[4] 李伟:《欧洲天然气管网发展对我国天然气管网规划的启示》,《国际石油经济》2009年第6期,第45页。

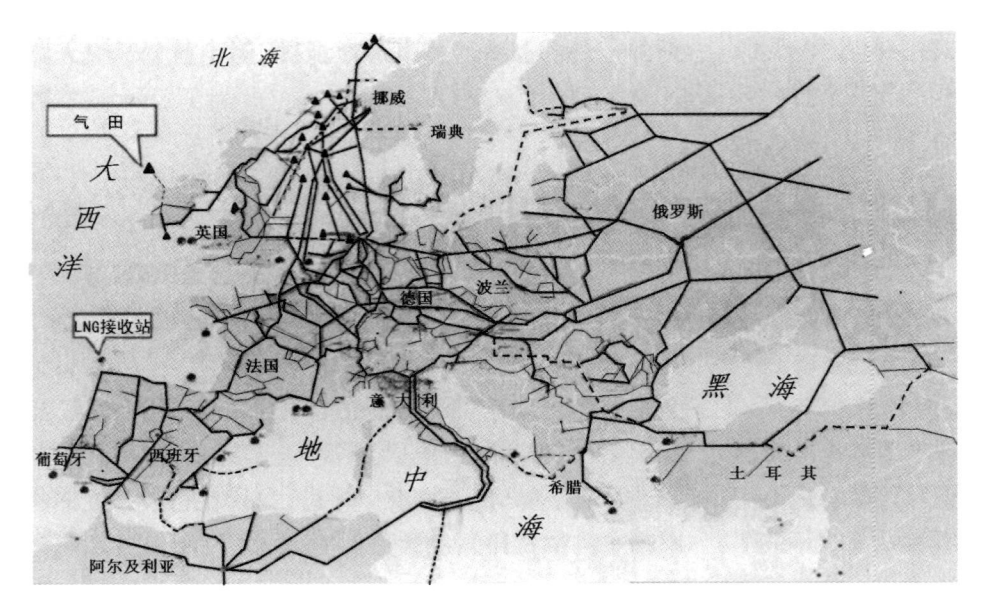

图 4-1　欧洲天然气管网示意图

图片来源：李伟：《欧洲天然气管网发展对我国天然气管网规划的启示》，《国际石油经济》2009 年第 6 期，第 46 页。

长期以来，欧盟一直是世界上最大的能源进口方。单以天然气来看，其产量在近十年来呈逐年下降趋势，从 2008 年的 2002 亿立方米下降到 2018 年的 1092 亿立方米。而且，产量和消费量呈现巨大反差，2018 年其天然气产量是 1092 亿立方米，而天然气消费量则为 4585 亿立方米，供需差额达到 3493 亿立方米，对外依存度高达 76.18%，也就是超过 2/3 需要依靠进口，进口量已在 3500 亿立方米上下。详见表 4-1。

表 4-1　　　　　　　2008—2018 年欧盟天然气产量与消费量

（单位：亿 m³）

年度	产量	消费量	供需差额	对外依存度
2008	2002	5166	-3164	61.25%
2009	1792	4845	-3053	62.01%
2010	1838	5213	-3375	64.74%
2011	1642	4710	-3068	65.14%

续表

年度	产量	消费量	供需差额	对外依存度
2012	1537	4591	-3054	66.52%
2013	1515	4512	-2997	66.42%
2014	1382	4017	-2635	65.60%
2015	1257	4187	-2930	69.98%
2016	1247	4493	-3246	72.25%
2017	1197	4657	-3460	74.30%
2018	1092	4585	-3493	76.18%

数据来源：BP Statistical Review of World Energy June 2019, pp.32-34。

从《BP世界能源统计年鉴2019》提供的数据和图表还可以看出，欧盟在2018年的天然气进口有以下三个特点：第一，在进口运输的两种方式上，管道的比例大大高于液化气。2018年欧盟国家的天然气进口总量是4300亿立方米，其中管道进口3773亿立方米，液化气进口527亿立方米，管道进口占了全部进口量的87.74%。第二，天然气管道进口的方向虽有东、南、北3个方向，但是来源国家比较集中，东向主要是俄罗斯，南向主要是阿尔及利亚，北向则主要是欧盟国家的挪威和荷兰。[1] 第三，俄罗斯是欧盟天然气的最大进口国，2018年对欧盟出口天然气达到1693亿立方米，其中管道出口1641亿立方米，液化气出口52亿立方米，从俄罗斯管道出口到欧盟国家的天然气数量占了欧盟国家管道进口总量的43.49%。详见图4-2。

由以上特点可见，欧盟国家的天然气供应主要依赖管道进口，在管道进口中又主要依赖俄罗斯。这种"鸡蛋都放在一个篮子里"的境况不但使欧盟深深感受到天然气供应所面临的巨大风险，俄罗斯一旦"断气"即造成欧盟众多成员国陷入苦境；而且，欧盟的"气短"还往往导致其在国际政治和外交博弈中挺不起腰杆，这与欧盟在政治上和经济上作为世界"一极"的国际地位也极不相称。因此，在天然气进口来源上另辟蹊径，开发新的天然气输入管道线路，实现天然气进口渠道多元化，就成为欧盟的势

---

[1] https://www.bp.com/content/dam/bp/business-sites/en/global/corporate/pdfs/energy-economics/statistical-review/bp-stats-review-2019-full-report.pdf.

天然气管道外交与地缘政治博弈

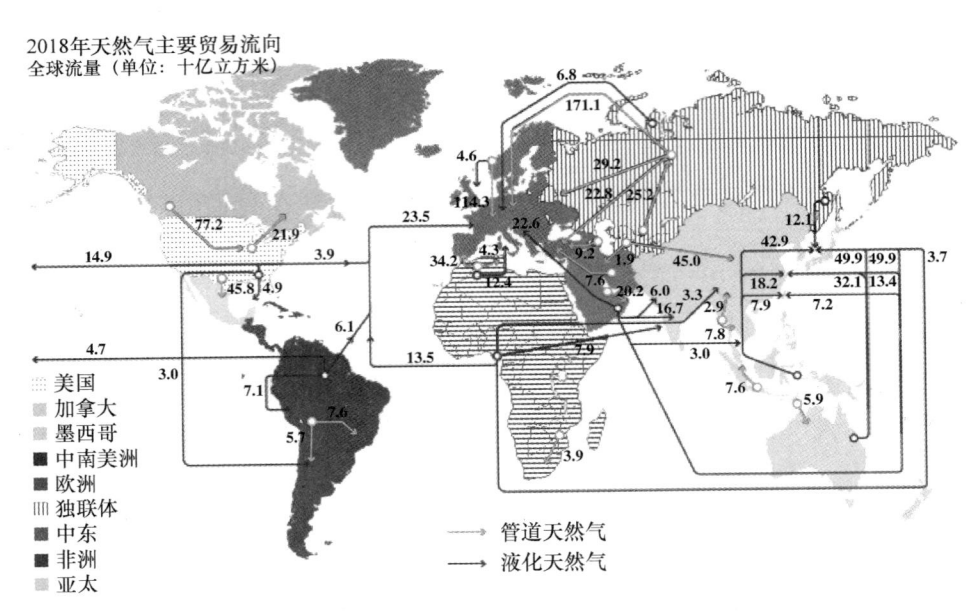

2018年天然气主要贸易流向
全球流量（单位：十亿立方米）

图 4-2 2018年全球天然气贸易流向图（10亿 m³）

图片来源：BP Statistical Review of World Energy June 2019, p. 41。

在必行之举。至于到何处去"另辟蹊径"，里海—中亚地区不啻为最佳选择，这里一是有丰富的天然气储量，二是该地区各国均奉行平衡或中立的外交政策，三是该地区与欧洲是"邻居的邻居"，距离并不遥远。倘若一旦建成一条从里海—中亚通往欧洲的天然气管道，就不但在相当大程度上保障欧盟国家的天然气供应，而且可以通过管道把欧盟的势力深入到俄罗斯的"下腹部"，从政治上改造俄罗斯周边的弧形地带，从而在与俄罗斯的博弈中不但能扭转被动局面，甚至还能反守为攻。可见，只要这步棋下好了，欧盟的棋局也就全盘皆活了。

（二）欧盟为实施和推进"南部走廊"而展开的外交实践

2008年11月，欧盟推出了"南部天然气走廊"的方案。2009年5月8日，欧盟在捷克首都布拉格举行了"南部走廊—新丝绸之路"峰会，欧盟与阿塞拜疆、格鲁吉亚、土耳其、埃及4国共同发表合作宣言，同意支持"南部天然气走廊"伙伴国的能源和运输基础设施建设，以促进包括欧洲在内的整个地区的能源供应渠道多元化。宣言还强调，欧盟与"南部走廊"国家在能源和运输领域的伙伴关系将有助于促进双方未来在社会、经济和政治等各领域的全方位合作。① 2010年1月，欧盟在格鲁吉亚西部港口城市巴统再次举行"南部走廊"能源会议，来自阿塞拜疆、白俄罗斯、保加利亚、格鲁吉亚、哈萨克斯坦、立陶宛、波兰、罗马尼亚、土耳其、土库曼斯坦、乌克兰等10国的代表出席会议，讨论了旨在将里海和中亚地区的天然气输送到欧洲的"南部走廊"输气网络的建设问题。与会各方在会后发表联合声明，重申"南部天然气走廊"输气网络建设的重要性和迫切性。② 这两次会议表明欧盟已开始实质性地展开了在里海—中亚地区的天然气管道博弈。

在"南部天然气走廊"的方案中，阿塞拜疆具有气源国和过境国的双重地位。为了实质性地推进"南部天然气走廊"项目的启动，欧盟首先重点开展与阿塞拜疆的合作谈判。2011年1月，欧盟与阿塞拜疆签署《南方天然气走廊联合宣言》，这是双方签署的首份天然气供应合作文件。据英国《金融时报》报道，合作文件内容显示，阿塞拜疆将向欧盟"提供大量天然气"，而欧盟方面将保证阿方天然气能够顺利进入欧洲市场。欧盟委员会主席巴罗佐为此专门前往巴库与阿塞拜疆总统阿利耶夫会晤，称协议的签署是欧盟能源安全的"重大突破"，"这份协议让欧盟取得了从里海地区直接进口天然气的资格"。③ 阿塞拜疆同意与欧盟合作，对于欧盟努力推动"南部天然气走廊"各条管道项目具有非常积极的作用。

在"南部天然气走廊"的多个天然气管道项目中，"纳布科管道"是旗舰项目，意义最大。欧盟在推进"南部天然气走廊"的初期，在外交力度上首先把重点放在了"纳布科计划"的早日实施上。

2009年1月27日，欧盟在匈牙利首都布达佩斯召开了旨在推动"纳布科计划"的专题会议，欧盟轮值主席捷克总理托波拉内克、欧盟能源委员皮耶巴尔格斯以及来自匈牙利、土耳其、埃及、德国、保加利亚、伊朗和阿塞拜疆等国的领导人与会，各方一致希望能在今年7月之前正式签署政府间协议以启动该项目建设。会议通过的《布达佩斯宣言》规定，与会各方不论是能源供应国还是中转国都应该对该项目建设进行直接投资，要

---

① 王坚：《欧盟"南部走廊"能源峰会发表合作宣言》，国际在线网，2009年5月8日，http://gb.cri.cn/27824/2009/05/08/3245s2506010.htm。
② 张光政：《欧俄能源博弈新动作》，《人民日报》2010年1月16日第3版。
③ 于欢：《欧盟阿塞拜疆首签天然气协议》，《中国能源报》2011年1月17日第7版。

求各大能源公司直接参与工程建设。①

2009年7月13日,土耳其、奥地利、保加利亚、罗马尼亚和匈牙利5国在土耳其首都安卡拉正式签署"纳布科天然气输送管道"政府间协议,制定了管道过境及供气条件的详细方案。欧盟委员会主席巴罗佐出席了签字仪式,他表示,"纳布科管线"虽然有助于保证天然气的输送安全,但天然气来源多元化与输送管线的安全对欧洲来说也是同等重要的。欧盟能源专家表示,这项协议的签署,标志着欧盟在能源安全战略上迈出了新的一步。②

在"纳布科计划"于2013年宣告流产,俄罗斯力推的"南溪管道"也于2014年放弃之后,欧盟于2014年12月与保加利亚、匈牙利、斯洛伐克、奥地利、克罗地亚、意大利、希腊和罗马尼亚8国政府官员在布鲁塞尔开会,做出要整体推进"南部走廊"输气网建设的决定。欧委会主管能源的副主席谢夫乔维奇在会上宣称,阿塞拜疆和土耳其已明确表示愿参与实现"南部走廊"输气网框架内的所有项目。③

2016年2月,欧盟在阿塞拜疆首都巴库举行了第三届"南部天然气走廊"磋商委员会部长级会议,欧盟委员会副主席马罗什·谢夫乔维奇在会上表示:"南部天然气走廊"项目对欧洲能源安全和能源来源多元化具有"战略重要性"。阿塞拜疆总统阿利耶夫在会上表示,阿塞拜疆将全力推动"南部天然气走廊"按原计划完工,"任何事情都无法阻挡该项目按时推进"。④

2018年2月,在巴库举行的第四届"南部天然气走廊"磋商委员会部长级会议上,谢夫乔维奇分别与土库曼斯坦和伊朗这两个气源地国家进行了谈判。他表示:欧盟欢迎具有丰富天然气储量的国家加入该项目,并称准备与"南部天然气走廊"项目各方就伊朗加入该项目进行谈判。⑤ 谢夫乔维奇还表示欧盟在几年前就与土库曼斯坦就"南部天然气走廊"项目举

---

① 许欣:《布达佩斯会议试图推动纳布科项目建设》,国际在线网,2009年1月28日,http://gb.cri.cn/19224/2009/01/28/3365s2407976.htm。
② 孙健:《欧盟:制定新规则开辟新气源》,《经济日报》2009年7月22日第8版。
③ 张春荣:《欧盟力推"南部走廊"输气网》,《经济日报》2014年12月24日第8版。
④ 李铭:《欧盟委员会副主席:"南部天然气走廊"对欧盟有战略意义》,新华网,2017年2月23日,http://www.xinhuanet.com/world/2017-02/23/c_129494543.htm。
⑤ 《欧洲欢迎伊朗加入"南部天然气走廊"项目》,伊朗pars today中文网,2018年2月18日,http://parstoday.com/zh/news/world-i33163。

行磋商，今后还要与土库曼斯坦就"跨里海天然气管道"项目进展一直保持联系并定期举行会谈，欧盟继续寻求将土库曼斯坦与"南部天然气走廊"项目连接起来的途径。①

在"南部天然气走廊"从酝酿、启动到开工建设的整个过程中，如果说有关国家是直接实施者的话，那么，欧盟则是最有力的推动者和协调者。"南部天然气走廊"毕竟牵涉到多个国家的利益，需要各相关国家在政府层面上决策和实施。由欧盟出面不但在内部能够给予政治和法律框架的保障，而且还能够从外交上在各相关国家间穿梭斡旋，与各国政府首脑进行谈判和协调，并且多次组织政府层面的国际会议，正是这种努力才使得"南部天然气走廊"一步步向前迈进，逐渐地从构想走向现实。

三 欧盟天然气管道外交博弈中的制约因素

欧盟在推进"南部天然气走廊"的过程中，除了在技术层面上要解决气源和资金等难题之外，在国际关系层面上，欧盟也制定了详尽的里海—中亚能源战略，并且在里海—中亚的能源博弈中开展了密集而又卓有成效的外交实践。尽管如此，面对当前复杂的国际关系局势，也仍然存在着以下三个制约的因素。

第一个制约因素来自俄罗斯。"南部天然气走廊"方案的推出使俄罗斯感到前所未有的压力，为了削弱"南部天然气走廊"的影响乃至剪除这一威胁，俄罗斯先后推出了两个对抗性的项目，前期是"南溪管道"项目，后期是"土耳其流管道"项目。

"南溪管道"是直接针对"南部走廊"的旗舰项目"纳布科计划"的，两者之间具有明显的零和博弈的趋势，如有评论所说的："其中一个一旦实施，就意味着另一个项目不得不下马。"② 随着两条管道的推进，其背后的政治角力在不断升级，这也使得俄欧能源合作中的博弈色彩愈加浓厚。在经过激烈的竞争之后，两条管道最后均告失败。（见图4-3）

---

① 张莉：《欧盟就"南部天然气走廊"项目寻求与土库曼斯坦合作》，楚天—中国土库曼斯坦研究中心网，2018年2月17日，http://www.tkmstcug.org/view.php? aid = 2027。
② 韩显阳：《"南溪"与"纳布科"之争的背后》，《光明日报》2009年7月22日第8版。

天然气管道外交与地缘政治博弈

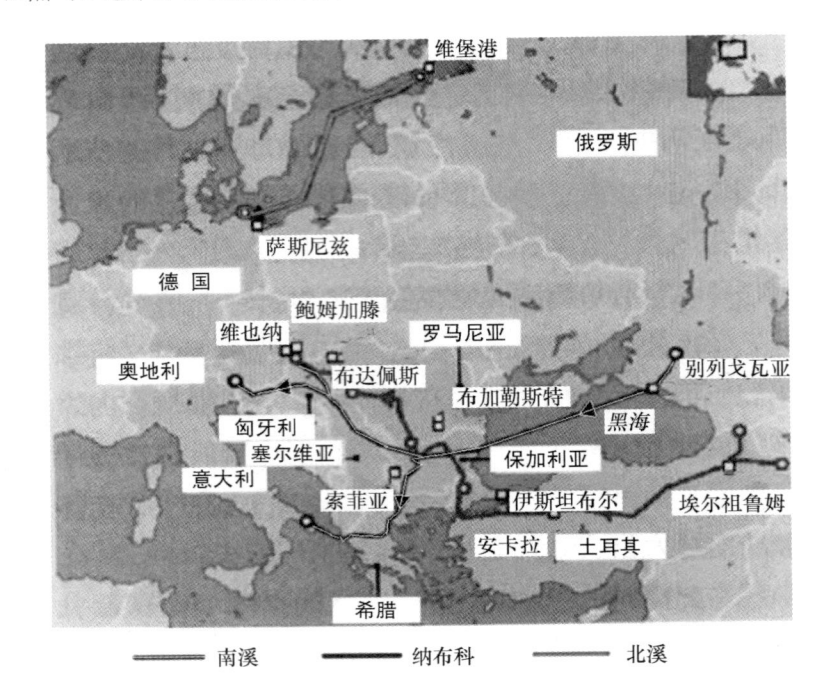

图 4-3　"南溪管道"、"纳布科管道"和"北溪管道"示意图

图片来源：岳小文：《俄罗斯与欧盟：能源对话十年》，《国际石油经济》2011 年第 1—2 期，第 70 页。

俄罗斯在 2014 年 12 月宣布取消"南溪管道"项目之后，马上又推出了"土耳其流管道"项目，继续与欧盟的"南部走廊"展开博弈，正如有分析所说的："南部天然气走廊计划与俄罗斯提出的土耳其溪项目有直接竞争关系，类似当年纳布科与南溪输气管道的'双雄争霸'戏码很可能再次上演，而结局很可能是两败俱伤。"① 详见图 4-4。

除了"南溪管道"和"土耳其流管道"以外，俄罗斯还有意扩大"北溪天然气管道"的输送能力。2010 年 4 月，在年供气能力为 275 亿立方米的"北溪管道"一线开工时，就有评论说："该计划的直接竞争对象是欧盟发起的'纳布科管线'项目。"② 2012 年 10 月"北溪管道"二线完

---

① 郭峰：《欧盟南部天然气走廊计划前景难料》，《中国石化报》2016 年 12 月 30 日第 8 版。
② ［俄］安德里亚·波赞尼：《俄能源优势困扰欧盟》，薛雨闻编译，《世界报》2010 年 6 月 2 日第 5 版。

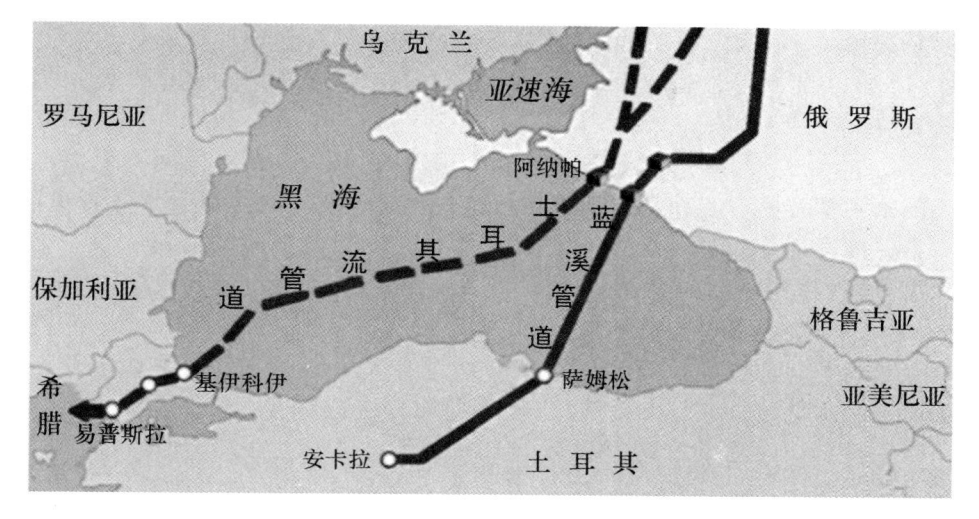

图 4-4 "土耳其流管道"示意图

图片来源：程春华：《土耳其流管道：俄欧能源博弈新阶段》，《国际石油经济》2015 年第 8 期，第 31 页。

工后，其输气能力达到每年 550 亿立方米。俄罗斯还计划建设"北溪 2 号"管道，即再增加铺设两条管线，到 2019 年将输送量增加一倍，达到 1100 亿立方米。① 由于这条管道是俄罗斯不经过第三国输往欧洲的天然气管道，就大大强化了俄罗斯对欧洲的天然气控制。俄罗斯天然气工业集团甚至表示，仅"北溪 1 号"的两条管线在 2017 年的对欧供气记录就有望达到 1900 亿立方，待到 2019 年"北溪 2 号"开通后，将有能力充分满足欧洲大陆的全部用气需求。② 正因为如此，欧洲议会在 2016 年 10 月通过一项决议指出，"北溪 2 号"天然气管道项目将会加强欧盟对俄天然气的依赖，有损欧盟整体利益。③

对于欧盟极力想要促成的"跨里海天然气管道"项目，俄罗斯更是极力反对和阻挠。早在 2009 年，俄罗斯就在其《2020 年前俄罗斯国家

---

① https://en.wikipedia.org/wiki/Nord_Stream.
② 驻法国经商参处：《俄罗斯经"北溪 1 号"向欧盟超负荷供气》，中华人民共和国商务部网，2017 年 11 月 25 日，http://www.mofcom.gov.cn/article/i/jyjl/m/201711/20171102675845.shtml。
③ 赵小娜：《欧洲议会认为"北溪—2"项目不利于欧盟能源安全》，新华网，2016 年 10 月 26 日，http://www.xinhuanet.com/world/2016-10/26/c_1119791576.htm。

安全战略》中强调，不排除运用军事力量解决里海与中亚的能源争夺问题。① 2011年9月，当欧盟理事会批准欧盟与阿塞拜疆以及土库曼斯坦就签署铺设"跨里海天然气管道"的合同展开谈判时，俄罗斯外交部立即回应称该方案可能加重地区局势。② 2012年4月，针对另两个里海沿岸国家阿塞拜疆、土库曼斯坦正在与欧盟探讨建设"跨里海天然气管道"一事，俄罗斯外交部部长拉夫罗夫表示，关于开发里海的任何决议，如果没有考虑到里海沿岸5个国家的意见，而是由远离里海的欧盟参与进来的话，将是不可接受的。③ 同年6月，俄罗斯总统普京在俄罗斯—欧盟峰会上表示，如各方没有达成共识便通过有关里海的决议，那么俄罗斯当局不会承认这种决议的合法性。④ 俄罗斯的这种态度，显然是严重制约了欧盟想要通过建设"跨里海天然气管道"来扩大"南部天然气走廊"输气量的意图。尽管在2018年8月里海5国签署《里海法律地位公约》时，俄罗斯暂时搁置了对里海海底管道的反对，同意在公约中规定管道铺设只需管道所经国家批准即可，无需5国共同批准，但正如有分析所指出的："俄罗斯不会轻易让土库曼斯坦天然气出现在欧洲市场上，恢复采购土库曼斯坦天然气和跨里海管道的环保问题都是俄罗斯可以施加影响的手段"。⑤

第二个制约因素来自欧盟自身。尽管欧盟委员会多次强调，在能源外交战略上，所有欧盟国家都要"以一个声音说话"（"speaking with one voice"），禁止成员国在未经欧盟批准的情况下，单方面裁定能源交易。但是，欧盟内部各成员国对"南部天然气走廊"的意见并不统一。例如，在"南部天然气走廊"的前期，积极支持"纳布科计划"的主要是东欧国家，而英、德、法、意等西欧大国对实施"纳布科管道"既无兴

---

① 郑润宇：《从俄罗斯全球战略视角剖析俄哈关系安全模式》，《俄罗斯研究》2011年第5期，第129页。
② 驻俄罗斯使馆经商参处：《俄外交部称欧盟跨里海天然气管道项目令俄惊讶》，中华人民共和国商务部网，2011年9月15日，http://www.mofcom.gov.cn/aarticle/i/jyjl/m/201109/20110907741936.html。
③ 驻哈萨克斯坦使馆经商参处：《俄罗斯外长反对欧盟参与跨里海天然气管道项目》，中华人民共和国商务部网，2012年4月3日，http://www.mofcom.gov.cn/aarticle/i/jyjl/m/201204/20120408049180.html。
④ 《欧盟在跨里海天然气管道问题上应考虑俄立场》，国际燃气网，2012年6月11日，http://gas.in-en.com/html/gas-1432178.shtml。
⑤ 刘乾：《里海油气开发前景与挑战》，《中国石油报》2018年8月21日第6版。

第四章 "南部走廊"与欧俄美的外交博弈

趣也不热心。其原因，从东欧国家来说，在冷战时期曾长期是苏联的卫星国，俄罗斯几乎是他们天然气进口的唯一来源，保加利亚、塞尔维亚和匈牙利等国的天然气分别要有92%、87%和60%是从俄罗斯进口，马其顿和波黑甚至达到了100%。而西欧国家的能源结构比较分散，尽管从俄罗斯进口的天然气绝对数量大，但所占进口总量的比重并不高。详见图4-5。

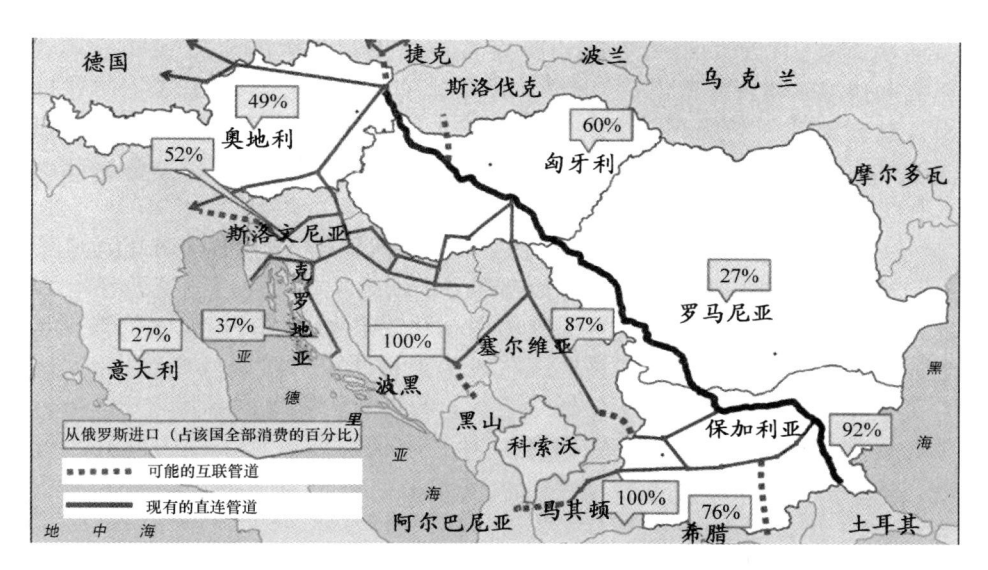

图4-5 俄罗斯天然气供应中东欧国家的比例

图片来源：www.nabucco-pipeline.com。

东欧国家和西欧国家的这种不同，在俄罗斯与乌克兰的"斗气"事件中反映得非常明显。当俄罗斯中断对欧盟国家供气后，西欧国家居民的日常生活几乎不受影响，而保加利亚等东欧国家则出现停电停暖的社会危机。正因为存在着这种不同，中东欧国家与西欧国家的关系出现了紧张现象。2009年1月的俄乌"斗气"致使中东欧国家几乎全部"断气"，而西欧国家基本未受影响，西欧大国"事不关己"的态度令中东欧国家感到寒心。在2009年3月欧盟布鲁塞尔春季峰会上，东欧国家希望欧盟对"纳布科计划"提供财政支持，呼吁欧盟将该计划纳入"欧盟经济复苏计划"之中，并为此建立50亿欧元的特别基金，但却遭到德国的反对，后者主

· 193 ·

张继续通过波罗的海地区从俄罗斯进口天然气。①

不仅如此，在俄罗斯所推进的两条天然气管道中，意大利的能源公司参加了"南溪管道"的合作，德国的能源公司参加了"北溪管道"的合作。有评论说："由于俄气破例向独立供应商开放了南溪项目，德国和意大利的能源企业纷纷加入了该项目，这无疑是在背后拆欧盟纳布科项目的台"，特别是"德国由于其自身的企业参与了北溪与南溪管道项目，未来很可能将继续破坏欧盟'一个声音'的能源政策"。②

对于欧盟内部的这种分歧，挪威国际事务研究所的兼职研究员朱利亚·库兹涅尔博士评论说："显然，欧盟宣布'用一个声音说话'的目标一直没有实现。'纳布科计划'表明，参与这个项目的欧盟成员国的行动，一般并不是根据欧盟能源安全的长期的和共同的利益，而是根据各自的成本和收益来盘算的。这也会对项目的发展产生不利的影响。"③

在"南部天然气走廊"实施的后期，当俄罗斯主导的"土耳其流管道"遭到欧盟的强烈反对之时，却有部分东欧国家对"土耳其流管道"表示支持。2015年4月，匈牙利、希腊两个欧盟国家同马其顿、塞尔维亚和土耳其等东南欧国家一道，签署声明表示支持建设"土耳其流管道"，认为"土耳其流管道"有助于保证中南欧洲的天然气供应，因而呼吁欧盟提供资金帮助。④ 希腊甚至还在2015年6月与俄罗斯签署了"土耳其流管道"的扩建备忘录，议定希腊将加入俄罗斯向欧洲供气的"土耳其流管道"项目，与俄方合作建设这一管道的延长线。⑤

围绕着俄罗斯的"北溪2号"管道建设，欧盟内部也产生了很大分歧。德国、法国和奥地利都是这条管线的合作伙伴，德国不仅大力支持"北溪2号"管道的建设，一再宣称该管道不具有政治性，同时还在欧盟委员会增加俄气利用 OPAL（俄罗斯向德国出口天然气的新管道）管道运输能力上施加了极大的影响力。⑥ 然而，这一项目却遭到了欧盟其他成员

---

① 窦德龙：《欧盟春季峰会为伦敦峰会备课》，《解放日报》2009年3月19日第6版。
② ［俄］彼得·格罗夫、麦克·伊科诺米德斯：《俄欧天然气管道：一场高风险的博弈》，李慧编译，《中国能源报》2011年9月26日第9版。
③ Julia Kusznir: The Nabucco Gas Pipeline Project and its Impact on EU Energy Policy in the South Caucasus, Caucasus Analytical Digest, No. 33, 2011, p. 12.
④ 王怀成：《欧洲多国支持"土耳其线"输气管道》，《光明日报》2015年4月20日第12版。
⑤ 《希俄合建新输气中转枢纽》，《新华日报》2015年6月21日第4版。
⑥ 张永贺、刘乾：《欧盟对俄罗斯天然气政策：理想与现实的妥协》，《能源》2016年第12期，第75页。

国的强烈反对。2015 年 11 月，拉脱维亚、爱沙尼亚、立陶宛、保加利亚、捷克、希腊、匈牙利、波兰、罗马尼亚和斯洛伐克 10 个国家联合致函欧盟委员会，反对俄罗斯正在建设中的连接德国的"北溪天然气管道"项目，指责该项目使俄罗斯的天然气直接输送至德国，有损欧盟整体利益。公开信称，不管从能源安全角度还是加强东欧地区稳定角度看，保留途经乌克兰的俄输欧天然气管道都对欧盟整体利益十分重要。欧盟三分之一能源自俄进口，欧盟此前曾希望打造"能源联盟"，降低对俄能源依赖。[①] 波兰批评得尤其强烈，认为该天然气管道项目有着强烈的政治内涵，绝对不应该付诸实施，欧盟委员会必须对此给出明确的态度。波兰华沙大学欧洲研究中心教授博格丹·古拉尔赤克评论说，围绕"北溪 2 号"建造与否的争论，充分显示出欧盟内部的巨大分歧。由"北溪 2 号"引发的纷争会再一次破坏欧盟内部的团结，会对因难民危机而受到影响的德国公信力进一步产生消极影响，并在一定程度上削弱德国在欧盟的领导力。[②]

近年来，欧盟一直麻烦不断，欧债危机、经济衰退、难民等一系列问题导致其内部分歧加剧，英国脱欧等黑天鹅事件表明，欧盟对其成员国一致行动的协调影响力正在减弱，而"南部天然气走廊"又涉及诸多国家之间的利益分配，如何协调和平衡各国之间的关系也是摆在欧盟面前的一个很大的难题。

第三个制约因素来自美国。美国尽管是欧盟的传统盟友，但是它更注重里海—中亚地区的地缘政治问题。在"南部天然气走廊"实施的前期，德国、瑞士和土耳其等欧洲国家曾提议，为保证能源供应，希望有充足气源的伊朗能参与"纳布科计划"，但这一提议遭到美国的反对，欧盟也只好作罢。2015 年 7 月联合国通过伊核协议之后，欧盟又看到了从伊朗为"南部天然气走廊"供气的可能性。2016 年 4 月，欧盟外交政策负责人费代丽卡·莫盖里尼在访问伊朗时表示，欧盟与伊朗同意在包括经济、能源、教育、移民、交通等方面努力创建更紧密关系。伊朗官员也表示想要加强与欧盟的关系。然而，由于美国仍然因恐怖主义和人权问题在金融方

---

① 驻拉脱维亚经商参处：《拉脱维亚等欧盟十国联名反对"北溪"天然气管道项目》，中华人民共和国商务部网，2015 年 12 月 1 日，http://www.mofcom.gov.cn/article/i/jyjl/m/201511/20151101197806.shtml。
② 李增伟：《"北溪 2 号"遇阻凸显欧盟分歧》，《人民日报》2016 年 11 月 2 日第 21 版。

面对伊朗继续实施制裁,欧洲主要银行仍然对投资伊朗持警惕态度。① 伊朗官员认为:"欧洲银行不愿意与伊朗接触是因为害怕遭受美国制裁和惩罚。"有分析人士认为,由于美国依然掌控着西方对伊朗外交的主控权,因此虽然欧盟多个国家都开始主动与伊朗发展经济关系,但只要美国对伊朗的金融制裁不能彻底解除,整个西方与伊朗之间恢复和发展大规模经贸合作几乎是不可能的。②

尤其是特朗普在 2016 年美国总统竞选期间,就放言一旦当选总统,将撕毁伊核协议,并以此制裁投资伊朗石油和天然气领域的公司。2017 年 1 月特朗普正式就任美国总统之后,严厉批评奥巴马政府签署的伊核协定,称协议内容有"灾难性的缺陷",扬言要"退出伊核协议"。③ 8 月,特朗普签署了对伊朗新一轮制裁的法案。10 月,特朗普宣布如果政府不能与国会及美国盟友达成新的解决方案,美国也做好了退出伊核协议并恢复对伊制裁的准备。对此,欧盟一改从前与美国"并肩作战"的传统,严正地表示"伊核协议不是一份双边文件,任何一个国家都无权单方面终结这份凝结着国际社会共同努力的成果",欧盟还发表声明重申坚定支持伊核协议。欧洲三大国英、法、德也发表共同声明,表示伊核协议关系到"我们共同的安全利益",并敦促美国国会"不要破坏这来之不易的核不扩散成果"。④ 欧盟为了自身的经济利益和安全利益,因为伊核问题而与美国唱对台戏,这是二战结束以来的破天荒,欧美裂痕之深,似乎已经到了分道扬镳的地步。

2018 年 1 月,特朗普发表声明要求美国国会和欧洲国家同意修改协议条款,并表示这是给欧洲国家同意修改伊核协议的"最后一个机会"。如果没有达成美国期待的协议,美国将退出协议。⑤ 迫于美国的这个"最后通牒",欧盟开始走向妥协,转而向伊朗施压。2018 年 3 月,英、法、德联合向欧盟提交文件,提议欧盟以伊朗试验弹道导弹、支持叙利亚政府为由,对伊方施加新的制裁。⑥ 欧盟之所以选择与美国妥协,在很大程度上

---

① 《欧盟代表团访伊朗 称双方关系"翻开新一页"》,中国新闻网,2016 年 4 月 17 日,http://www.chinanews.com/gj/2016/04-17/7837201.shtml.
② 《欧盟高级代表访问伊朗》,《文汇报》2016 年 4 月 17 日第 5 版。
③ 丁雪真:《伊核协议前景日趋黯淡》,《人民日报》2018 年 3 月 30 日第 21 版。
④ 鞠辉:《欧盟:美国无权单方面撕毁伊核协议》,《中国青年报》2017 年 10 月 18 日第 6 版。
⑤ 高石、徐伟:《美国持续施压给伊核问题蒙上阴影》,《人民日报》2018 年 1 月 15 日第 21 版。
⑥ 《美国退出伊核协议可能性增大》,《北京商报》2018 年 3 月 23 日第 8 版。

是出于经济和能源的原因，因为一旦美国对伊朗追加制裁，必然会波及欧洲公司在伊朗的投资和项目。事实上，在 2017 年 10 月特朗普的讲话发表后，已经引起了欧洲企业的一片恐慌，各家大公司担忧其在伊朗的投资打水漂，甚至招来美国的惩罚。① 美国对欧盟的制约由此可见一斑。

2018 年 5 月，特朗普总统宣布美国将单方面退出伊朗核问题全面协议，并重启对伊朗的制裁。欧盟外交和安全政策高级代表莫盖里尼表示："欧盟将坚决依法捍卫其安全利益，保护其（在伊朗的）经济投资。"② 直到 2019 年 5 月，欧盟还表示"将继续与其他欧洲伙伴共同努力维护对伊合法贸易"。③ 尽管如此，在与伊朗能源合作风险极高的情况下，欧盟"南部天然气走廊"如果想要把伊朗作为供气国，一定会是艰难而踌躇的。

第二节　美国对"南部走廊"的支持

美国作为当代世界上的唯一超级大国，从冷战结束后就不断把势力向里海—中亚地区渗透和扩张。欧盟与俄罗斯围绕着"南部天然气走廊"所展开的能源博弈，其深层次的政治背景便是以美国为首的西方势力对利用能源日益崛起的俄罗斯的遏制。因此，美国从一开始就对"南部天然气走廊"鼎力相助，希冀借此进一步巩固与欧盟的伙伴关系，在政治上获得欧盟对其全球战略的进一步支持，在经济上进一步控制整个欧亚能源，同时通过拉拢里海—中亚国家，进一步实现北约东扩，遏制俄罗斯和中国在里海—中亚地区的影响。然而美欧之间在是否以伊朗作为"南部天然气走廊"气源地的问题上也存在分歧，这种分歧的走向也很可能会影响双方的关系。

一　美国支持"南部走廊"的原因和目的

美国本与"南部天然气走廊"无关，是一个第三方国家，但却对该管

---

① 华黎明：《在伊核问题上分道扬镳 欧洲与特朗普唱对台戏》，《解放日报》2017 年 10 月 20 日第 8 版。
② 《美国"退群"，伊核问题悬念再起》，《人民日报》2018 年 5 月 10 日第 13 版。
③ 包小龙、陈洁：《美国制裁伊朗欧盟"深表遗憾"》，《环球时报》2019 年 5 月 6 日第 2 版。

网方案采取了异常的关注和支持,力图在这场能源博弈中施加影响。美国这种态度和做法的动机和目的是什么?可以归纳为以下三点:

第一,这是美国全球战略在里海—中亚地区的体现。美国全球战略最重要的目标是控制欧亚大陆,对此,布热津斯基说得很明白:"对美国来说,欧亚大陆是最重要的地缘政治目标……现在,美国这个非欧亚大国在这里取得了举足轻重的地位。美国能否持久、有效地保持这种地位直接影响美国对全球事务的支配。"①

在欧亚大陆这片广袤的土地上,里海—中亚地区处于"心脏地带",地缘政治学的开创者麦金德早就指出了这一点。对此,美国也深谙其中之道。布热津斯基说:"在(欧亚大陆的)东、西两端之间有一个辽阔的中间地带,……它对于欧亚大陆西部和东部的国家,以及最南部地区那个人口众多、有意谋求地区霸权的国家来说,都有潜在的重大意义。"②

美国之所以看重里海—中亚地区,除了以麦金德"心脏地带"的地缘政治理论为依据之外,还因为看到了这一地区在当代的战略价值。冷战结束之后,这一地区成为新地缘政治的"真空地带",只要把这一"真空地带"抢占为自己控制的势力范围,就可以与北约一起,向南威慑伊朗、控制印巴,向北遏制俄罗斯,向东挟制中国,向西南经中东控制红海和地中海,扼欧、亚、非三大洲的交通咽喉,向西经黑海可直抵欧洲。正因为具有这种多重地缘战略目的,所以早在冷战时期,为了遏制当时的主要敌人苏联,美国的战略家们就十分重视这块被称为俄罗斯"软腹部"的地区。如今,美国要巩固其世界唯一超级大国地位,保持长期称霸全球并防止其他大国(主要是俄罗斯和中国)的崛起,这样一个"战略支点"的地缘价值显然是不可替代的。

美国的里海—中亚战略是为其全球战略服务的,有着明确的战略目标。早在1997年7月,美国副国务卿塔尔博特就美国对中亚里海地区政策发表了《中亚和高加索通向未来的路线图》的讲话,强调美国对该地区的目标是:"解决冲突与开发能源同时进行,使该地区成为美国21世纪的战略能源基地,遏制并削弱俄罗斯和伊朗在这一地区的影响。"③ 由此可

---

① [美]兹比格纽·布热津斯基:《大棋局:美国的首要地位及其地缘战略》,中国国际问题研究所译,上海人民出版社2015年版,第26页。
② 同上书,第27页。
③ 徐洪峰、李林河:《美国的中亚能源外交:2001—2008》,知识产权出版社2010年版,第68页。

见，美国在里海—中亚地区的战略目标具有双重性：一是"解决冲突"，削弱俄罗斯的力量和遏制伊朗原教旨主义的蔓延；二是"开发能源"，控制和获取里海—中亚地区的能源资源。从长远目标来说，就是要在欧亚大陆的中心地带营造一个有利于美国的地缘政治环境，使里海—中亚地区成为美国和欧洲的"战略能源基地"。

第二，这是美国能源外交在里海—中亚地区的体现。长期以来，美国一直都是大力开展能源外交的国家，21世纪以来能源外交更趋活跃。在2001年5月由美国副总统切尼主持制定的《国家能源政策》中，明确规定要"将能源安全作为美国贸易和外交政策的优先重点"。[1] 美国能源部部长斯·阿布拉罕在阐述美国的能源政策时说：美国必须"把能源安全与国家安全问题联系在一起"，"把能源政策纳入外交和全球战略"，力图通过推动能源与外交的进一步结合，来适应美国能源安全的形势需要。[2]

21世纪美国能源外交的一个重要特点，就是将重点方向由中东地区逐渐转向里海—中亚地区。早在20世纪90年代克林顿政府时期，就提出了"稳定中东、挺进里海、控制中亚"的能源外交战略。[3] 其针对里海—中亚地区的能源政策框架主要表现在两个方面：（1）投资准入。在美国政府支持下，从1993年到2000年这段时间内，美国石油资本已经发展成为里海—中亚地区最主要的外来投资主体。（2）管道政治。克林顿执政时期，美国政府为了获得里海—中亚国家的石油和天然气资源，大力支持修建不经俄罗斯和伊朗连接土耳其的管线，以削弱俄伊两国对该地区的影响。[4]

进入21世纪以来，特别是2001年发生了"9·11"事件，美国对中东地区的能源风险已有充分认识并力图规避，能源部部长斯·阿布拉罕明确地说："我们同许多国家有能源贸易关系，而其中不乏紧张的关系。特别是中东地区，这种经济关系更具有复杂的地缘政治的性质。"[5] 这表现出美国要规避中东地区能源风险的战略取向。与此同时，美国更加关注里

---

[1] 美国国家能源政策研究组编、国土资源部信息中心译：《美国国家能源政策——美国国家能源政策研究组报告》，中国大地出版社2001年版，第98页。
[2] ［美］斯·阿布拉罕：《美国政府的能源安全观》，《国际石油经济》2001年第12期，第15页。
[3] 徐洪峰、李林河：《美国的中亚能源外交：2001—2008》，知识产权出版社2010年版，第67页。
[4] 同上书，第69页。
[5] ［美］斯·阿布拉罕：《美国政府的能源安全观》，《国际石油经济》2001年第12期，第15页。

海—中亚地区的能源价值。2001年5月公布的美国《国家能源政策》中，明确提出要加快参与开发中亚里海地区和俄罗斯的油气资源。该报告指出："里海阿塞拜疆和哈萨克斯坦的探明石油储量约200亿桶，略高于北海，略低于美国。但是，勘查工作正在继续进行，预计探明储量将大幅度增加。……可以相当乐观地认为，今后几年出口量还可能大幅度增长"，因此，要"支持私人投资者和地区政府修建田吉兹天然气管线的努力，这是帮助土耳其和格鲁吉亚将其天然气供应多元化的方式，并将帮助阿塞拜疆通过管线出口其天然气，这将继续使安全的能源供应路线多元化"。[1]

基于这种认识，美国在小布什政府时期全面调整了与主要能源生产国之间的能源和外交关系：（1）相对降低中东地区在美国能源战略中的地位和作用，关注该地区的民主改造；（2）重视里海—中亚地区的油气资源在全球，尤其在欧洲能源供应中的作用，重点控制该地区的能源管道走向。

美国这种能源地缘布局的重点转向，特别是要大力推动对里海—中亚地区的能源外交，是出于以下四个方面的考虑：（1）里海—中亚地区的能源输出可以进一步降低欧佩克对世界能源市场的垄断，增强非欧佩克国家的力量；（2）里海—中亚地区能源输出的增加可以增强世界能源市场的竞争，从而有利于世界能源价格的稳定；（3）通过加强对里海—中亚地区的能源投资，美国和西方国家的能源企业可以获取更多的利润，增强其在国际能源领域的竞争力；（4）可以通过对里海—中亚地区能源资源开发的参与，遏制俄罗斯对中亚地区的地缘政治影响，打破俄罗斯对里海—中亚能源的输出垄断。[2]

美国这种能源地缘外交转向能否实现，其关键举措就是修建油气输送管道，借助管道来达到控制里海—中亚能源生产国和过境国并压缩俄罗斯能源战略空间的目的，其中最为成功的例子就是"巴库—第比利斯—杰伊汉石油管道"（BTC）的开通。这条管道绕开了俄罗斯和伊朗两大石油产地，把里海—中亚的石油输送到欧洲，实现了地缘政治和能源外交的双重目的。由于这条管道的开通，不仅增强了美国在中亚影响力的战略需要，而且打破了俄罗斯对苏联地区能源进入国际市场的垄断，削弱了俄罗斯在

---

[1] 美国国家能源政策研究组编：《美国国家能源政策：美国国家能源政策研究组报告》，国土资源部信息中心译，中国大地出版社2001年版，第106页。
[2] 徐洪峰、李林河：《美国的中亚能源外交：2001—2008》，知识产权出版社2010年版，第109页。

中亚地区的势力和影响力。详见图4-6。

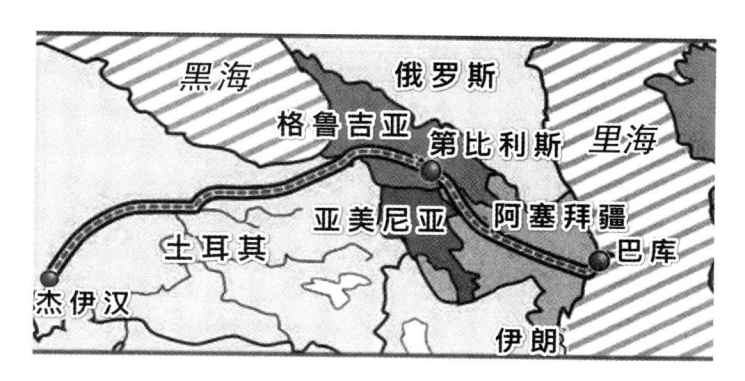

图4-6 "巴库—第比利斯—杰伊汉石油管道"（BTC）示意图

图片来源：赵少宇：《里海石油出口大动脉——BTC输油管道》，《石油知识》2017年第5期，第23页。

第三，这是美国在里海—中亚地区削弱俄罗斯影响力的体现。美国的上述两种战略意图，即地缘政治的战略意图和能源外交的战略意图，最大的博弈对手是俄罗斯。一方面，美国在中亚地缘政治博弈中的深层次战略意图，是要与俄罗斯竞争在里海—中亚诸国的影响优势，削弱俄罗斯在这一地区的传统影响，使之无望在任何程度上卷土重来，由此来确保由美国主导的单极世界的格局。另一方面，美国与俄罗斯在油气的开采和控制输油管道方面展开激烈的博弈。里海—中亚地区没有直接出海口，其油气资源要通过陆路外运，因此，控制和争夺油气管道的斗争成了争夺里海—中亚油气资源的另一场战役，美俄为此展开激烈的博弈。俄罗斯千方百计使油气管道经过自己的领土进入世界市场，而美国大力支持修建不经过俄罗斯的油气管道。为了修建"巴库—第比利斯—杰伊汉石油管道"，美国与俄罗斯曾进行了长达十年之久的能源博弈，终于在2005年5月正式开通，美国获得了全胜的战果。在取得石油管道战役的胜利之后，美国又大力支持修建"南部天然气走廊"，也同样是出于同俄罗斯博弈的目的。如果"南部天然气走廊"得以实施，将与"巴库—第比利斯—杰伊汉石油管道"形成油气"双管齐下"的管道布局，从而不但在石油和天然气两大能源上打破俄罗斯对里海—中亚地区的控制，而且将会极大地改变里海—中亚地区的地缘战略版图。

如果说，自冷战之后，特别是"9·11"事件之后，美俄两国在里海—中亚地区的态势是"美攻俄守"的话，那么，自 2005 年以来，这种态势发生了很大的变化，表现在美国的里海—中亚战略遭受到很大挫折，而俄罗斯在里海—中亚的影响力则有很大回升，变成了"俄攻美守"。事态的转折点是起因于部分原苏联国家的"颜色革命"。当 2003—2004 年格鲁吉亚和乌克兰相继发生"玫瑰革命"和"橙色革命"之后，美国力图策动其他里海—中亚国家也开展这种"颜色革命"，其意图是借势在里海—中亚国家扶植亲西方政权，进一步扩大美国在该地区的影响。然而，事态的发展却并未能如美国所愿。2005 年 3 月吉尔吉斯斯坦虽然发生了"郁金香革命"，但是新政府并未出现亲美国的政策取向。2005 年 5 月在土库曼斯坦、11 月在阿塞拜疆和 12 月在哈萨克斯坦出现的"颜色革命"风波，很快被平息下去，由此引起里海—中亚各国领导人对支持"颜色革命"的美国的反感与警惕，并迅速调整与美国的关系。2005 年 7 月，吉尔吉斯斯坦和土库曼斯坦都对美国提出了撤离"9·11"事件后以反恐名义在两国所设立的军事基地的要求。与此同时，这些国家重新表现出了向俄罗斯靠拢的态势，俄罗斯也利用这一时机加强与这些国家的合作，一方面给予这些国家经济上的援助，并强化俄罗斯在该地区的军事存在；另一方面在能源领域保持和强化俄罗斯在里海—中亚地区的垄断地位，于 2007 年 5 月与哈萨克斯坦和土库曼斯坦发表了关于建设"沿里海天然气管道"的声明。哈萨克斯坦总统纳扎尔巴耶夫在与普京总统会谈后表示，哈俄两国在石油天然气领域的合作具有战略意义，"哈萨克斯坦完全赞同过境俄罗斯领土将哈大部分，甚至全部石油输送到海外"。土库曼斯坦总统别尔德穆罕默多夫在与普京会谈后也说："两国首脑非常希望，俄土两国未来将在油气行业以及能源运输领域发展大规模的合作。"① 至此，可以说俄罗斯在新一轮较量中扳回了先机，在与美国争夺里海—中亚的角逐中重新占据了上风。

美国为了挽回在里海—中亚地区的不利局面，开始从实用主义角度反思与改进其里海—中亚战略。2005 年，美国提出了包括中亚 5 国和阿富汗在内的"大中亚"概念，主张将中亚 5 国与阿富汗看成一个整体。2006 年 2 月，美国正式成立"南亚与中亚事务局"，任命里查德·鲍彻为助理

---

① 田冰：《反制美国：俄罗斯主导中亚能源新格局》，中国新闻网，2007 年 5 月 13 日，http://www.chinanews.com/gj/ywdd/news/2007/05-13/933638.shtml。

国务卿，由他专门负责南亚和中亚事务。这一举措意味着美国中亚战略的深刻变化：以阿富汗为中心，重新整合中亚与南亚，希图打造一个"大中亚"的战略新框架，但新版块的整合进展异常缓慢。在奥巴马就任美国总统后，这一概念逐渐淡出人们的视野。奥巴马政府对里海—中亚政策做出了适时调整，改变过去一味追求民主化的单边主义政策思路，从经济发展着眼拉拢里海—中亚国家乃至俄罗斯，美国与里海—中亚国家的关系由此步入新的缓和期。中亚国家也更积极主动地奉行大国平衡外交，对美国和欧洲的倚重更加明显。[1]

2009年1月奥巴马正式就职总统之后，美国的中亚政策开始转变。在2009年12月，正式公布了美国新中亚政策的5个目标：（1）增加这些国家与美国在阿富汗反恐上的合作；（2）使该地区的能源和供应路线尽可能多元化；（3）督促该地区各国推进善治和尊重人权；（4）发展竞争性的市场经济；（5）加强各国政府的自我治理能力。[2] 据此，美国国务卿希拉里·克林顿在2010年9月阐述了"新丝绸之路战略"，认为"新丝绸之路战略"首先意味着美国的中亚政策中心"转向了战略的经济层面"。[3] 其目的之一便是加强美国与中亚国家的能源合作，开发中亚地区丰富的油气等矿产资源，借此在经济上进一步控制整个欧亚能源，在军事上进一步实现北约东扩，遏制俄罗斯和中国在中亚里海地区的影响。2015年10月和2016年8月，美国与中亚5国先后举行了"C5+1"（中亚5国+美国）机制第一次会议和第二次会议，建立起了覆盖整个中亚地区的合作机制。此举被看作是在"颜色革命"遭中亚国家排斥之后，"被边缘化"的美国想要"重返中亚"的一种证明。2017年1月特朗普就任美国总统之后，继续沿用"C5+1"的机制。2018年1月哈萨克斯坦总统纳扎尔巴耶夫访问美国期间，与特朗普达成的共识之一就是两国将通过"C5+1"（中亚5国+美国）机制应对中亚地区的挑战。[4] 在这种背景下，继续通过开展"管道外交博弈"来排挤俄罗斯并加强自己在里海—中亚地区的存在，便成为美国与俄罗斯在里海—中亚地区角力的上策。因而，美国长期以来对

---

[1] 杨鸿玺：《美国中亚战略适时调整》，《解放日报》2010年6月9日第6版。
[2] 曾向红：《遏制、整合与塑造：美国中亚政策二十年》，兰州大学出版社2014年版，第57—58页。
[3] 同上书，第60页。
[4] 王聪：《纳扎尔巴耶夫访美与美国的中亚布局》，《世界知识》2018年第5期，第47页。

"南部天然气走廊"给予鼎力相助,也就是必然的了。

二 美国能源外交新变化及其对"南部走廊"的影响

能源外交对于不同的国家具有不同的含义。例如,对于能源输出国来说,能源外交的重点在于怎样通过政府的外交活动来获取能源出口利益的最大化;而对于能源消费国来说,能源外交的重点则在于怎样保障能源供应的安全性。美国是一个超级大国,其能源外交既不同于能源输出国,也不同于能源消费国,而是具有双重含义。其一,美国既是能源出口国,也是能源进口国,因而其能源外交也具有保障能源安全的含义;其二,也是更重要的,是美国从全球战略目的出发所开展的能源外交活动,包括"阻止或者促进其他能源进口国获得能源供应,以及阻止或者帮助能源出口国安全和有利可图地出口能源的外交活动"。[①] 长期以来,美国的能源外交都是充分体现了这两个方面的含义。

然而自进入 21 世纪之后,尤其是 2010 年以来,由于美国页岩气开发的成功所引起的"页岩气革命",直接导致美国的能源供应出现了一系列本质性的变化:

1. 美国页岩气储量巨大,且开采技术先进,其生产成本仅仅略高于常规气,这使得美国成为世界上唯一实现页岩气大规模商业性开采的国家。根据 2015 年美国能源信息署(EIA)发布的数据,全球页岩油技术可采储量为 4190 亿桶,其中美国约 580 亿桶,居世界第二位。同时美国也拥有巨大的页岩气可采储量,页岩气探明储量约 5 万亿立方米,总技术可采储量约 88 万亿立方米。[②]

2. 美国的页岩气产量近年来呈现出迅猛增长的趋势。据美国能源信息署"年度能源展望"报告,从 2006—2010 年,美国页岩气产量年均增长 48%,产量增长近 20 倍,超过 1378 亿立方米,页岩气在美国天然气产量的比重升至 25% 左右。2009 年,美国取代俄罗斯成为世界第一大天然气生产国,占世界天然气总产量份额达到 20%。2014 年,美国页岩气总产

---

① 王海滨:《美国能源外交的新动向》,《中国石化报》2007 年 8 月 9 日第 5 版。
② 加璐、张建华:《美国页岩革命给全球油气和石化产业带来冲击》,《当代石油石化》2017 年第 7 期,第 7—8 页。

量达13万亿立方英尺，占美国天然气总产量的43.3%，预计2030年将上升到55%。有专家认为，"有了页岩气，美国100年无后顾之忧"。①

3. 随着页岩气开发技术的日臻完善，页岩油的产量也在逐年增长。在奥巴马任内，美国页岩油产量从2005年的9000万桶增加到2015年的17亿桶，十年增长了近19倍。数据表明，"页岩气革命"使美国从原油进口国一变而为原油出口国。自从"页岩气革命"之后，美国对中东石油的需求直线下降。据美国能源信息署的数据，2011年，美国每日进口原油891万桶，降至1999年以来的最低水平；到2013年，石油净进口量占美国国内需求的比例进一步降至46%。而在特朗普任内，页岩油产业将继续得到支持。业内人士普遍认为，由于特朗普对页岩油产业的继续支持，因而页岩油在特朗普任内或将迎来"第二春"。②

4. 由于页岩油气的开发和产量的快速增长，使美国进口能源依存度迅速下降。2005年美国能源对外依存度已经高达近60%。从2009年起，美国扭转了石油产量下滑的势头，2012年美国越过了石油净进口量和进口依存度双双上升的拐点，开始出现下行趋势。同时，天然气的进出口局面也开始发生重大变化。从《BP世界能源统计2019》的数据可以看出，从2007至2017年，美国天然气的对外依存度呈逐年下降的趋势，由2008年的15.2%下降到了2016年的3.0%，并在2017年和2018年出现负数，表明其产量已经能够满足本国消费需求且略有盈余，开始由净进口国转变为出口国。详见表4-2。

表4-2　　　　　2008—2018年美国天然气生产量和消费量

（单位：亿 m³）

年份	生产量	消费量	对外依存度
2008	5461	6289	15.2%
2009	5576	6176	10.8%
2010	5752	6482	12.7%
2011	6174	6582	6.6%
2012	6491	6881	6.0%

---

① 高大统：《"页岩气革命"：美国进一步接近"能源独立"目标》，《资源与人居环境》2017年第11期，第72—73页。
② 同上书，第73—74页。

续表

年份	生产量	消费量	对外依存度
2013	6557	7070	7.8%
2014	7047	7223	2.5%
2015	7403	7436	0.4%
2016	7274	7491	3.0%
2017	7458	7394	-0.8%
2018	8318	8171	-1.8%

数据来源：BP Statistical Review of World Energy June 2019，pp. 32 - 34。

根据国际能源署（IEA）的预计，到2020年美国将变为天然气的净出口国，美国将超过沙特阿拉伯成为世界第一大产油国，美国石油供应几乎可以自给自足。到2035年，美国将成为石油净出口国。美国能源信息署（EIA）预测，美国能源整体对外依存度将从2012年的16%下降到2040年的4%。[1] 另据美国能源信息署（EIA）最新公布的信息显示，美国在2017年4月之后的几个月中已经成为天然气净出口国，预计未来将会出口更多的天然气。[2] 这意味着美国不但实现了能源供应的自给自足，而且加入到能源出口国的行列。

美国"页岩气革命"所导致的美国能源供求关系的变化，势必影响到能源外交政策的变化。对此，日本《朝日新闻》2012年8月12日以"页岩气将改变美国"为题报道说："美国外交政策一直以来围绕确保石油而动，而页岩气具有改变美国外交政策的潜力"；"希拉里国务卿认为，不谈能源，外交政策也无从谈起。美国国务院负责能源和资源事务的一位官员在接受媒体采访时说：'能源安保的定义正将发生变化'"。[3] 表明美国的"页岩气革命"导致其能源外交政策将发生重大变化。

那么，美国的能源外交将会发生怎样的变化呢？长期以来，美国能源外交的一个重要方面就是要确保能源进口的安全性，特别是由外国持续获

---

[1] 武正弯：《美国"能源独立"的地缘政治影响分析》，《国际论坛》2014年第4期，第7页。
[2] 魏静、段红梅、闫强、汪莉丽：《能源新政下的美国页岩气产业新动向及中美合作前景》，《中国矿业》2018年第2期，第13页。
[3] 新华国际：《日报：页岩气将改变美国外交政策》，新华网，2012年8月14日，http://news.xinhuanet.com/world/2012-08/14/c_123580405.htm。

得油气资源的稳定性。现在，由于能源自给率的提高和对外能源依存度的下降，就大大降低了其能源外交第一个方面含义的分量，从而可以加大在第二个方面即实施全球战略方面的力度。

在奥巴马担任总统时期，美国正是按照这一全球战略的思路而谋划其能源外交的。2012年10月，美国国务卿希拉里·克林顿发表"21世纪的能源外交"的演讲说："美国全球能源战略的三个支柱是推行能源外交、推动向清洁能源的转变和解决能源贫穷问题"；"美国能源外交的另一重点是推进能源领域的竞争，防止垄断，因为能源关系到国家安全与国际安全"。[1] 说明美国的能源外交已经基本不再考虑本国的能源安全问题，而着眼于"全球能源战略"和"推进能源领域的竞争，防止垄断"上面。

奥巴马时期，美国在国际关系的处理上，已经明显地表现出这种能源外交的转变。例如，由于基本不再担心和考虑本国的能源安全问题，因此对于油气生产国的"阻止或者帮助"，也就更多的是从全球战略的角度进行观察和处理。因此，美国对于中东地区的石油已不再那么割舍不下，因而对于伊拉克和阿富汗的军事占领也就不再那么势在必行。正是这个原因，奥巴马于2011年6月正式宣布了从阿富汗撤军的时间表，即自2011年7月开始，直至2014年底完成对阿富汗安全防务移交。[2] 2012年7月，美国宣布对伊朗进行新一轮制裁，其主要用意是为了消除伊朗对以色列的核威胁，这显然是把地缘政治问题放在了首位，而对于伊朗丰富的油气资源已经视若无睹了。[3]

同样，对于里海—中亚地区，美国的能源外交也把重点放在了其全球战略的考量上。也就是说，美国在里海—中亚地区的能源外交，主要目的已不是本国对这一地区油气资源的进口需要，而是地缘政治战略的需要，是要把里海—中亚地区纳入到自己的全球战略中，真正实现美国对这一地区的控制。为了这一目的，最佳方案莫过于通过油气管道的渗透。一旦建成由欧美控制的油气管道，则里海—中亚国家通过管道输出的是油气资源，而欧美则通过管道向这一地区输出的是经济、政治、军事和文化的全面影响，通过油气管道达到控制过境各国的目的。正因为这个原因，美国

---

[1] 王恬：《美国政府强调推行能源外交》，《人民日报》2012年10月20日第2版。
[2] 王恬：《美国拉开阿富汗撤军序幕》，《人民日报》2011年6月24日第21版。
[3] 王晓苏：《欧美拟加大制裁伊朗力度》，《中国能源报》2012年9月17日第8版。

成为"南部天然气走廊"台前幕后最积极的推动者。

而且,美国也确实能够发挥这种推动者的影响和作用。前文曾提到,欧盟虽然是"南部天然气走廊"的直接推动者,但是在实施中遇到了很大的掣肘,其中最大的难题是气源地问题,由气源地又牵扯出里海地位问题、伊朗核威胁问题、路线和过境国问题等一系列难题。这些难题,靠欧盟自身几乎是无力解决的。要想排除这些难题,顺利实施"南部天然气走廊"的方案,只有借助于美国的力量。而美国也由于自身已经解除了能源供给的后顾之忧,因而可以无所顾忌地为促成"南部天然气走廊"而发挥作用,帮助欧盟解决目前面临的各种障碍,尤其是对于最大的障碍即气源地问题上,由于美国坚持制裁伊朗,使欧盟不得不把伊朗从"南部天然气走廊"潜在供气国的名单上划掉,但却可以促成其他潜在供气国实现与欧盟的实质性合作。例如,对于已经承诺给"南部天然气走廊"供气的阿塞拜疆,美国通过调节"纳卡冲突"而坚定了阿塞拜疆的供气决心。对于有所承诺但又举棋不定的土库曼斯坦,以及哈萨克斯坦、乌兹别克斯坦等潜在的供气国,美国则可以通过促成解决里海法律地位问题,促使这些国家下最后决心。对于伊拉克,由于其气源地主要位于北部库尔德人地区,这一地区的库尔德自治政府是因为受到美国庇护才得以生存的,所以如果美国授意也会比较顺利。

另外,美国的介入还有助于解决"南部天然气走廊"的资金问题。迄今为止,欧盟为"南部天然气走廊"的拨款非常有限,仅能满足前期研究和勘探的需要。而西方的大企业和财团因为看到该计划实施中的困难,没有投资的欲望。如果美国大力援助和支持的话,局面可能就会发生重大改观。

由上可见,"南部天然气走廊"的命运,在很大程度上要取决于美国的所作所为。

三 美国为促进"南部走廊"所开展的能源外交活动

围绕着解决上述"南部天然气走廊"所面临的气源地问题、里海地位问题、伊核问题以及管道线路和过境国问题,美国开展了积极的能源外交活动。

第四章 "南部走廊"与欧俄美的外交博弈

（一）为"南部走廊"积极游说和声援

为了帮助欧盟解决"南部天然气走廊"上游的气源地，美国对于伊朗以外的其他里海国家进行游说，劝说或支持其成为"南部天然气走廊"的供气国。2007年3月，美国与阿塞拜疆签署了《美阿里海地区能源安全合作谅解备忘录》，支持建设绕开俄罗斯的"跨里海天然气管道"，保障欧洲能源安全，摆脱对俄能源依赖。[①]

2008年2月，美国欧亚地区能源外交协调员马恩与土库曼斯坦总统就能源合作举行会谈。6月，美国负责中亚和南亚事务的助理国务卿鲍彻访问土库曼斯坦，为"跨里海天然气管道"做说客，希望土库曼斯坦的高层加快能源出口多元化步伐。[②] 2008年9月，美国副总统访问阿塞拜疆、格鲁吉亚和乌克兰，成功地说服阿塞拜疆优先向"纳布科管道"提供天然气。[③]

2011年2月，美国国务卿的中亚问题助手罗伯特·布赖特访问土库曼斯坦，支持土库曼斯坦向"南部天然气走廊"之一的"纳布科管道"供应天然气的决定。[④] 2011年4月，美国国务卿欧亚能源特使理查德·莫宁斯塔访问土耳其，表示"纳布科计划"应当继续进行，美国将尽一切所能支持这个项目。[⑤]

2016年2月，美国国务院国际能源问题特使兼协调员霍克斯坦出席了在阿塞拜疆首都巴库举行的"南部天然气走廊"磋商委员会第二次会议，并在会上表示："'南部天然气走廊'项目对保障欧洲能源安全具有重要意义，美国将继续对该项目的实施给予大力支持。"[⑥]

2017年12月，美国国务院代理特使兼国际能源事务协调员苏·萨尔尼奥在接受独家采访时表示："就像之前支持'巴库—第比利斯—杰伊汉'（BTC）石油管道项目一样，美国政府从一开始就大力支持'南部天然气

[①] 毕远：《美支持高加索和中亚国家绕开俄罗斯建立能源联盟》，中国新闻网，2007年3月26日，http://www.chinanews.com/gj/gjzj/news/2007/03-26/900307.shtml。
[②] 王高峰：《俄罗斯中亚争"气"》，《中国石油石化》2008年第14期，第51页。
[③] 杨玲：《新世纪俄罗斯里海地区能源外交述评》，《国际政治研究》2011年第4期，第166页。
[④] 《美国支持土库曼斯坦向纳布科供应天然气决定》，国际能源网，2011年2月23日，http://gas.in-en.com/html/gas-0844084446938673.html。
[⑤] 《莫宁斯塔：美国将全力支持纳布科管道项目》，国际能源网，2011年4月7日，http://gas.in-en.com/html/gas-0858085822977579.html。
[⑥] 岳文良：《"南部天然气走廊"磋商委员会第二次会议在阿塞拜疆举行》，国际在线网，2016年3月1日，http://news.cri.cn/201631/a3db70a5-b1fa-f469-ec14-2bd554796e0d.html。

走廊'(SGC)项目。"①

2018年5月,美国能源外交问题助理国务卿桑德拉·奥德科克在"南部天然气走廊"通气仪式上表示:"美国明确支持实施南方天然气走廊项目","该项目的实施将确保该地区的稳定和能源多样化。美国总统特朗普也表示支持该项目的实施"。②

(二)拉伊拉克加入"南部走廊"

伊拉克也是一个油气资源富足的国家。据《BP世界能源统计2019》提供的数据,2018年底该国原油储量为1472亿桶,位列委内瑞拉、沙特阿拉伯、加拿大和伊朗之后,居世界第五位。天然气探明储量为3.6万亿立方米,占全球总储量的1.8%,居世界第十一位;但天然气产量较低,2018年只有130亿立方米,仅占全球份额的0.3%。③不过,据国际能源署预测,到2035年,伊拉克天然气产量可达到900亿立方米,一跃成为世界第六大天然气生产国。④

伊拉克的西北部与土耳其接壤,现在已经有一条通往土耳其的石油管道,并且伊拉克政府有意修建一条伊拉克—土耳其天然气管道,如果能够告成,就可以与土耳其境内的"南部天然气走廊"相连接。因此,欧盟在"南天然气走廊"酝酿之初,也曾考虑把伊拉克列为潜在供气国,并为此而展开与伊拉克的能源外交活动。2008年2月,负责能源事务的欧盟委员皮耶巴尔格斯在与伊拉克石油部长沙赫里斯塔尼举行会谈时表示,与伊拉克的能源合作将有助于实现欧盟能源供应多元化,与新的潜在供应商建立稳固的能源合作框架,对于维护欧盟的供应安全至关重要,这能够减少对俄罗斯的过度依赖。⑤ 2008年4月伊拉克总理努里·马利基率代表团访问欧盟总部,欧盟能源委员皮耶巴尔格斯与伊拉克石油部长侯赛因·沙赫里斯塔尼在磋商结束后发表的一项声明说,伊拉克承诺最初每年向欧盟供

---

① 《美国能源特使表示南部天然气走廊项目进展良好》,搜狐网,2017年12月30日,http://www.sohu.com/a/213745320_488177。
② 中华人民共和国驻阿塞拜疆使馆经商参处:《美国支持实施南方天然气走廊项目》,中华人民共和国驻阿塞拜疆使馆经济商务参赞处网,2018年5月30日,http://az.mofcom.gov.cn/article/jmxw/201805/20180502750228.shtml。
③ https://www.bp.com/content/dam/bp/business-sites/en/global/corporate/pdfs/energy-economics/statistical-review/bp-stats-review-2019-full-report.pdf.
④ 乐菱、刘聪:《伊拉克能否"扛起"世界能源的未来》,《中国石化报》2012年12月14日第8版。
⑤ 孙晓辉:《欧盟寻求与伊拉克加强能源合作》,《证券时报》2008年2月4日第A04版。

应50亿立方米天然气,并且在未来供气量有可能会增加。声明还谈到天然气输送管道的问题,说:"伊拉克确认,伊拉克部分天然气将通过不同路线并很可能从不同的气田流向欧洲。"① 2010年1月,欧盟与伊拉克签署了旨在加强双方能源合作的谅解备忘录。欧盟委员皮耶巴尔格斯说,伊拉克是欧盟能源供应的关键一环,伊拉克不仅是欧盟重要的原油供应国,而且也成为欧盟重要的天然气供应国,并将成为连接中东、地中海和欧盟的重要能源"桥梁"。②

对于欧盟的这种意向,美国不但大力支持,而且还积极帮助促成。此前,美国在伊核问题上大大扯了"南部天然气走廊"的后腿。土耳其曾提出把天然气储量丰富的伊朗作为供气国,而且伊朗也有意为之,但美国坚决反对。为了弥补,美国极力推荐把伊拉克作为替代方案,拉伊拉克加入"南部天然气走廊"。2009年6月,美国能源事务特使里查德·莫宁斯塔表示,美国支持从伊拉克北部通过这条管道向欧洲供应天然气。③ 2011年4月莫宁斯塔再次强调,在"纳布科管道"的未来方面,土耳其对伊拉克北部来说同样具有重要性,因此,美国将尽一切所能来支持这个项目。④ 美国之所以有意要让伊拉克加入"南部天然气走廊"框架内的管道项目,是因为伊拉克的气源地主要在该国的北部,这里的库尔德自治政府不接受该国中央政府统治,但却受美国的控制。不过,欧盟内部也有不同意见,认为伊拉克局势持续动荡,对其能否成为长期稳定的天然气供应地有很大疑虑。

(三) 在里海法律地位问题上主动出击

自从苏联解体、里海沿岸国家由2个变成5个之后,美国就介入了关于里海是"海"还是"湖"的争论。当时,俄罗斯和伊朗坚持里海是"湖",而哈萨克斯坦和阿塞拜疆坚持里海是"海",土库曼斯坦则表示中立。美国极力主张将这一问题提交到国际法庭去裁决,其目的是支持划分里海,因为美国急于在经济上向里海—中亚地区渗透,不愿因为这一问题的迟迟不决而耽搁时间。对于俄罗斯的不分割主张,美国明确表示反对,并且宣称反对里海划分的沿岸国家将不可能得到西方投资。后来,美国干

---

① 木子:《欧盟气源多样化或将变成现实》,《中国石化报》2008年5月29日第5版。
② 尚军:《欧盟与伊拉克签署能源合作协议》,《中国石化报》2010年1月29日第5版。
③ 《美国:伊朗可能参加得到欧盟支持的纳布科管道》,国际能源网,2009年6月8日,http://oil.in-en.com/html/oil-1059105980368475.html。
④ 李峻:《莫宁斯塔:美国将全力支持纳布科管道项目》,国际能源网,2011年4月7日,http://gas.in-en.com/html/gas-0858085822977579.html。

脆不理睬俄罗斯的主张，于1994年直接与阿塞拜疆签订石油开发合同，被媒体称为"世纪合同"，联合开采阿塞拜疆里海水域的石油，这种做法既给其他沿岸国家开采本国水域的油气资源以示范和激励，也使俄罗斯的里海不分割原则形同虚设。

在美国的压力下，俄罗斯终于以现实主义的态度接受了划分里海的主张，并在2000年7月提出了"海底划分，水面共享"的方案。在此后的十多年来，尽管5国在如何划分里海的问题上龃龉不断，意见难以统一，但对于划分里海这个大框架却都没有异议，这对于欧美力推的"跨里海天然气管道"方案是非常有利的，因为只要确定了分割里海这个大框架，那么下一步无论怎样分割里海，"跨里海天然气管道"都可以采取避开俄罗斯和伊朗所分得的里海区域的方案，与其他3国达成协议即可。也同样是在美国制裁的压力下，伊朗也在解决里海法律地位问题上采取了妥协的态度，在2018年8月里海5国的首脑峰会上签署了《里海法律地位公约》。有学者指出，若不是特朗普宣布退出伊核协议，且首轮对伊制裁于8月7日生效，德黑兰极有可能拒绝签署《里海公约》。[①] 由于《里海法律地位公约》的签署，就扫清了建设"跨里海天然气管道"的最大障碍。而一旦"跨里海天然气管道"的项目得以实施，则土库曼斯坦以及哈萨克斯坦和乌兹别克斯坦作为"南部天然气走廊"气源地的问题也就迎刃而解了。

（四）在纳卡问题上发挥主导作用

纳卡是位于南高加索的一个内陆地区，全称为纳戈尔诺—卡拉巴赫地区，归于阿塞拜疆境内。纳卡问题指的是该地区发生的阿塞拜疆族与亚美尼亚族的冲突所引发的阿塞拜疆同亚美尼亚两国之间的战争和长期敌对。对于欧盟而言，是将高加索地区视为获得中亚和里海能源的通道，因而希望该地区能够尽快结束战乱，恢复和平与稳定，以成为其实现能源进口多元化，减少对俄罗斯能源依赖的一个选择途径。

为了解决纳卡问题，欧安组织调解纳卡冲突明斯克小组于1997年确立了俄美法三主席国的体制。在很长一段时间里，俄罗斯在该体制内起主要作用。2008年11月，俄罗斯总统梅德韦杰夫将亚美尼亚总统萨尔基相和阿塞拜疆总统阿利耶夫邀请至莫斯科，就纳卡问题举行会谈，并签署了

---

① 焦一强：《〈里海法律地位公约〉的签署及其影响》，《国际问题研究》2019年第1期，第112页。

有关和平解决纳卡问题的声明。① 然而在其后几年里,美国开始尝试在纳卡问题上发挥主导作用。在 2009 年 5 月召开的明斯克小组成员国峰会上,美方代表梅修·布赖扎表示,不能由俄罗斯一家来解决纳卡问题。②

美国介入纳卡问题的最大成果是促成了土耳其与亚美尼亚的关系正常化。在纳卡冲突之初,土耳其是站在阿塞拜疆一边,为此而于 1993 年冻结了与亚美尼亚的边界。2009 年 4 月,美国总统奥巴马在访问土耳其时表示:"土耳其是一个关键的盟友,土耳其是欧洲的重要组成部分","美国坚定地支持土耳其加入欧盟"。③ 2009 年 10 月,土耳其与亚美尼亚两国签署了关于结束长期敌对状态并实现双边关系正常化的协定。这一"纳卡解冻"之举正是在美国的压力下促成的。美国的主要目的是借用土耳其因素,促使亚美尼亚摆脱俄罗斯的影响,彻底打破俄罗斯在外高加索地区的主导地位。④

美国虽然通过促成"纳卡解冻"而成功实现了向里海—中亚地区渗透势力的地缘政治目的,但是也引发了另一个后果,就是土耳其与亚美尼亚的关系正常化引起了原来的盟友阿塞拜疆的强烈反对。⑤ 由于阿塞拜疆与土耳其的关系恶化,直接影响到以阿塞拜疆为供气国、以土耳其为过境国的"南部天然气走廊"的正常启动和实施。为了消除"纳卡解冻"对"南部天然气走廊"造成的负面影响,美国又努力把阿塞拜疆拉入"南部天然气走廊"的框架内。2009 年 5 月,阿塞拜疆与土耳其一起参加了在捷克首都布拉格召开的欧盟"南部走廊"能源峰会,并共同签署会议合作宣言,强调支持"南部走廊"输气网络建设。媒体评论说,围绕着"南部走廊"所签署的合作宣言,把由于土耳其和亚美尼亚关系改善而产生冲突的阿塞拜疆与土耳其两国又重新统一起来了。⑥

近年来,纳卡地区冲突再起,尤其 2016 年 4 月 1 日开始的交火事件,

---

① 刘洋:《俄亚阿三国签署和平解决纳卡问题声明》,《人民日报》2008 年 11 月 4 日第 3 版。
② 佟刚:《布拉格系列峰会:美欧甩给俄罗斯多重套索》,《中国青年报》2009 年 5 月 13 日第 7 版。
③ 郑秋甫:《奥巴马土耳其之旅的背后》,《学习时报》2009 年 4 月 13 日第 2 版。
④ 佟刚:《布拉格系列峰会:美欧甩给俄罗斯多重套索》,《中国青年报》2009 年 5 月 13 日第 7 版。
⑤ 张光政:《纳卡问题的国际因素》,《人民日报》2009 年 12 月 2 日第 3 版。
⑥ 佟刚:《布拉格系列峰会:美欧甩给俄罗斯多重套索》,《中国青年报》2009 年 5 月 13 日第 7 版。

成为1994年以来最惨烈的一次。事件发生后，美国国务卿克里强烈要求双方克制，寻求最终解决办法。分析人士称，美国不希望在纳卡制造美、俄新的冲突点。欧盟正在积极协调将阿塞拜疆天然气经"南部天然气走廊"输送至欧洲，也不希望任何一方在该地区挑起军事冲突，从而使欧盟的能源安全受到破坏。①

（五）说服土库曼斯坦加入"南部走廊"

2009年4月8日晚，土库曼斯坦与乌兹别克斯坦边境通往俄罗斯的一处天然气管道发生爆炸，土库曼斯坦对俄罗斯的天然气供应随即中断。这一事件导致俄土双方关系紧张，更加坚定了土方立志摆脱对俄依赖的决心。土库曼斯坦4月24日公开表示说，土方正在积极寻求新的天然气出口途径，使其出口多元化。5月，美国助理国务卿鲍彻在土库曼斯坦首都阿什哈巴德表示，土库曼斯坦的天然气出口应该多元化，说："不管哪一根输气管道出了问题，也不管这些问题是不是技术性问题，必须有备用的、替代管道"，因此，应该以"多样性"作为天然气出口的"一致原则"。土库曼斯坦总统别尔德穆哈梅多夫回应说，土库曼斯坦与美国的关系发展顺利，包括在能源领域的合作。同时表示"将对欧洲提供100亿立方米天然气用于满足新的需求"。②

美国距离中亚地区遥远，自身并不需要土库曼斯坦的天然气。可是，美国从全球能源安全战略出发，力图把土库曼斯坦的天然气只供应给"自己的欧洲朋友"，而不愿意把土库曼斯坦的资源供应给美国不喜欢的买家，如俄罗斯、伊朗和中国。美国对土库曼斯坦的能源外交，正是朝着这个方向努力的。2009年7月10日，美国政府副国务卿威廉·伯恩斯在会见土库曼斯坦总统之后接受采访说，他与别尔德穆哈梅多夫总统讨论了能源合作的问题，结果当天别尔德穆哈梅多夫总统就表达了土库曼斯坦准备给欧盟"南部天然气走廊"供气的意向，说："目前土库曼斯坦拥有过剩的天然气可以用作贸易，我们准备把过剩的天然气出售给国外的任何消费者，其中当然包括'纳布科管道'。"③ 由此可以看出美国为使土库曼斯坦给欧洲供气所作出的努力。

---

① 周戎：《纳卡冲突背后的"多国杀"》，《文汇报》2016年4月4日第3版。
② 杨东：《俄美角力土库曼斯坦 土寻求输气多样化》，《中国能源报》2009年5月4日第5版。
③ 《土库曼斯坦准备向纳布科管道供应天然气》，中国石化新闻网，2009年7月13日，http://www.sinopecnews.com.cn/news/content/2009-07/13/content_649145.shtml。

土库曼斯坦的天然气输送至欧洲，需要解决的最大问题是"跨里海天然气管道"的修建，对此美国也在极力促成。2016年2月，美国国务卿南亚和中亚事务副助理乌伊里亚莫姆·托多姆在访问土库曼斯坦时表示，美国支持土库曼区域性的天然气管道项目，包括"土—阿—巴—印管道"和"跨里海天然气管道"。①

美国的上述外交活动，有的是口头性的声援，有的是调解性的斡旋，也有的是实质性的推动。美国的这些外交活动，都是从属于和服务于其全球战略的，因而在有的问题上（如伊核问题）难免对"南部天然气走廊"产生不利影响，但是总的来说，是极大地推动了"南部天然气走廊"的进程，对于正在直接与俄罗斯进行能源博弈的欧盟来说，是一个极大的帮助和支持。

第三节　俄罗斯对"南部走廊"的反制

俄罗斯地缘政治和能源战略的目的非常明确，那就是要保持俄罗斯对欧盟天然气市场的垄断地位，巩固在里海—中亚天然气出口中的主导地位，用这种能源优势来保持俄罗斯在里海—中亚的地缘政治影响，使里海—中亚地区继续成为它的战略缓冲地带，确保国家的安全。

一　俄罗斯在里海—中亚地区的能源外交战略

俄罗斯在里海—中亚地区的能源外交，是它恢复大国地位总体外交战略的一部分，与它的大国外交行为紧密联系。从历史来看，俄罗斯在苏联时期曾经是超级大国，积累了丰富的通过外交手段维护大国利益的经验。自苏联解体以来，俄罗斯在经历了一个短时间的徘徊之后，又重新走上了谋求大国地位的道路。在大国复兴的外交战略中，过去大都是苏联组成部分，现在又是独联体成员，且拥有油气资源禀赋的里海—中亚国家，必然成为俄罗斯能源外交战略的重点地区。

---

① 《土库曼斯坦和美国加强双方合作多元化》，中国经济网，2016年2月13日，http：//intl. ce. cn/sjjj/qy/201602/13/t20160213_ 8824503. shtml。

(一) 冷战后俄罗斯外交战略的演进和调整

苏联解体和冷战结束之后,俄罗斯的外交战略经历了三次大的调整。

第一次:从"一边倒"向"恢复大国地位"的演变和调整。冷战结束之初,俄罗斯实行了一条追求与西方国家经济、政治和安全一体化、"回归西方"的"一边倒"外交战略。1991年俄罗斯首任总统叶利钦明确表达了其"西方化"的立场,说:"俄罗斯已经做出了自己最终的选择。俄罗斯不会走社会主义道路,不会走共产主义道路,它将走美利坚合众国及其他西方文明国家走过的那条文明之路。"[1] 然而,俄罗斯向西方"一边倒"的外交战略并没有带给它所期盼的结果,依靠西方援助实现经济转型的目标基本落空。到1994年,俄罗斯不得不承认向西方"一边倒"政策的失败。1994年2月24日叶利钦总统在《国情咨文》中明确表示,俄罗斯仍然是在世界上起着重要作用的强国,为了保护自身的利益和国民的自尊心,俄将奉行"俄罗斯利益优先"的外交政策。1996年1月,叶利钦修正了过去与美国是"成熟的战略伙伴关系"的提法。2月,新上任的俄罗斯外交部部长普里马科夫明确表示:"俄罗斯是一个大国,应该有自己的对外政策,决不作跟在长机后边的僚机。"[2] 1997年12月,叶利钦总统正式批准《俄罗斯联邦国际安全构想》,标志着俄罗斯的外交战略发生新的转向,以"恢复大国地位、确保势力范围"为总目标的全方位外交政策的形成。

第二次:以灵活务实的风格谋求恢复大国地位。2000年普京当选俄罗斯总统,一方面继承叶利钦后期的外交战略,在2000年7月题为《俄罗斯国家:强国之路》的国情咨文中,确立俄罗斯对外战略的总体目标是建立多极世界,确保大国地位;另一方面又表现出更大的灵活性和务实性,表现出既斗争又妥协、既争夺又合作的风格。他提出:"要优先考虑的任务是,在俄罗斯周围建立稳定的、安全的环境,建立能够让我们最大限度地集中力量和资源解决国家的社会经济发展任务的条件。"[3] 就在普京上任的第二年,发生了"9·11事件",普京以此为契机,宣布全力支持美国反对恐怖主义,从而开始对俄罗斯外交战略的又一次调整。在这一轮调整

---

[1] 冯绍雷、相蓝欣:《转型理论与俄罗斯政治改革》,上海人民出版社2005年版,第283页。
[2] 李述森:《当代俄罗斯对外战略转型研究》,当代世界出版社2006年版,第92页。
[3] [俄] 普京:《外交政策的优先任务是为社会经济发展创造外部安全环境》,《普京文集:文章和讲话选集》,中国社会科学出版社2002年版,第251页。

中，俄罗斯一方面再次谋求改善和美国的关系，另一方面继续奉行强国思想。为了和美国改善关系，俄罗斯不惜为美国在阿富汗采取军事行动提供种种便利，甚至同意美国在属于自己势力范围的中亚和高加索国家派驻军队。

第三次：确定大国目标是成为多极世界中有重大影响力的独立一极。2012年，普京再次当选俄罗斯总统。在此前的竞选纲领中，普京推出了建立"欧亚联盟"的宏伟计划，说："我们给自己提出了更加宏伟的任务，走向下一个更高的一体化阶段建设欧亚联盟。"[1] 这是普京为新的任期规定的一项重大战略性任务，同时也是俄罗斯"欧亚大国"国家定位的回归与发展。普京就任总统后不久，就通过了新的《俄罗斯联邦对外政策构想》，开篇即指出："俄罗斯外交政策的首要目标是：保障国家安全，维护并加强主权和领土完整及提高在国际社会中的威望，以在最大程度上符合于俄罗斯联邦作为当代世界一个有影响力和竞争力的中心的利益。"[2] 表现出俄罗斯要恢复大国地位，成为未来多极世界中有重大影响力的独立一极的强烈愿望和趋向。

（二）俄罗斯的能源外交及其特点

俄罗斯的能源外交在其外交战略整体目标中具有重要的地位。为了实现"恢复大国地位，确保势力范围"的总体战略目标，俄罗斯的能源战略目标即是以能源为手段来振兴大国地位和实现国家复兴。在这个大框架下，俄罗斯对能源外交高度重视，甚至在某种程度上已将其外交的重点转向能源领域。俄罗斯之所以采取这种外交取向，主要是基于以下两个方面的考虑：

第一，从国内来说，只有发展能源，才能加快经济振兴。俄罗斯能源资源十分丰富，并且拥有雄厚的能源工业基础和智力潜力，因此，能源产业一向是俄罗斯经济的支柱之一。在2008年国际金融危机之前，俄罗斯已经形成了经济增长和外贸出口均以能源为主的结构特点。在普京执政的前8年（2000—2008），能源对俄罗斯经济增长的贡献率为40%，有些年份达到70%，仅油气出口带来的收入就达万亿美元。[3] 俄罗斯的石油天然

---

[1] 毕洪业：《俄罗斯对独联体外交政策研究》，中央编译出版社2014年版，第89页。
[2] 同上书，第90页。
[3] 陆南泉：《金融危机对俄罗斯经济的冲击在加剧》，《俄罗斯中亚东欧研究》2009年第2期，第2页。

气产值占俄罗斯工业总产值的30%，为政府创造了大约54%的年预算收入和45%的外汇收入，对GDP的年贡献率达到30%左右。① 在俄罗斯国内生产总值构成中，出口占近1/3，其中又以能源和原材料产品为主，在增长最快的2007年，能源和原材料产品占出口商品的比重高达90.2%，仅石油和天然气两项就占出口总额的64.2%。②

2008年全球金融危机之后，俄罗斯对能源产业的依赖依然如故。据俄财政部长库德林在2010年7月底说，目前俄40%的预算收入来自石油天然气的开采、加工和运输，GDP的25%来自石油和天然气行业。③ 至2015年，俄罗斯的石油和天然气两项的出口占了总出口的75%，达到了自苏联时期以来的峰值。④ 目前，俄罗斯燃料能源综合体在固定资本和联邦预算收入中仍占1/3的份额，约占俄罗斯出口的70%，对国家GDP的贡献率为25%—26%。可见，俄罗斯的油气出口对于国内财政收入（预算收入50%）和经济发展有巨大影响。⑤ 而且，在今后的相当长一段时间里，俄罗斯的发展仍然要依靠能源，因为油气资源在相当长的一段时间里仍然拥有巨大的国际市场，充分利用自己的丰富资源到国际市场上赚取大量外汇，增加国家的财政收入，既可以增强国家的经济实力，促进国内GDP的发展和经济转型；又可以改善人民生活水平，从而保证国内局势的稳定。

第二，从国际上来说，只有加强能源合作和博弈，才能进一步改善外部环境，提高国际地位。2003年俄联邦通过的《2020年前俄罗斯能源战略》中强调说："能源问题的全球化和日益政治化，以及俄罗斯燃料动力综合体在世界能源市场的影响力，这些问题把能源问题提到了俄罗斯外交所要考虑的基本问题之一。"⑥ 由于美欧的遏制和挤压，俄罗斯的外交资源非常有限。而在能源方面，无论是欧洲，还是独联体国家，都有求于俄罗斯。因此，借助能源优势，用能源资源补充外交资源，在外交中"打能源

---

① 曹英伟：《21世纪能源外交战略研究》，哈尔滨地图出版社2007年版，第199页。
② 徐向梅：《资源依赖成为俄罗斯经济发展之弊的警示》，《北京日报》2010年9月13日第18版。
③ 《俄罗斯10年GDP翻数番 25%国内生产总值来源于石油天然气》，《北京商报》2010年12月31日第8版。
④ 李凤林：《欧亚发展研究2016版》，中国发展出版社2016年版，第29页。
⑤ 徐小杰：《俄罗斯及中亚西亚主要国家油气战略研究》，中国社会科学出版社2017年版，第7页。
⑥ 中华人民共和国商务部欧洲司、中国社会科学院俄罗斯东欧中亚研究所联合课题组编：《俄罗斯经济发展规划文件汇编》，世界知识出版社2005年版，第228页。

牌",由此来调动各方改善和发展对俄罗斯的关系,是一种行之有效的手段。从近十多年来俄罗斯几度对欧洲中断天然气供应可以看出,能源已成为俄罗斯外交中一个"撒手锏",成为俄罗斯开展地缘政治博弈的锐利武器,在俄罗斯外交总体战略中已具有突出的地位和作用。"以油气谋取地缘战略利益"已经成为俄罗斯的政策取向和长期战略选择。①

我国俄罗斯问题研究专家冯绍雷认为,当代俄罗斯能源战略的正式形成是在普京总统第一个任期的下半段,也就是在2003年。这个时间节点非常关键,这是因为:一方面,从国际范围来说,自冷战结束之后的15年里,由于北约和欧盟的"双东扩",俄罗斯的国际环境已变得非常严峻;另一方面,能源问题正在成为当前各国外交关注的重点,因为能源问题已不单纯是一个国内或国际的经济问题,而是涉及战略资源、领土主权、环境气候以及国民经济关键领域的利益等各个方面的问题,因此就不能不与各国的外交相联系。俄罗斯拥有得天独厚的能源优势,在全球能源需求普遍上升的背景下,拥有丰富能源的俄罗斯也就"非常自然地"被"推到了国际舞台的中心"。②

在这种背景下形成的俄罗斯能源外交,具有以下几个鲜明的特点:

1. 政府主导和掌控。俄罗斯独立之初,能源企业基本被私有化了,对外能源合作形不成整体外交效应。针对这种情况,普京在就任总统后强调:"坚持由国家控制战略资源更符合俄罗斯的现实,对恢复俄国内经济及其国际政治舞台上的影响力也显得尤为重要。"③ 根据这种指导思想,俄政府授意"天然气工业股份公司"(Gazprom)组建新的国际控股超级油气垄断企业,并在2005年8月由国家杜马通过了一项新法律,将原来赋予各地方州长控制当地能源资源的权力,全部收回到中央政府手中。至此,"根据俄罗斯新闻社的估计,目前俄罗斯57.4%的能源机构已在国有控制之下"。④ 2006年1月,俄罗斯总统普京在莫斯科召开年度新闻发布会,重申作为能源大国,俄罗斯不会放松国家对国有能源企业的控制。7月,俄罗斯国家杜马通过联邦《天然气出口法》,规定俄天然气出口业务

---

① 王海运:《国际能源关系纵横谈》,世界知识出版社2013年版,第436页。
② 冯绍雷:《俄罗斯能源外交的内涵与走势》,徐敦信主编《世界大势与和谐世界》,世界知识出版社2007年版,第254—255页。
③ 曹英伟:《21世纪能源外交战略研究》,哈尔滨地图出版社2007年版,第200页。
④ 郑佳节:《谁主沉浮——普京:从总统到总理》,现代教育出版社2008年版,第174页。

将全部由国有公司承担。这一法律实际上确立了国有的俄罗斯天然气工业股份公司对本国天然气出口的垄断地位。①

2. 多元化的平衡能源外交。普京认为："能源安全不只是消费者的安全，它还应该是生产者的安全。"② 俄外交部部长普里马科夫也说："安全应该有'三重'保障：来自生产国的供应保障，来自过境国的运输保障和来自消费国的需求保障。所有这些国家都应该分担全球能源顺利运转的责任与风险。"③ 这就是说，俄罗斯作为能源出口国，也同样存在着风险问题。因此，俄罗斯的能源出口也不能"把鸡蛋放在一个篮子里"。基于这种认识，俄罗斯的能源出口和外资引进都奉行东西方平衡的方针。特别是在俄乌天然气风波以及美欧在独联体国家支持和策动"颜色革命"以后，俄罗斯的能源外交呈现出减少对欧洲市场出口的过分依赖和对独联体市场的过分迁就，开始向东转移，实施东西方并重的平衡能源外交的趋势，对外资引进也是既吸收美欧等国的资本，也吸引中国、日本、韩国和印度等亚太国家的资本进入俄罗斯市场。俄罗斯能源部长赫里斯坚科说："能源战略的'东方部分'是对俄罗斯面临的全球性挑战和风险做出的恰如其分的回应。"④ 明确地表示了俄罗斯努力往东发展，开辟新的能源市场的取向。

3. 开展能源管道博弈。在国际能源市场上，俄罗斯主要依靠油气管道作为进出口的渠道，并力图通过对管道的控制达到控制能源的目的。对于苏联时期遗留下来的庞大管道输送系统，俄罗斯虽然接收了其中的主要部分，但也有相当大一部分被其他独联体国家所控制，这对俄罗斯的能源战略造成了不利的影响。同时，欧美的管道博弈也对俄罗斯的能源战略形成了挤压的态势。面对这种不利的局势，俄罗斯加大了对油气管道建设与控制的力度，一方面加快国内管道建设，提高输送能力；另一方面积极参与境外油气管道的建设，提升战略影响。目前，不但新建成了"蓝溪天然气管道"，而且正在建设和规划多条对抗美欧和绕过过境国乌克兰、波兰等

---

① 王龙云：《普京：把能源掌控在自己手中》，《经济参考报》2006 年 7 月 20 日第 4 版。
② 冯绍雷：《俄罗斯能源外交的内涵与走势》，徐敦信主编《世界大势与和谐世界》，世界知识出版社 2007 年版，第 257 页。
③ ［俄］叶·普里马科夫：《没有俄罗斯世界会怎样？》，李成滋译，中央编译出版社 2016 年版，第 97 页。
④ 冯绍雷：《俄罗斯能源外交的内涵与走势》，徐敦信主编《世界大势与和谐世界》，世界知识出版社 2007 年版，第 261 页。

国的油气管道。普京曾十分欣慰地称管道的建设使"俄罗斯终于摆脱了油气出口受制于人的状况"。①

(三) 俄罗斯在里海—中亚地区的能源外交

发展与独联体所有国家的睦邻关系和战略伙伴关系一直是俄罗斯外交的重点。里海—中亚国家过去大都是苏联的加盟共和国,现在也大都是独联体成员国,与俄罗斯有着传统和现实的直接联系。同时,里海—中亚国家又是俄罗斯的利益分布区,在能源上与俄罗斯有着相互依赖的关系。因此,对于俄罗斯来说,在这一地区的能源外交具有特殊的地缘战略意义。

然而,在苏联解体、俄罗斯和里海—中亚国家独立的初期,由于叶利钦政府奉行倒向西方的外交战略,弱化了俄罗斯与其他独联体各国的传统关系,导致俄罗斯在这一地区的影响急剧下降。20世纪90年代后半期起,俄罗斯开始反思自己的里海—中亚政策,恢复和加强与里海—中亚国家的安全和经济合作。2000年普京出任俄罗斯总统之后,积极争取与独联体国家建立更为密切的关系,强调对俄罗斯而言"同独联体国家的合作过去、现在和将来都将是绝对优先的方针"。②把含里海—中亚国家在内的独联体地区作为涉及俄罗斯生存与发展的头等利益地区和能源外交的重点地区,希望通过控制独联体各国的能源供应,强化对独联体各国的能源外交,恢复其所丧失的地位和影响力。由此,俄罗斯确定了在里海—中亚地区的外交战略目标和政策是:

1. 在政治和外交上,确保俄罗斯在里海—中亚地区的主导地位,以保持俄对独联体地区的控制和影响。为了扭转里海—中亚地区各国的离心倾向,俄罗斯积极开展同这些国家的双边和多边沟通,与这些国家的政治高层保持频繁和密切的接触,推进和深化与这些国家在政治等领域的关系。在2005年部分里海—中亚国家爆发"颜色革命"后,与美欧积极支持的态度截然不同,俄罗斯从一开始就坚决反对并给予有关国家的政府提供帮助,加强了与这些国家的关系。其中,乌兹别克斯坦在平息了2005年5月"安集延事件"之后,由此前的"亲美疏俄"变为"疏美亲俄";吉尔吉斯斯坦在经历了2005年"郁金香革命"和2010年"二次革命"之后,也由此前的"俄美平衡"外交转向"亲俄"外交。2013年底乌克兰危机

---

① 季志业:《俄罗斯中亚油气政治与中国》,黑龙江人民出版社2008年版,第155页。
② 李建民:《2000年的独联体》,中国社会科学院东欧中亚研究所编《俄罗斯和东欧中亚国家年鉴2000》,当代世界出版社2002年版,第4页。

和 2015 年中东叙利亚危机之后,俄罗斯为了打破西方欧美的制裁和孤立,更加重视同里海—中亚国家的关系,更加积极地介入这一地区的事务,为其恢复全球大国地位奠定良好根基,把中亚地区建成稳定、可靠的大后方。

2. 在安全上,强化集团安全机制,开展多边和双边军事合作,使里海—中亚国家成为俄罗斯地缘战略安全的屏障。苏联解体初期,俄罗斯曾与中亚各国签订《独联体集体安全条约》。2001 年"9·11"事件后,针对美国及北约军事力量进驻中亚的现实,俄罗斯牵头在 2002 年 5 月召开了集体安全条约成员国会议,通过决议将"独联体集体安全条约"提升为"独联体集体安全条约组织",成为正式的国际组织,此后组织了多次联合军事演习。俄罗斯还在吉尔吉斯斯坦和塔吉克斯坦建立了军事基地。经过十多年的努力,随着美国先后于 2005 年和 2014 年关闭乌兹别克斯坦的汉纳巴德空军基地和吉尔吉斯斯坦的玛纳斯军事基地,俄罗斯终于将美国的军事力量挤出了俄在中亚的势力影响范围。2015 年 10 月,为了应对阿富汗局势日趋不稳可能导致的边境危机,独联体各国领导人一致同意建立一支联合部队,此举不仅有助于进一步巩固俄罗斯在里海—中亚地区的军事存在,而且被西方国家视为是"俄罗斯意图重新确立自己全球大国的地位"。[1]

3. 在经济上,推进以俄罗斯为核心的独联体经济一体化的进程。为了密切与里海—中亚国家的经济合作,俄罗斯于 2000 年 10 月与白俄罗斯、哈萨克斯坦、吉尔吉斯斯坦和塔吉克斯坦 5 国签署了《建立欧亚经济共同体的条约》,并于 2001 年 5 月正式成立欧亚经济共同体,标志着 5 国关税联盟一体化进程进入更高的水平。欧亚经济共同体成立后,该组织成员国之间的贸易额得到明显增长,各成员国的国内生产总值、工业产值和居民实际收入都有了不同程度的增加。[2] 2015 年 1 月 1 日,由俄罗斯、白俄罗斯和哈萨克斯坦组成的欧亚经济联盟正式启动,三国公民在欧亚经济联盟任何一国就业不再需要获得专门的工作许可,到 2025 年 3 国将实现商品、服务、资金和劳动力的自由流动,终极目标是建立类似于欧盟的经济联盟。2015 年 1 月 2 日和 8 月 12 日,亚美尼亚和吉尔吉斯斯坦分别加入欧

---

[1] 《独联体国家同意建立联合部队 应对可能的边境危机》,《世界知识》2015 年第 21 期,第 8 页。
[2] 冯绍雷:《俄罗斯与大国及周边关系》,上海人民出版社 2005 年版,第 209—211 页。

亚经济联盟。欧亚经济联盟是俄罗斯在建立独联体和欧亚经济共同体之后建立的一个新的国际经济组织，成为俄罗斯在苏联地区主导建立的最重要的经济一体化组织。

4. 在能源领域里的合作，更是俄罗斯在里海—中亚地区开展外交活动的重中之重。关于这个问题，下文将作专门论述。

二 俄罗斯在里海—中亚地区的能源外交博弈

本书在第三章论述里海—中亚国家的能源概况时，曾介绍了这些国家与俄罗斯在苏联时期的传统联系，以及苏联时期遗留给这些国家同俄罗斯之间扯不断的能源联系。进入21世纪以来，俄罗斯逐渐加大了对里海—中亚国家的外交联系。此后，俄罗斯在这一地区的重要取向就是大力开展能源外交。正如俄联邦《2020年前俄罗斯能源战略》所明确规定的："俄罗斯关心和广泛地吸引中亚的独联体国家进入自己油气资源（特别是天然气）的燃料—动力平衡。"[1] 从2000—2008年的普京，到2008—2012年的梅德韦杰夫，再到2012年重任总统之后的普京，都是紧紧抓住了能源这条主线，以能源外交来推动总体外交战略的展开，力图通过在这一地区的能源博弈来争取到地缘政治博弈的主动地位。

（一）俄罗斯在里海—中亚的能源战略目标

以下三个因素对于俄罗斯确定其在里海—中亚的能源战略目标具有决定性的作用：

1. 里海—中亚国家的油气资源对于俄罗斯来说至关重要。里海—中亚国家的天然气储量丰富，产量在不断上升，这使以能源来振兴国内经济和提高国际地位的俄罗斯感受到了巨大的压力。在这种形势下，俄罗斯的明智选择是"借能生蛋"，即在向中亚国家让出部分欧洲出口市场的同时，吸收它们的生产及出口潜力，使里海—中亚地区的天然气成为俄罗斯长期向欧洲供气的战略依托和重要保障。

2. 能源武器日益成为重要的外交与地缘政治手段。俄罗斯能源战略专家杰列金娜认为，在当代世界，"能源生产、特别是能源的销售运输则成为一种政治施压手段，这种情况在石油、天然气领域表现得尤其

---

[1] 中华人民共和国商务部欧洲司、中国社会科学院俄罗斯东欧中亚研究所联合课题组编：《俄罗斯经济发展规划文件汇编》，世界知识出版社2005年版，第236页。

突出"。① 俄罗斯与里海—中亚国家的能源合作，正是基于这样一种战略考虑，力图将能源因素与地缘战略紧密地结合起来，既利用自己在该地区的战略影响使里海—中亚国家的能源服务于俄罗斯的国家利益和国际战略，又利用与这些国家的能源合作来巩固其在该地区的地缘战略地位。

3. 巩固俄罗斯在国际能源市场的地位。俄罗斯对外能源政策的根本目标是要"使俄罗斯从单纯的原料供应者转变为可在国际能源市场执行独立政策的重要参与者"。② 为了实现这个目标，与里海—中亚国家的能源合作必不可少。正如俄罗斯著名能源问题专家日兹宁在《俄罗斯能源外交》一书中所说："俄罗斯在中亚拥有巨大的经济和地缘政治利益，维护这些利益在很大程度上取决于与中亚国家的多边和双边能源合作。"③

（二）俄罗斯与里海—中亚国家的双边能源合作

20世纪90年代苏联解体之后的一段时间里，俄罗斯国内处于一种政治混乱、经济衰败之势，这导致了其无暇顾及在里海—中亚地区的能源角逐。而美国和西欧国家则加大了在里海—中亚的能源开发力度，并在很大程度上占据了上风。自进入21世纪之后，俄罗斯国内形势逐渐好转，国际地位和影响力上升，开始加大在里海—中亚地区能源外交的力度。2002年，俄罗斯总统普京提出了构建"欧亚能源联盟"的设想，从资源、管道和市场三个方面全面控制里海—中亚地区的能源。经过十余年的努力，俄罗斯已在里海—中亚地区的能源博弈中重新抢得了先机，在里海—中亚国家的油气输出管道方面占据着很大一部分的控制权。

1. 进一步加强同哈萨克斯坦的能源合作。自苏联解体之后，俄罗斯与哈萨克斯坦签署了一系列有关能源合作的政府和部门间协议，包括《俄哈政府关于燃料动力综合体合作与发展的协定》及其年度议定书（1993年12月）、《俄哈政府关于技术和经济合作以及油气部门一体化协定》（1997年2月）和《俄哈政府关于在天然气领域合作的协定》（2001年11月）。1997年10月，两国共同成立俄哈政府间合作委员会，负责研究和实施包

---

① 郑羽：《中俄美在中亚：合作与竞争（1991—2007）》，社会科学文献出版社2007年版，第310页。
② 同上。
③ ［俄］斯·日兹宁：《俄罗斯能源外交》，王海运、石泽译审，人民出版社2006年版，第179页。

括能源合作在内的经济合作。①

进入21世纪以来，俄罗斯进一步加强了与哈萨克斯坦的能源合作。鉴于哈萨克斯坦的主要资源是石油，而其石油出口又没有直接出海口，必须经过俄罗斯的石油管道才能把石油出口到世界市场的特点，俄罗斯把与哈萨克斯坦能源外交的重点放在石油管道领域。2000年3月，俄哈签署关于使用"巴库—马哈契拉卡—新罗西斯克管道"输送哈萨克斯坦石油的协议，该管道每年可为哈萨克斯坦输出石油300万吨。2001年建成的田吉兹—新罗西斯克管道，将哈萨克斯坦石油与俄罗斯黑海新罗西斯克连接起来，成为哈萨克斯坦原油经俄罗斯出口的重要通道，2005年管道运输能力达到2800万吨。2002年6月，俄哈两国签署《俄哈石油运输协议》，哈保证在协议15年内每年经俄罗斯过境外运哈萨克斯坦石油1750万吨。② 由此，俄罗斯成为哈萨克斯坦出口石油的重要中转站，一方面给俄罗斯带来丰厚的过境费，另一方面增加了俄罗斯对哈萨克斯坦的影响力和控制力。不过，自2010年以来，哈萨克斯坦加快了能源出口多元化的步伐，逐渐降低了对俄罗斯的依赖。2006年和2009年，哈萨克斯坦通往中国的"中哈原油管道"一线和二线相继开通，2010年至2016年连续7年输油量超过1000万吨，占哈原油年出口量的16%。③ 这一管道的开通，开辟了哈萨克斯坦向东出口石油的战略通道。此后，尽管俄罗斯仍然是哈萨克斯坦石油的主要输出方向，但毕竟打破了俄罗斯对哈萨克斯坦石油出口的垄断局面。

在天然气领域，俄罗斯与哈萨克斯坦也加大了合作力度。2002年，俄罗斯天然气工业公司与哈萨克斯坦石油天然气公司合资成立了"哈俄天然气公司"，负责购买和销售天然气、在俄罗斯加工天然气以及从事其他经营活动。2004年，"哈俄天然气公司"计划改造哈萨克斯坦现有的天然气管道系统，修建新的沿里海天然气管道，以扩大哈天然气运输能力。2005年，俄罗斯天然气工业公司与哈萨克斯坦天然气运输公司的全资子公司"中亚跨国天然气公司"签署《2006—2010年中期协议》，提高经过哈萨

---

① 柳丰华：《俄罗斯与中亚——独联体次地区一体化研究》，经济管理出版社2010年版，第142—143页。
② 郑羽：《中俄美在中亚：合作与竞争（1991—2007）》，社会科学文献出版社2007年版，第315页。
③ 周翰博：《中哈原油管道输油量突破一亿吨》，《人民日报》2017年4月3日第5版。

克斯坦天然气管道输送天然气的数量。2007 年,俄罗斯与哈萨克斯坦、土库曼斯坦两国发表联合声明,表示三国将共同铺设新的"沿里海天然气管道",将土库曼斯坦的天然气经过哈萨克斯坦输往俄罗斯。[①] 由于哈萨克斯坦是里海—中亚国家中的地区大国,因而俄罗斯加强与哈萨克斯坦的能源合作,对于其他里海—中亚的能源国家也具有重要的影响力,有助于强化这些国家对于俄罗斯的向心力。

2. 保持与土库曼斯坦的天然气合作。土库曼斯坦虽然天然气资源富足,但是在 1991 年独立之初的十多年里,其天然气出口却只能利用苏联时期留下的"中亚—中央天然气管道"等输气管道,通过俄罗斯再转运到欧洲等地。俄罗斯充分利用这一点,在 20 世纪 90 年代与土库曼斯坦签署了一系列天然气合作协议,包括《关于在发展燃料动力综合体方面进行合作的协定》(1994 年 4 月)、《2000 年前经济合作基本原则和方向的协定》以及《发展燃料动力综合体、天然气和石油领域合作的协定》(1995 年)等文件。1996 年,俄罗斯天然气工业公司与土库曼斯坦政府合资成立了"土俄天然气公司",负责在土库曼斯坦开采、加工、运输、销售天然气,利用土库曼斯坦—乌兹别克斯坦—哈萨克斯坦—俄罗斯—乌克兰管道设施向欧洲出口天然气。21 世纪初,俄罗斯进一步扩大了自土库曼斯坦进口天然气的规模,并力图垄断土库曼斯坦的天然气出口。2003 年 4 月,普京总统与尼亚佐夫总统签署《2028 年前俄土在天然气领域合作协议》,根据该协议,土库曼斯坦将在 2028 年前共向俄罗斯供应 2 万亿立方米天然气。为确保土库曼斯坦天然气对过境俄罗斯出口的依赖,俄罗斯一方面对已有的"中亚—中央天然气管道"进行改造,于 2003 年 8 月与土库曼斯坦签署《关于在发展"中亚—中央"天然气运输系统方面进行科技合作的协定》;另一方面,又力图推动建设新的"沿里海天然气管道",于 2007 年 5 月就此问题与土库曼斯坦和哈萨克斯坦达成了共识。

然而,自进入 21 世纪以来,随着土库曼斯坦天然气探明储量的提升和产量的提高,同时也是为了摆脱对俄罗斯的过度依赖,土库曼斯坦也在寻求其他的出口渠道,并逐渐形成了多元化的天然气出口格局。往东:土库曼斯坦开始与中国加强天然气合作,建成了"中亚—中国天然气管道";往南:土库曼斯坦已经建成了通往伊朗的"土—伊天然气管道",并与阿

---

① 柳丰华:《俄罗斯与中亚——独联体次地区一体化研究》,经济管理出版社 2010 年版,第 145 页。

富汗、巴基斯坦和印度签订了建设"土—阿—巴—印天然气管道"的协议;往西:土库曼斯坦一直在和欧盟一起谋划建设"跨里海天然气管道"。这种东西南北多元化出口格局的形成,正在击破俄罗斯能源专家所说"只有俄罗斯和乌克兰可能成为土库曼斯坦天然气的大买家"的预言。① 在这种形势下,俄罗斯不得不在2009年对《2028年前俄土在天然气领域合作协议》进行修改,将来自土库曼斯坦的天然气采购计划由协议中的400亿立方米压缩到95亿立方米,原定合作建设的"沿里海天然气管道"也被无限推迟。② 从《BP世界能源统计2019》中可以看出,土库曼斯坦在2018年的天然气出口总量是352亿立方米,其中输往中国333亿立方米,输往伊朗19亿立方米,而输往俄罗斯的数字已经为零了。③

显然,土库曼斯坦往东、南、西三个方向的天然气管道,是使俄罗斯从过去对土库曼斯坦天然气的垄断买家而急剧下降为非买家的主要原因。其中,往东向输往中国的"中亚—中国天然气管道"的A、B、C线已经建成,D线也即将建成,往南向的"土—伊管道"和"土—阿—巴—印管道"也已经和正在建设,只有往西向的"跨里海管道"还处在规划阶段。对于俄罗斯来说,如果要恢复同土库曼斯坦天然气合作的话,目前最具有竞争价值的就是阻止"跨里海管道"了。由于"跨里海管道"是作为"南部天然气走廊"的上游部分进行规划的,因此,俄罗斯对土库曼斯坦的能源外交,焦点也就集中在了同欧盟"南部天然气走廊"的博弈上。如果失去了与土库曼斯坦的能源合作,俄罗斯丧失的将不仅仅是过境天然气的经济利益,更重要的是地缘政治的势力范围。

3. 恢复和加强与乌兹别克斯坦的油气合作。苏联解体之初,乌兹别克斯坦与俄罗斯关系失和。但是,从2003—2004年起,两国的政治和经济合作逐渐得到恢复。特别是2005年"安集延事件"之后,乌兹别克斯坦政府全面加强了与俄罗斯的战略关系。2002年12月,俄罗斯与乌兹别克斯坦签署了《关于在天然气领域开展战略合作的协定》,规定2003—2012年俄罗斯将长期购买乌兹别克斯坦的天然气,从2003年的50亿立方米增

---

① [俄]斯·日兹宁:《俄罗斯能源外交》,王海运、石泽译审,人民出版社2006年版,第187页。
② [俄]奥列格·鲁京:《土库曼斯坦与俄罗斯:合作伙伴还是竞争对手?》,毕明编译,《国际石油经济》2010年第6期,第57—58页。
③ https://www.bp.com/content/dam/bp/business-sites/en/global/corporate/pdfs/energy-economics/statistical-review/bp-stats-review-2019-full-report.pdf.

加到 2005 年之后的 100 亿立方米。①

俄罗斯与乌兹别克斯坦两国间的天然气合作，更多的是在过境运输方面，其中主要又是为了从土库曼斯坦输入天然气而从乌兹别克斯坦过境。在 2003 年 4 月俄罗斯与土库曼斯坦签订了为期 25 年的购气协议之后，俄罗斯就在同年 7 月与乌兹别克斯坦协定，获得了经过乌兹别克斯坦境内转运中亚天然气运营商的地位。从 2005 年起，俄罗斯对乌兹别克斯坦天然气的采购和经过乌兹别克斯坦境内转运土库曼斯坦天然气的规模不断增加，2005—2008 年分别为 82 亿、93 亿、96 亿、142 亿立方米和 38 亿、410 亿、426 亿、423 亿立方米。俄罗斯还计划提高从乌兹别克斯坦输入天然气的能力，为此一方面对旧的"中亚—中央管道"进行维修改造，在 2007 年 5 月与土、乌、哈签署四国声明，宣布到 2010 年"中亚—中央管道"的运输能力将扩充至每年 700 亿—800 亿立方米；另一方面计划建设一条新管道，起点是土库曼斯坦境内的德里扬雷克，经过乌兹别克斯坦到达哈萨克斯坦的别伊涅乌，建成后的管道运力将达到每年 300 亿立方米。②

在 2010 年以前，俄罗斯几乎垄断了乌兹别克斯坦的天然气出口，如 2008 年乌兹别克斯坦出口的天然气 90% 以上都流向了俄罗斯，只有不超过 10% 用于供应邻国吉尔吉斯斯坦和塔吉克斯坦。但是，随着"中亚—中国天然气管道"的建设，这种垄断的局面被打破。"中亚—中国天然气管道"已经建成的 A、B、C 线以及在建的 D 线均过境乌兹别克斯坦，且乌兹别克斯坦还有本国的天然气注入输往中国。据英国石油公司提供的数据，2018 年乌兹别克斯坦天然气出口总量为 141 亿立方米，其中输往俄罗斯 53 亿立方米，输往中国 63 亿立方米，输往哈萨克斯坦 24 亿立方米，输给其他独联体国家 1 亿立方米。③ 说明俄罗斯已失去了对乌兹别克斯坦天然气出口的垄断地位。这种状况，对于俄罗斯与乌兹别克斯坦的能源外交来说，也是一个严峻的挑战。

4. 恢复和维持与阿塞拜疆的能源合作。苏联解体之后，俄罗斯因与亚美尼亚结盟，与阿塞拜疆一度疏远。2001 年 1 月，俄罗斯总统普京访问阿

---

① 宋志芹：《俄罗斯与乌兹别克斯坦关系研究》，人民日报出版社 2016 年版，第 168 页。
② 同上。
③ https：//www.bp.com/content/dam/bp/business-sites/en/global/corporate/pdfs/energy-economics/statistical-review/bp-stats-review-2019-full-report.pdf.

塞拜疆，签署了准备建立新的战略伙伴关系的《巴库宣言》和关于里海合作的联合声明。同月，阿塞拜疆总统阿利耶夫访问俄罗斯，签署了2010年前俄阿两国长期经济合作条约，包括双方在石油天然气领域的合作。[①]此后，两国关系逐渐恢复和发展。

尽管如此，由于阿塞拜疆在独立后一直奉行的是油气出口多元化的能源战略，出于最大程度地争取获得本国经济效益的目的，而更多地开展了与西方国家的能源合作。2006年7月正式开通的"巴库—第比利斯—杰伊汉石油管道"，成为第一条里海地区向西的石油管道，从此阿塞拜疆的石油出口不再依赖过境俄罗斯的"巴库—新罗西斯克输油管道"。2006年12月，"南高加索天然气管道"也建成通气，成为里海地区第一条向西的天然气管道，并且成为后来进一步向西输往欧洲的"南部天然气走廊"的上游管段。这种局面的形成，不但打破了俄罗斯垄断里海能源运输的原有格局，而且极大地挤压了俄罗斯在里海地区的能源空间。

不过，俄罗斯也没有放弃与阿塞拜疆的油气合作。2009年，俄罗斯以推动纳卡问题的解决为博弈手段，与阿塞拜疆签订了天然气供应协议，从2010年开始向俄罗斯供应天然气，2010年为8亿立方米，2011年达到20亿立方米，2012年增加到30亿立方米。[②] 俄罗斯此举不但强化了与阿塞拜疆的能源关系，而且对于欧盟正在谋求从阿塞拜疆获得气源的"纳布科管道"来说，是达到了"釜底抽薪"的效果。2014年，随着欧盟推动的"纳布科管道"流产和俄罗斯主导的"南溪管道"被放弃，俄罗斯即停止了从阿塞拜疆购买天然气的合同。[③] 由于阿塞拜疆是欧盟"南部天然气走廊"上游管段"南高加索管道"的起点和气源地，而俄罗斯也推出了作为"南溪管道"替代方案的"土耳其流管道"与之相抗衡；并且，阿塞拜疆还在积极与土库曼斯坦推动铺设"跨里海天然气管道"，而俄罗斯对此则持坚决反对的态度。因此，俄罗斯与阿塞拜疆的能源关系在今后还存在着许多的不确定因素。

5. 发展和深化与伊朗的能源合作。俄罗斯与伊朗是隔里海相望的邻国，双方在里海划分及其资源利用等问题上有一定分歧，但仍相互视为重

---

① 孙壮志：《列国志—阿塞拜疆》，社会科学文献出版社2010年版，第224、226页。
② 刘乾：《阿塞拜疆的"天然气雄心"》，《能源》2013年第2期，第80页。
③ 《俄气年底前或将开始向阿塞拜疆输送天然气》，中国石化新闻网，2015年7月1日，http://www.sinopecnews.com.cn/news/content/2015-07/01/content_1537523.shtml。

要地缘政治经济伙伴。在伊核问题上,俄罗斯既反对伊朗拥核,同时又赞成伊朗和平利用核能。自2005年西方国家强化对伊朗进行制裁的10年里,俄罗斯一直与伊朗保持着良好的关系。俄罗斯利用制裁期间欧美企业大都退出伊朗油气领域的时机,仍部分参与伊朗的油气开发和贸易。自2007年以来,俄罗斯天然气工业公司在伊朗投资了40亿美元开发南帕尔斯天然气项目,其子公司目前在伊南部进行油田勘探。2009年11月,俄罗斯能源部长与伊朗石油部长签署协议,同意组建一个联合能源投资公司,合作完成15个新的油气项目,在里海附近建造一个炼油厂以及进行天然气交换。2010年1月,俄伊能源部门讨论了石油天然气领域未来30年的合作计划。① 这为制裁结束后与伊朗进一步开展能源合作打下了基础。

2015年7月联合国通过伊核协议之后,普京总统即于11月访问伊朗,与伊朗最高领袖哈梅内伊和伊朗总统鲁哈尼讨论了油气合作问题。伊朗表示,将与俄罗斯开展更多油气开采技术方面的交流合作。② 此后,两国油气合作逐渐走向深入。2017年2月,俄罗斯能源部长诺瓦克和伊朗石油部长赞加内就两国间的石油和商品交易事宜进行洽谈,俄罗斯多家公司与伊朗公司签订了谅解备忘录。③ 2017年8月,俄罗斯通过与伊朗方面签署9份谅解备忘录,在伊朗拿下了规模最大的前期油田开采权。④ 2017年11月,普京总统再次访问伊朗,两国签署了伊朗境内石油天然气战略项目的实施路线图,并决定共同实施一项投资总额300亿美元的石油天然气项目。⑤

在天然气管道方面,俄罗斯与伊朗既有合作也有分歧。对于欧盟大力推动建设的"跨里海天然气管道",两国均以里海法律地位未定和环境问题为由,联合进行反对。但是对于欧盟的"南部天然气走廊",伊朗则有意能够成为气源国之一,这势必在欧洲天然气市场上与俄罗斯形成竞争关系,是俄罗斯所不愿看到的。

三 俄罗斯在里海—中亚地区的天然气管道博弈

天然气资源已经成为俄罗斯手中的外交博弈工具,这种看法在欧美已

---

① 祖立超:《俄罗斯与伊朗的"交情"有多深》,《世界知识》2010年第7期,第43页。
② 曲颂、杨迅:《俄罗斯提升与伊合作关系》,《人民日报》2015年11月25日第11版。
③ 张琪:《俄罗斯投"油"问路布局中东北非》,《中国能源报》2017年2月27日第7版。
④ 辛高吉:《俄罗斯扩大中东能源投资合作》,《中国石化报》2017年8月18日第5版。
⑤ 张召忠:《普京访伊剑指中东"大棋盘"》,《科技日报》2017年11月8日第5版。

经非常普遍。欧盟负责能源问题的委员奥廷格在 2011 年 11 月说:"普京对拥有新的'红军'没有兴趣,他已经将能源作为自己的武器。"① 言下之意是,俄罗斯现在已经不再谋求依靠军事力量保持其大国地位,而是要依靠对天然气的垄断来重温超级大国的旧梦。

(一) 俄罗斯的天然气外交战略

俄罗斯在天然气运输方面的主要工具是天然气运输管道。俄罗斯的天然气外交以及由此引发的地缘政治问题,都与管道息息相关。

1. 充分利用苏联时期遗留的天然气管道开展与独联体国家的能源外交。虽然俄罗斯的政治和经济实力已大不如苏联时期,但是在天然气管道方面,由于俄罗斯继承和控制了大部分苏联时期遗留下来的天然气管道,而独联体国家由于普遍使用天然气发电和取暖,因此,如果在冬季停止供气,不但能使大多数独联体国家的工业停产,而且还会造成居民取暖用气的停顿,这是原苏联地区各国政府不能承受之痛。2006 年 1 月和 2009 年 1 月两次俄乌天然气风波,便是其中典型的反映。

2. 把欧洲作为天然气管道外交的重点。早在冷战时期,欧盟的德国和奥地利就与苏联有天然气贸易。在俄罗斯独立和欧盟扩大之后,欧盟国家对俄罗斯天然气的依赖程度更大大加强。据 2019 年 BP 能源统计的数据,2018 年俄罗斯输往欧洲国家的天然气为 2008 亿立方米(管道 1939 亿立方米,液化气 69 亿立方米),占俄罗斯天然气出口总量 2481 亿立方米(管道 2230 亿立方米,液化气 251 亿立方米)的 80.94%,占欧洲从欧洲以外进口天然气总量 3158 亿立方米(管道 2493 亿立方米,液化气 665 亿立方米)的 63.58%。② 俄罗斯能源部长赫里斯坚科甚至预测,到 2020 年欧洲天然气总需求的近 70% 将由俄罗斯提供。③ 俄罗斯对欧盟国家的策略是"分而治之",往往从单个欧盟成员国那里获取有利的交易,这反过来导致欧盟难以形成一个共同的外交政策,尤其是在对俄罗斯的能源战略上不能达成一致,从而打破了欧盟"用一个声音说话"来对付俄罗斯的企图。

3. 对亚洲开展天然气外交的主要对象是中国和东北亚地区。早在

---

① 《欧盟专员称俄正把天然气作为外交"武器"》,国际燃气网,2011 年 11 月 11 日,http://gas.in-en.com/html/gas-08410841451189745.html。
② https://www.bp.com/content/dam/bp/business-sites/en/global/corporate/pdfs/energy-economics/statistical-review/bp-stats-review-2019-full-report.pdf。
③ 成键:《俄罗斯天然气外交浅析》,《俄罗斯研究》2006 年第 1 期,第 28 页。

1997 年，俄罗斯就研究制定了向中国、韩国和日本输送天然气的方案。由于受到 1998 年亚洲金融危机的影响，这一计划暂时搁浅。进入 21 世纪以来，由于欧盟积极推行进口多元化战略，俄罗斯开始把目光投向中国等亚太新兴能源消费国。中国与俄罗斯是毗邻国家，俄罗斯判断由于中国经济的快速发展，油气消费量迅猛增长，供需缺口巨大。基于这种判断，俄罗斯在与中国天然气出售的谈判过程中，在价格问题上采取了强硬立场，这导致双方能源合作的步伐缓慢而漫长。直到 2013 年底爆发乌克兰危机，导致欧盟宣布对俄罗斯包括三大能源公司实行制裁之后，俄罗斯才增加了打开中国市场的迫切性。2014 年 5 月，中俄双方签署了投资金额高达 4000 多亿美元，合同期 30 年，每年向中国输气 380 亿立方米的《中俄东线供气购销合同》。9 月，普京总统出席了该管线俄罗斯境内段的开工仪式。2015 年 6 月，俄罗斯总理梅德韦杰夫出席了该管线中国境内段的启动仪式。[1] 2017 年 12 月，中俄东线天然气管道工程中国境内段全面加速建设，工程预计将于 2020 年底全线贯通。[2] 2018 年 2 月，俄罗斯天然气工业股份公司表示，在中俄东线"西伯利亚力量"天然气管道开始供气后，俄气集团计划在 2025 年前将其在中国天然气市场的份额提高到 10%—12%，在 2035 年前将其在中国的天然气市场占有率提高到 13% 以上。[3]

同时，俄罗斯也加大了对日本、韩国和印度的天然气出口，目前阶段主要出口的是液化天然气，但也在商讨和论证建设管道向这些国家输送天然气的方案。俄罗斯曾提出建设一条从伊尔库茨克经由朝鲜到达韩国的天然气管道，由此可以实现与韩国乃至日本更便捷的油气贸易。不过，由于朝核问题的阻碍，此方案一直停留在设想阶段。俄罗斯还对"伊—巴—印天然气管道"（IPI）项目表示出了浓厚的兴趣，俄罗斯天然气工业公司曾表示愿意对此项目投资和分担风险，以此换得从该项目中的利益。

（二）俄罗斯的主要输欧天然气管道概况

俄罗斯作为全球的天然气输出大国，其天然气对外贸易的主要途径是管道。据 2019 年 BP 能源统计评估，俄罗斯在 2018 年天然气的出口总

---

[1] 吴焰、曲颂：《中俄能源合作驶入快车道》，《人民日报》2017 年 8 月 4 日第 3 版。
[2] 冉永平：《中俄东线天然气管道工程建设全面提速》，《人民日报》2017 年 12 月 14 日第 2 版。
[3] 吴邦辉：《俄气集团将在 2035 年前将其在中国天然气市场占有率提高到 13% 以上》，《天然气勘探与开发》2018 年第 1 期，第 44 页。

量为2481亿立方米,其中管道出口量为2230亿立方米,占89.88%;液化气(LNG)出口量为251亿立方米,仅占10.12%。① 如此大的管道出口量,是建立在大规模铺设管道的基础之上的。目前,俄罗斯的跨国天然气管道无论在数量上还是距离上,都居于全球的首位。由于欧洲国家是俄罗斯天然气出口的主要方向,占了俄罗斯出口总量的80.94%,因而,俄罗斯的跨国天然气管道也以通往欧洲为主。其中,主要的输欧管道有3条,即"亚马尔—欧洲天然气管道"、"北溪天然气管道"和"蓝溪天然气管道"。

1. 亚马尔—欧洲天然气管道(Yamal-Europe Pipeline)。该管道起于俄罗斯的亚马尔半岛,途经俄罗斯、白俄罗斯、波兰等国到达德国的法兰克福,与西欧输气管网和荷兰南方天然气公司的输气管网相接,1997年首次通气,到2010年年输送能力达到657亿立方米(详见本书第一章第二节)。由于这条管道的建成通气,不但给俄罗斯带来了丰厚的经济利益,而且加强了俄罗斯与欧洲国家的天然气贸易伙伴关系,推动了俄欧能源合作。详见图4-7。

2. "北溪天然气管道"(Nord Stream)。这条管道原称"北欧天然气管道"(North European Gas Pipeline),其主要气源为俄罗斯巴伦支海的什托克曼气田(Shtokman),经摩尔曼斯克和波罗的海到达德国北部的格来夫斯华德(Greifswald),包含两条平行管线,其中一线于2011年5月铺设,2011年11月8日正式投入使用;二线于2011年至2012年间铺设,2012年10月正式投入使用。该管道同样在给俄罗斯带来经济效益的同时,也开拓了俄罗斯输送天然气至欧洲的新路径。

3. "蓝溪天然气管道"(Blue Stream Gas Pipeline)。又称"俄罗斯—土耳其输气管道",由俄罗斯天然气工业公司与意大利埃尼油气公司共同修建,2002年12月底建成送气,2010年后维持在160亿立方米的供应量(详见本书第一章第二节)。这条管道的修建使俄罗斯成功打入欧盟候选国土耳其的天然气市场,进而打开了地中海市场并扩大到与欧盟的天然气合作,其中与意大利油气公司的均股合资经营体现了俄罗斯与欧盟能源企业合作的进步。

---

① https://www.bp.com/content/dam/bp/business-sites/en/global/corporate/pdfs/energy-economics/statistical-review/bp-stats-review-2019-full-report.pdf.

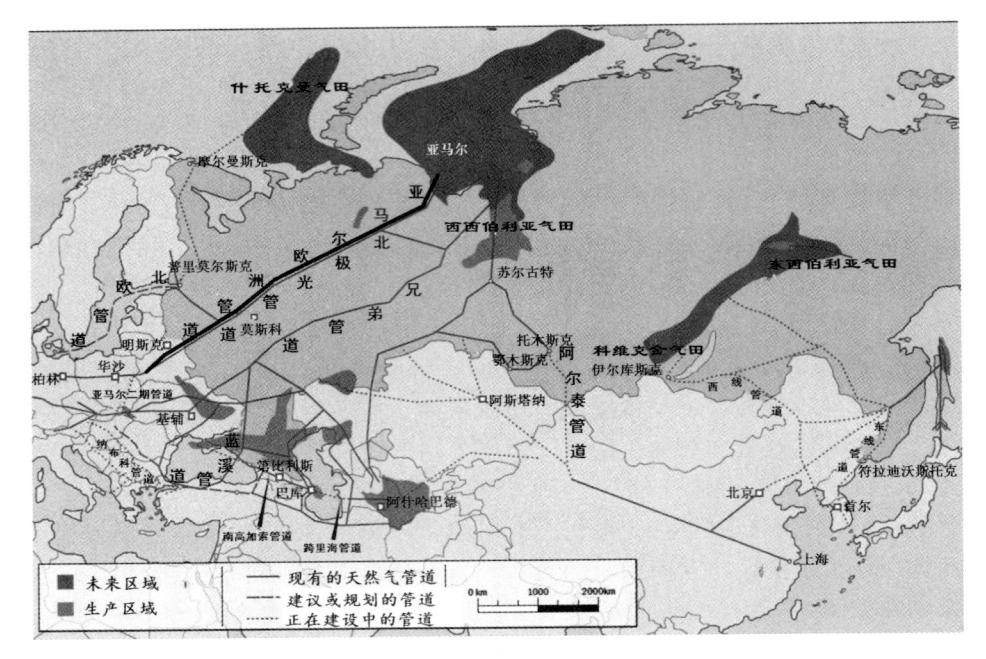

图 4-7 俄罗斯天然气输往欧洲的主要管道示意图

图片来源：Caucasus Analytical Digest 03/09, p. 18。

(三) 俄罗斯输欧天然气管道的博弈

俄罗斯为了与"南部天然气走廊"竞争，争夺里海—中亚地区的天然气，在进入 21 世纪以来的近二十年里，一直积极实施新的出口管道项目，与欧盟谋求的多元化管道展开激烈的博弈。其中，焦点又是同"南部天然气走廊"的博弈。为此，俄罗斯先后推出了与"南部天然气走廊"针锋相对的"南溪管道"和"土耳其流管道"。

1."南溪管道"与"南部走廊"的博弈。2007 年 6 月，俄罗斯天然气工业公司与意大利埃尼油气公司签署"南溪管道"项目的谅解备忘录。2008 年 1 月，俄气公司和埃尼公司对"南溪管道"项目的黑海海底段开始技术经济论证研究。"南溪管道"以俄罗斯黑海岸边的别列克压气站为起点，穿越黑海海底到达保加利亚，之后分为西南和西北两条支线，其中西南方向通往意大利，西北方向通往奥地利。详见图 4-8。

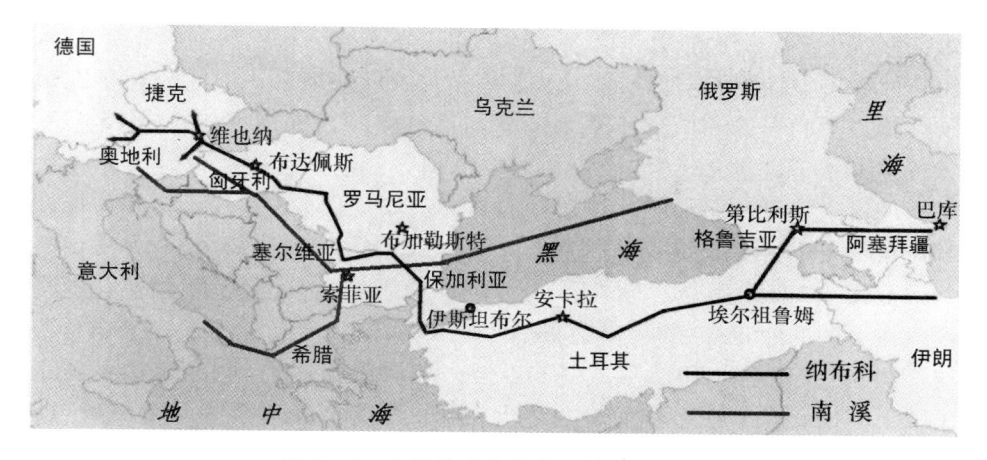

第四章 "南部走廊"与欧俄美的外交博弈

图 4-8　南溪管道和纳布科管道线路图

图片来源：冯玉军：《纳布科管道：从构想走向现实》，《国际石油经济》2009年第8期，第2页。

当时，"南溪管道"与"南部天然气走廊"的旗舰项目"纳布科管道"形成了直接的竞争态势。在意大利埃尼油气公司的支持下，俄罗斯把"南溪管道"的输气量从300亿立方米增加到600亿立方米，这直接造成了对"纳布科管道"气源的拦截。鉴于里海天然气资源仅仅能够支撑"南溪管道"或"纳布科管道"之中的一个，俄罗斯将对土库曼斯坦、阿塞拜疆和伊朗施压，阻击"纳布科计划"的实施。土库曼斯坦和乌克兰分别是俄气公司出口的气源国和过境国，俄气如果采取"多买多支付"的原则来扩大自己对中亚天然气的影响力，俄罗斯就能够成功阻止"纳布科计划"的实施，掌控对欧洲和亚洲的天然气供应路线。所以美国专家布兰克教授撰文称："如果俄罗斯能够影响阿塞拜疆和土库曼斯坦，那么由西方倡导的纳布科—跨里海管道可能会难以找到足够的天然气供应。"[①]

不过，"纳布科计划"自身却迟迟未能解决"气源"问题，虽然土库曼斯坦、阿塞拜疆、伊拉克以及埃及都表示有意为"纳布科管道"提供天然气，但均未签署具体供应协议。而就在局势朝着不利于俄方的情况发展时，俄罗斯总理普京于2009年8月出访土耳其，签署了"南溪管道"的备忘录，这引起了欧洲诸多企业对"南溪项目"的兴趣。法国电力公司南

---

① 赵嘉麟：《中亚—里海之争愈演愈烈》，《中国证券报》2009年9月10日第A09版。

欧天然气业务负责人布鲁诺表示，该公司正在考察"南溪管道"的"技术可行性和可靠性"；温特斯油气公司发言人斯特凡表示，他的公司仍在就从"南溪项目"获得天然气数量问题与俄气谈判，未来可能投资15亿欧元或更多用于修建海底管道。2012年12月，"南溪管道"已经开始了俄境内的管道建设，保加利亚境段建设也将于2013年6月开始，并预计在2015年开始往中东欧和南欧输送天然气，每年输气量为630亿立方米。①

至此，"南溪管道"与"纳布科管道"的博弈已经达到了白热化的程度。在不利的博弈态势下，"纳布科计划"在2013年初推出了"纳布科西线"，但最终还是在2013年6月与欧盟内部"跨亚得里亚海管道"的竞争中败下阵来。在"纳布科计划"终止之后，作为博弈对手的"南溪管道"项目也在2014年被俄罗斯所放弃。双方的博弈，可以说是以两败俱亡而告终。

2. "土耳其流管道"与"南部走廊"的博弈。"纳布科计划"的流产，对于欧盟推动的"南部天然气走廊"来说，只是框架内的选择，而对于整个方案的实施并没有实质性的影响。"南部走廊"的总目标是将里海—中亚地区的天然气向西输往欧洲，这一目标通过"跨安纳托利亚管道"和"跨亚得里亚海管道"也同样实现了。然而对于俄罗斯来说，"南溪管道"的项目虽然放弃了，但是并不意味着放弃了在里海—中亚地区的天然气管道竞争，更不意味着放弃了在欧洲天然气市场的竞争。所以，俄罗斯在2014年12月放弃"南溪管道"的同时，又宣布建设一条从俄罗斯经黑海通往土耳其的"土耳其流管道"项目，继续围绕着里海—中亚地区的输欧天然气管道展开博弈。"土耳其流管道"的输气能力为每年630亿立方米，总长度约1100公里，有4条支线，每年可向土耳其与希腊边境输送470亿立方米天然气。② 2016年10月，俄罗斯与土耳其签署建设"土耳其流管道"的政府间协议，确定该项目将建设两条管道，第一条管道向土耳其供气，另一条计划经土境内向欧洲南部地区的保加利亚、塞尔维亚、希腊、波黑、马其顿和斯洛文尼亚等地供气，两条管道的供气能力

---

① 驻保加利亚使馆经商处：《南溪天然气管道保境段建设将于2013年6月启动》，中华人民共和国商务部网，2012年12月25日，http：//www.mofcom.gov.cn/aarticle/i/jyjl/m/201212/20121208498759.html。
② 张智勇：《"土耳其流"登陆巴尔干半岛》，《光明日报》2015年6月23日第12版。

为每年315亿立方米，在2019年年底前建成通气。①

"土耳其流管道"的起点和"南溪管道"相同，也在俄罗斯黑海海岸的阿纳帕（Anapa）。在下水穿越黑海的路线上，也有660公里的重合。但是，在黑海对岸的登陆地点，两者却有很大的不同。"南溪管道"的登陆国家是欧盟国家的保加利亚，而"土耳其流管道"的登陆国家则是非欧盟国家的土耳其。详见图4-9。

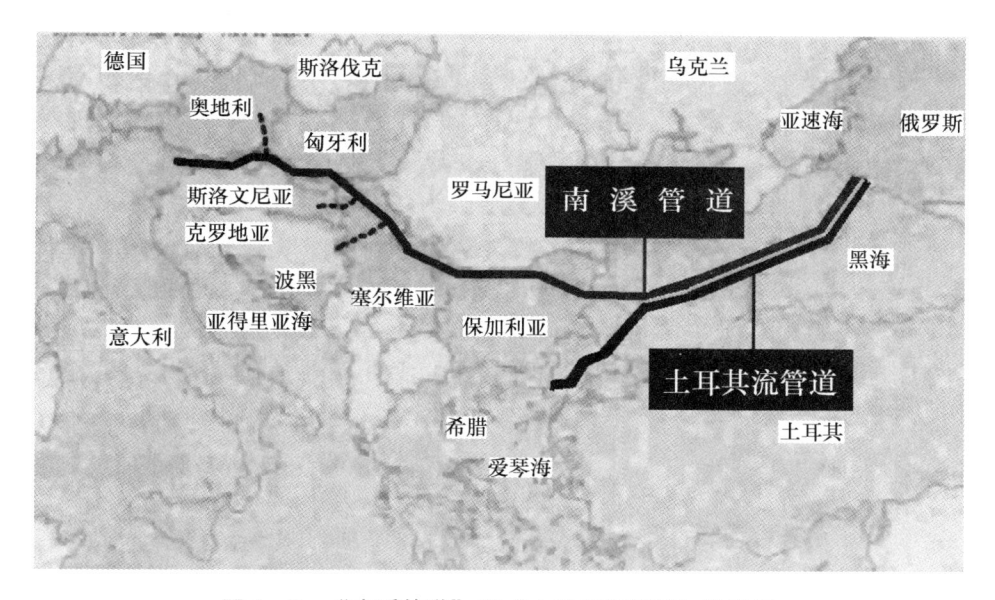

图4-9 "南溪管道"和"土耳其流管道"线路图

图片来源：程春华：《土耳其流管道：俄欧能源博弈新阶段》，《国际石油经济》2015年第8期，第30页。

俄罗斯之所以放弃"南溪管道"，一个重要原因就是乌克兰危机之后，欧盟对俄罗斯实行制裁时要求保加利亚停止"南溪管道"在其境内的建设，保加利亚迫于欧盟的压力，于2014年6月宣布暂停了该管道的建设。尽管保加利亚的"暂停"保留着将来重启的意思，但俄罗斯已不再等待，索性终止了这一项目，另辟蹊径与土耳其达成了铺设横跨黑海的"土耳其流管道"协议。"土耳其流管道"每年315亿立方米天然气的供气量，与

---

① 刘乾：《土耳其流：博弈亚欧能源通道》，《中国石油报》2016年10月18日第5版。

"南部天然气走廊"160亿立方米的供气量比起来,优势是显而易见的。

2015年6月,俄罗斯与希腊又签署了一项备忘录,确定"土耳其流管道"将延建至希腊,工程计划于2016年启动,2019年竣工,届时该管道每年将能够输送470亿立方米的天然气,希腊将成为南欧新的天然气"中转枢纽"。在此前的一个多月,塞尔维亚、马其顿、匈牙利、希腊和土耳其等国就已经签署了支持"土耳其流管道"的联合声明,认为该项目有益于能源来源多元化,商业上可行,将对欧洲的整体能源安全发挥重要的贡献。① 供气量的优势,以及诸多欧盟国家的支持,表明"土耳其流管道"在与"南部天然气走廊"的博弈中再一次赢得了先机,并且再一次达到了对欧盟国家"分而治之"的效果。

正因为如此,美国和欧盟也就此展开反击。2015年5月,美国国务院国际能源事务特使阿莫斯·霍克斯坦与美国驻希腊大使皮埃尔都表示,美国反对"土耳其流管道",希腊若参与将会受到俄罗斯制衡,应降低对俄天然气的依赖。欧盟委员会主管能源的副主席马罗什·谢夫乔维奇宣称,"土耳其流管道"根本不可行,同时欧盟对相关沿线国家展开外交攻关,挑拨沿线国家的关系。俄罗斯则声称,若"土耳其流管道"项目夭折,将对欧断供天然气。② 美欧与俄罗斯的管道博弈态势之激烈,由此可见一斑。

---

① 张智勇:《"土耳其流"登陆巴尔干半岛》,《光明日报》2015年6月23日第12版。
② 程春华:《"土耳其流"管道撬动几多关系》,《世界知识》2015年第14期,第49—50页。

第五章 "南部走廊"与中国天然气外交的战略选择

中国自改革开放以来经济上获得了长足的发展，但与此同时中国对能源的需求也在快速增长。2006年以前，中国天然气的国内产量基本能够满足国内消费需要，进口量非常少。从2007年开始，供需开始出现缺口，此后逐年快速扩大。为了弥补缺口，我国开始加大境外天然气的进口量，对外依存度也随之逐年增高，到2010年就达到了15.8%，2015年达到了31.2%。[①] 到2018年，更是攀升到了45.3%。[②] 能源供应的常识告诉我们：对外依存度越高，存在的潜在风险也就越大，能源安全形势也会变得日益严峻。在迄今的十多年里，我国开展了卓有成效的地缘政治博弈和天然气外交活动，取得了大幅增加境外输气量的巨大成就，基本满足了快速增长的国内消费需求。然而，在我国"一带一路"战略逐步实施和展开，国内经济进入新常态和国际局势复杂多变引起能源地缘政治博弈日益激烈的形势下，如何在日益激烈的能源竞争中未雨绸缪，纵横捭阖地施展外交博弈手段来保障国家的根本利益，就显得极为现实和迫切。欧盟"南部天然气走廊"的实施，既对中国造成了严峻的挑战：在里海—中亚气源上欧盟与中国会形成竞争关系；但在同时也给中国带来了机遇：如果俄罗斯天然气西输受限则会加大与中国的合作关系。本书前四章对"南部天然气走廊"管道规划的来龙去脉及其各国的博弈态势进行了全面论述，在此基础

[①] 《国家发展改革委关于印发天然气发展"十二五"规划的通知》，中华人民共和国中央人民政府门户网站，2012年12月3日，http://www.gov.cn/zwgk/2012-12/03/content_2280785.htm.《国家发展改革委关于印发石油天然气发展"十三五"规划的通知》，中华人民共和国中央人民政府门户网站，2017年1月19日，http://www.gov.cn/xinwen/2017-01/19/content_5161260.htm.

[②] 刘朝全、姜学峰主编：《2018年国内外油气行业发展报告》，石油工业出版社2019年版，第2页。

上，本章旨在分析该规划对中国所产生的利弊影响，并进而提出有针对性的趋利避害的对策建议。

第一节　全球天然气格局中的中国

一　中国天然气发展的现状

中国既是一个天然气资源较为丰富的国家，又是一个天然气资源相对短缺的国家。从天然气的地质储量总量而言，天然气资源较为丰富；从天然气的探明储量和储采比而言，则表现为资源短缺。同时，中国还既是一个天然气产量快速发展的国家，又是一个消费量增长更加快速的国家，中国对天然气的增长需求超过了自产天然气的提供能力，天然气缺口越来越大，单靠国内供应已经难以满足不断增长的需求，因而进口量不断增加，天然气供应格局正由以国内为主逐步转变为以国外为主。中国天然气的供需矛盾加剧，导致中国更加依赖于国际天然气的供给，对外依存度的提高增加了中国天然气供应的风险。从国家发改委和能源局2012年10月制定的《天然气发展"十二五"规划》和2017年1月制定的《天然气发展"十三五"规划》以及国内外能源机构的统计数据和预测中，可以看出我国的天然气发展现状有以下4个特点：

第一，天然气资源比较丰富，储量快速增长，但探明程度较低，发展潜力大。

《天然气发展"十三五"规划》根据新一轮油气资源评价和全国油气资源动态评价指出："截至2015年底，我国常规天然气地质资源量68万亿立方米，累计探明地质储量约13万亿立方米，探明程度19%，处于勘探早期。'十二五'期间全国累计新增探明地质储量约3.9万亿立方米，2015年全国天然气产量1350亿立方米，储采比29。"[①] 表明我国天然气资源在总体上储量比较丰富，但是探明程度仅有19%，还处于勘探的早期，

---

① 《国家发展改革委关于印发石油天然气发展"十三五"规划的通知》，中华人民共和国中央人民政府门户网站，2017年1月19日，http://www.gov.cn/xinwen/2017-01/19/content_5161260.htm。

从长远来看有较大的发展潜力。

另据我国国土资源部专业人员统计显示，2003 年以来，全国天然气新增探明地质储量连续 15 年保持在 5000 亿立方米以上。2001—2017 年，全国累计新增探明地质储量近 11.0 万亿立方米，约占历史累计探明地质储量的 77%。其中，2016—2017 年年均新增天然气探明地质储量 6410 亿立方米，仍保持高位增长。[1]

英国石油公司（BP）的统计数据也显示，自进入 21 世纪以来，中国天然气的探明储量有了较大的增长：1998 年为 1.4 万亿立方米，2008 年为 2.7 万亿立方米，2018 年为 6.1 万亿立方米，居世界第九位。[2] 美国《油气杂志》的统计数据也基本相同，分别是：2001 年 1.37 万亿立方米，2006 年 1.51 万亿立方米，2011 年 3.03 万亿立方米，2016 年 5.01 万亿立方米。[3] 可以看出，在 2006 年到 2016 年这 10 年是一个大增长时期，翻了两番还多。

从储采比（即储产比 R/P ratio）来看，我国在"十三五"规划中公布的 2015 年储采比为 29 年，英国石油公司（BP）2019 年统计的是 37.6 年。由于探明程度还很低，"十三五"规划中公布的只有 19%，说明只要加大勘探力度，中国天然气储量的潜力巨大，因此还会有快速稳步的增长。

第二，产量快速攀升，但仍不满足需求，缺口越来越大。

在进入 21 世纪以来，我国的天然气产量连续十年保持快速增长。据国家《天然气发展"十二五"规划》指出，我国天然气产量在"2000 年为 272 亿立方米，2010 年达到 948 亿立方米，年均增长 13.3%。"[4] 又据国家《天然气发展"十三五"规划》指出，我国天然气在"'十二五'期

---

[1] 娄红、潘继平、王陆新、王思谨：《中国天然气资源勘探开发现状、问题及对策建议》，《国际石油经济》2018 年第 6 期，第 23 页。

[2] https://www.bp.com/content/dam/bp/business-sites/en/global/corporate/pdfs/energy-economics/statistical-review/bp-stats-review-2019-full-report.pdf.

[3] 《2000 年和 2001 年世界天然气储产量》，《国际石油经济》2002 年第 8 期，第 54 页；《2005 和 2006 年世界天然气储产量》，《国际石油经济》2007 年第 6 期，第 55 页；《2010 和 2011 年世界天然气储产量》，《国际石油经济》2012 年第 6 期，第 78 页；《2015 和 2016 年世界主要国家或地区天然气储产量》，《国际石油经济》2017 年第 6 期，第 105 页。

[4] 《国家发展改革委关于印发天然气发展"十二五"规划的通知》，中华人民共和国中央人民政府门户网站，2012 年 12 月 3 日，http://www.gov.cn/zwgk/2012-12/03/content_2280785.htm。

间累计产量约6000亿立方米，比'十一五'增加约2100亿立方米，年均增长6.7%"，其中，"2015年全国天然气产量1350亿立方米"，比2010年增长了42.4%。① 这个增长速度，应该说是非常快的。

但是，我国天然气的消费量也同样在快速增长。《天然气发展"十二五"规划》指出："2000年我国天然气消费量为245亿立方米，2010年达到1075亿立方米，年均增长15.9%，在一次能源消费结构中的比重从2.2%上升至4.4%。"② 也就是说，在21世纪初的10年里，我国天然气产量的年均增长是13.3%，消费量的年均增长是15.9%，消费量的增长要高于产量2.6%，说明对天然气的需求量有较大的增长。《天然气发展"十三五"规划》又指出，我国在"2015年全国天然气表观消费量1931亿立方米，'十二五'期间年均增长12.4%，累计消费量约8300亿立方米，是'十一五'消费量的2倍"。③ 说明从2010年以来，我国对天然气的消费量仍然处于快速增长的时期。

另据英国石油公司（BP）的统计数据显示，中国天然气的产量2008年为809亿立方米，2018年为1615亿立方米，2018年的年产量在世界的排名超过了沙特阿拉伯（1121亿），居美国（8318亿）、俄罗斯（6695亿）、伊朗（2395亿）、加拿大（1847亿）和卡塔尔（1755亿）之后而列世界第六位。中国天然气消费量2008年为819亿立方米，2018年为2830亿立方米，2018年的年消费量仅次于美国（8171亿）和俄罗斯（4545亿）而排在世界第三位。（见表5－1）

表5－1　　　　　　2008—2018年中国天然气产量与消费量

（单位：亿 m³）

	2008	2009	2010	2011	2012	2013	2014	2015	2016	2017	2018
产量	809	859	965	1062	1115	1218	1312	1357	1379	1492	1615

---

① 《国家发展改革委关于印发石油天然气发展"十三五"规划的通知》，中华人民共和国中央人民政府门户网站，2017年1月19日，http://www.gov.cn/xinwen/2017－01/19/content_5161260.htm。

② 《国家发展改革委关于印发天然气发展"十二五"规划的通知》，中华人民共和国中央人民政府门户网站，2012年12月3日，http://www.gov.cn/zwgk/2012－12/03/content_2280785.htm。

③ 《国家发展改革委关于印发石油天然气发展"十三五"规划的通知》，中华人民共和国中央人民政府门户网站，2017年1月19日，http://www.gov.cn/xinwen/2017－01/19/content_5161260.htm。

续表

	2008	2009	2010	2011	2012	2013	2014	2015	2016	2017	2018
消费量	819	902	1089	1352	1509	1719	1884	1947	2094	2404	2830
产消差	-10	-43	-124	-290	-394	-501	-572	-590	-715	-912	-1215

数据来源：BP Statistical Review of World Energy June 2019, pp. 32-34。

从产消差来看，从2008年以后供需出现缺口，产量和消费量之差逐年快速扩大。

又据2019年1月中国石油集团经济技术研究院发布的《2018年国内外油气行业发展报告》显示，2018年我国全年天然气消费量为2766亿立方米，年增量超390亿立方米，增速为16.6%。而全年的天然气产量则为1573亿立方米，同比增长6.7%，远低于消费增长。报告分析天然气消费量增速之所以保持强劲增长，主要原因是"中国宏观经济平稳运行，环保政策助力天然气市场蓬勃发展。国家出台多项环保政策，持续推进大气污染防治工作，强化重点地区的民用、采暖、工业等行业煤改气，全国天然气消费量快速增长"。① 国际能源署在2017年12月发布的《世界能源展望2017中国特别报告》预计，到2040年，中国天然气产量将增至3400亿立方米，而需求量将超过6000亿立方米，缺口将达到2600亿立方米。②

第三，进口量持续增加，对外依存度不断攀升。

我国从2006年开始从中亚进口天然气，当年的进口量仅为0.9亿立方米。然而到2010年，进口量就达到了170亿立方米，对外依存度达到15.8%。2011年至2015年的"十二五"期间，进口天然气快速增加。《天然气发展"十三五"规划》指出："'十二五'期间累计进口天然气超过2500亿立方米，是'十一五'天然气进口量的7.2倍，2015年进口天然气614亿立方米。"③

据英国石油公司（BP）的数据，中国在2018年的天然气进口情况是：

---

① 刘朝全、姜学峰：《2018年国内外油气行业发展报告》，石油工业出版社2019年版，第78、81页。

② 天工：《国际能源署：中国将成全球天然气消费主推动力》，《天然气工业》2017年第12期，第46页。

③ 《国家发展改革委关于印发石油天然气发展"十三五"规划的通知》，中华人民共和国中央人民政府门户网站，2017年1月19日，http://www.gov.cn/xinwen/2017-01/19/content_5161260.htm。

管道进口479亿立方米，来自4个国家即土库曼斯坦、乌兹别克斯坦、哈萨克斯坦和缅甸；液化气（LNG）进口737亿立方米，来自美国、特立尼达和多巴哥、秘鲁、挪威、俄罗斯、阿曼、卡塔尔、阿尔及利亚、安哥拉、埃及、尼日利亚、澳大利亚、文莱、印度尼西亚、马来西亚和巴布亚新几内亚等国家。管道进口和液化气进口合计为1216亿立方米。详见表5-2。

表 5-2　　　　　2018年中国天然气进口来源国及数量

（单位：亿 m³）

气源国家	管道进口	LNG进口	总计
土库曼斯坦	333		
哈萨克斯坦	54		
乌兹别克斯坦	63		
缅甸	29		
美国		30	
特立尼达和多巴哥		5	
秘鲁		1	
挪威		3	
俄罗斯		13	
其他欧洲国家		9	
阿曼		7	
卡塔尔		127	
阿尔及利亚		1	
安哥拉		7	
埃及		3	
尼日利亚		15	
其他非洲国家		11	
澳大利亚		321	
文莱		3	
印度尼西亚		67	
马来西亚		79	
巴布亚新几内亚		33	
其他亚太国家		2	
合计	479	737	1216

数据来源：BP Statistical Review of World Energy June 2019, pp. 40-41。

据中国石油集团经济技术研究院在 2019 年 1 月发布的《2018 年国内外油气行业发展报告》的分析说:"受需求拉动,我国天然气进口量持续增长,2018 年超过日本成为全球第一大天然气进口国。估计全年天然气进口量为 1254 亿立方米,同比增长 31.7%,高于 2017 年的 24.7%,对外依存度升至 45.3%,较上年增长 6.2 个百分点。"[①]

从上面对中国天然气储量、产量、消费量和供需角度的分析可见,我国目前天然气既取得了长足的发展并有广阔的前途,同时也面临着严峻的供需形势和进口风险。安全隐患的客观存在警示我们,必须采取切实有效的应对之策,确保未来天然气供应的安全问题,以保障我国经济社会的可持续发展。

第四,天然气进口战略通道格局基本形成,供应安全有待外交博弈来保障。

自 2007 年以来,我国通过大力开展天然气外交,初步形成了由四大进口通道构成的战略格局。

西向通道:中亚—中国天然气管道继建成与土库曼斯坦、哈萨克斯坦和乌兹别克斯坦合作的 A、B、C 三条管线、实现输气每年 550 亿立方米之后,现又正在兴建与土库曼斯坦、乌兹别克斯坦、塔吉克斯坦和吉尔吉斯斯坦合作的 D 线,预计 2020 年建成投产,设计输气能力为每年 300 亿立方米,届时中国从中亚进口天然气的总量将达到每年 850 亿立方米。

北向通道:中国与俄罗斯于 2014 年 5 月签署了中俄东线天然气管道合同,9 月正式开工建设,约定 2018 年正式投产,后推迟到 2019 年 10 月具备投产条件,2020 年底全线建成投产,每年供气 380 亿立方米。同年 11 月,中俄又签署了西线天然气管道的框架协议,确定建成后的供气规模为每年 300 亿立方米。

南向通道:中缅天然气管道于 2010 年 6 月开工建设,设计能力为每年 120 亿立方米,2013 年 10 月全线贯通输气。

海上通道:有美洲的美国、特立尼达和多巴哥、秘鲁等国,亚太的澳大利亚、卡塔尔、印度尼西亚、马来西亚、巴布亚新几内亚等国,中东的卡塔尔、阿曼等国,非洲的阿尔及利亚、安哥拉、赤道几内亚、埃及、尼日利亚等国,都是液化气的进口来源国家。

---

① 刘朝全、姜学峰主编:《2018 年国内外油气行业发展报告》,石油工业出版社 2019 年版,第 81 页。

这种多方位的进口格局，是我国大力开展能源外交，进行地缘政治博弈所取得的丰硕成果，不但基本满足了目前我国经济和社会发展的天然气需求，而且为中国进一步开展天然气地缘政治博弈打下了良好的基础。但在同时，也推高了我国天然气对外进口的依存度。能源供应的常识告诉我们：对外依存度越高，存在的潜在风险也就越大。因此，如何在增加天然气进口量的同时，通过地缘政治博弈来规避风险，保证供应安全，始终是中国天然气外交的重要使命。

二 中国天然气发展面临的新形势

除了保证供应安全这一常规性任务之外，天然气外交还必须密切关注国内外经济和政治的新形势。2012年以来，国内外形势发生了许多新的重大变化，我国的天然气外交必须适应这些新变化的要求，依据这些新变化来构建新的思路和方略。

（一）中国在国际战略上提出了"一带一路"的倡议

2013年9月和10月，中国国家主席习近平在出访中亚和东南亚国家期间，先后提出共建"丝绸之路经济带"和"21世纪海上丝绸之路"的重大倡议。作为当前中国开展对外合作和规划外交战略的核心，这一倡议对于天然气外交的意义尤为重大。其中的"一带"即"丝绸之路经济带"沿线，有俄罗斯、哈萨克斯坦、土库曼斯坦、阿塞拜疆、伊朗等重要的天然气合作国家；在"一路"即"海上丝绸之路"的沿线，也有东南亚和中东诸多天然气合作国家。以"一带一路"建设为平台和载体来运筹和开展天然气外交，同时又以天然气外交来支撑和推进"一带一路"建设，应该成为我国天然气外交最重要的战略选择。

（二）中国经济已经进入增速放缓的新常态

在经济新常态的背景下，供给侧结构性改革已成为中国当前经济工作的着力点，其中在能源领域的结构性改革就是要改变我国当前以煤炭和石油为主的局面，加大利用气体清洁能源的力度。为此，国家已经确定"将天然气发展为中国主体能源之一"。[①]

2018年，全球一次能源消费中石油占比为33.62%，天然气23.87%，

[①]《中国天然气发展报告（2016）》，石油工业出版社2016年版，第29页。

煤炭 27.21%，核能、水电和再生能源等占 15.30%；而中国大陆则是石油占比 19.59%，天然气 7.43%，煤炭 58.25%，核能等其它能源占 14.73%。① 对比可见，我国的煤炭用量大大高于全球平均用量，而天然气用量则大大低于全球平均用量。正因为此，我国在"十三五"规划中提出了"提高天然气在一次能源消费结构中的比重"，"'十三五'时期天然气消费比重要力争达到10%"的目标。② 显然，这一目标的实现有赖于天然气供应量的大幅增加，这除了要依靠国内扩大天然气生产量之外，还需要通过天然气外交来"加强与天然气生产国的合作，形成多元化供应体系，保障天然气供应安全"。③

（三）全球经济已经进入缓慢复苏的后金融危机时代

2008年爆发的全球金融危机，在经历了一年多最为恐慌的阶段之后，到2010年止住了下滑趋势，并逐渐走向复苏，进入了"后金融危机时代"。后金融危机时期所呈现出的一些现象特征，为中国开展国际经济合作提供了一些新的机遇，天然气外交须抓住这些机遇，争取给我国的天然气供应提供更为有利的国际环境。一是在经历了危机的重创之后，天然气资源国的地位随着天然气价格的跌落而相对减弱，消费国的话语权有所提升，我国作为一个天然气消费大国，须借助这一时机来更加积极主动地利用境外天然气资源；二是危机后全球经济发展方向正在转向低碳经济，气体清洁能源正在成为新的经济增长点，这也给我国的天然气外交提出了新要求；三是经济疲软导致天然气行业下游需求减弱，天然气市场价格下降，这对我国的天然气价格博弈提供了一个有利的时机，天然气外交须借此时机增强对全球气价及其形成机制的话语权。

（四）国际政治格局正在发生重大变动

冷战的结束，改变了过去美苏两个超级大国称霸世界的格局，形成了美国独霸下的一强多极格局。然而，在经历了近30年的发展之后，随着新兴大国和新兴发展中国家力量的上升，这种格局正在发生松动。在格局重构的过程中，中美和美俄的大国博弈、新兴大国金砖集团与守成大国七

---

① https://www.bp.com/content/dam/bp/business-sites/en/global/corporate/pdfs/energy-economics/statistical-review/bp-stats-review-2019-full-report.pdf.
② 《国家发展改革委关于印发石油天然气发展"十三五"规划的通知》，中华人民共和国中央人民政府门户网站，2017年1月19日，http://www.gov.cn/xinwen/2017-01/19/content_5161260.htm。
③ 同上。

国集团的博弈，大国与发展中国家以及发展中国家之间的博弈，都呈现出复杂激烈的局面。我国在筹划天然气外交的新方略时，必须充分注意和研判国际政治格局的这些新动态，才能在跌宕起伏和动荡不宁的国际舞台上，为我国天然气进口营造一个有利的安全环境。

三　中国天然气发展面临的新环境

在中国天然气的生产和消费都处于快速发展的同时，世界天然气格局也发生了一些新的变化。这些新的变化对于中国天然气的发展来说，既有机遇，也有风险。

（一）美国"页岩气革命"的影响

2010年以来，美国页岩气开发蓬勃发展，页岩气产量呈爆炸式增长。"页岩气革命"不仅推动了全球低碳经济的发展，而且影响了全球能源的供应格局，改变着全球能源经济乃至地缘政治版图。

首先，对美国本国而言，"页岩气革命"使其长期以来追求的"能源独立"目标有望实现。早在1973年，尼克松政府面对其长期作为能源净进口国的状况，就正式提出了"能源独立"的目标，即要努力实现美国能源产品的自给自足，控制能源的对外依存度。此后，尽管经过了历届总统的努力，但是直到21世纪初这个目标也未能实现。然而由于页岩油气的开采于2007年取得突破，美国的油气产量迅猛增长，进口油气的依存度开始逐年下降。2001年和2005年美国石油的进口依存度还分别高达60.50%和66.66%，同期天然气进口依存度分别为11.78%和18.01%。到2008年和2011年，石油进口依存度分别降到了57.14%和53.3%，同期天然气进口依存度则降到了13.40%和5.62%。[1] 据美国能源信息署在2018年2月的一份报告中称，美国在2022年将实现从能源净进口国到能源净出口国的转变。[2] 从2019年6月英国石油公司发布的世界能源统计数据来看，2018年美国天然气的产量为8318亿立方米，消费量为8171亿立方米，对外依存度为-1.8%。[3] 这表明，美国的天然气产量与消费量已经

---

[1] 张抗：《美国能源独立和页岩气革命的深刻影响》，《中外能源》2012年第12期，第4页。
[2] 荆晓：《美国有望2022年变成能源净出口国》，《中国石化报》2018年2月23日第8版。
[3] https://www.bp.com/content/dam/bp/business-sites/en/global/corporate/pdfs/energy-economics/statistical-review/bp-stats-review-2019-full-report.pdf.

基本持平甚至还略有盈余,开始了由净进口国向出口国的转变,这必将对美国的政治、经济和外交产生深远的影响。

其次,对于全球而言,"页岩气革命"使世界的能源供需格局面临着重新分化和改组。作为能源主要消费区的欧洲和亚太地区,由于增加了从美国进口的选项,就可以进一步推进能源来源的多样化。例如,欧洲过去天然气的主要来源是俄罗斯,而如果能够获得来自美国的天然气,就可以减少对俄罗斯的依赖。而俄罗斯如果对欧洲的出口减少,则必然会转向其他地区寻找市场,其中最大的可能又是包括中国在内的东北亚市场。再如,过去美国的进口油气主要来自中东地区。当美国实现油气自给之后,势必会减少在中东地区的进口,从而导致这一地区原计划销往美国的天然气转而流向其他市场,最大的可能又是流向包括中国在内的亚太各国。而亚太能源需求国家不仅可以进一步开展与中东能源输出国家的贸易合作,而且还可以直接把美国作为油气进口的来源地。正如有分析所说的:"伴随着非常规油气技术应用范围的不断扩展,全球能源版图在未来 10 年内将发生根本性的巨变。以美国为代表的新供应中心和以中国为代表的新消费中心即将崛起,全球能源贸易流向将发生大转向。"[1]

再次,受美国"页岩气革命"的影响,中国将拥有更为宽广的天然气进口渠道和环境。当美国变为天然气输出国之后,将会成为中国继中东、中亚和俄罗斯之后又一个天然气来源渠道,这有助于中国借此实现天然气进口来源的多元化,并在与传统的天然气供应国进行价格谈判时增加制衡的筹码,从而有了更多的主动权。美国能源部数据显示,2016 年 2 月到 2017 年 12 月期间,中国成为美国 LNG(液化天然气)出口的第三大市场,仅次于墨西哥和韩国,出口中国的 LNG 量占美国总出口量的 13.5%。2017 年 11 月美国总统特朗普访华期间,中美两国企业达成合作意向,共同开发阿拉斯加 LNG 行业。2018 年 2 月,两国企业又签订了两项供应 LNG 的长期交易合同,美国将长期为中国输送 LNG。然而在 2018 年 3 月特朗普签署对从中国进口的商品大规模征收关税的总统备忘录而掀起新一轮贸易摩擦之后,业界人士分析虽然贸易战不会影响到中美两国之间的 LNG 贸易,但是也担忧受特朗普对中国出口的钢铁等商品加税影响,美国在建的 LNG 出口基础设施可能会成本大增或者工期延后。[2] 这充分彰显出

---

[1] 武正弯:《美国"能源独立"的地缘政治影响分析》,《国际论坛》2014 年第 4 期,第 9 页。
[2] 李丽旻:《"中美贸易战"影响能源业几何》,《中国能源报》2018 年 4 月 9 日第 1 版。

了中美经贸关系存在着不确定和脆弱的一面,表明两国在开展天然气合作的同时,如何预防风险也应提上中国能源外交的议程。

(二)亚太天然气消费国的影响

伴随着近20多年来经济上的高速发展,亚太地区的能源需求也在大幅度增长,已经成为世界上最大的能源消费者。据《BP世界能源统计报告2019》的数据,2018年世界一次能源消费的总量为13864.8百万吨油当量,其中亚太地区占到了43.2%,其后依次是北美洲20.4%,欧洲14.8%,独联体地区6.7%,中东地区6.5%,中南美洲5.1%,非洲地区3.3%。详见表5-3。

表5-3　　　　　2018年全球区域三大能源消费量及比重

(单位:百万吨油当量)

	一次能源		石油		天然气		煤炭	
亚太	5985.8	43.2%	1695.4	36.37%	709.6	21.44%	2841.3	75.33%
欧洲	2050.7	14.8%	742.0	15.92%	472.0	14.26%	307.1	8.14%
独联体	930.5	6.7%	193.5	4.15%	499.4	15.09%	134.9	3.58%
中东	902.3	6.5%	412.1	8.84%	475.6	14.37%	7.9	0.21%
非洲	461.5	3.3%	191.3	4.10%	129.0	3.90%	101.4	2.69%
北美洲	2832.0	20.4%	1112.5	23.86%	879.1	26.56%	343.3	9.10%
中美及南美洲	702.0	5.1%	315.3	6.76%	144.8	4.38%	36.0	0.95%
合计	13864.8	100%	4662.1	100%	3309.5	100%	3771.9	100%

数据来源:BP Statistical Review of World Energy June 2019, p.9。

亚太地区的能源消费量虽高,但是产量却并不高。2018年,亚太地区的石油产量为361.6百万吨油当量,仅占全球总产量的8.1%;而消费量为1695.4百万吨油当量,占到了全球的36.37%。天然气产量为543.2百万吨油当量,占全球的比例为16.3%;而消费量则为709.6百万吨油当量,占到了全球的21.44%。煤炭产量为2853.1百万吨油当量,占全球的72.8%;消费量为2841.3百万吨油当量,占全球的75.33%。从产消差来看,石油为-1333.8百万吨油当量,天然气为-166.4百万吨油当量,均为负数,只有煤炭是正数,说明石油和天然气有很大的缺口。详见表5-4。

表 5-4　　　　　　2018 年全球区域三大能源产量及比重

（单位：百万吨油当量）

	石油		天然气		煤炭	
亚太	361.6	8.1%	543.2	16.3%	2853.1	72.8%
欧洲	162.9	3.6%	215.5	6.5%	170.0	4.3%
独联体	709.1	15.8%	714.6	21.5%	276.0	7.0%
中东	1489.7	33.3%	590.9	17.8%	0.7	0.2%
非洲	388.7	8.7%	203.4	6.1%	155.8	4.0%
北美洲	1027.1	23.0%	906.2	27.2%	400.7	10.2%
中美及南美洲	335.1	7.5%	151.9	4.6%	60.4	1.5%
合计	4474.2	100%	3325.7	100%	3916.7	100%

数据来源：BP Statistical Review of World Energy June 2018，pp. 17、33、44。

而且，亚太地区能源消费的结构也极其不合理，在三大能源中以煤炭消费为主。在全球比例中，亚太地区的煤炭消费占到 75.33%。亚太地区三大能源的消费量合计为 5246.3 百万吨油当量，其中煤炭消费量为 2841.3 百万吨油当量，占到了 54.16%；石油消费量为 1695.4 百万吨油当量，占 32.32%；而作为清洁能源的天然气消费量为 709.6 百万吨油当量，仅占 13.53%。这种以煤炭消费为主的结构不仅效率低下，而且带来一系列的环境污染问题。

一方面是经济发展和低碳环保对清洁能源的大量需求，一方面是资源的先天匮乏和产量的严重不足，使得亚太地区已经成为一个巨大的新兴能源市场，成为各大资源区域的国家争夺能源贸易市场的主战场。当着亚太国家把寻求能源的目光投向域外资源国家时，域外的资源国家也在把能源输出的目光投向亚太国家，从而牵发出全球各方围绕着能源贸易而展开的激烈博弈，其中既有进口国和出口国之间的博弈，也有亚太进口国之间为竞争资源和域外出口国之间为竞争市场而展开的博弈。这种双边的以及多边的博弈态势，将会极大地影响全球的能源地缘格局，乃至引起世界地缘政治格局的变化。同时，也必然会影响到作为亚太经济发展和能源需求双领头羊的中国。

（三）里海—中亚天然气资源国的影响

如果说，亚太地区是新兴能源进口市场争夺战的主战场的话，那么，里海—中亚地区就是新兴能源出口资源争夺战的主战场。竞争各方在里海—中亚地区的地缘博弈，也势必影响到中国的能源尤其是天然气供应安全。在这一地区的能源博弈中，中国自进入 21 世纪以来，抓住机遇与中亚国家开展能源合作，已经通过建设"中亚—中国天然气管道"而成功占得了先机。2018 年，中国从中亚的土库曼斯坦、哈萨克斯坦和乌兹别克斯坦 3 国进口天然气 450 亿立方米，占了里海—中亚地区天然气出口总量的 46.73%，已经成为这一地区天然气的最大买家。详见表 5 – 5。

表 5 – 5　　　　　　　2018 年里海—中亚国家天然气出口量

（单位：亿 m³）

	阿塞拜疆	土库曼斯坦	哈萨克斯坦	乌兹别克斯坦	伊朗	合计
俄罗斯			199	53		252
中国		333	54	63		450
土耳其	72				76	148
哈萨克斯坦				24		24
其他欧洲国家	20					20
其他独联体国家			3	1	5	9
其他中东国家		19			41	60
合计	92	352	256	141	122	963

数据来源：BP Statistical Review of World Energy June 2019，p. 41。

随着"中亚—中国天然气管道"A、B、C 三线并行输气格局的形成，2017 年向中国输气增长到 387.38 亿立方米，三线将来满负荷的供气能力为 550 亿立方米。[1] 另外，2014 年 9 月开工建设的"中亚—中国天然气管道"D 线，设计年输气量为 300 亿立方米，建成后中亚输往中国的天然气每年将增加到 850 亿立方米。[2]

不过，正如前文所论述过的，由于里海—中亚地区在地缘政治和资源禀赋上的重要地位，各大国及利益国家在这一地区展开博弈是不可避免的，并且将会一直继续下去。作为该地区传统大国的俄罗斯还会继续加强对这一地区的影响和参与，欧美也正在以能源博弈为手段而强势介入这一

---

[1] 朱景朝、李明：《中亚天然气管道 2017 年向国内输气逾 387 亿方》，《中国能源报》2018 年 1 月 8 日第 13 版。
[2] 孟庆璐：《中国与中亚油气管道合作进入 3.0 时代》，《中国石油报》2014 年 9 月 30 日第 2 版。

地区的事务，另外还有印度、伊朗等地区性大国加入到能源竞争的行列。这些因素，都会对中国的天然气供应安全造成或大或小和或显或隐的影响。

里海—中亚国家政局的不确定性也会成为中国能源供应的影响因素。一方面，这些国家的政权大都是强人政治和集权统治，仍然有可能再次发生以民主为诉求的"颜色革命"。另一方面，这些国家的主要领导人大都长期执政，年事已高，面临着权力交替的问题。不管何种原因造成的政权更迭，都很可能影响到政局的稳定。一旦政局发生动荡，就势必损害到中国在这一地区的经济利益，威胁到中国能源供应渠道的安全。如何规避这种潜在的风险，应成为中国能源外交的一项重大任务。

（四）俄罗斯能源战略调整的影响

长期以来，俄罗斯能源出口的主要方向一直是往西输往欧洲，把欧盟作为其第一大贸易伙伴。但是，自从 2006 年和 2009 年两次俄乌"斗气"事件之后，尤其是 2014 年乌克兰危机之后，俄罗斯开始对其能源战略进行调整，逐渐把能源出口的战略方向转向东方的亚太地区，尤其是包括中国在内的东北亚地区。2009 年，俄罗斯出台了《2030 年前俄罗斯能源战略》，确定俄罗斯对外能源政策的战略目标是实现能源出口结构和渠道多元化，为此要开发包括国家东部地区在内的新的油气产区，发展与亚太地区能源方面的多边合作。2014 年，俄罗斯修改《2030 年能源战略》并制定《2035 年以前俄罗斯的能源战略》，强调亚太地区将是最有前景的能源出口市场，为此俄罗斯向亚太地区的能源出口量占俄罗斯总出口份额的比重将提高到至少 28%，石油和石化产品出口占比将提升至 23%，原油和天然气占比分别增至 32% 和 31%，其中中国被规划为出口增量最多的国家。[①]

俄罗斯能源战略的调整为中俄能源合作提供了新的契机。俄罗斯的东部地区在地理位置上与中国毗邻，中俄两国开展油气贸易合作具有先天的地缘优势。但是在 20 世纪 90 年代之后的 20 年间，两国却因为进口天然气的价格问题而一直没有实现实质性的合作，直到 2014 年俄罗斯调整能源战略之后，中俄两国才终于在 5 月和 11 月先后签署了中俄东线天然气合作协议和西线天然气项目框架合作协议。随着东西两条输气管线的规划和铺建，

---

① 王晓梅：《俄罗斯能源战略调整与中俄能源合作》，《国际经济合作》2015 年第 4 期，第 64 页。

以及众多天然气项目的落实，从俄罗斯进入中国的天然气将有望达到每年1000亿立方米。① 两国在天然气领域的合作从此掀开了崭新的一页。

第二节 "南部走廊"给中国天然气外交造成的挑战和机遇

"南部天然气走廊"的大国博弈对手主要是在欧盟与俄罗斯之间和美国与俄罗斯之间展开的，即欧美力图通过对里海—中亚国家及其油气资源的控制，达到确保自己在欧亚大陆继续发挥主导作用的目的。俄罗斯则力图保持对里海—中亚地区这一传统势力范围的控制，并通过发挥能源优势来重振大国雄威，用反制"南部天然气走廊"的手段同欧美进行博弈。那么，在这场围绕着"南部天然气走廊"所展开的大国能源管道博弈中，中国是否是一个置身事外的旁观者，在国际关系处理上可以"事不关己，高高挂起"呢？答案是否定的。一方面，在地理位置上，中国虽然与里海相隔遥远，但与中亚国家却是直接的邻居，而不是像欧洲那样是"邻居的邻居"，其中与哈萨克斯坦、吉尔吉斯斯坦、塔吉克斯坦是国土相连的邻邦，在地缘政治上存在着直接的利害关系；另一方面，里海—中亚各国又都处在中国发起的"一带一路"战略构想的沿线上，这一地区的能源对于中国来说同样是不可或缺的。因此，中国非但不能在里海—中亚的天然气管道博弈中袖手旁观，而且还应积极地参与。实际上，中国已经通过"中亚—中国天然气管道"取得了博弈第一回合的胜利。接下来，围绕着"南部天然气走廊"的实施进度和程度，中国应该在战略上认真分析其对中国能源安全的利弊影响，从而趋利避害，争取在比较长的一段时间里处于一个相对有利的地位。

一 "南部走廊"给中国天然气外交造成的挑战

由"南部天然气走廊"所展开的美国、欧盟与俄罗斯的大国能源地缘

---

① 石泽：《构建牢固的中俄能源战略伙伴关系》，《国际问题研究》2015年第5期，第30页。

第五章 "南部走廊"与中国天然气外交的战略选择

政治博弈，对中国产生了不可避免的影响。这种影响既有有利的一面，也有不利的一面。其中，不利的一面表现在地缘政治和能源利益两个方面，即：如果"南部天然气走廊"管道系统建设成功，在地缘政治上会使中国失去中亚这一重要的西部安全屏障，在能源问题上会形成中国与欧洲在中亚地区的竞争关系，导致中国的经济利益受到损害。

（一）地缘政治层面上的挑战

里海—中亚地区的地理位置不仅对欧、美、俄等大国具有战略意义，而且对中国也具有重要的战略意义。中亚 5 国中的哈萨克斯坦、吉尔吉斯斯坦和塔吉克斯坦与我国接壤，土库曼斯坦和乌兹别克斯坦是"邻国的邻国"。它们共同构成了中国西部安全的屏障，同时又与里海西岸的高加索国家一起构成了中国与俄罗斯、伊朗和土耳其等地区大国的缓冲地带。因此，里海—中亚国家采取什么样的外交战略，直接关系到中国的战略利益。里海—中亚地区本来就具有欧亚大陆"心脏地区"的地缘政治价值，加上在苏联解体和冷战结束之后一时成为"政治真空"地带，因而引来了美、欧等大国在该地区的激烈竞逐，这对于中国西北地区的安全来说构成了严峻的挑战。

首先，从地缘政治学的视角来看，中国属于既有漫长海岸线，又有众多陆地邻国的"陆海复合型国家"。这种海陆兼有的地理特点，造成了中国在战略上难以两面兼顾和安全上易受海陆两个方向伤害的被动处境。[1]就陆地而言，与中国西北接壤的中亚地区是可能对中国构成战略伤害的邻区之一，只是由于中亚国家都与中国建立了友好的外交关系，目前这种易受伤害的因素未显露出来。然而，如果美国及其西方盟友欧盟国家通过"南部天然气走廊"将势力扩张和渗透到该地区，这种来自陆路的不安全因素便会凸显出来。实际上，美国的里海—中亚战略虽然主要的博弈对象是俄罗斯，但同时也有排斥伊朗和牵制中国的战略意图。在这个问题上，中国与美、欧之间只能是零和博弈，不能抱有任何幻想，重蹈俄罗斯在叶利钦时代曾经希图与西方搞缓和的覆辙。

其次，美欧西方势力还企图利用管道，在从里海—中亚地区输出油气的同时，借助对管道的控制，向该地区输入所谓自由、民主等西方价值观，在此基础上达到在政治上和经济上控制这些国家内政外交的目的。为

---

[1] 邵永灵、时殷弘：《近代欧洲陆海复合国家的命运与当代中国的选择》，《世界经济与政治》2000 年第 10 期，第 51 页。

此，他们不惜用金钱收买和培植亲西方势力，扶植反政府组织，并在2003—2005年策动了一次多米诺骨牌式的"颜色革命"，其阴谋虽未得逞，却造成了这些国家的持续动荡和不安。这种政治动乱的威胁和影响，对于中国西部边陲地区的安全与稳定也是一种现实与潜在的挑战。正如有分析指出的："美国在独联体国家进行'颜色革命'，不仅仅是为了在这些国家推行'民主'，更有战略上的考虑，主要是为了削弱俄罗斯和中国在这一地区的影响力。在北约经过两轮东扩后，俄罗斯的战略空间已经受到很大挤压，但西方仍在想方设法进一步削弱俄罗斯在欧洲地区，特别是独联体地区的主导地位，削弱它在这一地区的影响。同时，美国也在利用'颜色革命'考验中国。"[1]

再次，中亚地区多数都是信奉伊斯兰教的国家，而且民族问题比较复杂，因此这些国家自独立之后，"三股势力"（民族分裂主义、宗教极端主义和国际恐怖主义）活动一直非常猖獗。尤其是在近些年来，"受阿富汗和巴基斯坦局势的影响，中亚宗教极端势力大有复苏之势，对地区安全构成威胁，中亚宗教极端势力仍是当前影响中亚非传统安全的最重要因素"。[2] 中亚的宗教和民族问题与中国西北部省区有很大的相通性。对中国西部尤其是新疆的安全与稳定造成严重危害的"东突厥斯坦伊斯兰运动"等恐怖和民族分裂组织，就是把中亚作为前沿阵地来开展恐怖和分裂破坏活动的。

可见，由于大国通过油气管道的博弈将势力伸入里海—中亚地区，势必挤压中国在这一地区的战略空间，对中国西部边境造成严重的威胁。

（二）能源安全层面上的挑战

"南部走廊"所直观反映的是对里海—中亚地区天然气资源的竞争，而中国也恰恰是这一地区天然气资源的竞争者之一。"南部天然气走廊"不仅会导致俄罗斯同欧盟对该地区天然气的竞争加剧，而且也会引起一系列导致中国和欧盟关系走向紧张的后果。

首先，中国的天然气需求正在快速增长，从国外大量引进天然气是目前阶段的必然选择。在中国多个方向的进口渠道中，里海—中亚方向是最

---

[1] 傅宝安、吴才焕、丁晓强编：《"颜色革命"：挑战与启示》，江西人民出版社2006年版，第256页。
[2] 苏畅：《论中亚宗教极端势力的基本特征》，《新疆师范大学学报（哲学社会科学版）》2011年第2期，第68页。

佳的选择。2007年，中国石油天然气集团公司与土库曼斯坦签署协议，将通过"中亚—中国天然气管道"每年引进300亿立方米天然气。这条长达1833公里的管道途经乌兹别克斯坦、哈萨克斯坦后到达新疆的霍尔果斯，并进入西气东输二线管道。这条管道的意义在于：增强了我国能源安全保障，满足了我国日益增长的天然气消费需求；改变了中亚地区现有天然气出口格局，有利于中亚地区政治稳定与经济繁荣。[1]"中亚—中国天然气管道"自2009年12月A线竣工投产以来，经多年建设，目前已形成A、B、C三线并行输气格局，年输气能力达到550亿立方米。截至2017年底，累计输气2032.33亿立方米，合计14524.69万吨。这些天然气主要气源来自土库曼斯坦、乌兹别克斯坦，2017年又成功开拓了哈萨克斯坦气源。[2] 在这种形势下，如果"南部天然气走廊"修建成功，势必导致这一地区天然气分配量的很大一部分流向欧洲，从而使中国在这一地区获得天然气的数量和价格受到损害。

其次，"南部天然气走廊"在实施中遇到的一个问题就是是否让伊朗参与该计划。伊朗是里海—中亚地区与俄罗斯比肩的能源大国，英国石油公司（BP）2019年评估其天然气探明储量为31.9万亿立方米，占全球总储量的16.2%，居世界第二位；天然气产量为2395亿立方米，占全球总产量的6.2%，位列世界第三。石油探明储量为21.4百万吨油当量，占全球总储量的9.0%，居世界第四；石油产量为220.4万吨，占全球总产量的4.9%，居世界第六。[3] 伊朗曾被"南部天然气走廊"列为潜在的供气国，但是遭到美国的反对。2011年11月，当美国总统奥巴马签署扩大对伊朗油气行业实行制裁的总统令之后，欧盟也加入到对伊油气制裁的行列，先后于2012年1月和10月宣布了对伊朗石油和天然气的禁运令。美欧对伊朗的制裁给中国与伊朗的油气合作既造成了机遇，也带来了风险。以石油为例，在对伊制裁的10年里，中国从伊朗进口石油的数量时高时低，上下起伏不定。在制裁的最初几年里，中国抓住机遇，在伊朗进口石油的数量从2005年的1427.28万吨逐年增加到2010年的2131.95万吨，

---

[1] 寇忠：《中亚输气管道建设的背景及意义》，《国际石油经济》2008年第2期，第46—47页。
[2] 朱景朝、李明：《中亚天然气管道2017年向国内输气逾387亿方》，《中国能源报》2018年1月8日第13版。
[3] https://www.bp.com/content/dam/bp/business-sites/en/global/corporate/pdfs/energy-economics/statistical-review/bp-stats-review-2019-full-report.pdf.

占到中国石油进口总量的9%,一直保持伊朗作为中国石油进口第三大国的位置。详见表5-6。

表5-6　　　　　　2000—2017年中国石油来源国前六位进口量

(单位:万吨)

	2000	2005	2010	2015	2016	2017
沙特	573.02	2217.89	4463.00	5054.20	5100.34	5218.39
安哥拉	863.66	1746.28	3938.19	3870.75	4375.16	5042.99
伊朗	700.05	1427.28	2131.95	2661.59	3129.75	3115.00
阿曼	1566.08	1083.46	1586.83	3206.42	3506.92	3100.95
俄罗斯	147.67	1277.59	1524.52	4243.17	5247.91	5979.64
伊拉克	318.32	117.04	1123.83	3211.41	3621.64	3686.46
……	……	……	……	……	……	……
进口总量	7026.53	12708.32	23931.14	33549.13	38103.78	41996.65

数据来源:田春荣:《2017年中国石油进出口状况分析》,《国际石油经济》2018年第3期。

正如中国前驻伊朗大使华黎明所说的:"如果没有美伊关系的紧张对峙,伊朗这个市场我们是进不去的","实际上,现在美伊关系的紧张,在核问题上强烈对峙,对中国既是压力,同时也是机遇。中东乱局确实构成了世界和平的不安全因素,但是这恰恰给中国提供了一些机遇",我们可以通过"做两边的工作,消除双方的敌对,缓解相互之间的矛盾,然后我们还能继续在伊朗采油,同时中美关系也不受影响"。[①]

然而,在2012年美欧采取更加严厉的油气制裁手段之后,尽管中国明确表示中国与伊朗之间的一切经贸往来都是在国际规范基础之上的合法交易,中国作为一个独立主权国家不可能盲目追随美国发起的对伊朗经济制裁,特别是不可能禁买伊朗石油。[②] 但是,由于美欧核制裁的加大,例如美国货轮制裁导致外轮不愿再靠泊伊朗,以及美元结算易遭受冻结等因素,中国虽然继续从伊朗进口石油,但是数量也未再增加,甚至还有所减少。在2012年到2015年,伊朗逐渐降为中国第六位石油进口国,在中国石油进口总量的比例下降到了8%。直到2016年1月伊朗核协议正式生

[①] 林永锋:《中伊合作:为石油更为和平》,《中国能源报》2010年3月29日第9版。
[②] 梅新育:《中国不可能停买伊朗石油》,《人民日报》(海外版)2012年1月12日第1版。

第五章 "南部走廊"与中国天然气外交的战略选择

效,伊朗的石油禁运被解除,中国从伊朗进口石油才又有所增长。

尽管如此,在2017年1月特朗普入主白宫之后,一再声称退出伊核协议,导致伊朗局势再次蒙上阴云。2018年5月特朗普正式宣布美国单方面退出伊核协议,并决定对伊朗实行新的制裁,这也再次给中国与伊朗的油气合作造成了不确定因素。目前,中国与伊朗在天然气领域正在酝酿扩大合作规模。2017年7月,中国石油公司、法国道达尔公司与伊朗国家石油公司签署了合作开发全球第一大天然气气田项目"南帕尔斯"第11期的合同,合同期为20年,道达尔公司持股50.1%,中国石油公司持股30%,当地伙伴持股19.9%,道达尔为作业者。[①] 然而仅在不到一年之后的2018年5月,法国道达尔公司便因担心受到美国制裁的风险而宣布退出了该项目。对此,伊朗能源部长表示,如果道达尔公司因美国恢复对伊朗实施制裁而撤出,那么中国石油天然气集团有限公司将在这个项目中取代它。[②] 如果中石油接手这一世界最大气田项目,将会获得道达尔离开后留下的权益,也就是控制南帕尔斯天然气项目80%以上的股份,并且成为项目的作业方,这对于中国而言无疑是一个巨大机遇。2018年6月,伊朗总统鲁哈尼以观察员身份出席了在中国青岛召开的上海合作组织峰会,"表明其在美国重压之下加快向中方靠拢并寻求政治经济支持的强烈意愿",意味着伊朗"越发清楚地认清美国对其孤立打压的现实,在一定程度上为深化中伊合作提供了机遇"。[③] 不过,这个机遇又是与美国制裁的严峻风险同时并存的。如何在与伊朗的油气合作中既利用机会,又规避风险,成为中国能源外交需要认真面对和筹划的问题。

再次,"南部天然气走廊"还可能使里海沿岸5国在里海划分问题上的矛盾加剧。2018年8月里海沿岸5国签订的《里海法律地位公约》表明,各方的争议暂时被搁置下来。然而,"南部天然气走廊"如果扩展到往东铺设"跨里海天然气管道",则里海天然气资源的价值将更加凸显,极有可能导致5国再起纷争,这必然造成里海—中亚地区的紧张气氛。如果该地区爆发纷争和冲突,将会给中国的天然气进口造成三个不利后果:其一,中亚地区目前已经成为中国进口天然气的主要渠道。截至2017年

[①] 姜明军:《中国石油伊朗南帕斯11期项目合同签署》,《中国石油报》2017年7月6日第1版。
[②] 《中企有望接收道达尔在伊项目》,《参考消息》2018年5月18日第4版。
[③] 王晓东:《美国重启对伊朗制裁之后,世界需要怎么办?》,《21世纪经济报道》2018年8月9日第4版。

底,"中亚—中国天然气管道"已形成 A、B、C 三线并行输气格局,进入中国后与国内的西气东输二线和三线相连,年输气能力达到 550 亿立方米,累计向国内输送天然气突破 2000 亿立方米。① 并且,年输气能力 300 亿立方米的 D 线也即将于 2020 年建成投产,届时管道整体将具备每年向国内输送 850 亿立方米天然气的能力,占到国内天然气表观消费量的 1/3,占我国进口天然气总量的 50%。② 如果里海国家之间发生纷争尤其是地区冲突,则必定会给中国从中亚地区进口天然气造成风险和威胁。其二,我国通过"中亚—中国天然气管道"进口天然气的主要供气国是土库曼斯坦。据《BP 世界能源统计数据 2019》的显示,2018 年该国天然气产量为 615 亿立方米,其中本国自身消费仅 284 亿立方米,对外出口 352 亿立方米,其中中国 333 亿立方米,伊朗 19 亿立方米。③ 另外,还有一条在建的"土—阿—巴—印天然气管道"即将于 2019 年建成运营,每年的输气量为 330 亿立方米。至 2020 年,土库曼斯坦天然气的产量必须达到 1000 亿立方米左右,才能满足已建成管道的出口输气量。而从目前该国天然气产量的增长速度来看,届时达到这个目标有很大的难度。如果再同欧盟的"南部天然气走廊"合作并给欧洲输气,则势必与包括中国在内的老买家形成输气量上的竞争关系,即便土库曼斯坦不减少对中国的天然气供应量,而仅在气价问题上讨价还价,也会给中国带来极大的损失。其三,里海—中亚地区的国家为了提高生产和出口能力,极易爆发争夺资源的冲突,例如因为里海划分或者因管道走向以及铺设的分歧而爆发的冲突。一旦发生冲突,则势必会给西方国家进一步介入该地区事务提供借口和机会,如果美欧借机加大在该地区的扩张,势必会对中国形成地缘政治和能源供给的双重挤压态势。凡此种种,也均须通过能源外交做好预防性的风险评估。

最后,实施"南部天然气走廊"需要大量的资金支持,这使得欧盟的金融机构、财团、企业获得一个巨大的跨境项目机会,而中国企业由于受到欧盟对中国设置的技术壁垒或政治壁垒的阻碍,很难进入今后"南部天

---

① 刘羊旸:《中亚天然气管道累计向国内输气突破 2000 亿立方米》,《人民日报》2017 年 11 月 30 日第 1 版。
② 王尔德:《中亚天然气管道将有望每年向中国输气 850 亿方》,《21 世纪经济报道》2017 年 7 月 17 日第 12 版。
③ https://www.bp.com/content/dam/bp/business-sites/en/global/corporate/pdfs/energy-economics/statistical-review/bp-stats-review-2019-full-report.pdf.

然气走廊"及其后续的运行项目中。欧盟等西方国家通过"南部天然气走廊"进一步融入里海—中亚地区国家的经济建设中,也不可避免地会使中国与里海—中亚国家的经济合作面临着更加激烈的竞争。

二 "南部走廊"给中国天然气外交带来的机遇

尽管"南部天然气走廊"的实施对中国的天然气供应造成了严峻的挑战,但与此同时也带来了一些机遇,其中有些博弈关系错综复杂,需要缜密分析和把握,主要表现在:

(一)"南部走廊"使俄罗斯天然气西输受限所带来的机遇

"南部天然气走廊"的主要目的是欧洲要减少从俄罗斯进口天然气的数量,由此摆脱对俄罗斯天然气的高度依赖。因此,"南部天然气走廊"建成后的最大后果,是俄罗斯天然气对欧洲输出量的减少。由此,拥有富足天然气储量和产量的俄罗斯必然要另外寻找天然气输出地,那么,与俄罗斯在地理上毗邻,且又有巨大天然气消费需求的中国必然成为其选择出口的目标。对此,俄罗斯著名能源问题专家斯·日兹宁曾指出,从中国方面来说,"从距中国不远的俄罗斯进口能源会比较经济和可靠",其中,"油气领域的合作项目最有前景。首先应注意的是从伊尔库茨克地区的科维克金气田通向中国太平洋沿海的天然气管道的建设方案。……第二个项目方案是建设从西伯利亚到中国东部沿海的天然气管道"。[1]

从俄罗斯方面来说,由于"南部天然气走廊"使俄气西输受限,会造成天然气出口相对过剩,因此也在寻求往东与中国、韩国和日本输送天然气的方案。2006年3月俄罗斯总统普京访华时,俄罗斯天然气工业公司就与中石油签订了《从俄罗斯向中国供应天然气的会谈纪要》,俄罗斯将从2011年开始沿东线和西线给中国供气680亿立方米。西线方案后被否决,东线方案可能性很大,但在供气时间和数量上还需要中俄双方进一步的协商明确。[2] 详见图5-1。

---

[1] [俄]斯·日兹宁:《国际能源政治与外交》,强晓云、史亚军、成键译,华东师范大学出版社2005年版,第169页。
[2] 岳小文、吴浩筠、徐舜华:《俄罗斯出口天然气管道建设规划及对中国引进天然气资源的影响》,《石油规划设计》2010年第3期,第10页。

天然气管道外交与地缘政治博弈

图 5-1 中俄天然气管道东线和西线规划图

图片来源：杨雯：《中俄天然气谈判：摇摆的天平》，《中国能源报》2011年8月1日第13版。

除了"东线天然气管道项目"之外，俄罗斯还与中国商讨过"中俄韩天然气管道项目"、"萨哈天然气管道项目"等方案，但是，主要是因为在天然气定价问题上的分歧，这些项目一直未获得实质性进展。[①]

然而，在2013年底乌克兰危机爆发之后，尤其是2014年后欧美对俄罗斯实行制裁之后，导致俄罗斯在欧洲的能源市场日渐受挤，俄罗斯不得不为天然气寻找新的市场，而最明显、潜力最大的能源市场无疑是中国。在这种背景下，俄罗斯加速了在天然气领域与中国合作的步伐，于2014年5月签署了《中俄东线天然气购销合同》。根据合同，从2018年起，俄罗斯开始通过中俄天然气管道东线向中国供气，输气量逐年增长，最终达到每年380亿立方米，累计合同期30年。[②]

[①] 史春阳：《俄罗斯天然气工业东部战略与中俄天然气合作》，《解放军外国语学院学报》2009年第6期，第125页。
[②] 张翼：《中俄天然气大单意味着什么？》，《光明日报》2014年5月23日第10版。

第五章 "南部走廊"与中国天然气外交的战略选择

　　此次合同,焦点仍是价格问题。中俄双方都有合作的迫切需求,双方又都想以最低的成本实现各自的战略。俄罗斯向欧盟的售价约为2.3元/立方米(约为369美元/千立方米),俄方不愿意低于这一价格卖给中国天然气;而中国从中亚进口天然气的价格在2.2元/立方米(约353美元/千立方米),中国也不愿意高于这一价格承接俄罗斯的天然气。目前,国际上的管输天然气贸易主要有两种定价模式,一种是与原油挂钩,以原油价格为基准再加上热值、交货地点等系数来确定,如俄罗斯对欧洲出口天然气就主要采用这种方式;另一种是按体积、热值计价,比如中国从中亚地区进口的天然气就采用这种方式。最终双方签订合同时是采用了气价按照与油价挂钩的模式来计价的方式。这种方式高于中国从中亚进口的气价,低于俄罗斯向欧洲出口的售价,可以说是双方都做了让步的结果。从俄罗斯方面来说,之所以能够做出一定的让步,显然与欧俄关系的日益恶化直接相关。俄罗斯总统外事助理乌沙科夫在回答记者"俄与西方关系复杂化在多大程度上影响俄中关系谈判,并迫使俄让步"时说:"很明显,在某种程度上是有影响的。"[1] 从中国方面来说,最后的协议价格虽然与中国的愿望有差距,但在谈判中也坚守了自己的底线:"第一,不能按照欧洲的价格来对待亚洲;第二,必须考虑中国市场的接受能力"。[2] 尽管按照商业合同惯例,计价公式和气价可以保密而不公布,但能源专家在综合多种因素后推断,该合同的总体价格可能为350.8美元/千立方米,略高于中亚气的进口价(约320美元/千立方米),低于俄输欧天然气的平均价(约380.5美元/千立方米)。[3]

　　可以预见,如果"南部天然气走廊"于2020年建成通气的话,将会进一步挤压俄罗斯天然气向欧洲出口的数量,导致俄罗斯对中国市场的依赖性进一步增强,从而会使中俄之间关于天然气议价的天平进一步向中方倾斜。再加上中国自2010年以来天然气来源多元化战略取得重大进展,"中亚—中国天然气管道"到2020年时的供气能力可达每年850亿立方米,"中缅天然气管道"每年120亿立方米,还有海道来自澳大利亚、卡

---

[1] 《中俄终携手天然气》,《国土资源》2014年第6期,第12—13页。
[2] 郭芳、李凤桃、王红茹:《4000亿大单是如何炼成的》,《中国经济周刊》2014年第21期,第24页。
[3] 张抗、白振瑞:《中俄东线供气购销合同的回顾和展望》,《天然气技术与经济》2014年第4期,第2页。

塔尔等十多个国家的液化气（LNG）。这些因素综合起来，必然使得中国在进口俄罗斯天然气的合作中增加讨价还价的砝码，从而处于更加主动和有利的位置。

（二）俄罗斯对"南部走廊"的反制带来的机遇

俄罗斯同欧盟之间围绕着"南部天然气走廊"一直进行着激烈的博弈。在2014年以前，俄罗斯通过"南溪管道"项目同"纳布科计划"展开博弈，导致"纳布科计划"一再推延并最终流产，成功阻击了这个"南部天然气走廊"的旗舰项目。2014年底，俄罗斯在放弃"南溪管道"项目之后，马上又推出了"土耳其流管道"项目，继续同"南部天然气走廊"进行博弈。2016年10月，俄罗斯与土耳其两国正式签署了建设"土耳其流天然气管道"项目协议。[1] 2017年5月，"土耳其流管道"正式开工建设，预计于2019年完工。[2] "土耳其流管道"与"南部天然气走廊"除了气源地不同之外，过境国和目的地都大致相同，即都是经过土耳其后进入东南欧。然而，两者在输气量上相比的话，相差却极其悬殊："南部天然气走廊"目前还只落实了阿塞拜疆100亿立方米天然气，而"土耳其流管道"的年输气量则高达630亿立方米，其中除了160亿供给土耳其之外，还有470亿输往欧洲，如此大的输气量对于欧洲尤其是东南欧国家来说，是有巨大诱惑力的，所以欧盟对于"土耳其流管道"产生了一种爱恨交加的矛盾心理，"一方面他们反对这个项目的推广计划，另一方面又说想从这个管道获得天然气。"[3] 如果"土耳其流管道"建成输气之后，那么，"南部天然气走廊"想要继续往东延伸，通过建设"跨里海天然气管道"来获得土库曼斯坦和哈萨克斯坦天然气的迫切性就会大大降低，从而也就大大减轻了中国从这两个国家进口天然气的竞争压力。

里海—中亚地区被俄罗斯看作是自己的后苏联空间。为了能够从战略态势上在这一地区同欧美进行地缘能源政治的博弈，俄罗斯于2014年5月发起成立了欧亚经济联盟。2015年1月该联盟正式启动，成员国有俄罗斯、哈萨克斯坦、亚美尼亚和吉尔吉斯斯坦。俄罗斯力图通过这个一体化

---

[1] 驻伊斯坦布尔总领馆经商室：《土俄签署"土耳其流"天然气管道项目》，中华人民共和国商务部网，2016年10月24日，http://www.mofcom.gov.cn/article/i/jyjl/j/201610/20161001434194.shtml。
[2] 驻俄罗斯联邦经商参处：《土耳其流"天然气管道开始动工》，中华人民共和国商务部网，2017年5月10日，http://www.mofcom.gov.cn/article/i/jyjl/e/201705/20170502572866.shtml。
[3] 张智勇：《"土耳其流"登陆巴尔干半岛》，《光明日报》2015年6月23日第12版。

组织，来保持在中亚经济领域的主导性地位，这给中国扩大与俄罗斯和中亚国家的经济合作也提供了机遇。在此之前的2013年9月，中国国家主席习近平在访问中亚期间刚刚提出了共同建设"丝绸之路经济带"的倡议。在这一倡议提出之后不久，习近平主席在2014年2月同普京总统的会晤时表示："中方欢迎俄方参与丝绸之路经济带和海上丝绸之路建设，使之成为两国全面战略协作伙伴关系发展的新平台。"普京总统则表示："俄方积极响应中方建设丝绸之路经济带和海上丝绸之路的倡议。"① 在此基础上，中国国家主席习近平与俄罗斯总统普京在2015年5月共同签署并发表了《关于丝绸之路经济带建设与欧亚经济联盟建设对接合作的联合声明》，确定双方"努力将丝绸之路经济带建设和欧亚经济联盟建设相对接，确保地区经济持续稳定增长，加强区域经济一体化，维护地区和平与发展"。② 说明中俄两国高层在丝绸之路经济带和欧亚经济联盟的相互关系上已达成了共识，从而为中国与欧亚经济联盟成员国的经贸发展奠定了基础。2016年6月，中国与欧亚经济联盟经贸合作协议谈判正式启动。2017年10月，两国签署了《关于实质性结束中国与欧亚经济联盟经贸合作协议谈判的联合声明》。2018年5月，中国与欧亚经济联盟各成员国共同签署了《中华人民共和国与欧亚经济联盟经贸合作协定》，标志着中国与该联盟及其成员国经贸合作从项目带动进入制度引领的新阶段，对于推动"一带一路"建设与欧亚经济联盟建设对接合作具有里程碑意义。③ 能源合作无论对于"丝绸之路经济带"还是欧亚经济联盟，都在发挥着引擎的作用。通过能源外交来推进"丝绸之路经济带"和欧亚经济联盟的对接，不仅为中俄之间和中国与中亚之间提供了一个开展能源合作的新平台，而且也有助于增加政治互信、经贸互利以及人文交流，进一步推进全面战略协作伙伴关系的发展。

俄罗斯同欧美能源博弈的另一个国际组织是被称为"天然气欧佩克"的"天然气出口国论坛"（GECF）。该组织自2001年成立以来，迄今已有12个成员国，5个观察员，囊括了全球最大天然气生产国俄罗斯和主要天然气出口国伊朗、卡塔尔、利比亚、尼日利亚、委内瑞拉等，其成员国控

---

① 杜尚泽、陈效卫：《习近平会见俄罗斯总统普京》，《人民日报》2014年2月7日第1版。
② 《中华人民共和国与俄罗斯联邦关于丝绸之路经济带建设和欧亚经济联盟建设对接合作的联合声明》，《人民日报》2015年5月9日第2版。
③ 周翰博：《中国与欧亚经济联盟签署经贸合作协定》，《人民日报》2018年5月18日第21版。

制了全球60%的天然气储量、70%的天然气开采量和60%的天然气国际贸易量。① 在"天然气出口国论坛"中，俄罗斯既是最大的天然气生产国，又在其中发挥着重要的，乃至主导性的作用。俄罗斯推动建立这一能源组织的一个重要目的，就是同欧美尤其是欧盟展开能源博弈。为此，俄罗斯力图把该组织打造成一个"类似欧佩克的组织"，其实质"就是建立一个协调和统一成员国之间天然气产量和价格的同盟"。② 然而，一旦形成这样一个天然气价格垄断的同盟，那么受到伤害的则就不仅仅是欧盟国家，而且也包括了亚太地区的天然气消费国家。因此，该论坛不但从一开始"就遭到美国、欧盟及日本等的抗议"，认为"将对世界能源供应构成重大和长期的威胁"，而且也"令天然气消费量正在飙升的中国感到担心"。③ 2007年4月，由中国社会科学院发布的能源蓝皮书《2007年：中国能源发展报告》就明确指出，要"警惕国际天然气生产国形成垄断联盟"，认为俄罗斯在天然气领域的频频动作，是为建立"天然气欧佩克"奠定基础，并警示"由三四个最大的天然气出口国组成的联盟，可能是组建天然气垄断组织的第一步，会比石油欧佩克更有效力，将成为全球市场的一场梦魇"。④ 还有分析更明确指出："'天然气欧佩克'的倡导者实际是以俄罗斯为首的几个国家，随着世界各国对排放的要求越来越高，天然气的使用量也快速增加，俄罗斯正是利用这个形式，企图建立类似欧佩克的价格和产量联盟，以此来达到遏止中国及欧洲的战略目的。"⑤

不过，俄罗斯所主导的"天然气出口国论坛"虽然有将其引向"天然气欧佩克"的意愿，却由于美国"页岩气革命"的冲击而至今仍未能变为现实。一方面，美国通过"页岩气革命"而正在走向"能源独立"，这使原本寄希望于大量向美国出口液化天然气的中东国家不得不将目标转移至欧洲地区，例如作为"天然气出口国论坛"成员国之一的卡塔尔将目光转向欧洲，以近乎倾销的价格向欧洲出售过剩的天然气产品，形成对俄罗斯通过管道输送天然气到欧洲的竞争压力，从而打破了该论坛成员国之间协调统一价格的愿景。另一方面，美国在"页岩气革命"之后，不但实现了

---

① 子尧：《"天然气欧佩克"之路坎坷多艰》，《中国石化报》2015年6月5日第8版。
② 刘乾：《里海管线串谋天然气欧佩克》，《财经时报》2007年5月21日第A08版。
③ 赵剑飞：《"天然气OPEC"萌芽》，《财经》2007年第8期，第97—98页。
④ 王世玲：《警惕国际"天然气欧佩克"》，《21世纪经济报道》2007年4月23日第6版。
⑤ 傅凯：《俄罗斯欲借"天然气欧佩克"遏制中国?》，《北京商报》2007年4月11日第4版。

能源自给，而且具有了液化天然气（LNG）出口的能力，其出口方向不但冲击着俄罗斯天然气向欧洲地区的传统出口，而且也冲击着俄罗斯向新开辟的亚太地区的出口。在"天然气出口国论坛"影响和作用式微的背景下，中国作为亚太地区最大的天然气消费国家，也就可以解除对"天然气欧佩克"企图垄断天然气价格的后顾之忧，充分利用这一背景来大力实施天然气进口渠道多元化的战略，在继续把俄罗斯作为天然气来源渠道的同时，也将美国开拓为另一个天然气进口的重要渠道；同时还可以用相对便宜的美国天然气价格来制衡俄罗斯的天然气价格，从而在与俄罗斯围绕天然气价格的谈判中掌握更多的砝码和主动权。

（三）中亚五国实行大国平衡外交政策所带来的机遇

能源外交是一个国家对外战略的一部分，其实施是以一国的基本外交政策为导向的。欧盟的"南部天然气走廊"之所以能够被中亚的哈萨克斯坦和土库曼斯坦所接受，即是得益于这些国家所奉行的全方位平衡外交政策。对于中国而言，也同样可以利用中亚国家的这种外交政策来开展双边和多边的能源合作。

哈萨克斯坦、乌兹别克斯坦、土库曼斯坦、吉尔吉斯斯坦和塔吉克斯坦5国都曾是原苏联的加盟共和国，拥有大致相同的历史和地缘环境，独立后又面临大致相同的政治经济形势和国家战略任务。因此，它们在对外关系的政策上也形成了一种大致相同的外交取向，就是"在对外政策方面，中亚国家普遍执行全方位外交策略：他们在把对俄关系放在优先方面的同时，大力发展与美国、日本、欧洲等西方国家的友好合作，注意加强与中国、伊朗、土耳其等周边国家的睦邻关系。它们力图在与各方关系之'平衡'中求取最大限度的政治和经济利益"。[①] 这种全方位的外交政策，具体表现在同大国的关系上，就是所谓的平衡外交政策，也就是与俄、美、欧、中等各大国均保持良好关系，既不依附于某一个大国，也不轻易和某一个大国走得过于亲近。这种平衡外交政策在能源外交上的表现，就是油气出口的多元化战略，即通过平衡外交政策来保证能源出口渠道的多元化，进而实现本国利益的最大化。

在这种平衡外交和多元化能源外交政策的指导下，中亚国家的天然气出口管道正在呈现出东西南北"四通八达"的多向出口格局：往北有通往

---

① 杨丽、马彩英：《转型时期的中亚五国1990—2001》，甘肃人民出版社2003年版，第229页。

俄罗斯的"中亚—中央天然气管道"和筹划中的"沿里海天然气管道";往西有筹划中准备与"南部天然气走廊"对接的"跨里海天然气管道";往东有"中亚—中国天然气管道";往南有"土—伊管道"和在建的"土—阿—巴—印天然气管道"。其中东向跨越土库曼斯坦、乌兹别克斯坦和哈萨克斯坦的"中亚—中国天然气管道"A、B、C线和跨越土库曼斯坦、乌兹别克斯坦、塔吉克斯坦和吉尔吉斯斯坦的D线,正是中国基于这5国实行大国平衡外交政策所形成的机遇,大力开展能源外交所结出的丰硕成果。继续抓住这个机遇,巩固和扩大与中亚国家在油气合作领域的成果,并且与俄、欧、美等同样希冀利用该地区平衡外交而获取能源利益的大国进行博弈,还将是中国能源外交的一个长期任务。

对于中国而言,中亚5国的大国平衡外交还为中国提供了可以利用俄罗斯与欧美之间"鹬蚌相争、渔翁得利"的机会。在中亚国家独立的初期,由于历史遗留的因素,这些国家的能源生产和出口运输都处于俄罗斯的牢固控制之下。这种局面如果长此以往,中国要想在该地区开展能源合作是非常困难的。然而,由于这些国家实行了多方位的大国平衡外交,使得美国和欧盟获得了长驱直入该地区的机会,从而打破了俄罗斯作为该地区唯一主导大国的局面,造成了"没有任何一个大国单独控制这一地缘政治空间,保证全世界都能不受阻拦地在财政上和经济上进入该地区"① 的可能性。由此,中国作为中亚国家的邻国,也就顺理成章地获得了介入该地区的机会。当着中国也进入到该地区,并且成为一个重要的合作大国之后,该地区的大国关系就不再是一个大国主导或两个大国竞争的局面,而是呈现出一种三边结构的格局,类似于一个不规则三角形,其中"俄罗斯为'大底边',美中两国形成两小斜边"。② 面对这种局面,中亚各国可以通过对三者的比较看出,无论是俄罗斯还是美欧,都存在着以能源为手段来谋求地缘政治利益的意图,唯有中国是在追求"互惠互利"、"合作共赢"的经济目标,这就为中国在该地区开展能源合作赢得了一种互信的优势。同时,由于美欧与俄罗斯之间的博弈已几近零和博弈,并且还会长期处于对抗性的竞争状态,这也会推延他们将中国视为主要战略竞争对手的

---

① [美]兹比格纽·布热津斯基:《大棋局:美国的首要地位及其地缘战略》,中国国际问题研究所译,上海人民出版社2015年版,第122页。
② 赵会荣:《俄美中欧在中亚:政策比较与相互关系》,《新疆师范大学学报》(哲学社会科学版)2014年第4期,第58页。

时间，暂缓中国在中亚地区的竞争压力，从而使中国在该地区开展能源合作获得了一个宝贵的时机。充分运用这种优势和利用这个时机来巩固和扩大与中亚国家的能源合作，自然也是摆在中国能源外交面前的一个重要任务。

（四）美国在中亚地区影响力暂时受阻所带来的机遇

在欧盟布局"南部天然气走廊"管道网络的过程中，美国是最积极的推动者。美国之所以大力支持"南部天然气走廊"，主要原因是出于地缘政治因素的考虑，也就是要通过控制中亚地区这个亚欧大陆"世界岛"的"心脏地带"，来达到继续保持世界领导地位的目的。对此，布热津斯基明确地说："美国出现在背景之中并逐渐成为一个越来越重要的也许是间接的棋手。它显然不仅对开发这个地区的资源感兴趣，而且要阻止俄罗斯单独主导这个地区的地缘政治空间"，"正是由于这种考虑才使油气管道问题成为影响里海盆地和中亚的未来的主要问题。如果连接这一地区的主要的管道继续穿过俄罗斯领土到达俄罗斯的黑海港口新罗西斯克，即使俄罗斯不公开地炫耀实力，这种情况的政治后果也会自然地显现出来。这个地区仍将在政治上依附于俄罗斯，而俄国在决定如何分配该地区的新财富问题上就会处于强有力的地位。反过来，如果另有一条管道穿过里海通到阿塞拜疆再经土耳其到达地中海，或者还有一条管道经过阿富汗到达阿拉伯海，那么就不会有任何一个大国垄断进入该地区的途径了"。①

然而，现实的态势却是：尽管美国现在是全球"一极超强"的大国，但是在中亚地区的地缘政治博弈中，目前却还仍然处在俄罗斯的下风，如有专家所分析的那样："中美俄关系依旧表现为'不平衡、不对称'的三角关系"，"就中亚地区而言，美国并没有能力挑战俄罗斯和中国在中亚的根本利益"。②

美国在中亚地区的影响力之所以受到局限，主要是以下三个因素造成的：

其一，正如布热津斯基在《大棋局》一书中所说的，中亚"这个地区在地缘战略上对美国的含义十分清楚：美国相距太远而无法在欧亚大陆的

---

① ［美］兹比格纽·布热津斯基：《大棋局：美国的首要地位及其地缘战略》，中国国际问题研究所译，上海人民出版社2015年版，第115页。
② 高飞：《中亚博弈：冷战后的中美俄关系》，《外交评论》2010年第2期，第124页。

这一部分成为主导力量，但美国又太强大而不能不参与这一地区的事务"。[①] 尽管美国是一个全球性的超级大国，但是对于中亚国家来说，与相隔遥远的美国相比，处理好与俄罗斯、中国和其他周边国家的关系更为重要。尤其是俄罗斯，中亚国家从历史到现在，从政治到经济，都有着千丝万缕的联系。相对而言，美国是一个与中亚相隔万里，没有任何密切历史人文联系的国家。因此，尽管中亚国家在平衡外交的指导下，对俄罗斯和美国采取左右逢源的灵活政策，但在总体上还是与俄罗斯更加紧密一些，在具体领域的合作上也是与俄罗斯更多一些。

其二，2001年"9·11"事件之后，美国借在阿富汗军事打击恐怖主义的名义，相继在乌兹别克斯坦和吉尔吉斯斯坦建立军事基地，使美国进入了包括民主和能源在内的全面介入中亚地区事务的阶段。然而，2005年乌兹别克斯坦发生的"安集延事件"和2005年、2010年吉尔吉斯斯坦发生的两次非正常政权更迭，以及美国在其中推行西方民主所产生的负面作用，引起了中亚国家领导人的高度警惕和极大愤怒，从而严重动摇了美国自"9·11"事件以来在中亚确立的形象和地位。此后，中亚国家纷纷与美国拉开距离，而与俄罗斯的关系更加紧密。2005年和2014年，在乌兹别克斯坦和吉尔吉斯斯坦的强烈要求下，美军先后撤离了在两国设立的汉纳巴德空军基地和玛纳斯空军基地，美国在中亚地区的影响力也随之大大地减弱了。

其三，相比较而言，美国对于中亚无论是在重视程度上，还是力量投入上，都不如俄罗斯，这也是美国在中亚地区的地缘博弈中处于俄罗斯下风的一个因素。在奥巴马执政时期（2008—2016），曾力图通过"新丝绸之路"战略，以一种务实的姿态来修复同中亚国家之间的关系，将合作的重心转向经济和民生方面，意图挽回在中亚地区式微的局面，但除了2015年10月与中亚5国建立了"C5+1"（中亚5国+美国）机制，算是弥补了缺少覆盖整个中亚地区合作机制的缺陷之外，总的来说没有取得多大的收效。2017年1月特朗普担任美国总统之后，也只是沿袭了这一机制，迄今还没有表现出更大的力度和更新的措施，这种状态估计还会延续一段时间。

以上三个因素，预计在未来一段时间里也还不会改变。由此，美国也

---

① [美]兹比格纽·布热津斯基：《大棋局：美国的首要地位及其地缘战略》，中国国际问题研究所译，上海人民出版社2015年版，第122页。

就不可能在短时间内在中亚地区获得如同在全球其他地区的那种优势。在这种形势下，中国必须充分利用好这种时机，在中亚地区的地缘政治博弈中与俄罗斯联手，迟滞美国以及欧盟势力全面介入中亚事务的时间，抓紧完成自己在中亚地区的能源布局。

第三节　中国应对"南部走廊"的天然气管道外交对策

中国虽然不是"南部天然气走廊"的气源国、消费国或过境国，未直接参与"南部天然气走廊"的诸种博弈，但是在国际经济政治联系已经十分紧密的国际环境下，仍不可避免地会受到"南部天然气走廊"的影响，在天然气进口的来源、规模、价格、结构等方面将面临可能的冲击，在对外交往中也需要表明一定的态度和立场。此外，各国围绕"南部天然气走廊"进行的竞争和合作博弈，也为中国在天然气安全和天然气外交等方面提供了可资借鉴的经验。对于中国而言，为了应对"南部天然气走廊"所造成的机遇和挑战，完全有必要制定相应的天然气外交对策，以确保天然气进口渠道的安全和稳定。

目前，我国已经初步形成了四大天然气进口通道的多元化战略格局，即西向的"中亚—中国天然气管道"、北向的"中俄天然气管道"、南向的"中缅天然气管道"和海上的液化气（LNG）运输通道。我国天然气外交的主要任务，就是围绕着这四大通道的地缘政治趋向，来趋利避害地部署自己的战略对策。

一　优化西向：保障中亚天然气管道稳定运营

"中亚—中国天然气管道"已经成为中国进口天然气的主渠道。在该管道竣工投产以前，我国天然气的进口完全依赖海运的液化气。而在目前，该管道的 A、B、C 三条管线的供气量已占到我国天然气进口总量的 40% 左右。待到该管道的 D 线通气之后，将会达到天然气进口量的一半以上。

2009年12月、2010年10月和2014年5月,"中亚—中国天然气管道"A线、B线和C线先后建成通气,形成了三线并行的输气格局。根据英国石油公司(BP)的统计,"中亚—中国天然气管道"对我国的进口量由2010年的35.5亿立方米,增长到了2018年的450亿立方米,已经在我国天然气总进口量中占据了将近半壁江山的地位。详见表5-7。

表5-7　2010—2018年中国进口和"中亚—中国天然气管道"输气量一览表

(单位：亿 m³)

年度	进口方式	进口总量		中亚—中国天然气管道进口		
				数量	占比	总占比
2010	LNG	128	163.5	0	0	21.7%
	管道	35.5		35.5	100%	
2011	LNG	166	309	0	0	46.3%
	管道	143		143	100%	
2012	LNG	200	414	0	0	51.7%
	管道	214		214	100%	
2013	LNG	245	519	0	0	52.8%
	管道	274		274	100%	
2014	LNG	271	584	0	0	48.5%
	管道	313		283	90.4%	
2015	LNG	262	598	0	0	49.5%
	管道	336		296	88.1%	
2016	LNG	343	723	0	0	47.2%
	管道	380		341	89.7%	
2017	LNG	526	921	0	0	39.3%
	管道	395		362	91.6%	
2018	LNG	735	1214	0	0	37.1%
	管道	479		450	93.9%	

资料来源：根据2011—2019年BP Statistical Review of World Energy综合整理。

另据我国媒体报道,2017年,我国天然气进口总量为960亿立方米,其中液化气534亿立方米，管道天然气426亿立方米。① 2017年"中亚—中国天然气管道"向中国输气387.38亿立方米，占到了天然气进口总量的40.4%，占到了天然气管道进口的91%。②

鉴于我国与中亚国家的关系均比较友好，因此应着力优化和改善"中亚—中国天然气管道"的4条管线，确实保障4条管线的稳定运营，并在此基础上适时增加进口量。

（一）扩大与土库曼斯坦的合作

土库曼斯坦是"中亚—中国天然气管道"的主要供气国。自2013年至今的几年里，从土库曼斯坦输往中国的天然气占到了该管道85%以上，哈萨克斯坦和乌兹别克斯坦两国合计不到15%。因此，加强与土库曼斯坦的天然气合作，是保障西向天然气进口渠道的主要任务。

土库曼斯坦是最早与中国开展天然气合作的中亚国家。2000年7月，中国国家主席江泽民访问土库曼斯坦，同尼亚佐夫总统举行会谈并签署了中土联合声明，中石油与土库曼斯坦石油部签署了《中国石油天然气集团公司与土库曼斯坦石油部在石油天然气领域的合作备忘录》，中国开始进入该国能源领域。2006年4月，土库曼斯坦总统尼亚佐夫抱病对我国进行国事访问，期间与中国国家主席胡锦涛亲自签署了建设中亚天然气管道的协议。③ 协议规定，从2009年起的30年内，土库曼斯坦每年将经中亚天然气管道，向中国输送300亿立方米天然气。"正是以此为开端，中国第一条引进境外天然气的长输管道项目正式启动。"④ 2007年7月，新任土库曼斯坦总统别尔德穆哈梅多夫访问中国，访问期间中土双方正式签署了为期30年的《关于土库曼斯坦阿姆河右岸巴格德雷合同区块产品分成合同》和《天然气购销协议》，使原协议得到具体落实。

2008年6月，中国和土库曼斯坦天然气管道"巴格德雷"合同区第一天然气处理厂奠基仪式在土库曼斯坦阿姆河右岸举行，标志着中土天

---

① 高芸、高钰杰、栾佳：《2017年中国天然气发展述评及2018年展望》，《天然气技术与经济》2018年第1期，第2页。
② 朱景朝、李明：《中亚天然气管道2017年向国内输气逾387亿方》，《中国能源报》2018年1月8日第13版。
③ 张国宝：《我亲历的中亚天然气管道谈判及决策过程》，《中国能源报》2016年1月11日第5版。
④ 郭金龙：《中亚气龙来华始末》，《中国石油石化》2014年第19期，第77页。

然气合作项目全面进入实质性工程建设阶段。① 2009年12月14日,"中亚—中国天然气管道"在土库曼斯坦举行正式通气仪式,中国国家主席胡锦涛、土库曼斯坦总统别尔德穆哈梅多夫、哈萨克斯坦总统纳扎尔巴耶夫、乌兹别克斯坦总统卡里莫夫共同出席。四国元首致辞后,共同打开管道启动阀门,中国—中亚天然气管道成功实现通气。② 该管道起于阿姆河右岸的土库曼斯坦和乌兹别克斯坦边境,经乌兹别克斯坦中部和哈萨克斯坦南部,从霍尔果斯进入中国,全长约一万公里,其中土库曼斯坦境内长188公里,乌兹别克斯坦境内长530公里,哈萨克斯坦境内长1300公里,其余约8000公里位于中国境内,是世界上最长的天然气管道。此后,与该管道相向并行的B线、C线也先后于2010年10月和2014年5月建成投产。入境后,A、B线与西气东输二线管道相连,C线与国内的西气东输三线相连,可惠及我国18个省区市,受益人数达到5亿人。③ 走向不同的D线以土库曼斯坦的复兴气田为气源,途经乌兹别克斯坦、塔吉克斯坦、吉尔吉斯斯坦进入中国,止于新疆乌恰,也于2014年9月开工建设,管道全长1000公里,设计输气量为300亿立方米,与西气东输五线相接。D线投产后,中国从中亚进口天然气规模将达到850亿立方米。④

土库曼斯坦作为"一带一路"的重要沿线国家,较早地支持和参加了"一带一路"建设。在习近平主席提出"丝绸之路经济带"的倡议不久,中土两国就在2014年5月签署的《关于发展和深化战略伙伴关系的联合宣言》中表示:"双方将共同推动'丝绸之路经济带'建设,研究开展合作的方式并启动具体合作项目。"⑤ 实际上,土库曼斯坦自1995年获得永久中立地位起,就将"复兴古丝绸之路"定为兴国重要战略之一,"复兴古丝绸之路"已成为该国经济与社会发展、对外经济与外交的重要任务。土库曼斯坦驻华大使鲁斯塔莫娃·齐纳尔认为:"一带一路战略与土库曼斯坦总统别尔德穆哈梅多夫提出的复兴古丝绸之路的国际倡议在内容上是

---

① 王作葵:《中土天然气合作项目进入实质性建设阶段》,《人民日报》2008年6月30日第3版。
② 吴绮敏:《中国—中亚天然气管道通气》,《人民日报》(海外版)2009年12月15日第1版。
③ 李天星:《西北通道:油气长龙并驾齐驱》,《中国石油企业》2012年第9期,第55页。
④ 《中亚天然气管道D线开工》,《石油工程建设》2014年第5期,第30页。
⑤ 《中华人民共和国和土库曼斯坦关于发展和深化战略伙伴关系的联合宣言》,《人民日报》2014年5月13日第3版。

不谋而合的。"① 中国驻土库曼斯坦大使孙炜东也指出:"习近平主席提出共建'一带一路'伟大倡议,土库曼斯坦总统别尔德穆哈梅多夫倡议'复兴古丝绸之路',两国战略目标高度契合。"② 另外,在经济上,土库曼斯坦是天然气储量丰富的资源大国,国民经济发展的任务艰巨,渴望多元化的天然气出口渠道;中国则是世界第二大经济体,能源已凸显出日益紧缺的现实,渴望获得充足稳定的天然气进口渠道,双方具有各取所需的互补和互惠。在政治上,两国高层交往频繁,在涉及国家独立、主权和领土完整等重大问题上相互理解和支持,在国际和地区事务中保持密切磋商与配合,双方一直保持着全面互信的睦邻友好关系。正如习近平主席 2013 年 9 月访问土库曼斯坦时所指出的:"中国和土库曼斯坦分别是世界重要能源消费国和重要能源生产国,双方开展能源合作具有天然优势和巨大潜力。"③ "中土天然气合作具有战略性、长期性、前瞻性,充分体现了两国政治互信的高水平和优势互补、互利共赢的特性。"④ 表明两国的天然气合作具有有利的条件,拥有巨大的潜力和良好的前景。

目前,我国与土库曼斯坦的天然气贸易主要有两个目标:一个是确保已经投产的 A、B、C 线顺利稳定运营,达到足额供气;一个是推进 D 线建设,尽快实现通气以扩大供气量。

从第一个目标来看,自从 2009 年 12 月"中亚—中国天然气管道"首次通气,到 2018 年,土库曼斯坦出口到中国的天然气数量从 35.5 亿立方米增加到了 333 亿立方米,供气量呈现出逐年递增的良好态势。详见表 5-8。

表 5-8　　　　2010—2018 年土库曼斯坦天然气出口至中国的数量

(单位:亿 m^3)

2010	2011	2012	2013	2014	2015	2016	2017	2018
35.5	143	213	244	255	277	294	317	333

资料来源:根据 2011—2019 年 BP Statistical Review of World Energy 综合整理。

---

① [土]鲁斯塔莫娃·齐纳尔:《土库曼斯坦积极参与一带一路战略构想》,《大陆桥视野》2015 年第 11 期,第 80 页。
② 薛子文:《天然气合作是中土双边关系的"压舱石"——访中国驻土库曼斯坦大使孙炜东》,《中国石油报》2017 年 7 月 24 日第 1 版。
③ 《习近平接受土、俄、哈、乌、吉五国媒体联合采访》,《人民日报》2013 年 9 月 4 日第 2 版。
④ 杜尚泽、林雪丹:《习近平同土库曼斯坦总统别尔德穆哈梅多夫会谈》,《人民日报》2013 年 9 月 4 日第 1 版。

然而，从2017年底到2018年初，土库曼斯坦对中国的天然气突然减少了供应。从2017年11月开始，"土气"的供应量日均缺口突破0.2亿立方米。进入2018年1月，"土气"供给缺口进一步扩大，日均输气缺口增至0.5亿立方米——这一数字逼近了"中亚—中国天然气管道"日运输量的半数，以至于负责该管道营运的中石油竟称"中亚管道已经开始间歇输送运行……中石油管网面临崩盘危险"。[①] 其时正值中国大规模推行"煤改气"和取暖用气高峰期，"土气"锐减使我国北方的河北、河南、山东、陕西等多地出现"气荒"，国民经济发展与居民正常生活均受到不同程度的波及。

分析"土气"锐减的原因，根据中石油披露的信息显示，一是输气设备故障需要维修，导致管道源头的供气量明显降低；二是沿线过境国家的用气量陡增，中国因处于管道下游，使接收规模受到压缩。[②] 不过，也有分析人士认为，土库曼斯坦"更多的意图是想借此提高天然气出口价格，并声称可以把供应中国的天然气转输到欧洲，卖出高价"。[③] 这说明，与土库曼斯坦的天然气合作也同样存在着地缘政治影响的不确定性。

同时，也应该看到，即便中土的天然气合作存在着暂时减少供应的风险，但是两国的双边关系和天然气领域合作的基本面都是向好的，因此，同土库曼斯坦的天然气合作，首先需要坚定信心，面向未来，本着"互利共赢、开放包容"的原则，继续深化合作；其次，为了规避暂时性的风险，还须挖掘合作潜力，创新合作模式，逐步实现上、中、下游的协调合作，不断提升抗风险能力；最后，还应在保障我国供气安全的基础上，同时兼顾两国的合理价格关切，注重维护双方的共同利益，谋求共同发展。

中土天然气贸易的第二个目标是通过D线建设来扩大合作，增加供气量。D线虽然与A、B、C三线一样，仍然以土库曼斯坦为气源国，但是，气源地的具体位置却有很大不同，A、B、C三线的气源地均为该国东部的阿姆河右岸气田，而D线气源地的具体位置则为该国中部的复兴气田，设

---

① 宋亦明：《从石油到天然气：中国维护能源安全主战场的大转移》，《世界知识》2018年第6期，第55页。
② 同上。
③ 童莉霞、丛思雨：《加速构筑天然气境外供应安全体系》，《国际商报》2018年4月19日第3版。

计年输气量为 300 亿立方米。目前，该管线正在建设中，据中石油对外宣称，该管线将于 2020 年左右建成投产。① 届时，由土库曼斯坦进入我国的天然气数量又会有一个大幅度的增长。

（二）推进与哈萨克斯坦和乌兹别克斯坦的合作

哈萨克斯坦和乌兹别克斯坦均为"中亚—中国天然气管道"的过境国兼输气国，因而积极发展与该两国的天然气能源关系至关重要。

哈萨克斯坦是里海—中亚地区最早与中国开展能源合作的国家。早在 2006 年 7 月，两国之间就建成了"哈—中原油管道"，西起里海的阿特劳，东至中国阿拉山口，全长 2833 公里，于 2013 年年底具备每年向中国输送 2000 万吨原油的输油能力，目前已累计向中国输油超过 1 亿吨。该管道既是哈国第一条直接与国际终端市场相连的管道，也是我国第一条大型战略级跨国原油进口管道，被誉为是"丝绸古道的现代化身"。② 详见图 5-2。

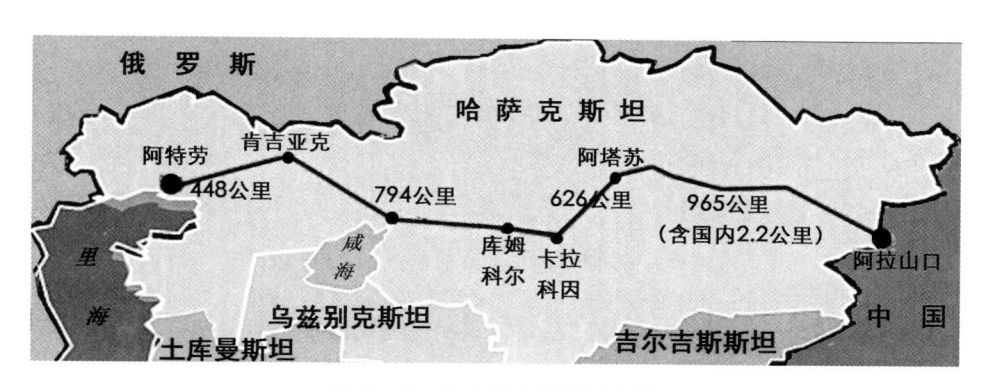

图 5-2 中哈原油管道示意图

图片来源：李春辉、王欣昀：《油气合作架起中哈共赢金桥》，《中国石油报》2017 年 6 月 5 日第 4 版。

天然气合作也是中国与哈萨克斯坦能源合作的重要内容，这主要表现在两个方面：

---

① 王尔德：《中亚天然气管道将有望每年向中国输气 850 亿方》，《21 世纪经济报道》2017 年 7 月 17 日第 12 版。
② 李春辉、王欣昀：《油气合作架起中哈共赢金桥——中国石油在哈油气合作 20 年纪实》，《中国石油报》2017 年 6 月 5 日第 4 版。

其一,哈萨克斯坦是"中亚—中国天然气管道"的主要过境国。根据2007年8月两国签署的政府间协议,两国合作建设的天然气管道分为一期和二期两个工程项目,其中一期工程即"中亚—中国天然气管道"A、B、C线在哈萨克斯坦的过境段,全长1300公里,占了该管道全长1833公里的71%。因此,确保该管段的安全平稳运行,对于整个管道的正常输气具有重要的作用。

其二,哈萨克斯坦还是中国天然气的供气国之一。中亚天然气建设的二期工程即哈国境内的"别伊涅乌—巴佐伊—奇姆肯特天然气管道",又称"哈萨克斯坦南线天然气管道",简称"哈南线管道"。详见图5-3。

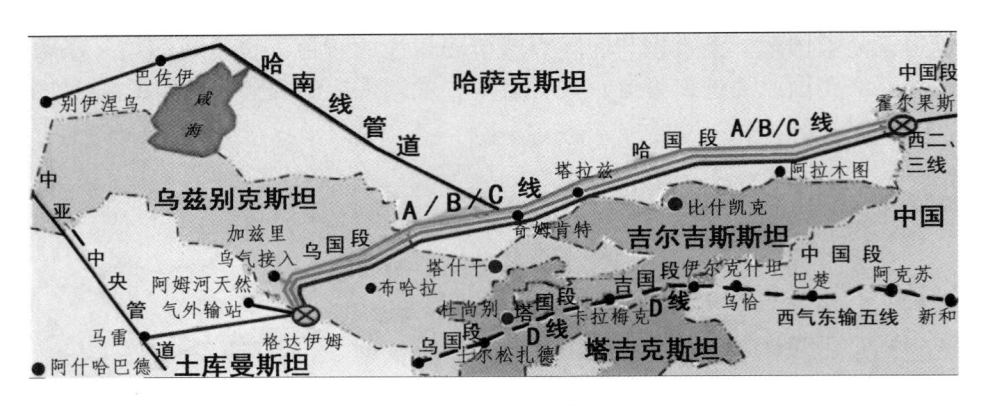

图5-3 哈萨克斯坦南线天然气管道示意图

图片来源:《一带一路·合作共赢——哈国南线建成60亿方输气能力》,《海外油气合作》公众号2017年4月18日,https://mp.weixin.qq.com/s/_gFrZu2zgykuuXMi-N61vw。

该管道于2010年12月正式开工,起点在哈国曼格斯套州的别伊涅乌,途经阿克纠宾州的巴佐伊,终点抵达南哈萨克斯坦州奇姆肯特,在此与"中亚—中国天然气管道"相连,全长1475公里,设计年输气能力为100亿立方米,可扩至年150亿立方米,其中一部分满足哈国南部经济发展和人民生活的需要,另一部分通过"中亚—中国天然气管道"出口至中国。[①] 项目分两个阶段建设:一阶段巴佐伊—奇姆肯特段线路于2013年12月27日投产通气,二阶段别伊涅乌—巴佐伊段线路于2015年11月1

---

① 郭立杰、刘志华:《中哈天然气管道二期工程在哈开工》,《中国石油报》2010年12月22日第1版。

日建成投产。① 2017 年 4 月，该管道二期工程全线完工，"打通了中国与中亚地区天然气资源输送的第二通道，对确保中哈两国的能源安全具有重要意义"。② 10 月，管道正式开启向中亚天然气管道 C 线方向的外输阀门，标志着哈萨克斯坦正式开始执行向中国供气协议，第一年供气量 50 亿立方米，进一步提升了中国从中亚方向进口天然气的保障能力。③

尤其是中哈两国是领土接壤的友好邻邦，有长达 1700 多公里的边境线，"中亚—中国天然气管道"的 A、B、C 线都是从哈萨克斯坦进入我国，因而该国的供气就显得格外重要。2017 年入冬以后，中国北方一些城市发生天然气供给不足的"气荒"现象，在中亚主要供气国土库曼斯坦对中国减少供应的情况下，哈萨克斯坦南线天然气管道及哈萨克斯坦气源助力我国冬季保供，从 2017 年 11 月到 2018 年 3 月 5 日，冬供期间哈国南线天然气管道日均供气量为 972 万立方米，向中国稳定供气累计达 11.96 亿立方米，对我国度过暂时"气荒"发挥了重要作用。④

尽管中国企业同哈萨克斯坦在油气领域已合作多年，但进一步深化合作依旧有巨大空间，尤其在增加哈萨克斯坦天然气对华出口方面，两国还有很大的合作潜力。2018 年 6 月，哈萨克斯坦共和国总统纳扎尔巴耶夫在对中国进行国事访问时，与习近平主席共同签署了《中华人民共和国和哈萨克斯坦共和国联合声明》。值得注意的是，在有关"能源合作"的条款中，将两国在一年前联合声明中的"推动两国能源贸易稳步发展"改为了"推进天然气贸易稳步发展"。⑤ 表明两国能源合作的重点已经由石油而转向了天然气领域。同月，两国的能源企业签署了《中国石油天然气集团有限公司与哈萨克斯坦能源部关于石油合同延期及深化油气领域合作的协议》，双方一致表示将进一步加强中哈两国能源领域合作，为促进两国经贸发展做出新的贡献。⑥ 这些都预示着两国的天然气合作有着广阔的前景。

---

① 薛子文：《哈国南线天然气管道建成 60 亿方输气能力》，《中国石油报》2017 年 4 月 17 日第 1 版。
② 马小宁：《中哈能源合作：互利共赢的典范》，《人民日报》2017 年 5 月 8 日第 1 版。
③ 薛子文：《哈萨克斯坦正式向中国供应天然气》，《中国石油报》2017 年 10 月 23 日第 1 版。
④ 薛子文：《中油国际管道保障国内稳定供气》，《中国石油报》2018 年 3 月 14 日第 1 版。
⑤ 《中华人民共和国和哈萨克斯坦共和国联合声明》，《人民日报》2017 年 6 月 9 日第 2 版；《中华人民共和国和哈萨克斯坦共和国联合声明》，《人民日报》2018 年 6 月 18 日第 3 版。
⑥ 孟庆璐：《中哈油气领域合作协议签字仪式在京举行》，《中国石油报》2018 年 6 月 11 日第 1 版。

同哈萨克斯坦一样，乌兹别克斯坦也是"中亚—中国天然气管道"的过境国兼输气国。尽管该管道在该国境内的长度只有525公里，不及哈萨克斯坦的1300公里，但却不仅与哈萨克斯坦一样有A、B、C三条管线过境，而且D线也有205公里在该国过境。尤其在输气量方面，根据中乌在2011年签署的关于天然气购销的框架协议，乌兹别克斯坦将向中国每年供应天然气100亿立方米，以及额外向中国提供250亿立方米的天然气。[①] 乌兹别克斯坦从2012年开始通过"中亚—中国天然气管道"给中国供气，到2018年达到了63亿立方米，已经成为我国天然气进口的重要气源地。详见表5-9。

表5-9　　　　　　　　2010—2018年哈乌两国对中国的输气数量

（单位：亿 m^3）

	2010	2011	2012	2013	2014	2015	2016	2017	2018
哈萨克斯坦	0	0	0	1	4	4	4	11	54
乌兹别克斯坦	0	0	2	29	24	15	43	34	63

资料来源：根据2011—2019年BP Statistical Review of World Energy综合整理。

中国与乌兹别克斯坦的天然气合作同样具有很大的优势。两国的领土虽不直接接壤，但实际距离并不远，客观上存在着地缘上的有利条件。两国在历史上一直联系频繁，是古代丝绸之路上的重要地区。1991年乌兹别克斯坦独立之后，两国一直保持着友好的政治互信和经贸合作关系，尤其是天然气合作具有很强的互补性，并且已经取得了丰硕的成果。这些，都为两国推进天然气贸易奠定了良好的基础。不过，与中国同土库曼斯坦和哈萨克斯坦的能源合作相比，中国与乌兹别克斯坦的能源合作起步较晚，水平较低。因此，为了推进与该国的天然气贸易，还需要充分利用上述有利条件，更加重视与乌兹别克斯坦的天然气合作，在尽快实现双方协议100亿立方米的贸易目标基础上，力争扩大额外的供气量，使该国成为我国天然气来源的一个重点国家。

与其他中亚国家一样，乌兹别克斯坦也奉行着"均衡多元"的能源外交政策，这一方面为我国以后来者身份开启与该国的能源合作提供了契

[①] 王莉莉：《中国—乌兹别克斯坦签署50亿美元投资协议》，《中国对外贸易》2011年第5期，第65页。

机,但也使得我国与该国的进一步合作面临着欧美国家和俄罗斯的激烈竞争,形成气量和气价的双重挑战。为此,就需要我国通过天然气地缘外交博弈来趋利避害,既要保障我国天然气的供应安全,也要维护我国在贸易中的经济利益。

(三) 加强与塔吉克斯坦和吉尔吉斯斯坦的合作

塔吉克斯坦和吉尔吉斯斯坦虽然油气资源的储量较少,但它们却是重要的天然气管道过境国,全长1000公里的"中亚—中国天然气管道"D线先后穿越塔、吉两国而进入中国境内,其中在塔国境内415公里,在吉国境内225公里管道。① 详见图5-4。

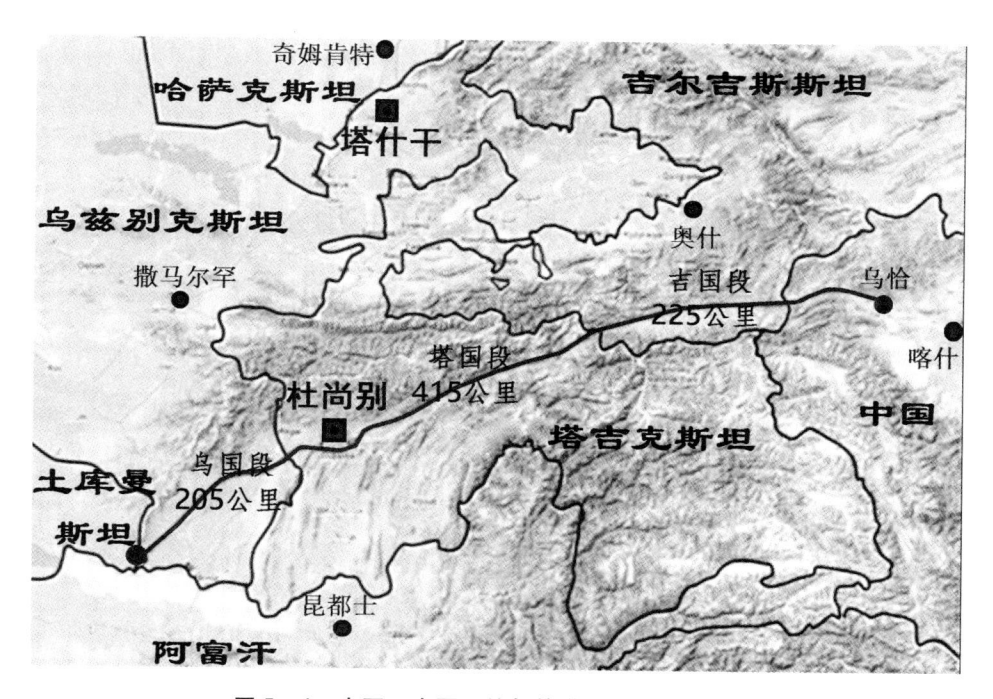

图 5-4 中亚—中国天然气管道 D 线走向示意图

图片来源:《习近平出席中国—中亚天然气 D 线管道开工仪式》, 观察者网, 2014 年 9 月 14 日, https://www.guancha.cn/Project/2014_09_14_266894.shtml。

---

① [美]迈克尔·莱利维尔德:《中国布局中亚天然气新路线图》,焦旭编译,《中国能源报》2014 年 3 月 3 日第 5 版。

2013年9月，中国分别与塔吉克斯坦和吉尔吉斯斯坦政府签署"中亚—中国天然气管道"D线项目政府间协议。2014年3月，中亚天然气管道公司和塔吉克斯坦输气公司签署中塔天然气管道有限公司创建协议。4月，D线吉尔吉斯斯坦段可研报告获得吉政府批准。① 9月，D线塔吉克斯坦段开工建设，中国国家主席习近平和塔吉克斯坦总统拉赫蒙共同出席了该管段的开工仪式。②

"中亚—中国天然气管道"D线开辟了我国进口中亚天然气的新通道，对于我国大幅度增加进口中亚输气量至关重要。按照设计标准，该管线每年的输气量为300亿立方米。据中石油中亚天然气管道公司总经理曹亚明介绍说："中亚天然气管道D线首次途经塔吉克斯坦和吉尔吉斯斯坦两个国家，与已建成的连接土库曼斯坦、乌兹别克斯坦、哈萨克斯坦的A、B、C线一道，形成中国—中亚天然气管道网，把中亚五国都与中国紧密联系在一起。到2020年D线建成投产后，中国—中亚天然气管道的整体输气能力将达到850亿立方米。"③ 因此，加强与塔、吉两国的天然气管道运营合作，将成为我国天然气管道外交的一项重要任务。

中国与塔、吉两国的天然气管道合作，近期目标是力争"中亚—中国天然气管道"D线在2020年左右建成投产，远期目标则是在投产通气之后，确保该管线长期、平稳地运行。从目前中塔、中吉的双边关系来看，近期目标是有望如期实现的，远期目标在基本面上也是向好的，不过也存在着一些不够确定的因素。

从向好的一面来说，中国与塔、吉两国的天然气合作具备天时、地利、人和的有利条件，拥有良好的合作基础。塔、吉两国都是与我国接壤的邻国，自1991年独立之后一直与我国保持着友好睦邻关系，且都是2001年上合组织成立时的初始成员国。2013年5月和9月，中国先后与两国签署了关于建立战略伙伴关系的联合宣言。2017年9月和2018年6月，中塔和中吉又分别签署了关于建立全面战略伙伴关系的联合声明，其中都提到要支持并积极参与中方提出的共建"一带一路"倡议，并表达了

---

① 范存强、徐建辉：《中亚管道D线吉国段可研获吉政府批准》，《中国石油报》2014年5月5日第1版。
② 杜尚泽、黄文帝：《习近平和拉赫蒙总统共同出席中塔电力和中国—中亚天然气管道合作项目开工仪式》，《人民日报》2014年9月14日第1版。
③ 李新民：《中亚油气管道点亮丝路经济带》，《经济参考报》2014年11月17日第6版。

要进一步扩大经贸合作规模和深化能源领域合作的意向。这些，都为中塔、中吉双边关系的发展和提升合作水平奠定了坚实的政治和物质基础。

从不确定因素的一面来说，塔吉克斯坦和吉尔吉斯斯坦都是中亚稳定的薄弱环节。中国在与塔、吉两国开展天然气合作中所要预防的潜在风险，除了前几章中分析过的地缘政治大国博弈所带来的风险之外，还表现在以下几个方面：

一是两国的国内政局不够稳定。由于这两个国家都存在着民主政治转型以及地域、民族和宗教等多重矛盾，极易出现政局动荡的局面。例如塔吉克斯坦曾在1992年至1997年发生过长达5年之久的内战。后来尽管内战结束，但是政治生活中根深蒂固的矛盾并没有结束。2012年7月曾发生塔吉克斯坦政府军与反政府武装在霍洛格市的激烈交战事件，2015年9月发生国防部副部长纳扎尔佐达及其追随者袭击国防部中央机关和瓦赫达特市内务部门事件，导致政局一再出现波动。吉尔吉斯斯坦则于2005年3月"郁金香革命"和2010年4月"二次革命"导致了两次非正常的政权更迭，2010年6月在吉国南部还发生了吉尔吉斯族与乌兹别克族的大规模族际冲突，2014年1月在首都比什凯克和南部最大城市奥什又爆发反对派大规模抗议活动，造成严重的社会动荡。

二是D线过境国之间的紧张关系。在"中亚—中国天然气管道"D线的3个过境国乌兹别克斯坦、塔吉克斯坦和吉尔吉斯斯坦之间，处于中间位置的塔吉克斯坦无论是与上游的乌兹别克斯坦，还是与下游的吉尔吉斯斯坦，都存在着严重的紧张关系。2014年1月，塔吉克斯坦与吉尔吉斯斯坦军队在两国边境发生冲突并且交火，吉尔吉斯斯坦随即关闭了与塔吉克斯坦接壤的所有边境口岸。事件的直接起因是塔吉克斯坦边防军要求吉尔吉斯斯坦停止修建违法的边境公路，而深层次的原因则是由于苏联解体后两国边境线上有许多地区没有明确划界，造成塔吉克人和吉尔吉斯人为了争夺土地而爆发冲突。在乌兹别克斯坦与塔吉克斯坦的边界和乌兹别克斯坦与吉尔吉斯斯坦的边界，也都存在着这种边界争议的情况。2013年1月和7月，乌、吉两国的国防军在边境地区发生过两次交火事件，两国边境居民之间也多次冲突，导致两国边境关闭，边境贸易中断。另外，乌兹别克斯坦还与塔、吉两国存在着严重的水资源冲突，塔、吉两国处于中亚地区最大的两条河流——阿姆河和锡尔河的上游，乌国则处于下游，地处上游的塔、吉两国控制了两条河流的主要水流量，乌塔之间、乌吉之间围绕水资源的冲突日益加剧，对双边关系造成了严重的负面影响。乌兹别克斯坦明确反对塔、吉两国在跨境河流上建设大型水电站，称此举可能引发战争。2013年3月，乌曾经以天然气短缺为由，停止了对塔天然气出口。①

三是恐怖主义和极端主义的影响。自2014年6月中东地区成立宗教极端主义的"伊斯兰国"（ISIS）之后，对于穆斯林人口占据多数的中亚各国也产生了强烈的冲击，其中塔吉克斯坦由于与阿富汗接壤而影响尤为严重。2015年5月末，塔国特警司令哈里莫夫宣称加入"伊斯兰国"，"这被认为是该国出现新一轮激进伊斯兰教思潮的标志"。② 据塔吉克斯坦当局数据，近年来超过1100名塔国公民前往叙利亚和伊拉克参战，已知其中约300人被打死。随着极端组织"伊斯兰国"遭到重创，这些武装分子如果"回流"到中亚，将给当地带来威胁。有资料称，约4200名来自中亚的极端分子参加极端组织"伊斯兰国"在叙利亚、伊拉克战事，约200人返回塔吉克斯坦和吉尔吉斯斯坦。③

"中亚—中国天然气管道"D线作为一项跨国能源基础工程，不但建设成本巨大，而且在建成之后关乎出口国、过境国、进口国三方的国计民生，因而具有鲜明的战略意义。如果过境国一方发生动乱，必然会给出口国和进口国两方造成巨大损害。中国作为进口国的一方，来自中亚的天然气已经成为关系国民经济、社会稳定与发展的全局性问题，如果因为过境国的动乱而导致中亚天然气供应的中断，则损害是难以承受的。目前从总体上来看，塔、吉两国的政局和社会形势是稳定的，对于中国与该两国的天然气合作还不会造成现实的安全危机，但是上述三种潜在风险也是客观存在的，对于中国的天然气合作而言也是需要密切加以关注和防范的。

二 深化北向：推进中俄东西天然气管线建设

早在1994年，中国与俄罗斯就签订了天然气管道修建备忘录。在经过长达20年的艰难谈判之后，中俄两国终于在2014年5月签署了建设东

---

① 李凤林主编，国务院发展研究中心欧亚社会发展研究所编：《欧亚发展研究2014》，中国发展出版社2014年版，第181页。
② 文龙杰：《塔吉克斯坦局势存变数》，新华网，2015年9月6日，http：//www.xinhuanet.com/world/2015-09/06/c_128199605.htm。
③ 孙壮志：《中亚安全形势及上合组织的重要作用》，《俄罗斯学刊》2018年第2期，第52页。

线天然气管道的合同,该合同为期30年,每年给中国的输气量为380亿立方米,标志着中俄天然气管道合作进入了实质性的阶段。中俄天然气管道东线在俄罗斯境内的管段称为"西伯利亚力量",长度为4000公里,途经俄罗斯远东5个联邦区:伊尔库茨克州、萨哈(雅库特)共和国、阿穆尔州、犹太自治州和哈巴罗夫斯克边疆区。计划首先开采雅库特的恰扬金气田,从那里将铺设通往与中俄交界的布拉戈维申斯克(海兰泡)的管道,长约2200公里。中国境内管段的起点是黑龙江省黑河市的中俄边境,止于上海市,途经黑龙江、吉林、内蒙古、辽宁、河北、天津、山东、江苏、上海9个省区市,拟新建管道3170公里。[①] 2014年11月,中俄又签署了两国天然气管道西线的框架协议,意向每年向中国供气300亿立方米,为期30年,该管线又称"阿尔泰天然气管线",全长6700公里,由俄罗斯西西伯利亚经中俄边境至中国新疆,最终和中国的"西气东输"管道连接,其中俄罗斯境内长2700公里,中国境内长4000公里。[②]

由于俄罗斯已同我国建立起了全面战略协作伙伴关系,天然气合作也已有了一个良好开端,因此应该进一步深化和推进双方的合作,确保东线管道项目如期建成供气,推动西线管道项目尽早签约。

(一)中俄天然气深化合作的优势

中俄天然气合作的主要内容就是中国从俄罗斯进口天然气,这有利于中国拓宽天然气进口的渠道,实现天然气来源的多元化。

目前,中国管道天然气的进口以"中亚—中国天然气管道"为主,渠道还过于集中。以2018年为例,全年管道进口天然气共479亿立方米,其中"中亚—中国天然气管道"为450亿立方米,占了中国全部管道天然气进口的93.9%。尤其是自土库曼斯坦一国进口就达333亿立方米,承担了中国69.5%的管道天然气进口量。[③] 随着"中亚—中国天然气管道"A、B、C线的逐渐满负荷供气和D线的建成通气,该管道对中国的输气量还将增加到850亿立方米。尽管目前中国与中亚各国的关系比较友好,但是按照能源供应的常识而言,如果来源渠道过于集中,"把鸡蛋都放在一个篮子里",是存在着潜在风险的。因为出口国一旦出现变故而减少甚至中

[①] 吴焰、曲颂:《中俄能源合作驶入快车道》,《人民日报》2017年8月4日第3版。
[②] 李富永:《中俄能源合作突飞猛进》,《中华工商时报》2018年9月26日第2版。
[③] https://www.bp.com/content/dam/bp/business-sites/en/global/corporate/pdfs/energy-economics/statistical-review/bp-stats-review-2019-full-report.pdf.

断供气，就会对进口国造成巨大损失，甚至引发社会危机。因此，中国作为一个天然气消费和进口大国，为了保障天然气的供应安全，必须进一步地拓宽进口渠道，寻找其他的进口来源渠道。

对于中国而言，如果要开发新的天然气输入管道线路，实现天然气进口渠道多元化，那么，最佳选择莫过于俄罗斯了。这是因为：

其一，中国作为世界上的天然气消费和进口大国，俄罗斯作为天然气生产和出口大国，两国的天然气合作具有巨大的互补性，合作空间非常广阔。俄罗斯天然气资源极为富足，据英国石油公司（BP）2019年的统计，其2018年天然气探明储量为38.9万亿立方米，占全球总储量的19.8%；出口量为2481亿立方米（其中管道2230亿立方米，液化气251亿立方米），占全球总出口量12351亿立方米的20.09%，储量和出口量均居世界第一位。中国则虽然是天然气生产大国，但更是天然气消费和进口大国，2018年的消费量为2830亿立方米，占到全球总消费量的7.4%；2018年天然气进口量为1216亿立方米（其中管道479亿立方米，液化气737亿立方米），占全球总进口量12352亿立方米的近十分之一（9.84%）。[1] 从天然气的储量、生产及出口能力来看，俄罗斯有稳定地为中国大量提供天然气的能力，这为中俄天然气合作提供了有利的前提条件。从天然气的消费和进口需求来说，中国则是一个巨大而持久的市场，具有大量和长期接纳俄罗斯天然气的能力，这为两国的天然气合作提供了有利的必要条件。因此，中俄两国的天然气合作具有广阔的前景，呈现的是一个互惠双赢的局面。

其二，中国与俄罗斯互为最大邻国，两国的天然气合作具有地理位置的先天地缘优势。中俄拥有长达4300公里的边境线，陆地交通十分便利。俄罗斯油气资源丰富的三个地区——西西伯利亚、东西伯利亚和远东地区，都与中国接壤。中国与俄罗斯的天然气合作可以采用陆上管道方式，并且可以实现直通而不必经过其他第三国过境，因而具有安全、便捷、成本低、效率高的明显优势，既避免了长距离输送的风险，又能够大幅度地提高中国天然气进口的数量和保障系数。可以预见，在中俄天然气管道建成通气之后，将成为中国四大天然气进口运输通道中安全系数最高的一条。待到东西两条天然气管道建成投产之后，自俄罗斯进入中国的管道天

---

[1] https://www.bp.com/content/dam/bp/business-sites/en/global/corporate/pdfs/energy-economics/statistical-review/bp-stats-review-2019-full-report.pdf.

然气数量将有望达到 680 亿立方米。另外，俄罗斯还在考虑铺设从符拉迪沃斯托克（海参崴）到中国东北省份的天然气管道方案。加上这条天然气管道，俄罗斯每年可向中国供应多达 1000 亿立方米天然气。① 届时，俄罗斯将超过中亚，成为中国最大的天然气进口来源地。

其三，中俄两国具有良好的政治基础优势。自从苏联解体、俄罗斯独立以来，中俄之间一直保持着友好的政治关系，并且在 1996 年两国元首签署的《中俄联合声明》中，宣布两国关系将发展"平等信任、面向 21 世纪的战略协作伙伴关系"。② 从此，"战略协作伙伴关系"成为当代中俄关系的定位。进入 21 世纪之后，两国又进一步宣布建立"全面战略协作伙伴关系"。尤其是从 2012 年以来，两国的全面战略协作伙伴关系不断推进，并于 2014 年 5 月发表了标志着两国进入"全面战略协作伙伴关系新阶段"的联合声明，还发表了多个关于"深化全面战略协作伙伴关系新阶段"的联合声明，认为"牢固的互信是中俄政治关系的本质属性和最重要特征"。③ 在与中国建立伙伴关系的 72 个国家和国际组织或重要地区中，唯有与俄罗斯建立的是全面战略协作伙伴关系。这种两个大国之间特有的全面战略协作伙伴关系，尤其是两国之间牢固的政治关系，为两国之间的能源合作提供了坚实的政治保证。

尤其是近些年来，由于国际政治格局出现较大变化，使中俄两国的地缘政治环境日益趋同，两国关系进一步走近。在 2017 年《美国国家安全战略报告》中，美国将中国和俄罗斯视为新的地缘政治背景下考验其世界影响力的三大挑战力量之一。从俄罗斯方面来说，由于 2014 年的乌克兰危机，导致美国和欧盟国家与俄罗斯的外交关系严重恶化，北约不仅在俄罗斯西部部署重兵，在东欧地区重新进入军事对峙，而且还将其挤出"八国集团"，对其实行多轮经济制裁。从中国方面来说，由于美国从奥巴马政府时期就开始实施"重返亚太战略"和"亚太再平衡战略"，到特朗普政府又进一步实施"印太构想"，把中国看作其经济、安全等方面的竞争对手，并于 2018 年 3 月开始对中国展开贸易战，对从中国进口到美国的

---

① 李富永：《中俄能源合作突飞猛进》，《中华工商时报》2018 年 9 月 26 日第 2 版。
② 《中华人民共和国与俄罗斯联邦关于全面战略协作伙伴关系新阶段的联合声明》，《人民日报》2014 年 5 月 21 日第 2 版。
③ 《中华人民共和国和俄罗斯联邦关于进一步深化全面战略协作伙伴关系的联合声明》，《人民日报》2017 年 7 月 5 日第 3 版。

商品加征关税，数额从 3 月的 500 亿美元上升到 9 月的 2000 亿美元。在同样面临西方地缘安全压力的背景下，中俄两国通过强化政治互信、安全合作和经济合作，进一步巩固和加强了双方的全面战略协作伙伴关系。

在此背景下，俄罗斯为了摆脱乌克兰危机和美欧的制裁压力，加快了面向亚太的"向东看"能源战略，进一步增强了在能源方面尤其是天然气领域与中国合作的迫切性。在 2014 年修改的《2030 年能源战略》和制定的《2035 年以前俄罗斯的能源战略》中，将亚太地区视为最有前景的能源出口市场，提出俄罗斯向亚太地区的能源出口量占俄罗斯总出口份额的比重将提高到至少 28%，石油和石化产品出口占比将提升至 23%，原油和天然气占比分别增至 32% 和 31%。其中，中国被规划为出口增量最多的国家。[①] 这种"向东看"的能源战略，为中俄之间深化天然气领域的合作创造了新的契机。

（二）中俄天然气深化合作的障碍

尽管中俄天然气合作拥有巨大的地缘政治优势，但也仍然存在着一些制约因素。

其一是天然气的价格问题。中俄天然气合作之所以经历了一个漫长而艰难的历程，主要原因就在于双方在价格问题上的分歧。俄罗斯一直希望对中国的天然气出口以其出口至欧洲的价格作为参照系，中国则希望以进口中亚的天然气价格为参照系，双方报价的差距一度悬殊。最终在 2014 年 5 月两国签署东线购销合同时，双方都做了适当的让步，采用了气价按照与油价挂钩的定价方式，有专家估计中俄两国的天然气合同到岸价格不低于 350 美元/千立方米，这个价格在当下对双方而言尚算合理。[②] 但是，即便在东线合同签署和价格达成一致之后，俄罗斯的很多媒体还在质疑合同价格的合理性，例如随着 2014 年下半年以来国际油价的下跌，就有俄罗斯媒体对中俄东线天然气合同价格提出质疑，认为俄罗斯天然气工业股份公司未来无法收回气田开发和管道建设的成本，会遭受亏损。[③] 而且，中俄天然气东线管道的合同期长达 30 年，在如此之长久的时间段里，世界天然气价格难免出现上下波动，甚至某些定价参数也可能改变。届时，

[①] 王晓梅：《俄罗斯能源战略调整与中俄能源合作》，《国际经济合作》2015 年第 4 期，第 64 页。
[②] 陈宪良：《中国能源安全与中俄能源合作》，《东北亚论坛》2017 年第 3 期，第 67 页。
[③] 徐洪峰、王海燕：《中俄能源合作的新进展及存在的制约因素》，《欧亚经济》2017 年第 1 期，第 99 页。

中俄双方极有可能在天然气价格上再次发生分歧,甚至存在着俄方因价格问题而延迟履约乃至中止合同的重大风险。另外,中俄天然气西线管道签署的还只是框架协议,在签署正式供气合同时,肯定还会展开新一轮讨价还价的谈判。可以说,中俄天然气合作的进一步深化,在很大程度上是受制于或取决于俄罗斯天然气的出口价格。

其二是中俄天然气合作极易受到来自东北亚国家的竞争压力和地缘政治的影响。由于俄罗斯"向东看"的能源战略调整是面向亚太,尤其是东北亚,这势必引起与日、韩、印等资源消费国的竞争。日本是个能源极度匮乏的岛国,目前高度依赖中东地区的油气,与俄罗斯展开能源合作是其能源进口多元化、保障能源安全的重要战略。因此,在与俄罗斯能源合作方面,日本与中国之间长期存在着竞争和博弈关系。此外,韩国以及经济快速发展的印度也成为中俄能源合作的有力竞争者。从俄罗斯方面来说,出于对出口渠道多元化和追求利益最大化的考虑,也在力图加大对日、韩等国的天然气出口力度,尽管目前阶段是以出口液化气为主,但也在商讨和论证建设管道向这些国家输送天然气的方案。俄罗斯曾提出建设一条从伊尔库茨克经由朝鲜到达韩国的天然气管道,由此可以实现与韩国乃至日本更便捷的油气贸易。不过,由于朝核问题的阻碍,此方案一直停留在设想阶段。俄罗斯与印度还正在讨论未来修建一条从俄罗斯到印度的天然气直输管道。[①] 另外,俄美关系也是影响中俄天然气合作的一个重要的国际因素。从近20年的历史来看,每当俄美关系有所缓和时,中俄能源领域的合作步伐就会放慢;而每当俄美关系紧张时,中俄能源合作的步伐就会明显加快。尽管目前阶段俄美关系正处于紧张状态,这有利于中俄之间能源合作的深化,但是俄美关系出现变化的可能性也是存在的,中国对此还需要密切关注和提防。

其三是欧美国家对俄罗斯持续的经济制裁,重创了俄罗斯的国内经济,导致俄罗斯能源领域的融资和技术发展陷入困境,由此也给中俄天然气合作造成了一些不确定因素。在资本方面,俄罗斯银行和能源企业融资乏力,难以筹集到足够的资金以维持其油气产量,例如俄罗斯天然气工业公司在2015年就把预算减少了20%,反映了其天然气产量的下降。在技术方面,虽然俄罗斯油气企业能够提供大部分常规技术,但仍有一些专业

---

① 李倩:《俄印持续扩大能源合作》,《中国能源报》2018年10月15日第6版。

技术需要从西方国家引进。此前，美欧一些能源公司已经参与了合作开发俄罗斯页岩气技术的项目，但是由于制裁而导致这些合作项目被迫中止。这些，都极大地影响到俄罗斯的天然气产量和出口量，使中俄天然气合作的规模受到限制。

（三）中俄天然气深化合作的途径

正如有俄罗斯能源专家所指出的，在天然气领域，"目前，俄罗斯仍然处于进入中国市场的早期阶段，大批俄罗斯天然气出口项目正在实施或洽谈过程中"。① 可见，如何深化中俄的天然气合作还将是两国共同面对和思考的问题。从目前阶段看，中俄天然气深化合作的大目标有两个：一个是要巩固当下的既有成果，进一步扩大合作规模；另一个是要正视和努力克服中俄天然气合作的制约因素，即便对一时难以消除的制约因素也要尽力规避其可能带来的风险。为此，笔者以为以下几点是目前情况下须重点做好的：

其一，进一步推进既有天然气协议的落地，包括如期建成"中俄东线天然气管道"，尽快推进"中俄西线天然气管道"和"中俄远东天然气管道"进入实质性建设阶段。

东线管道（俄境内称"西伯利亚力量—1"）在2014年5月即已签订购销合同，俄罗斯境内管段和中国境内管段分别于2014年9月和2015年6月先后开工建设，因而其目标是确保2020年全线建成投产。目前，该管道项目建设进展顺利，其中中国境内北段（黑龙江黑河—吉林长岭）线路工程到2018年7月已经完成51%，计划2019年10月具备投产条件，2020年底全线建成投产。② 中国境内中段（吉林长岭—河北永清）于2019年7月开工建设，计划2020年10月建成。③ 中俄天然气东线项目在俄罗斯境内的管段，预计能在2019年5月至2021年5月之间实现首次输气，并于首次输气后5年内实现每年380亿立方米的设计输气量。④

西线管道（"阿尔泰管道"，俄境内称"西伯利亚力量—2"）是在

---

① ［俄］伊戈尔·A.马克罗夫、伊利亚·A.斯捷潘诺夫：《中俄需建立新的互补性》，檀生兰译，《中国投资》2018年第11期，第25页。
② 张一鸣：《中俄东线天然气管道北段有望2020年底全面建成投产》，《中国经济时报》2018年7月10日第6版。
③ 刘大毅：《中俄东线天然气管道中段工程全面开工建设》，《辽宁日报》2019年7月7日。
④ 尤丹婷：《中俄天然气项目2019年后首次输气》，《21世纪经济报道》2017年3月16日第5版。

2014 年 11 月签署了供气的框架协议。由于该路线的大部分输气管道已经存在，为了扩大输气量，只需要铺设平行的管道即可，因而西线项目的建设难度要低于东线项目。然而，由于具体的定价条款并未敲定，以及一些具体的技术细节，该管线的正式合同迟迟未能签署。[1] 不过，中俄两国一直保持着对西线管道项目的讨论和沟通，并在 2017 年 11 月中俄总理第 22 次定期会晤上商定继续推动西线天然气管道供气谈判。2018 年 9 月，俄媒引用俄罗斯能源部长亚历山大·诺瓦克的话说，中俄双方酝酿多年的通过中俄边境阿尔泰地区的中俄西线天然气管道项目"需要协商的事情剩余的不多了"，双方距离签署"阿尔泰天然气管道"协议已经不远。[2] 在此基础上，中国应在下一阶段开展签署正式合同的谈判中，加大在价格问题上的谈判力度，同时开展以贝加尔湖—蒙古—内蒙古—华北管线为西线方案的探讨和规划，由此来避免"中俄西线天然气管道"与"中亚—中国天然气管道"均由新疆入境的重复局面。

远东管道（俄境内称"西伯利亚力量—3"）的线路是经过俄滨海边疆区符拉迪沃斯托克（海参崴）进入中国黑龙江虎林的方案。（见图 5-5）2015 年 8 月，俄罗斯首先提议建设从俄远东地区至中国的天然气管道，将萨哈林出产的天然气卖给中方。2017 年 12 月，中俄两国的能源公司签署了从远东向中国提供天然气的主要供货条款协议，初步议定通过萨哈林—哈巴罗夫斯克（伯力）—符拉迪沃斯托克（海参崴）管道每年输往中国 200 亿立方米天然气。[3] 2018 年 8 月，俄罗斯天然气工业股份公司已开始设计从萨哈林岛通往中国的天然气管道，俄媒体认为这是俄气在落实自萨哈林岛经东线对华供气计划方面迈出的第一步。[4] 对中国而言，远东管道比西线管道的运输距离更短，施工费用也更低，因而建设成本和天然气价格都更加划算。因此，鉴于西线管道项目和远东管道项目都还处于框架协议阶段，在下一阶段中俄之间开展天然气管道谈判和正式签署天然气管道

---

[1] 朱丽娜：《揭秘中俄天然气项目最新进展，西线定价有望明年春出炉》，《21 世纪经济报道》2015 年 10 月 21 日第 16 版。

[2] 李富永：《中俄西线天然气管道项目建设在即》，中华工商网，2018 年 9 月 25 日，http://www.cbt.com.cn/sszx/12594.html。

[3] 《俄罗斯开始设计远东至中国的天然气管道项目"西伯利亚力量-3"》，国际燃气网，2018 年 8 月 27 日，http://gas.in-en.com/html/gas-2907769.shtml。

[4] 《俄媒称俄计划新建对华供气管道：中国项目独具吸引力》，参考消息网，2018 年 8 月 24 日，http://www.cankaoxiaoxi.com/world/20180824/2315271.shtml。

供销合同时，中国应该努力争取将远东管道项目作为优先于西线管道项目的方案。

图 5-5　"西伯利亚力量—3"管道示意图

图片来源：《俄罗斯开始设计远东至中国的天然气管道项目"西伯利亚力量-3"》，http://gas.in-en.com/html/gas-2907769.shtml。

其二，探讨构建解决天然气价格问题的机制，包括建立以上合组织能源俱乐部、"丝绸之路经济带"与欧亚经济联盟对接、天然气期货交易中心为平台的机制。

在中俄双方的天然气贸易谈判中，在价格问题上表现出来一个明显特点，就是各自的依据不同，中方以进口中亚的天然气价格为依据，俄方以出口至欧洲的天然气价格为依据，从而导致卖方要价和买家还价的高低悬殊，由此而极易走向买卖不成的死结。要想避免这种情况，最好的办法就是摆脱这种讨价还价式的价格谈判模式，在互利共赢的总原则下，搭建起一个具有可操作性的合作机制，然后以这种机制为平台来解决价格问题。具体而言，目前可以借助的平台有以下三个：

一是发挥上合组织能源俱乐部的作用。自从2013年12月该俱乐部成立，到2018年5月已经举行了四次高官会议，目前俱乐部有12个会员国家。作为一个多国参与的多边能源合作机制，又由于会员国中不但有中俄两国，还有哈萨克斯坦、塔吉克斯坦、伊朗、阿富汗等里海—中亚国家，因而中国可以借助这一机制，将中俄之间的双边价格博弈融合到整个俱乐部成员国之间天然气合作的多边框架下，共同商定出一个区域性的合作价格模式来，由此缩小中俄之间天然气价格的差距。如果能够构建起一个上合组织内部的定价机制，在此基础上获得上合组织国家之间的优惠价格，将是最好不过的了。另外，中国国家发改委和国家能源局在2017年5月联合发布的《推动丝绸之路经济带和21世纪海上丝绸之路能源合作愿景与行动》中还提出倡议，要"共建'一带一路'能源合作俱乐部"。[1] 据国家能源局有关负责人指出，建立"一带一路"能源合作俱乐部的主要目的就是要"推动各国间政策沟通和贸易畅通"，首要任务就是"寻找利益契合点，深化利益融合"。[2] 与上合组织能源俱乐部相比，"一带一路"能源合作俱乐部的范围将更加广大。在目前全球没有统一的天然气市场，北美、亚太和欧洲市场各自分离，造成三地价格差异和"亚洲溢价"的情况下，以"一带一路"能源合作俱乐部为依托来构建一个欧亚地区乃至亚非地区的天然气区域定价机制，也是一个很好的选择。

二是促进"丝绸之路经济带"与欧亚经济联盟的战略对接。欧亚经济联盟是一个在俄罗斯主导下建立起来的一体化经济组织，于2015年1月正式启动，由5个独联体国家组成，其主要作用在于消除成员国之间的关税壁垒，形成一个联盟区域内统一市场，包括"建立统一的石油、天然气市场"。[3] 2015年5月，中俄双方签署了《关于丝绸之路经济带建设与欧亚经济联盟建设对接合作的联合声明》，确定要"推动建立中国与欧亚经济联盟自贸区这一长期目标"。[4] 如果能够实现"丝绸之路经济

---

[1] 国家发展和改革委员会、国家能源局：《推动丝绸之路经济带和21世纪海上丝绸之路能源合作愿景与行动》，《中国电力报》2017年5月15日第3版。

[2] 朱怡：《坚持共商共建共享 深化"一带一路"能源合作——国家能源局就〈推动丝绸之路经济带和21世纪海上丝绸之路能源合作愿景与行动〉答记者问》，《中国电力报》2017年5月15日第3版。

[3] 黄伟、吕明主编：《形势与政策（第3版）》，安徽大学出版社2016年版，第88页。

[4] 《关于丝绸之路经济带建设与欧亚经济联盟建设对接合作的联合声明》，《人民日报》2015年5月9日。

带"与欧亚经济联盟的对接,则既可以避免欧亚经济联盟的统一关税对包括中国在内的非成员国的排斥,也可以借助这一对接平台来协调与天然气资源国及过境国之间的能源税和过境税,由此而降低中国进口天然气的成本。

三是打造中国版的区域性国际天然气交易中心。由于我国开展天然气国际贸易仅仅是近十多年的事,相对于俄、美、欧以及中东国家来说,还缺少国际天然气定价的话语权,这也成为我国与俄罗斯天然气价格博弈中的一个劣势。通过建立一个立足本国和面向世界的天然气交易中心来弥补这一劣势,是很有必要的。实际上,在国内天然气的市场,我国于2016年11月正式投入运行的上海石油天然气交易中心,已经与俄罗斯圣彼得堡交易所进行了积极的交流与合作,还确定了双方联手"共同打造国际市场定价新体系"的目标,并于2018年签署了《上海石油天然气交易中心与俄罗斯圣彼得堡交易所合作备忘录》。2017年1月挂牌的重庆石油天然气交易中心,也开展了与境外的液化天然气(LNG)交易。这两家交易中心的建立和运营,为下一步建立一个中国版的区域性国际天然气交易中心积累了经验。正因为有这个基础,所以有业内人士在全国"两会"上建议,在上海筹建东北亚天然气交易中心,认为这可以"改变企业在国际天然气市场博弈中的被动地位,提高话语权,形成有国际影响力的天然气'亚洲价格'。"[1] 有能源专家也建议说,可以借鉴2018年3月原油期货在上海期货交易所子公司——上海国际能源交易中心挂牌交易的样板,"未来,中国也应积极打造国际天然气交易平台",通过这一立足中国、服务亚洲、面向世界的交易平台,实现中国乃至亚洲国家进口天然气的公开、合理竞争,逐渐消除亚洲"天然气溢价"。[2] 这些,都反映了打造中国版区域性天然气交易中心的重要性和迫切性。

其三,推动建设东北亚区域性的天然气合作共同体,其中主要是加强与日本和韩国之间的天然气合作,以地区国家的多边天然气合作来促进中俄之间的双边天然气合作。

应该看到,中俄之间的天然气合作,不仅是两国之间的贸易往来,更是亚太地区尤其是东北亚地区天然气贸易格局中的一部分。尽管日、韩两

---

[1] 徐秋玲:《建议构建东北亚天然气交易中心——访全国政协委员、新奥集团董事局主席王玉锁》,《中国电力报》2016年3月12日第3版。
[2] 冯玉军:《国际能源战略格局新变化与中俄能源合作》,《欧亚经济》2018年第3期,第7页。

国都是天然气高度依赖进口的国家，与中国存在着天然气贸易的竞争关系，但是如果在博弈中寻求到利益的共同点，则有可能化竞争为合作。因此，有必要摒弃"零和博弈"而采取"非零和博弈"的形式，在追求自身国家利益的同时，也考虑别国的利益，并进行合理的协调和妥协，从而实现"双赢"乃至"多赢"的目标。

英国石油公司（BP）2019年的统计数据显示，日本和韩国都是天然气几乎全部依赖进口的国家，2018年两国天然气进口量分别是1131亿立方米和604亿立方米，且全部是液化气（LNG），为全球液化气进口的第一大国和第三大国（第二大国为中国）。其中，两国从俄罗斯进口的液化气数量为94亿立方米和26亿立方米，分别占两国天然气总进口量的8.31%和4.30%。[1] 显然，通过管道从距离最近的天然气出口大国俄罗斯获得气源，一直是两国天然气外交所谋求的目标。

然而从目前与俄罗斯的天然气合作状况来看，无论是中国还是日本和韩国，还都采取的是与俄罗斯单线联系和合作的方式，即更多的是三国各自与俄罗斯的双边合作，这种方式对于卖家俄方是非常有利的，而对于作为买家的中、日、韩三国都是不利的。三国都应充分认识到这一点，共同致力于建立起一个中、日、韩三国为主要需求方和以俄罗斯为主要能源供应方的多边合作保障机制来。

实际上，现在有一个现成的机制，就是"东北亚天然气与管道论坛"（Northeast Asia Gas & Pipeline Forum，NAGPF），该论坛成立于1995年，是一个由俄、中、日、韩、蒙五方参与的带有行业协会和企业性质的国际性论坛。除了俄罗斯是天然气供应国之外，其他四方都是天然气需求国。在2013年9月第13届东北亚天然气和管道论坛所达成的《成都倡议书》中，提出了"在五国建立政府间天然气交流合作协调机制"和"逐步培育和形成东北亚能源纽带"的目标。[2] 但是，由于作为卖方的俄罗斯一直不积极，所以该论坛所发挥的作用一直不大。然而，应该看到，近年来俄罗斯在乌克兰危机后美欧制裁以及美国页岩气革命后出口量大增的压力下，大大增强了对中、日、韩等亚洲国家出口天然气的迫切性，

---

[1] https://www.bp.com/content/dam/bp/business-sites/en/global/corporate/pdfs/energy-economics/statistical-review/bp-stats-review-2019-full-report.pdf.

[2] 冯雪梅：《中日韩俄蒙NGO倡导培育形成东北亚能源纽带》，《中国石油报》2013年9月17日第4版。

卖方市场有向买卖双方平衡的趋向。接下来，如果欧盟的"南部天然气走廊"建成通气，并且在加大从美国进口液化气之后，俄罗斯天然气的欧洲市场份额将会进一步缩减，届时将会加快实施战略东移的步伐。在这种背景下，中、日、韩三国应该充分利用这一机遇，加紧协调，建立起一个多边机制的区域性天然气合作共同体，并把俄罗斯作为供气国纳入该体系之中，使区域内各国在一个统一体制的协调、约束和监督下，共同获取天然气贸易的利益，并规避因恶性竞争所造成的风险，这不但对于保障中、日、韩三国的天然气进口安全是有利的，而且对于保障俄罗斯天然气出口的稳定性，以及保障中俄天然气合作的顺利进行，也都是非常有利的。并且，俄罗斯天然气出口重心东移也为加快跨境管道建设提供了契机，尽管目前对管道的走向存在着分歧，但建设东北亚地区互联互通的管线已经成为共识，其中"也不排除中俄东线天然气管道连接到韩日的可能性"。①

总之，中俄两国的天然气合作，已经不是简单的能源贸易，而是具有全球影响力的战略合作，对世界能源格局将产生重大影响。

三 强化南向：促进中缅天然气管道满载输送

"中缅天然气管道"是双线并行敷设的"中缅油气管道"当中的输气管道。该管道起点位于缅甸西部皎漂港，纵贯缅甸，从云南瑞丽进入我国境内，在国内跨越云南、贵州、重庆和广西4个省区市，终点位于广西贵港。② 管道全长2520公里，其中缅甸境内段长793公里，输气能力保持在年均120亿立方米；中国境内段干线长1727公里，输气能力为年均100亿—130亿立方米。③ 管道的境外段和国内段工程分别于2010年6月、2012年3月开工建设。2013年7月28日，"中缅天然气管道"开始向国内供气，同年10月20日，"中缅天然气管道"干线建成投产。④

---

① 钟飞腾：《深化中日韩天然气合作推动绿色"一带一路"建设》，《中国石油报》2018年8月14日第6版。
② 冉永平、孙广勇、庞革平：《中缅天然气管道干线建成投产》，《人民日报》2013年10月21日第9版。
③ 潘寅茹：《中缅天然气管道7月试运行谋求突破"马六甲困局"》，《第一财经日报》2013年7月19日第A06版。
④ 蒋万全：《中缅油气管道建设运行齐头并进》，《中国石油报》2014年1月3日第1版。

在2013年"中缅天然气管道"建成投产的当年，中国进口缅甸天然气的数量是2.1亿立方米。[1] 从2014年至2018年，则一直保持在30亿—40亿立方米，详见表5-10。

表5-10　　　　2013—2018年缅甸天然气出口至中国的数量

（单位：亿 m³）

2013	2014	2015	2016	2017	2018
2.1	30	39	39	33	29

数据来源：（1）《国际石油经济》2014年第3期；（2）2014—2019年BP Statistical Review of World Energy。

按照设计标准，该管道的满负荷输气量为120亿立方米。如果除去协议规定的缅甸每年可分输下载20%的输气量，则给中国输送的满负荷数量应在每年90亿—100亿立方米。显然，目前的输气量仅仅为1/3，还远远没有达标。因此，"中缅天然气管道"下一步最为重要的目标，就是在保障稳定安全供气的基础上，努力争取达到设计能力。

（一）"中缅天然气管道"的供气能力

缅甸是中国南部接壤国家当中的"天然气大国"。从英国石油公司（BP）的统计数据中可以看出，缅甸的天然气探明储量在近些年里有了大幅度的增长，从2011年的0.2万亿立方米增长到了近几年来的1.2万亿立方米，增长了5倍，2018年占全球总储量的0.6%。[2] 还有报道称，缅甸的天然气储量为2.5万亿立方米，排名全球第十位。[3]

然而，与其储量的增长相比，缅甸近些年天然气产量的增速却不快。英国石油公司（BP）的统计数据显示，缅甸2011年的产量是124亿立方米，2018年的产量是178亿立方米，只增长了43.5%，在全球的占比仅为0.5%。详见表5-11。

---

[1] 田春荣：《2013年中国石油和天然气进出口状况分析》，《国际石油经济》2014年第3期，第40页。

[2] https://www.bp.com/content/dam/bp/business-sites/en/global/corporate/pdfs/energy-economics/statistical-review/bp-stats-review-2019-full-report.pdf.

[3] 张帅、朱雄关：《东南亚油气资源开发现状及中国与东盟油气合作前景》，《国际石油经济》2017年第7期，第69页。

表 5–11　　　　2011—2018 年缅甸天然气储产量一览表

（单位：亿 m³）

	2011	2012	2013	2014	2015	2016	2017	2018
储量	2000	2000	3000	3000	5000	12000	12000	12000
产量	124	127	131	168	196	189	180	178
储产比	17.8	17.4	21.6	16.8	27	63	65	65.6

资料来源：根据 2012—2019 年 BP Statistical Review of World Energy 综合整理。

尽管缅甸天然气产量不高，但是由于本国消费量很低，因而可以将大部分生产的天然气用于出口。据英国石油公司（BP）的统计，缅甸 2011 年的天然气产量为 124 亿立方米，出口量为 86 亿立方米，出口量占了全部产量的 70%，当时的出口方向还只有泰国一个国家。从 2014 年以后，又通过"中缅天然气管道"增加了对中国的出口量，当年总出口量就占到了其总产量的 75.6%。2015 年以后，缅甸天然气产量达到峰值，其后出现下降，其出口量也随之下降，在 2018 年的产量为 178 亿立方米，出口量为 107 亿立方米，出口仍占全部产量的 60.11%。[①] 详见表 5–12。

表 5–12　　　　2011—2018 年缅甸天然气出口量一览表

（单位：亿 m³）

	2011	2012	2013	2014	2015	2016	2017	2018
泰国	86	85	85	97	94	88	82	78
中国	0	0	0	30	39	39	33	29
合计	86	85	85	127	133	127	115	107

资料来源：根据 2012—2019 年 BP Statistical Review of World Energy 综合整理。

由上述缅甸天然气储量、产量和出口量的数据可以看出：一方面，缅甸天然气储量丰富，储产比达到 65 年，说明该国拥有雄厚的天然气底蕴，因而其出口天然气的能力，包括"中缅天然气管道"的供气能力，是具有资源禀赋的潜质的。另一方面，要把这种潜质变为现实，还需要有该国天然气生产能力的保证。从 2014 年到 2018 年，"中缅天然气管道"给中国的供气量一直在 30 亿—40 亿立方米，而按照设计能力和协议标准则应达

---

① https://www.bp.com/content/dam/bp/business-sites/en/global/corporate/pdfs/energy-economics/statistical-review/bp-stats-review-2019-full-report.pdf.

到 90 亿—100 亿立方米。设若缅甸仍将其天然气全部产量的 60%—70% 用于出口，并且仍然给泰国供气 80 亿立方米的话，那么，要达到给中国协议供气标准，则其产量至少要达到 260 亿—280 亿立方米，而目前该国的天然气产量在 180 亿立方米上下，即还须增长 80 亿—100 亿立方米。如果按照 10% 的较快增速，也需要 4—6 年的时间。然而实际情况是从 2015 年以来，缅甸的天然气产量非但没有增长，而且还在下降，说明"中缅天然气管道"达到满负荷给中国供气的形势还是非常严峻的。

（二）"中缅天然气管道"的潜在风险

从地缘政治的视角来看，"中缅天然气管道"的开通使我国有了继"中亚—中国天然气管道"之后的第二条引进境外天然气资源的陆上战略通道，增加了新的供应来源，对保障中国的能源运输安全具有重大的战略意义。然而该管线也并非完美无缺。除了缅甸天然气的生产能力有待于提高之外，从地缘政治上来看，该管线也存在着一些风险性的安全隐患。

首先是缅甸国内的族际冲突对"中缅天然气管道"的干扰和威胁。缅甸国内的族际武装冲突由来已久，自从 1948 年缅甸独立以来，一直存在着大大小小几十支少数民族地方武装，简称为"民地武"，他们与代表主体民族（缅族）的中央政府始终处于激烈的武装冲突状态。尽管由昂山素季领导的全国民族联盟（简称"民盟"）在 2015 年 11 月的大选中获胜，并在 2016 年 4 月执政以来，一直把实现民族和解作为民盟执政的首要任务来推进，昂山素季还亲自担任了民族和解与和平中心主席，先后于 2016 年 8 月 31 日至 9 月 4 日、2017 年 5 月 24 日至 29 日和 2018 年 7 月 11 至 16 日召开了三次"21世纪新彬龙会议"，并签署了将在未来达成、旨在实现永久和平的《联邦和平协议》中的部分条款。[1] 但是，由于军方的掣肘，导致民盟推动的和平进程收效甚微，政府军与"民地武"在缅北的战事仍时起时伏。而"中缅油气管道"进入缅北地区后，需要经过由克钦独立军控制的掸邦克钦专区以及由巴朗国家解放阵线、德昂民族解放军、北掸邦军和南掸邦军等"民地武"势力所控制的区域。还是在"中缅油气管道"建设期间，这几个区域的战火就曾迫使工程进度屡次受阻。"中缅油气管道"至少有 50 多公里处于掸邦克钦专区，而该区域又是缅北战乱最为严重的地方之一。克钦高层甚至放话说，任何目标在战事发生期间都不再安全，包括"中缅油气管道"。[2] 即便

---

[1] 庄北宁：《缅甸第三届 21 世纪彬龙会议闭幕》，《人民日报》2018 年 7 月 17 日第 21 版。
[2] 张跃：《安全——解读中缅油气管道的关键词》，《世界知识》2013 年第 11 期，第 32 页。

不发生对管道的直接攻击,频仍的战事也难免给"中缅油气管道"造成恶劣的运营环境,战乱炮火中对"中缅油气管道"造成破坏的风险依然存在。而且,在缅甸政府与"民地武"关系恶化时,双方还很可能以"中缅油气管道"作为要求中国给予支持的筹码。

其次是面临着周边天然气消费国家的激烈竞争和博弈,其中最大的竞争国家是印度。印度作为中国和缅甸的共同邻国,也是一个天然气的消费大国。英国石油公司(BP)的统计显示,2018年印度的天然气探明储量为1.3万亿立方米,产量为275亿立方米,消费量为581亿立方米,产消有324亿立方米的缺口,均通过液化气(LNG)的进口来弥补,进口国达16个之多,对外依存度达55.8%之高。详见表5-13。

表5-13 2018年印度进口天然气数量一览表

(单位:亿 m³)

	国家	数量
1	美国	13
2	特立尼达和多巴哥	5
3	挪威	1
4	其他欧洲国家	6
5	俄罗斯	5
6	阿曼	15
7	卡塔尔	148
8	阿联酋	5
9	阿尔及利亚	3
10	安哥拉	22
11	埃及	2
12	尼日利亚	40
13	其他非洲国家	17
14	澳大利亚	20
15	马来西亚	4
16	其他亚太国家	1
	合计	307

数据来源:BP Statistical Review of World Energy June 2019, p.40。

印度为了弥补天然气消费量的缺口,如果能够通过管道从毗邻的缅甸直接进口,则是最为便捷的渠道。尽管在缅甸军政府时期,因为印度追随欧美制裁缅甸而导致印缅关系恶化,但是自20世纪90年代冷战结束之后,印度实行"向东看"的外交政策,逐渐缓和了同缅甸的关系。尤其在近些年来,印度加大了对缅甸能源外交的力度。2012年5月印度总理25年来首次访问缅甸,就把能源合作和中国在缅甸的影响力作为两个重中之重的话题,"作为'向东看'政策重要的组成部分,印度希望在大力发展印缅关系的同时,与中国争夺油气勘探权"。① 印度一直努力争取铺设输气管道把缅甸天然气输送到印度。印度天然气公司(GAIL)和印度石油天然气公司(ONGC)加大对缅甸油气的投资和开发,印度已经着手开展对缅的"油气管道外交",并有兴趣修建从加尔各答到缅甸的天然气管道。② 印度还试图把中印边界等政治问题延伸到周边地区,并且不断加强在印度洋和孟加拉湾的军事力量。以上这些,都可能会对"中缅油气管道"形成重大的冲击和威胁。

除了印度之外,泰国也是缅甸天然气的主要竞争国家。泰国与缅甸的天然气合作甚至比中国更早,而且至今还是缅甸天然气的最大买家,2018年泰国从缅甸进口天然气78亿立方米,占了缅甸天然气全部产量178亿立方米的43.8%和全部出口量107亿立方米的72.9%。③ 由于中、泰两国是缅甸天然气出口的主要国家,而缅甸目前的天然气产量非常有限,这势必导致中、泰两国在缅甸天然气出口分配方向和数量上的直接竞争,从而对"中缅天然气管道"满负荷供气的目标构成一种阻遏的态势。

日本虽然不是缅甸的邻国,但是也成为一个缅甸天然气的重要博弈国家。日本作为一个天然气进口大国和消费大国,缅甸丰富的天然气资源自然具有巨大的吸引力,"日本商社很早就参与了缅甸天然气的开发,并且希望通过液化运往日本或出售给他国","在不远的将来日本必将成为缅甸能源领域的一个重要角色"。④

再次是受到美欧国家干涉缅甸内政所形成的负面影响。早在"中缅油

---

① 周晶璐:《印度媒体称辛格访问缅甸意在与中国争夺能源》,《东方早报》2012年5月28日第A10版。
② 刘务、贺圣达:《油气资源:缅甸多边外交的新手段》,《南亚研究》2012年第3期,第24页。
③ https://www.bp.com/content/dam/bp/business-sites/en/global/corporate/pdfs/energy-economics/statistical-review/bp-stats-review-2019-full-report.pdf.
④ 白益民:《中缅油气管道遭美日围堵》,《第一财经日报》2012年8月15日第A07版。

气管道"修建时期,欧美媒体就质疑和批评管道项目的建设,甚至携手缅甸的非政府组织,热炒中国项目的负面信息,通过煽动缅甸民众情绪,最终达到胁迫缅甸政府"喊停"中国项目的目的。① 2017年8月以来,"若开罗兴亚救世军"与政府军发生多次冲突,造成50多万(联合国称有70多万)罗兴亚人难民滞留缅甸邻国孟加拉国,难民回国安置难题凸显。② 对此,联合国、西方国家和伊斯兰世界指责缅甸欺压罗兴亚人,并对其实施制裁。2018年8月,联合国人权理事会的独立调查团发布报告称,包括敏昂莱在内的缅甸军方高官,需要为若开邦北部发生的种族灭绝行为受到调查和起诉,同时指责缅甸国务资政昂山素季对军方的相关行为选择性忽视,助长了暴行。③ 2018年9月,美国国务院也发布最新报告称,缅甸军方"精心策划和协调"针对罗兴亚人的暴力行为。英国外交大臣杰里米·亨特也表示,国际社会应该在一年内采取行动,缅甸军方官员必须对他们在暴行中所扮演的角色负责。④ 由于"中缅油气管道"的起点皎漂正处于罗兴亚人危机的发生地若开邦境内,因而美欧国家借此向缅甸政府发难和对罗兴亚人的支持纵容,不免给"中缅油气管道"带来严重的安全风险。

(三)"中缅天然气管道"的地缘策略

缅甸不但能源资源蕴藏丰富,而且地缘政治经济地位重要,近年来在民主政府领导下力求走上工业化道路,与外界的合作愿望强烈,因此,中国决不能因为存在的风险而放弃与缅甸开展能源合作的宝贵机会。同时,中国也要充分看到与缅甸能源合作所存在的隐患,做好充分的策略应对准备,从各个方面着手做好风险防范工作。

其一是既要加强与缅甸中央政府的政治互信,也要加强对"民地武"的劝和促谈工作。在缅甸中央政府方面,尽管外界在昂山素季和民盟政府执政之后曾一度担心缅甸有可能会选择接近西方和疏远中国,但近两年的事实证明昂山素季和民盟政府依然延续了对华友好的外交传统。因而,保障"中缅油气管道"安全运营的重点,应放在如何促进缅甸解决国内的民族和解问题上。中国一方面应进一步加强与缅甸高层的政治往来,增强两国政府之间的战略互信,在此基础上力促和推动缅甸政府致力于对民族冲

---

① 张跃:《安全——解读中缅油气管道的关键词》,《世界知识》2013年第11期,第32页。
② 宋清润:《缅甸权力架构不会有质的改变》,《文汇报》2018年3月30日第12版。
③ 李司坤:《联合国调查团向缅甸军方施压》,《环球时报》2018年8月29日第2版。
④ 赵觉珵:《美称缅甸军方对罗兴亚人施暴》,《环球时报》2018年9月26日第2版。

突问题的解决；另一方面，也要加大参与斡旋的力度，促成"民地武"问题通过政治方式和平解决。毕竟，中缅两国不但山水相连，而且缅甸"民地武"的族群还大都是与中国跨境的相同民族，例如傈僳族、掸族（中国傣族）、克钦族（中国景颇族）以及佤族、苗族、拉祜族、布朗族等。[①] 这些民族与中国有着千丝万缕的联系，因此，中国直接参与对缅甸和平进程的推动，为各方创建对话与协商的平台和机制，尤其是通过与"民地武"的直接接触来做劝和促谈工作，是顺理成章和完全必要的。对此，缅甸民盟政府表示："缅方感谢中方对缅国内和平与和解进程提供的帮助，欢迎中方继续为此发挥建设性作用。"[②] 中国国家主席习近平在2017年5月会见昂山素季时也表示："中方愿继续为缅甸国内和平进程提供必要协助。"[③] 中国驻缅甸大使洪亮则具体强调说，中国要"做有关民地武工作，促其顺应和平进程的时代潮流"。[④]

其二是要加强与印、泰等国的能源合作，将竞争态势转化为合作优势。中国对于与印、泰两国的竞合博弈，要尽力避免零和博弈，努力实现正和博弈。实际上，"中缅天然气管道"的经营者东南亚天然气管道股份公司，正是由包括中、印企业在内的"四国六方"，即中、缅、印、韩四国的六家企业出资组成的，股本比例为中国50.9%，韩国（两家公司）29.21%，印度（两家公司）12.52%，缅甸7.365%。前任中国驻缅甸大使杨厚兰认为，这是一种多国合作的运营模式，"将以多方共赢的格局维护管道运行的稳定"。[⑤] 说明中、印在缅甸的能源竞争并非是"一方所得即另一方所失"的零和博弈。尤其是中、印作为两个正在崛起中的大国，具有人口多、发展快却又资源禀赋相对匮乏的共同点，在世界能源格局中具有相似的地位和困境，因而存在着许多共同的能源利益，例如两国为了多渠道获得油气资源，都有共同参与油气资源国勘探开采的愿景；两国进口油气的渠道大都来自俄罗斯、中亚及中东地区，天然气方面的液化气进口占到一半以上，来源地大都重合，因而都有建设管道来确保油气运输安全的愿景；两国也都面临着"亚洲溢价"的损害，均有建立油气合作机制的

---

① 吴金光：《缅甸解决民族问题迈出实质性步伐》，《中国民族报》2017年1月20日第8版。
② 《中华人民共和国和缅甸联邦共和国联合新闻公报》，《人民日报》2017年4月11日第3版。
③ 杨迅：《习近平会见缅甸国务资政昂山素季》，《人民日报》2017年5月17日第2版。
④ 李司坤：《把握机遇，提升中缅合作水平》，《光明日报》2017年2月16日第10版。
⑤ 张立岩、王晓群：《"四国六方"能源合作新模式——东南亚管道公司国际化道路的探索与实践》，《中国石油报》2014年1月16日第4版。

愿景，等等。这些共同利益客观上使两国的能源合作有了共同的基础。在此基础上，两国可以借"一带一路"的机遇，在金砖五国合作、上海合作组织以及南亚区域合作组织的框架内，积极促进平台内的能源合作，包括把积极推动油气管道建设作为两国能源合作的重点。目前，中国已经成功建成了西向与中亚、南向与缅甸、北向与俄罗斯合作的天然气运输管道体系，而印度努力建设的"伊—巴—印管道"和"土—阿—巴—印管道"还困难重重。在这种情况下，积极推动中印陆上能源通道合作就具有了必要性，"这将有利于降低中国能源运输的安全成本"。①

泰国与缅甸同属东盟国家，也都是"海上丝绸之路"的重要沿线国家，中国在《"一带一路"能源合作愿景与行动》中提出的"不断完善和扩大油气互联通道规模，共同维护油气管道安全"，"积极实施中国—东盟清洁能源能力建设计划"，② 也同样适用于泰国和缅甸。中国可以以"共建21世纪海上丝绸之路"为平台，在澜沧江—湄公河合作、大湄公河次区域合作、中国—东盟自贸区升级版等多边框架下，通过友好协商而加强与泰、缅的天然气合作，尽力趋利避害，实现互利共赢。

其三是充分发挥中国的大国作用以及与缅甸的邻国优势，抵制西方国家利用罗兴亚人危机而对缅甸内政的干涉。目前，缅甸的政权架构具有双重性质，即"民盟和军队处于缅甸政治权力架构的顶端"，民盟在立法、行政和司法方面的优势比较大，缅军在国防和安全事务方面有决定性作用。③ 自从2017年8月缅甸政府军与"若开罗兴亚救世军"再次爆发武装冲突之后，联合国调查团的报告指控缅甸军方对罗兴亚人展开了种族灭绝行动，不但对军方的高级将领和军事单位进行制裁，而且还呼吁对缅军总司令敏昂莱等高级将领展开调查和起诉。④ 然而，从缅甸的政治历史发展来看，没有稳定的缅甸军队，缅甸的政治稳定是难以保证的。如果贸然对军方进行调查和起诉，则只会让缅甸越来越乱，这对"中缅油气管道"是不利的。在这种情况下，中国应该在联合国中发挥自己常任理事国的作用，以及一个大国和缅甸邻国的影响力，从维护缅甸稳定的大局出发，抵

---

① 林伯强：《中印需要加强能源领域的合作》，《第一财经日报》2017年3月2日第A11版。
② 国家发展和改革委员会、国家能源局：《推动丝绸之路经济带和21世纪海上丝绸之路能源合作愿景与行动》，《中国电力报》2017年5月15日第3版。
③ 李晨阳：《当前缅甸的政治力量与权力架构》，《世界知识》2018年第18期，第73页。
④ 李司坤：《联合国调查团向缅甸军方施压》，《环球时报》2018年8月29日第2版。

制西方对于缅甸军方的制裁和指控。在 2017 年 11 月于缅甸首都内比都召开的第十三届亚欧外长会议上，中国外交部长王毅提出了分 3 个阶段解决罗兴亚人问题的建议：第一阶段是实现停火，恢复稳定秩序，使民众得享安宁，不再流离；第二阶段是各方及国际社会共同鼓励缅孟双方保持和加强沟通，通过平等友好协商尽快找到解决问题的可行途径；第三阶段是罗兴亚人问题的根源是贫困造成的，国际社会应更多关注和支持当地的脱贫和发展。① 按照这种解决方案，不但有利于维护缅甸国内和平，使民众脱离战乱和贫困之苦，过上安定生活，而且也有利于"中缅油气管道"的安全，保障中缅能源合作的成果，进一步促进中缅两国友好关系的发展。

四 柔化海路：灵活调整液化气海上进口来源

由于我国已经成为天然气进口量跃居世界前列且还在持续快速增长的进口大国，尤其是随着我国环保政策、工业领域"煤改气"工程的大力推进，未来国内天然气供应缺口仍然较大，尽管我国近些年来开通了西向中亚、南向缅甸和北向俄罗斯三条天然气管道，但是也仍然难以满足我国快速增长的天然气消费。因此，通过进口液化天然气（LNG）来弥补供气的缺口，仍然是我国解决气源紧张问题的重要途径。特别是液化气具有灵活方便的特点，因而能够在天然气需求量增大或者减少时起到调节作用。例如在 2017 年冬季，我国华北地区发生了天然气严重短缺的"气荒"。为了应对这次"气荒"，我国前所未有地扩大了液化气的进口量。液化气进口量从 2016 年的 343 亿立方米增长到 2017 年的 526 亿立方米，同比增长高达 53.4%；而同期管道气进口量从 380 亿立方米增长到 394 亿立方米，同比只增长了 3.7%。② 通过大幅度提高液化气进口量而缓解了消费高峰时期的"气荒"，充分说明液化气进口在我国天然气进口中的重要作用。

与管道天然气相比，液化气进口相对调配灵活便捷，不涉及跨境基础设施建设运营，只需要通过接收站即可完成卸货、储存、配送等功能，并

---

① 蒋天：《中国三阶段解决罗兴亚人问题方案受到缅孟欢迎》，《中国青年报》2017 年 11 月 22 日第 6 版。

② https://www.bp.com/content/dam/bp/en/corporate/pdf/energy-economics/statistical-review/bp-stats-review-2018-full-report.pdf.

且接收站建设周期较短,容易调节供需波动。而且,液化气贸易在供货方式及其周期性上也可以有多种选择。尤其在地缘政治上,液化气贸易不像管道贸易那样容易受到资源国或过境国一旦发生不测风险的干扰。因此,我国在天然气进口方式上,仍然需要两条腿走路,管道气和液化气同时并举,在大力发展天然气管道进口的同时,也要保持液化气进口的渠道和扩大液化气进口的数量。

(一)液化气进口是中国天然气的重要来源

据英国石油公司(BP)的统计数据显示,2018年中国天然气进口共1216亿立方米,其中液化气进口737亿立方米,占到了60.6%。[1]

液化气主要通过海上线路的LNG船舶进行运输,因而资源地选择相对较多。目前,我国进口液化气主要来源包括中东、西非、北非、东南亚及澳洲等地区的国家。其中,主要的来源国是澳大利亚和卡塔尔,2018年两国占了中国液化气进口总量的60.8%。其他数量较大的来源国有马来西亚、印度尼西亚和巴布亚新几内亚等国。详见表5-14。

表5-14　　　　2015—2018年中国液化气进口国及数量一览表

(单位:亿 m³)

来源国家	2015	2016	2017	2018
美国	—	3	21	30
秘鲁	—	3	1	1
特立尼达和多巴哥	1	2	2	5
挪威	1	2	2	3
其他欧洲国家	—	—	5	9
俄罗斯	2	3	6	13
阿曼	1	1	3	7
卡塔尔	65	65	103	127
也门	4	—	—	—
阿尔及利亚	5	—	1	1
安哥拉	—	—	4	7
埃及	—	1	1	3

---

[1] https://www.bp.com/content/dam/bp/business-sites/en/global/corporate/pdfs/energy-economics/statistical-review/bp-stats-review-2019-full-report.pdf.

续表

来源国家	2015	2016	2017	2018
尼日利亚	4	4	5	15
其他非洲国家	2	—	1	11
澳大利亚	72	157	237	321
文莱	—	1	2	3
印度尼西亚	39	37	42	67
马来西亚	44	34	58	79
巴布亚新几内亚	21	29	30	33
其他亚太国家	1	2	3	2
合计	262	344	527	737

数据来源：BP Statistical Review of World Energy 2016–2019。

从来源航向上来看，中国液化天然气的来源渠道有四个方向，即（1）澳洲和东南亚方向，包括澳大利亚、马来西亚、印度尼西亚、巴布亚新几内亚、文莱等国。（2）中东、非洲方向，包括卡塔尔、尼日利亚、安哥拉、阿曼、阿尔及利亚、埃及和其他非洲国家。（3）美洲方向，包括美国、秘鲁、特立尼达和多巴哥3国。（4）欧洲方向，包括俄罗斯、挪威及其他欧洲国家。

再从进口量的增长来看，中国液化气的两个进口大国澳大利亚和卡塔尔的新增量也是最大的，近4年来自澳大利亚的液化气翻了两番还多，来自卡塔尔的液化气翻了一番。另外，从美国和俄罗斯进口的液化气量，也呈现出快速增长的趋势。来自东南亚的马来西亚、印度尼西亚、巴布亚新几内亚三国的液化气进口量也稳中有升。

（二）液化气出口大国与中国主要进口来源国的异同

根据英国石油公司（BP）的数据，2018年世界液化气出口国有卡塔尔、澳大利亚、马来西亚、尼日利亚、美国、俄罗斯、印度尼西亚、特立尼达和多巴哥、阿曼、阿尔及利亚、巴布亚新几内亚、文莱、阿联酋、挪威、安哥拉、秘鲁、埃及等国。详见表5–15。

表5–15　　　　2018年世界液化气出口国数量一览表

（单位：亿 m^3）

排名	国家	数量
1	卡塔尔	1049

续表

排名	国家	数量
2	澳大利亚	919
3	马来西亚	331
4	美国	286
5	尼日利亚	278
6	俄罗斯	251
7	印度尼西亚	209
8	特立尼达和多巴哥	169
9	阿曼	136
10	阿尔及利亚	135
11	巴布亚新几内亚	95
12	文莱	88
13	阿联酋	75
14	挪威	68
15	其他非洲国家	56
16	安哥拉	53
17	其他欧洲国家	52
18	秘鲁	48
19	埃及	22
20	其他亚太国家	6
21	其他美洲国家	2
合计		4328

数据来源：BP Statistical Review of World Energy June 2019, p. 40。

将表5-14与表5-15相对照可以看出：在2018年，世界液化气出口国除了阿联酋之外，均为中国液化气的进口国。也就是说，中国液化气的来源渠道已经基本实现了多元化。在数量上相对照还可看出，世界液化气出口前十名的国家，与中国液化气进口前十名的国家也大致吻合。不过，也存在着一些差异，如尼日利亚的液化气出口排名世界第五，出口量为278亿立方米，对中国出口仅为15亿立方米；特立尼达和多巴哥排名世界第八，出口量为169亿立方米，对中国出口仅为5亿立方米；世界最大的液化气出口国卡塔尔对中国出口 127 亿立方米,只占该国总出口量 1049 亿立方米的 12.1%,也不算很高。相比较而言,排名第二的澳大利亚给中国出口 321 亿立方米,占到了该国总出口量 919 亿立方米的 34.9%,成为中国液化气进口的第一大国。

(三)液化气进口来源国家的地缘博弈策略

与天然气管道一旦建成就固定运营不同,液化气进口具有灵活便捷的特点,因而在液化气进口的地缘政治博弈中,可以采取灵活调整的柔化策略,即在气源地和进口量上,相对固定地缘政治上比较安全稳定的国家,而对于地缘政治上有潜在风险的来源渠道则采取机动灵活的策略,避免或者减少对这类国家的过度依赖。根据这样的策略,对目前四个方向液化气来源国家与中国的外交关系和贸易关系进行考察,可以建立起以下的思路:

1. 南方液化气来源国家的澳大利亚、印度尼西亚、马来西亚、巴布亚新几内亚和文莱 5 个国家,近几年一直是我国液化气进口的主渠道,占了我国全部进口液化气的 70% 以上,应加以巩固稳定为主。其中,澳大利亚是我国液化气进口的第一大国,2018 年占了我国液化气进口总量的 43.5%。从能源安全的视角来看,进口渠道过于集中是不利的。尽管澳大利亚是最早向我国出口液化气的国家,中澳的液化气合作关系从 2006 年以来已经保持了十多年,然而自 2016 年以来,澳大利亚却多次挑起反华事端,从积极参与美国构建的"亚太战略",并在南海问题上指责中国,到带头封杀中国华为参与澳大利亚 5G 网络升级,发起对中国先进制造业的阻击战,甚至将中国列为所谓"极端威胁"的国家。这些负面事件导致两国关系走向恶化,双边关系出现下滑或停滞态势,并且这种态势的深层次原因短期内难以改变,甚至有加剧之势,两国关系将持续下滑。[1] 不过,在 2018 年 8 月莫里森出任澳大利亚总理之后,在 11 月与中国政府总理李克强会晤时表示:"澳高度重视发展对华关系,愿同中方推进全面战略伙伴关系","进一步加强在经贸、创新、矿业、旅游、能源等领域合作"。[2] 综合来看,中澳合作处于一种既遭遇了曲折,又能继续推进的状态。在这种状态下,中国在同澳大利亚开展液化气进口贸易时,既要继续保持合作,又应增强风险防范意识,尽量减少对澳方液化气的过度依赖。

---

[1] 张旗:《分歧凸显的中澳关系将持续下滑》,《国际政治科学》2018 年第 2 期,第 158 页。
[2] 张慧中、赵益普:《李克强同澳大利亚总理莫里森举行第六轮中澳总理年度会晤》,《人民日报》2018 年 11 月 15 日第 3 版。

我国在东南亚的两个液化气主要进口国印度尼西亚和马来西亚，尽管与我国在南海领域也存在着争议和分歧，但是在双边关系的基本面上是向好的，而且也都是"21世纪海上丝绸之路"的重要沿线国家。马来西亚在2018年5月马哈蒂尔重返政坛之后，虽然由于叫停了多个中资参与的马来西亚基础设施项目而使外界出现了"对华强硬甚至反华"的猜测，但是他在执政百日的8月即选择访问中国，明确表示要"重振马中关系"，"希望两国致力于经济发展，而不是致力于对抗"。[1] 说明两国关系仍然是稳定发展的。印度尼西亚自2013年与中国建立了全面战略伙伴关系以来，双边关系取得了重要进展，特别是积极对接"21世纪海上丝绸之路"倡议和"全球海洋支点"构想、深化务实合作取得了显著成效。[2] 在经贸领域，中国与马来西亚和印度尼西亚也保持着稳定发展的良好势头，两国都已成为我国共建"一带一路"的重要伙伴，也是我国建设"21世纪海上丝绸之路"的支点国家。因此，在液化气合作领域，中国应与这两个国家继续保持巩固稳定的合作关系，在此基础上相机和适度地增加进口量，这对我国的天然气供应安全是非常重要的。

不过，从两国的天然气现状来看，也存在着一定的不足之处。马来西亚近几年来尽管天然气储量和产量有所增加，但是其国内消费量的增加速度也很快，这有可能会影响到该国的出口量。印度尼西亚虽然国内天然气消费量增加不大，但是其探明储量和产量却不但未见提高，反而有下滑的趋势。因此，两国的天然气出口能力是否有后劲支撑，还有待于观察。详见表5-16。

表5-16　　　　马来西亚和印度尼西亚天然气储产消情况一览表

（单位：亿 m³）

		2011	2012	2013	2014	2015	2016	2017	2018
马来西亚	储量	24000	13000	11000	11000	12000	12000	27000	24000
	产量	618	652	691	664	682	738	784	725
	消费量	285	333	340	410	398	387	428	413

---

[1] 陈小茹：《马哈蒂尔：马来西亚与中国不要对抗要双赢》，《中国青年报》2018年8月22日第5版。
[2] 《中华人民共和国政府和印度尼西亚共和国政府联合声明》，《人民日报》2018年5月8日第3版。

续表

		2011	2012	2013	2014	2015	2016	2017	2018
印度尼西亚	储量	30000	29000	29000	29000	28000	29000	29000	28000
	产量	756	711	704	734	750	697	680	731
	消费量	379	358	384	384	397	339	392	390

数据来源：BP Statistical Review of World Energy 2012－2019。

2. 西方向中东和非洲的液化气来源国家，包括中东的卡塔尔、阿曼和非洲的尼日利亚、安哥拉、阿尔及利亚、埃及和其他非洲国家，2018年占我国液化气进口总量的23.2%。其中主要是卡塔尔，占到我国液化气全部进口的17.2%，是我国液化气的第二大进口国。该国是全球液化气出口第一大国，2018年的出口量为1049亿立方米，占了世界液化气总出口量4328亿立方米的24.2%。主要从卡塔尔进口液化气的国家是韩国、印度、日本和中国，2018年分别为196亿、148亿和135亿和127亿立方米。[①] 我国虽然液化气总进口量在世界上排名第二，仅次于日本而高于韩国和印度，但是自卡塔尔的进口量却低于韩、印两国，只占到卡塔尔总出口量的12%，说明与该国扩大液化气合作是有空间的。

而且，扩大从卡塔尔进口液化气目前也恰逢一些机遇。自2017年6月遭遇海湾国家的"断交危机"以来，卡塔尔为了摆脱困境和增强经济实力，一直在谋求扩大液化气的产量和出口量。2017年7月和2018年9月，卡塔尔曾两度宣布提升天然气年产量，计划由7700万吨提升至1.1亿吨。2018年12月，卡塔尔为了摆脱石油输出国组织（欧佩克）对其扩大天然气产量的束缚，宣布将于2019年1月退出"欧佩克"。[②] 由于液化气的产量和出口量占到了卡塔尔天然气产量和出口量的90%以上，所以卡塔尔在"退群"之后进一步扩大液化气产量，无疑是给中国扩大从该国进口液化气提供了一个绝佳机遇。正是抓住了这个机遇，中国与卡塔尔在2018年9月签署了每年对华供应液化天然气340万吨（大致相当于47亿立方米）

---

① https：//www.bp.com/content/dam/bp/business-sites/en/global/corporate/pdfs/energy-economics/statistical-review/bp-stats-review-2019-full-report.pdf.
② 景玥、黄培昭：《退出欧佩克，卡塔尔谋求更大自主权》，《人民日报》2018年12月7日第21版。

的协议，协议有效期22年，9月底向中国进行首批供应。①

不过，由于在卡塔尔"断交危机"之后，中东各国围绕着"反卡"和"挺卡"展开博弈而进入了新一轮的分化重组，这使得原本就混乱复杂的中东格局又出现了新的不确定因素。卡塔尔的"退群"也可能进一步扩大其与海湾其他阿拉伯国家之间业已存在的裂痕，海湾国家之间围绕地区领导权的争夺可能进一步升级，这必将造成地区局势不稳，从而给其液化气出口运输线带来风险。再加上从卡塔尔进口液化气的航线必须要途经霍尔木兹海峡、马六甲海峡等地缘政治冲突和海盗威胁高发的海域，使液化气运输船舶也面临着很大的风险。因此，中国在扩大从卡塔尔进口液化气的同时，对于这些隐患也需要注意预先防范。

对于西方向的阿曼、尼日利亚、安哥拉、阿尔及利亚和埃及5个国家，由于我国来自这5国的液化气进口量都在15亿立方米以下，均在中国总进口量的2%以下，只要马六甲海峡没有发生严重危机，也可以选择适度地扩大进口量。

3. 东方向的美洲3国，即美国、秘鲁、特立尼达和多巴哥，2018年只占我国液化气总进口量的4.9%。其中主要是美国，从2016年开始对中国出口液化气，2018年就达到了30亿立方米，占到了中国液化气总进口量的4.1%。美国由于受益于其"页岩气革命"，在近几年里天然气的出口大增，尽管在全球出口总量上还不及俄罗斯、卡塔尔和挪威，但是在增长率上却是最高的，由2016年的627亿增加到2018年的961亿立方米，增幅高达53.3%；其中液化气出口的增幅尤大，由2016年的40亿增长到2018年的286亿立方米，增加了6倍多。而同期俄罗斯天然气的出口增幅仅14.4%，其中液化气出口增长虽然较快，但增幅也只有70.5%。同期挪威出口总量仅增长4.8%，其中液化气出口增长仅1%；而卡塔尔出口总量甚至出现了负增长，液化气增长也只有9.2%。② 据美国Tellurian公司预测，到2025年美国将超过卡塔尔和澳大利亚，成为全球最大的液化气（LNG）出口国。③

由于看到了美国正在积极谋求出口天然气的机遇，中国自2016年开

---

① 刘叶琳：《中国液化天然气保供能力增强》，《国际商报》2018年9月27日第3版。
② https://www.bp.com/content/dam/bp/business-sites/en/global-corporate/pdfs/energy-economics/statistical-review/bp-stats-review-2019-full-report.pdf.
③ 何英：《美2025将成全球最大LNG出口国》，《中国能源报》2018年5月14日第7版。

始从美国进口液化气。2017年5月,中国与美国官方同步公布《中美经济合作百日计划早期收获》,达成中国自美进口液化天然气(LNG)的协议。① 2017年11月,美国总统特朗普在访问中国期间,与中国签下超过2500亿美元的协议,"其中天然气扮演了关键角色,协议金额占一半以上"。② 其中与阿拉斯加共同开发430亿美元的液化天然气项目,由于这一项目的所在地阿拉斯加比美国东部的液化气出口必须绕道巴拿马运河来说更加接近中国,因此被认为"向中国出口液化天然气在理论上很有前景"。③

然而,在进入2018年之后,中美之间的液化气贸易却经历了一波三折。自3月爆发中美贸易战之后,逐渐波及天然气领域,导致中国开始减少从美国进口液化气。据路透社报道,2018年6月中国仅购买了一艘美国LNG船货,7月甚至挂零。有中国学者认为,虽然中美双方在液化天然气上的贸易战将是"双输",但如果中国真的考虑打击自美国进口的液化天然气,美国"受到的伤害将要更多一点"。④ 正因为如此,当美国在2018年7月宣布对从中国进口的约2000亿美元商品加征关税,并于8月将加征关税的税率由10%提高到25%之后,中国也决定对自美进口贸易额约600亿美元的进口商品加征5%—25%不等的关税,其中,"液化天然气"列在加征25%关税的最高档清单中。⑤ 表明中国以液化气为筹码对美实施了有力的反制措施。

不过,按照国际上能源来源多元化更能够保障供应安全的观点,能源消费一方的进口来源渠道越多,则国内的天然气需求就越能够得到保障,从这个角度来说,中美之间保持液化气贸易的长期合作更加符合双方的长远利益。尤其是中国目前正处在一个天然气消费迅速增长的时期,从美国进口液化气既有利于满足我国对天然气的需求,也有利于我国在同其他国家的天然气贸易中增加谈判砝码,从而提高我国在对外天然气合作方面的竞争力。2018年12月1日,中国国家主席习近平同美国总统特朗普在布

---

① 渠沛然:《中国LNG进口再添新渠道》,《中国能源报》2017年5月22日第14版。
② 杜伟、李瑞忠:《史上最大单,天然气中头彩》,《中国能源报》2017年11月13日第13版。
③ 余家豪:《"美国能源优势"推动中美能源大单》,《中国石油报》2017年12月12日第2版。
④ 褚大业:《液化天然气,中国有质量的反击项》,《环球时报》2018年9月8日第4版。
⑤ 《国务院关税税则委员会关于对原产于美国的部分进口商品(第二批)加征关税的公告税委会公告附件1:对美加征25%关税商品清单》,中华人民共和国财政部网,2018年8月3日,http://gss.mof.gov.cn/zhengwuxinxi/zhengcefabu/201808/t20180803_2980950.html。

宜诺斯艾利斯的会晤中达成共识，停止加征新的关税，并指示两国经济团队加紧磋商，朝着取消所有加征关税的方向，达成互利双赢的具体协议。中方表示，愿意根据中国新一轮改革开放的进程以及国内市场和人民的需要，开放市场，扩大进口，推动缓解中美经贸领域相关问题。① 金联创首席研究员钟健认为，由于"特朗普十分希望得到中国的石油、天然气合同"，因此，"随着中美贸易战停火，中国很有可能率先在汽车、大豆和原油、天然气上进行进口。特别是原油、天然气"。② 可以预见，下一阶段中美双方液化气贸易也会同整个中美经贸关系一样，将在既有斗争又有共识的博弈中曲折地向前发展。

4. 北方向来自欧洲的液化气进口国主要是俄罗斯和挪威两国，目前进口量都不大，2018 年分别为 13 亿和 3 亿立方米。③ 不过在今后的几年里，俄罗斯的液化气出口量将会大幅度增加，气源地主要是位于北极地区的亚马尔 LNG 项目。该项目是集气田勘探开发和生产、LNC 工厂建造与液化、融资、船运和 LNC 销售等为一体的巨型项目，中国石油公司和中国丝路基金分别持有 20% 和 9.9% 的股份（另两家持股公司分别为俄国诺瓦泰克 50.1%，法国道达尔 20%），LNG 设计产能为每年约 1650 万吨（相当于 226 亿立方米），分为三期建设，每期产量为每年 550 万吨（相当于 75 亿立方米），计划先后于 2017 年、2018 年和 2019 年投产，主要输往欧洲和亚洲市场，2013 年 10 月中国石油公司签署了 LNC 购销框架协议，根据协议，中方每年从该项目进口 LNG300 万吨（约相当于 41 亿立方米），期限为 15 年。④ 2017 年 12 月，中俄亚马尔液化天然气项目第一条生产线正式投产。⑤ 2018 年 7 月，亚马尔液化天然气项目向中国供应的首船液化天然气（LNG）通过北极东北航道运抵中国。⑥ 2018 年 11 月，亚马尔 LNG 项

---

① 赵嘉鸣、杜尚泽：《习近平同美国总统特朗普举行会晤》，《人民日报》2018 年 12 月 3 日第 1 版。
② 何清：《贸易战暂停效应：进口美国能源启动"加速键"》，《21 世纪经济报道》2018 年 12 月 6 日第 18 版。
③ https://www.bp.com/content/dam/bp/business-sites/en/global/corporate/pdfs/energy-economics/statistical-review/bp-stats-review-2019-full-report.pdf.
④ 郭俊广、夏春燕、余伟：《亚马尔 LNG 项目开辟中俄能源合作蹊径》，《国际石油经济》2014 年第 10 期，第 49—50 页。
⑤ 张晓东：《"冰上丝路"见证中俄合作新成果》，《人民日报》2017 年 12 月 11 日第 21 版。
⑥ 吴莉：《亚马尔 LNG 首次运抵中国》，《中国能源报》2018 年 7 月 23 日第 13 版。

第五章 "南部走廊"与中国天然气外交的战略选择

目全面建成投产,比原计划至少提前 7 个月。[①]

俄罗斯能源部部长诺瓦克表示:"在中国 LNG 能源使用增长,俄罗斯 LNG 能源生产增长的背景下,双方的合作将继续深化,希望加入到更多的合作项目中,比如北极 LNG2 项目。"[②] 由此可见,与俄罗斯的液化气贸易合作还将进一步扩大。

[①] 崔茉、丁建国:《亚马尔 LNG 项目全面建成投产》,《中国石油报》2018 年 11 月 26 日第 1 版。
[②] 张一鸣:《俄罗斯有望成为中国最大天然气供应国》,《中国经济时报》2018 年 7 月 26 日第 6 版。

参考文献

（一）中文著作

1. ［英］巴斯顿：《现代外交》，赵怀普等译，世界知识出版社2002年版。
2. 白云真：《国际关系理论流派概论》，浙江人民出版社2009年版。
3. 白云真：《自由主义国际关系理论的历史变迁》，经济科学出版社2012年版。
4. 毕洪业：《俄罗斯对独联体外交政策研究》，中央编译出版社2014年版。
5. ［美］兹比格纽·布热津斯基：《大棋局：美国的首要地位及其地缘战略》，中国国际问题研究所译，上海人民出版社2015年版。
6. 蔡拓：《全球问题与当代国际关系》，天津人民出版社2002年版。
7. 曹英伟：《21世纪能源外交战略研究》，哈尔滨地图出版社2007年版。
8. 曹泳鑫：《马克思主义国际关系理论研究》，上海人民出版社2009年版。
9. 陈海燕：《当代国际政治与国际关系》，高等教育出版社2001年版。
10. 陈小沁：《俄罗斯能源战略与能源外交》，中国文史出版社2007年版。
11. 程毅：《国际关系中的经济因素》，华中师范大学出版社2001年版。
12. 楚树龙：《国际关系基本理论》，清华大学出版社2003年版。
13. 崔宏伟：《欧盟能源安全战略研究》，知识产权出版社2010年版。
14. ［美］丹尼尔·耶金：《石油大博弈》，艾平等译，中信出版社2008年版。
15. ［美］戴维·迪斯、约瑟夫·奈伊：《能源和安全》，李森、周水玉等译，上海译文出版社1984年版。
16. ［美］戴维·克雷普斯：《博弈论与经济模型》，邓方译，商务印书馆2006年版。

17. 董秀丽：《世界能源战略与能源外交》，知识产权出版社2011年版。
18. ［法］菲利普·赛比耶-洛佩兹：《石油地缘政治》，潘革平译，社会科学文献出版社2008年版。
19. 冯建中：《欧盟能源战略》，时事出版社2010年版。
20. 冯绍雷：《俄罗斯与大国及周边关系》，上海人民出版社2005年版。
21. 冯绍雷：《欧盟研究丛书》，华东师范大学出版社2009年版。
22. 傅耀祖：《中国国际关系理论研究：中国国际关系前沿理论》，时事出版社2005年版。
23. 葛艾继：《国际油气合作理论与实务》，石油工业出版社2004年版。
24. 宫少朋：《冷战后国际关系》，世界知识出版社1999年版。
25. 国家发展计划委员会：《能源宪章条约：条约、贸易修正案及相关文件》，中国电力出版社2000年版。
26. 郭树勇：《区域国别讲演录》，上海人民出版社2016年版。
27. 郭树勇：《国际关系：呼唤中国理论》，天津人民出版社2005年版。
28. 韩立华：《能源博弈大战——影响人类未来命运的最大挑战》，新世界出版社2008年版。
29. 黄晓勇主编：《世界能源发展报告2015》，社会科学文献出版社2015年版。
30. 季志业：《俄罗斯、中亚"油气政治"与中国》，黑龙江人民出版社2008年版。
31. ［英］杰弗里·帕克：《地缘政治学：过去、现在和未来》，刘从德译，新华出版社2003年版。
32. 金亚娜：《俄罗斯国情》，哈尔滨工业大学出版社2009年版。
33. 金应忠、倪世雄：《国际关系理论比较研究》，中国社会科学出版社2003年版。
34. 李渤：《俄罗斯政治与外交》，时事出版社2008年版。
35. 李凤林：《欧亚发展研究2014》，中国发展出版社2014年版。
36. 李凤林：《欧亚发展研究2016》，中国发展出版社2016年版。
37. 李淑云：《地缘政治与中亚五国民族问题》，辽宁人民出版社2007年版。
38. 林军：《俄罗斯外交史稿》，世界知识出版社2002年版。
39. 刘从德：《国际关系理论：西方国际关系理论与马克思主义国际关系理

论研究》，武汉出版社 2007 年版。

40. 刘汉元、刘建生：《能源革命：改变 21 世纪》，中国言实出版社 2010 年版。
41. 刘杰：《能源政治与世界经济新走向》，时事出版社 2010 年版。
42. 刘强：《伊朗国际战略地位论：一种全球多视角的解析》，世界知识出版社 2007 年版。
43. 柳丰华：《俄罗斯与中亚——独联体次地区一体化研究》，经济管理出版社 2010 年版。
44. 卢明华：《当代国际关系理论与实践》，南京大学出版社 1998 年版。
45. 陆俊元：《地缘政治的本质与规律》，时事出版社 2005 年版。
46. 罗志刚：《俄罗斯—欧盟关系研究》，中国社会科学出版社 2009 年版。
47. ［俄］马斯潘诺夫：《俄罗斯能源战略和国家油气综合体发展前景》，毕明等译，世界知识出版社 2009 年版。
48. ［英］麦金德：《民主的理想与现实》，武源译，商务印书馆 1965 年版。
49. 美国国家能源政策研究组：《美国国家能源政策——美国国家能源政策研究组报告》，国土资源部信息中心译，中国大地出版社 2001 年版。
50. 倪世雄：《当代西方国际关系理论》，复旦大学出版社 2001 年版。
51. 庞昌伟：《俄罗斯能源外交与中俄油气合作》，世界知识出版社 2003 年版。
52. ［俄］普里马科夫：《没有俄罗斯世界会怎样?》，李成滋译，中央编译出版社 2016 年版。
53. 戚文海：《中俄能源合作战略与对策》，社会科学文献出版社 2006 年版。
54. 钱学文：《中东、里海油气与中国能源安全战略》，时事出版社 2007 年版。
55. 潜旭明：《美国的国际能源战略研究：一种能源地缘政治学的分析》，复旦大学出版社 2013 年版。
56. 秦放鸣：《中国与中亚国家区域经济合作研究》，科学出版社 2010 年版。
57. 秦亚青：《国际关系理论：反思与重构》，北京大学出版社 2012 年版。
58. 秦亚青：《西方国际关系理论经典导读》，北京大学出版社 2009 年版。

59. ［俄］C. 3. 日兹宁：《俄罗斯能源外交》，王海运、石泽译，人民出版社2006年版。
60. ［俄］斯·日兹宁：《国际能源政治与外交》，强晓云、成键等译，华东师大出版社2005年版。
61. 施玉宇：《土库曼斯坦》，社会科学文献出版社2005年版。
62. ［美］尼古拉斯·斯皮克曼：《和平地理学》，刘愈之译，商务印书馆1965年版。
63. 宋志芹：《俄罗斯与乌兹别克斯坦关系研究》，人民日报出版社2016年版。
64. 苏畅：《格鲁吉亚》，社会科学文献出版社2005年版。
65. 苏欲晓：《欧盟的对外关系》，鹭江出版社2006年版。
66. 孙壮志：《列国志—阿塞拜疆》，社会科学文献出版社2010年版。
67. 孙壮志：《中亚五国对外关系》，当代世界出版社1999年版。
68. 王帆、卢静：《国际安全概论》，世界知识出版社2010年版。
69. 王帆：《美国的亚太联盟》，世界知识出版社2007年版。
70. 王桂芳：《中亚战略格局与中国安全》，军事科学出版社2004年版。
71. 王海运：《国际能源关系纵横谈》，世界知识出版社2013年版。
72. 王海运：《国际能源关系与中国能源外交》，上海大学出版社2015年版。
73. 王海运、许勤华：《能源外交概论》，社会科学文献出版社2012年版。
74. 王玮：《地缘政治与中国国家安全》，军事谊文出版社2009年版。
75. 王逸舟：《中国国际关系研究：1995—2005》，北京大学出版社2006年版。
76. ［英］戴维·G. 维克托、［英］埃米·M. 贾菲、［英］马克·H. 海斯：《天然气地缘政治：从1970到2040》，王震、王鸿雁等译，石油工业出版社2010年版。
77. 吴建民：《外交与国际关系：吴建民的看法与思考》，中国人民大学出版社2006年版。
78. 肖宪：《当代西方国际关系理论与实践》，云南大学出版社1998年版。
79. 辛一山：《中国式国际关系理论》，时事出版社2012年版。
80. 邢爱芬：《影响世界格局的国际关系理论》，北京师范大学出版社2001年版。

81. 邢广程：《俄罗斯东欧中亚国家发展报告（2009）》，社会科学文献出版社 2009 年版。
82. 邢悦：《国际关系：理论、历史与现实》，复旦大学出版社 2008 年版。
83. 熊志勇：《中国与美国：迈向新世纪的回顾》，河南人民出版社 1995 年版。
84. 熊志勇：《中美关系 60 年》，人民出版社 2009 年版。
85. 熊义杰：《现代博弈论基础》，国防工业出版社 2010 年版。
86. 徐敦信：《世界大势与和谐世界》，世界知识出版社 2007 年版。
87. 徐洪峰：《美国的中亚能源外交》，知识产权出版社 2010 年版。
88. 徐小杰：《俄罗斯及中亚西亚主要国家油气战略研究》，中国社会科学出版社 2017 年版。
89. 徐小杰：《新世纪的油气地缘政治——中国面临的机遇与挑战》，社会科学文献出版社 1998 年版。
90. 许勤华：《新地缘政治：中亚能源与中国》，当代世界出版社 2007 年版。
91. ［保］亚历山大·利洛夫：《文明的对话：世界地缘政治大趋势》，马细谱等译，社会科学文献出版社 2007 年版。
92. 阎学通、孙学峰：《国际关系研究实用方法》，人民出版社 2001 年版。
93. 杨丽、马彩英：《转型时期的中亚五国 1990—2001》，甘肃人民出版社 2003 年版。
94. 杨曼苏：《国际关系基本理论导读》，中国社会科学出版社 2001 年版。
95. 杨文兰：《俄罗斯与欧盟的经贸关系：基于博弈论视角》，社会科学文献出版社 2009 年版。
96. 耶斯尔：《土库曼斯坦》，新疆人民出版社 2008 年版。
97. 叶自成：《地缘政治与中国外交》，北京出版社 1998 年版。
98. 余建华：《世界能源政治与中国国际能源合作》，长春出版社 2011 年版。
99. 余建军、缪开金：《国际关系与国家安全》，人民出版社 2012 年版。
100. 余南平：《欧盟一体化共同安全与外交政策》，华东师范大学出版社 2009 年版。
101. 俞正樑：《全球化时代的国际关系》，复旦大学出版社 2009 年版。
102. 袁俊康、周广强：《地缘政治与国家安全战略》，解放军出版社 2006

年版。
103. 袁新华：《俄罗斯的能源战略与外交》，上海人民出版社 2007 年版。
104. 曾向红：《遏制、整合与塑造：美国中亚政策二十年》，兰州大学出版社 2014 年版。
105. 张抗：《中国和世界地缘油气》，地质出版社 2009 年版。
106. 张丽君：《地缘经济时代》，中央民族大学出版社 2006 年版。
107. 张宁：《中亚能源与大国博弈》，长春出版社 2009 年版。
108. 张淑静：《欧盟东扩后的经济一体化》，北京大学出版社 2006 年版。
109. 张亚中：《国际关系总论》，扬智文化事业股份有限公司 2012 年版。
110. 赵宝煦：《国际关系理论前沿译丛》，北京大学出版社 2002 年版。
111. 赵常庆：《哈萨克斯坦》，社会科学文献出版社 2004 年版。
112. 赵常庆：《十年巨变：中亚和外高加索卷》，东方出版社 2003 年版。
113. 赵常庆：《中亚五国概论》，经济日报出版社 1999 年版。
114. 赵华胜：《中国的中亚外交》，时事出版社 2008 年版。
115. 赵怀普：《当代美欧关系史》，世界知识出版 2011 年版。
116. 赵建明：《伊朗国家安全战略的动力分析》，新华出版社 2010 年版。
117. 赵可金：《中国国际关系理论研究》，复旦大学出版社 2007 年版。
118. 赵庆寺：《国际合作与中国能源外交：理论、机制与路径》，法律出版社 2012 年版。
119. 郑启荣：《全球视野下的欧盟共同外交和安全政策》，世界知识出版社 2008 年版。
120. 郑羽、庞昌伟：《俄罗斯能源外交与中俄油气合作》，世界知识出版社 2003 年版。
121. 郑羽：《中俄美在中亚：合作与竞争（1991—2007）》，社会科学文献出版社 2007 年版。
122. 中国国际关系学会：《国际关系理论：前沿与热点》，世界知识出版社 2007 年版。
123. 中国国际关系学会：《国际关系研究：合作理论及争鸣》，世界知识出版社 2009 年版。
124. 中国现代国际关系研究院经济安全研究中心：《全球能源大棋局》，时事出版社 2005 年版。
125. 中华人民共和国商务部欧洲司、中国社会科学院俄罗斯东欧中亚研究所联合课题组：《俄罗斯经济发展规划文件汇编》，世界知识出版社 2005 年版。

126. 周保巍：《欧盟大国外交政策的起源与发展》，华东师范大学出版社 2009 年版。
127. 周弘、黄平、江时学：《欧洲发展报告　乌克兰危机与欧盟：起源、应对与影响》，社会科学文献出版社 2015 年版。
128. 周永生：《经济外交》，中国青年版社 2004 年版。
129. 朱成虎：《十字路口：中亚走向何方》，时事出版社 2007 年版。
130. 朱立群：《国际体系与中欧关系》，世界知识出版社 2008 年版。
131. 朱立群：《中国与国际体系》，世界知识出版社 2012 年版。
132. 朱新光：《国际关系理论与现实》，江苏人民出版社 2002 年版。
133. 祝宝良：《欧盟经济概况》，中国经济出版社 2004 年版。

（二）中文期刊文章

1. 阿布来提·麦麦提、依马木阿吉·艾比布拉：《大国博弈：哈萨克斯坦油气资源与中国的战略选择》，《新疆师范大学学报（哲学社会科学版）》2011 年第 5 期。
2. 安静国、刘增洁：《哈萨克斯坦油气资源现状及政策回顾》，《国土资源情报》2012 年第 3 期。
3. 安维华：《试论中亚—里海地区石油的新时代——兼评海湾—中亚—东亚石油"大陆桥"设想》，《西亚非洲》2009 年第 2 期。
4. ［俄］奥列格·鲁京、毕明：《土库曼斯坦与俄罗斯：合作伙伴还是竞争对手？》，《国际石油经济》2010 年第 6 期。
5. 白联磊：《阿塞拜疆的"大丝绸之路"计划》，《世界知识》2016 年第 3 期。
6. 白璐瑶：《哈萨克斯坦油气投资环境趋紧》，《中国海关》2011 年第 6 期。
7. 柏锁柱、庞昌伟：《俄东部天然气规划与东北亚能源安全与合作前景》，《中国石油企业》2010 年第 6 期。
8. 包博文：《中俄能源外交的现状与对策分析》，《中国市场》2018 年第 29 期。
9. 保建云：《中国与中亚五国进出口贸易特点及存在的问题分析》，《国际贸易问题》2008 年第 7 期。

10. 鲍庆祥：《试析中美在中亚地区的利益分歧与战略互信的构建》，《社会主义研究》2018年第1期。
11. 毕洪业：《俄罗斯与美欧在阿塞拜疆油气管线上的争夺及前景》，《国际石油经济》2014年第1—2期。
12. 曹斌、李文涛、杜国敏、吴浩筠：《2030年后世界能源将走向何方？——全球主要能源展望报告分析》，《国际石油经济》2016年第11期。
13. 曹嘉涵：《美国液化天然气出口前景与中国》，《现代国际关系》2013年第6期。
14. 柴利：《哈萨克斯坦能源政策新发展》，《新疆社会科学》2012年第3期。
15. 常庆：《哈萨克斯坦与美国的关系》，《今日东欧中亚》1996年第3期。
16. 陈怀龙：《土库曼斯坦油气发展前景》，《国际石油经济》2005年第5期。
17. 陈杰：《能源博弈：欧盟和俄罗斯呈现微妙格局》，《中国石油和化工》2006年第12期。
18. 陈菁泉、云曙明：《中俄天然气合作博弈与发展趋势研究》，《俄罗斯中亚东欧研究》2011年第6期。
19. 陈联璧：《乌兹别克斯坦的外交政策》，《中欧东亚研究》1996年第4期。
20. 陈柳钦：《欧盟2020年能源新战略——欧盟统一路线图》，《中国市场》2012年第7期。
21. 陈柳钦：《新世纪中国能源安全面临的挑战及其战略应对》，《中国市场》2011年24期。
22. 陈乔之、林逢春：《新世纪美国能源安全战略对中国能源安全的影响》，《东南亚纵横》2005年第11期。
23. 陈腾瀚、姜蕾：《特朗普政府"美国优先能源计划"探析》，《国际研究参考》2017年第8期。
24. 陈宪良：《中国能源安全与中俄能源合作》，《东北亚论坛》2017年第3期。
25. 陈小沁：《解析乌克兰危机下俄欧能源合作的困境与趋势》，《俄罗斯学刊》2017年第4期。

26. 陈小沁：《新世纪的俄罗斯对外能源政策走向》，《商丘师范学院学报》2008 年第 5 期。
27. 陈晓鹏、成升魁、吴良：《中亚主要能源出口国地缘政治风险的度量与评价》，《资源科学》2018 年第 4 期。
28. 陈卫东：《俄罗斯"天然气外交"的中国警示》，《能源》2014 年第 1 期。
29. 成键：《俄罗斯天然气外交浅析》，《俄罗斯研究》2006 年第 1 期。
30. 程春华：《俄罗斯与欧洲天然气管道合作概况》，《俄罗斯中亚东欧市场》2006 年第 3 期。
31. 程春华：《俄罗斯与欧盟能源冲突的应对机制》，《中国社会科学院研究生院学报》2012 年第 2 期。
32. 程春华：《俄罗斯为何"弃南投蓝"》，《世界知识》2015 年第 1 期。
33. 程春华：《俄欧斗"气"气势汹汹》，《世界知识》2011 年第 23 期。
34. 程春华：《俄欧南溪管道项目为何一波三折》，《世界知识》2014 年第 14 期。
35. 程春华：《土耳其流管道：俄欧能源博弈新阶段》，《国际石油经济》2015 年第 8 期。
36. 程春华：《"土耳其流"管道撬动几多关系》，《世界知识》2015 年第 14 期。
37. 程卫东：《欧盟能源供应安全的国际战略及其困境》，《欧洲研究》2015 年第 3 期。
38. 褚王涛、王丽茹、董晓芹、王健：《特朗普新政对伊朗油气投资环境的影响与应对》，《国际石油经济》2018 年第 3 期。
39. 崔宏伟：《欧盟天然气供应安全困境及其对策》，《现代国际关系》2009 年第 7 期。
40. 崔宏伟：《中俄欧在中亚的能源竞合关系——地缘政治与相互依赖的制约》，《国际关系研究》2014 年第 2 期。
41. 戴彦德、朱跃中、刘建国：《从特朗普能源新政看中国能源安全形势》，《中国经济报告》2017 年第 4 期
42. 党学博、李怀印：《中亚天然气管道发展现状与特点分析》，《油气储运》2013 年第 7 期。
43. 道明：《里海问题的历史与现实》，《国际资料信息》2011 年第 12 期。

44. 邓浩：《中亚外高形势衍变中的中东因素》，《国际问题研究》2017 年第 1 期。
45. 丁颖、魏爽、朱济友：《值得关注的伊朗天然气工业》，《国际石油经济》2007 年第 7 期。
46. 董倩倩：《奥巴马政府的中亚能源政策及其对中国的启示》，《南方论刊》2017 年第 6 期。
47. 方婷婷：《俄罗斯管道外交对中国的影响及其应对》，《江苏行政学院学报》201 年第 6 期。
48. 方婷婷：《能源安全困境与俄欧能源博弈》，《世界经济与政治论坛》2015 年第 5 期。
49. 方奕贤：《俄美中亚角力及其对中国能源安全的影响——地缘政治分析视角》，《贵州师范大学学报（社会科学版）》2008 年第 2 期。
50. 房乐宪：《欧盟能源新战略的核心内涵及其启示意义》，《当代世界》2011 年第 1 期。
51. 冯玉军、丁晓星、李东：《俄罗斯新能源外交及其影响》，《国际资料信息》2002 年第 9 期。
52. 冯玉军：《俄罗斯与中亚的能源外交》，《国际石油经济》2007 年第 6 期。
53. 冯玉军：《俄罗斯走活对欧能源外交"大棋局"》，《国际石油经济》2008 年第 10 期。
54. 冯玉军：《纳布科管道：从构想走向现实》，《国际石油经济》2009 年第 8 期。
55. 冯玉军：《国际能源战略格局新变化与中俄能源合作》，《欧亚经济》2018 年第 3 期。
56. 傅吉江、郭美莲：《土库曼斯坦的石油天然气加工和化学工业》，《俄罗斯中亚东欧市场》2004 年第 12 期。
57. 富景筠：《俄罗斯能源利益集团博弈与中俄天然气关系演变》，《东北亚论坛》2017 年第 6 期。
58. 富景筠：《"页岩气革命"、"乌克兰危机"与俄欧能源关系——对天然气市场结构与权力结构的动态分析》，《欧洲研究》2014 年第 6 期。
59. 高大统：《"页岩气革命"：美国进一步接近"能源独立"目标》，《资源与人居环境》2017 年第 11 期。

60. 高飞：《中亚博弈：冷战后的中美俄关系》，《外交评论》2010 年第 2 期。
61. 高寿柏：《土库曼斯坦宣布石油天然气发展目标》，《中国石油石化》2009 年第 21 期。
62. 高淑琴、贾庆国：《俄罗斯能源外交：理论学说的形成及发展趋势》，《东北亚论坛》2011 年第 2 期。
63. 高淑琴、唐洪钊：《里海地区能源安全及西方对该地区的地缘政治战略》，《世界地理研究》2009 年第 4 期。
64. 高芸、高钰杰、栾佳：《2017 年中国天然气发展述评及 2018 年展望》，《天然气技术与经济》2018 年第 1 期。
65. 葛军：《土库曼斯坦：从边缘走向焦点》，《世界知识》2007 年第 4 期。
66. 龚猎夫：《积极中立　世代安宁——透视土库曼斯坦的中立政策》，《国际问题研究》2008 年第 2 期。
67. 龚猎夫、武魏楠：《土库曼斯坦的天然气外交》，《能源》2014 年第 9 期。
68. 龚伟：《中缅能源合作的前景及挑战》，《商业经济》2015 年第 3 期。
69. 古丽娜尔·玉素甫、安尼瓦尔·阿木提：《中国与中亚油气资源合作现状与展望》，《经济导刊》2009 年第 11 期。
70. 关健斌：《俄罗斯对欧"天然气外交"要换打法》，《世界知识》2015 年第 16 期。
71. 郭芳、李凤桃、王红茹：《中俄天然气 20 年博弈》，《中国经济周刊》2014 年第 21 期。
72. 郭关玉：《浅析欧盟能源政策与中欧能源合作》，《社会主义研究》2011 年第 5 期。
73. 郭海涛：《天然气合作：中俄双方战略形势研究》，《国际经济合作》2012 年第 2 期。
74. 郭海涛：《中亚部分国家的能源战略及我国的应对方略》，《经济纵横》2008 年第 5 期。
75. 郭学堂：《中欧亚能源与地缘政治博弈》，《学习月刊》2006 年第 1 期。
76. 韩隽：《伊朗的"回归"与中亚地缘政治格局的调整》，《新疆社会科学》2016 年第 6 期。
77. 何伦志、安尼瓦尔·阿木提、张新花：《中国的中亚能源发展策略》，

《上海经济研究》2008 年第 1 期。
78. 何世念：《伊朗油气：全球最诱人的"奶酪"》，《中国石化》2006 年第 4 期。
79. 和静钧：《能源外交何处突围？》，《南风窗》2008 年第 20 期。
80. ［俄］赫罗莫娃、葛新蓉：《俄与欧盟关系中的能源因素》，《西伯利亚研究》2002 年第 4 期。
81. 胡凤华：《政治与经济的双簧戏——大国争斗与合作之下的土—阿—巴天然气管线》，《中国石油石化》2002 年第 7 期。
82. 胡国松、张楚晗：《液化天然气国际贸易新格局与中国的应对之策》，《西南石油大学学报（社会科学版）》2018 年第 4 期。
83. 胡梅兴：《俄罗斯控制中亚能源的现状与挑战》，《国际资料信息》2010 年第 6 期。
84. 胡梅兴：《土库曼斯坦天然气多元出口线路》，《国际资料信息》2012 年第 3 期。
85. 胡亚西：《俄罗斯对韩国的能源外交及前景》，《国际资料信息》2009 年第 6 期。
86. 黄保林：《大国对中亚地区的油气争夺及其影响》，《国际展望》1998 年第 13 期。
87. 黄河：《从国际政治经济学的视角看俄罗斯的能源外交》，《俄罗斯研究》2007 年第 5 期。
88. 黄佳音：《处于东西能源走廊之中的土耳其》，《国际石油经济》2008 年第 10 期。
89. 黄婷婷：《土库曼斯坦将向欧盟直接出口天然气》，《中亚信息》2009 第 5 期。
90. 黄伟、杨桂荣、张品先：《哈萨克斯坦石油天然气工业发展现状及展望》，《天然气与石油》2015 年第 2 期。
91. 何颀婷：《Exxon Mobil：2040 年能源展望》，《天然气勘探与开发》2017 年第 2 期。
92. 贺冠文、陈冠宇、梁冬琪：《页岩气革命与中国能源安全》，《当代化工研究》2017 年第 6 期。
93. 胡梅兴：《乌兹别克斯坦内政外交新动态》，《国际研究参考》2015 年第 5 期。

94. 加璐：《美国页岩油气开发及对其能源外交政策的影响》，《当代石油石化》2012 年第 10 期。
95. 加璐、张建华：《美国页岩革命给全球油气和石化产业带来冲击》，《当代石油石化》2017 年第 7 期。
96. 贾少学、毕洪业：《美国中亚政策的演变及前景》，《上海交通大学学报（哲学社会科学版）》2017 年第 2 期。
97. 贾文华、许海云：《欧盟对俄能源战略述论》，《当代世界与社会主义》2007 年第 6 期。
98. 蒋新卫：《中亚石油地缘政治与我国陆上能源安全大通道建设》，《东北亚论坛》2007 年第 3 期。
99. 蒋真、王国兵：《伊朗"向东看"战略与"丝绸之路经济带"的构建》，《中东问题研究》2017 年第 1 期。
100. 焦一强：《"继承"还是"决裂"？——"后卡里莫夫时代"乌兹别克斯坦外交政策调整》，《俄罗斯研究》2017 年第 3 期。
101. 靳会新：《浅析俄罗斯的能源外交战略》，《俄罗斯研究》2005 年 2 期。
102. ［俄］克留科夫、［俄］托卡列夫：《俄中石油天然气领域合作的前景展望》，《西伯利亚研究》2016 年第 4 期。
103. 孔祥永：《美国"页岩气革命"及影响——兼论对中国页岩气开发的启示》，《国际论坛》2014 年第 1 期。
104. 寇忠：《中亚输气管道建设的背景及意义》，《国际石油经济》2008 年第 2 期。
105. 寇忠：《中亚油气资源出口新格局》，《国际石油经济》2010 年第 5 期。
106. 李晨成、尚鑫：《"后卡里莫夫时代"乌兹别克斯坦政治局势走向与中乌油气合作应对策略》，《国际石油经济》2015 年第 6 期。
107. 李晨阳：《当前缅甸的政治力量与权力架构》，《世界知识》2018 年第 18 期。
108. 李东：《不断强化的俄罗斯对欧洲天然气外交》，《国际石油经济》2008 年第 3 期。
109. 李红强、王礼茂：《中亚能源地缘政治格局演进：中国力量的变化、影响与对策》，《资源科学》2009 年第 10 期。

110. 李菁：《双"管"齐下 俄天然气垄断欧洲砝码加大》，《中国石油和化工》2010 年第 1 期。
111. 李均锐、李宏祥：《欧盟东扩对欧俄能源关系的影响》，《法制与社会》2008 年第 1 期。
112. 李立凡：《欧盟：新的中亚"战略玩家"》，《俄罗斯中亚东欧研究》2008 年第 4 期。
113. 李龙：《中俄天然气合作的曲折历史、原因及对策》，《边疆经济与文化》2016 年第 2 期。
114. 李宁：《试论哈萨克斯坦的能源外交》，《西伯利亚研究》2009 年第 1 期。
115. 李冉：《"一带一路"视域下的中国天然气外交战略》，《西北师大学报（社会科学版）》2018 年第 5 期。
116. 李青青：《中俄天然气合作的发展历程与趋势分析》，《改革与开放》2018 年第 5 期。
117. 李世群、闫鸿毅：《中亚能源政策探析》，《现代商贸工业》2011 年第 4 期。
118. 李伟：《欧洲天然气管网发展对我国天然气管网规划的启示》，《国际石油经济》2009 年第 6 期。
119. 李学成、张霁阳：《哈萨克斯坦油气行业现状及合作前景》，《国际石油经济》2015 年第 10 期。
120. 李雅菲、唐文睿：《"新丝绸之路"计划与美国中亚战略走向探析》，《北华大学学报（社会科学版）》2016 年第 5 期。
121. 李扬、徐洪峰：《特朗普政府"美国第一能源计划"及其影响》，《东北亚论坛》2017 年第 5 期。
122. 李倬、欧阳丹：《中亚油气资源开发合作与我国能源安全战略》，《新疆财经》2008 年第 5 期。
123. 梁瑞红：《俄乌天然气争端的起因及影响》，《国际资料信息》2009 年第 5 期。
124. 林培源：《中国与哈萨克斯坦油气合作的现状、挑战和前景》，《中国石油大学学报（社会科学版）》2017 年第 1 期。
125. 林建勇、蓝庆新：《"一带一路"战略下中国与中亚国家能源合作面临的挑战与对策》，《中国人口·资源与环境》2017 年第 5 期。

126. 刘才涌:《缅甸油气产业开发现状与外国参与情况评析》,《南洋问题研究》2014年第2期。

127. 刘桂玲:《俄罗斯对亚太地区能源政策的调整及特点》,《亚非纵横》2009年第6期。

128. 刘华:《中亚里海地区能源争夺新态势》,《俄罗斯中亚东欧市场》2003年第10期。

129. 刘红光:《天然气"和平管道"如何撬动政经格局》,《能源》2018年第9期。

130. 刘红涛、张梦露:《印度在中东地区的能源战略布局及前景》,《学术探索》2017年第12期。

131. 刘甲金、蒲开夫、孙新安:《中亚油气资源与中亚油气市场》,《东欧中亚市场研究》2002年第6期。

132. 刘建生、崔洪建:《欧盟在中亚—里海地区的能源外交与中欧合作》,《国际问题研究》2010年第4期。

133. 刘乾:《阿塞拜疆的"天然气雄心"》,《能源》2013年第2期。

134. 刘乾:《北溪—2背后的政治博弈》,《能源》2018年第8期。

135. 刘乾、徐斌:《中俄天然气合作的历史经验与未来发展》,《国际石油经济》2014年第9期。

136. 刘伟:《伊朗油气资源现状及政策》,《国土资源情报》2007年第6期。

137. 刘务、贺圣达:《油气资源:缅甸多边外交的新手段》,《南亚研究》2012年第3期。

138. 刘书秀、刘劲松:《美国"能源独立"现状、政策演变与经验分析》,《煤炭经济研究》2018年第2期。

139. 刘旭:《中亚天然气跨国管道建设的现状、影响及前景》,《现代国际关系》2018年第1期。

140. 刘增洁:《俄罗斯天然气资源形势及政策分析》,《国土资源情报》2006年第9期。

141. 刘增洁、贾庆素:《伊朗油气资源现状及其在世界上的地位》,《国土资源情况》2013年第4期。

142. 娄红、潘继平、王陆新、王思谨:《中国天然气资源勘探开发现状、问题及对策建议》,《国际石油经济》2018年第6期。

143. 卢延杰：《纳布科"气"流冲击了谁?》，《中国石油石化》2009年第16期。
144. 陆钢：《"一带一路"背景下中国对中亚外交的反思》，《探索与争鸣》2016年第1期。
145. 陆南泉：《金融危机对俄罗斯经济的冲击在加剧》，《俄罗斯中亚东欧研究》2009年第2期。
146. 罗晓云：《俄美在里海的石油外交政策》，《东南亚研究》2003年第1期。
147. 罗晓云：《试论中国与中亚能源合作的机遇与挑战》，《东南亚纵横》2003年第6期。
148. 罗晓云：《中亚能源政治简析》，《探求》2003年第1期。
149. 罗英杰、李沛怡：《"南流"PK"纳布科"：俄欧能源博弈无穷期》，《世界知识》2011年第18期。
150. 罗英杰：《俄罗斯与欧盟的能源合作——兼论对中俄能源合作的启示》，《国际经济评论》2005年第4期。
151. 罗英杰：《天然气欧佩克：俄罗斯的新棋子》，《世界知识》2009年第2期。
152. 罗振兴：《美国在中亚—里海地区的能源政策评析》，《美国研究》2005年第2期。
153. 吕江：《全球能源变革对丝绸之路经济带能源合作的挑战与应对》，《当代世界与社会主义》2018年第1期。
154. 麻希源：《简析俄罗斯与中国开展能源外交的动因》，《南方论刊》2017年第9期。
155. 马丁、单葆国：《2030年世界能源展望——基于全球能源展望报告的对比研究》，《中国能源》2017年第2期。
156. 梅冠群：《当前中美能源领域的博弈与合作》，《国际经济合作》2018年第9期。
157. 敏玉：《土库曼斯坦的油气工业》，《国土资源情报》2008年第1期。
158. 明海会、代玮、刘任远：《中亚油气出口多元化新进程》，《中国石油石化》2010年第7期。
159. 聂书岭：《欧盟想直接从中亚进口天然气》，《中亚信息》2007年第2期。

160. 潘楠：《俄罗斯六条潜在天然气出口管道现状及前景分析》，《国际石油经济》2016 年第 6 期。
161. 潘楠：《欧盟南部天然气走廊计划及其影响》，《国际石油经济》2016 年第 9 期。
162. 潘楠：《土耳其油气过境国地位分析》，《国际石油经济》2016 年第 10 期。
163. 潘月星、赵军：《中国液化天然气（LNG）进口贸易发展的新问题与新举措》，《对外经贸实务》2018 年第 4 期。
164. 潘志平：《中亚地缘政治现状分析（2008—2009）——相互交织的大小"博弈"》，《新疆师范大学学报（哲学社会科学版）》2010 年第 2 期。
165. 庞昌伟、柏锁柱：《"纳布科"项目与美欧俄及里海新兴资源国能源博弈》，《国际展望》2010 年第 2 期。
166. 庞昌伟、褚昭海：《土库曼天然气出口多元化政策与决策机制分析》，《俄罗斯研究》2009 年第 6 期。
167. 庞昌伟、张萌：《纳布科天然气管道与欧俄能源博弈》，《世界经济与政治》2010 年第 3 期。
168. 庞昌伟：《俄乌天然气危机及对里海油气流向的影响》，《国际论坛》2006 年第 3 期。
169. 庞昌伟：《里海油气管道地缘政治经济博弈态势分析》，《俄罗斯研究》2006 年第 2 期。
170. 庞昌伟：《中俄天然气合作及东线、西线及远东天然气管道建设》，《黑河学院学报》2018 年第 9 期。
171. 庞晓华：《走进伊朗油气工业》，《中国石化》2010 年第 5 期。
172. 彭念：《伊巴印关于 IPI 天然气管道的地缘政治战略博弈》，《东南亚南亚研究》2011 年第 2 期。
173. 钱娟：《浅析中国在中亚地区的能源安全战略》，《世纪桥》2011 年第 3 期。
174. 钱学文：《中国参与中亚里海能源合作存在的问题及其对策思考》，《东北亚论坛》2007 年第 5 期。
175. 潜旭明：《美国对里海地区能源地缘战略及其走向——目标、战略、手段、展望》，《美国问题研究》2008 年第 1 期。

176. 秦放鸣：《里海地区油气资源竞争的矛盾冲突及中国的战略选择》，《新疆社会科学》2007 年第 1 期。
177. 尚月：《俄罗斯：活跃的"天然气外交"背后》，《国际石油经济》2011 年第 10 期。
178. 邵永灵、时殷弘：《近代欧洲陆海复合国家的命运与当代中国的选择》，《世界经济与政治》2000 年第 10 期。
179. 邵育群：《欧盟新中亚政策评述》，《欧洲研究》2008 年第 3 期。
180. 师成：《新形势下中俄油气能源合作前景展望》，《对外贸易》2018 年第 2 期。
181. 时宏远：《浅论伊朗、巴基斯坦、印度天然气管道问题》，《东南亚南亚研究》2011 年第 4 期。
182. 石岚：《中国中亚能源通道与中国能源安全》，《东南亚纵横》2011 年第 10 期。
183. 石泽：《构建牢固的中俄能源战略伙伴关系》，《国际问题研究》2015 年第 5 期。
184. 石泽、龚婷：《"南溪"项目停摆：管窥美欧俄能源博弈》，《中国投资》2015 年第 1 期。
185. 史春阳：《俄罗斯天然气工业东部战略与中俄天然气合作》，《解放军外国语学院学报》2009 年第 6 期。
186. 史洺宇、易成高：《阿塞拜疆油气输出线路之争》，《油气储运》2016 年第 11 期。
187. ［瑞典］斯蒂芬·赫德兰、李承红：《危机中的俄罗斯：一个超级能源大国的终结》，《俄罗斯研究》2010 年第 2 期。
188. 宋斌：《地缘政治视角下美国的哈萨克斯坦援助政策》，《新疆社会科学》2018 年第 1 期。
189. 宋亦明：《从石油到天然气：中国维护能源安全主战场的大转移》，《世界知识》2018 年第 6 期。
190. 宋志芹：《论俄罗斯与乌兹别克斯坦关系的演变及其影响因素》，《俄罗斯学刊》2014 年第 3 期。
191. 宋志芹：《试论俄罗斯与乌兹别克斯坦的能源合作》，《俄罗斯学刊》2014 年第 2 期。
192. 苏畅：《论中亚宗教极端势力的基本特征》，《新疆师范大学学报（哲学社会科学版)》2011 年第 2 期。

193. 苏春雨：《从乌克兰危机看土耳其能源战略地位》，《国际石油经济》2015 年第 8 期。

194. 苏萌：《阿塞拜疆与亚美尼亚纳卡冲突分析》，《现代军事》2016 年第 6 期。

195. 孙景宇、刘文闻：《后危机时期俄罗斯对独联体国家能源外交刍议》，《俄罗斯学刊》2011 年第 3 期。

196. 孙霞：《中亚能源地缘战略格局与多边能源合作》，《世界经济研究》2008 年第 5 期。

197. 孙晓青：《当前欧盟对俄关系中的能源因素》，《现代国际关系》2006 年第 2 期。

198. 孙永祥、张晶：《近期中亚国家的油气出口潜力和制约因素》，《俄罗斯中亚东欧市场》2005 年第 7 期。

199. 孙永祥、张晶：《中国和俄罗斯、中亚国家油气合作现状、问题及对策》，《东欧中亚市场研究》2002 年第 1 期。

200. 孙永祥：《"北气南下"博弈"俄气掌控"》，《中国石油石化》2008 年第 6 期。

201. 孙永祥：《从阿塞拜疆油气现状看外高加索地区的能源争夺》，《俄罗斯中亚东欧市场》2011 年第 3 期。

202. 孙永祥：《哈萨克斯坦油气工业发展新动向》，《亚非纵横》2010 年第 4 期。

203. 孙永祥：《土库曼斯坦与美国关系及其对我影响》，《亚非纵横》2009 年第 2 期。

204. 孙永祥：《中国与俄罗斯、中亚国家天然气合作面临的新问题及建议》，《俄罗斯中亚东欧市场》2008 年第 7 期。

205. 孙永祥：《中俄天然气合作新契机》，《中国石油石化》2012 年第 12 期。

206. 孙泽伟、李娜：《俄罗斯的能源战略》，《法制与社会》2009 年第 18 期。

207. 孙壮志：《中亚安全形势及上合组织的重要作用》，《俄罗斯学刊》2018 年第 2 期。

208. 谭斌、王菲：《中亚能源竞争及其对我国能源安全的影响》，《商业研究》2010 年第 2 期。
209. 谭庆莉：《土耳其与欧盟关系浅析》，《国际论坛》2002 年第 6 期。
210. 谭蓉蓉：《中国—土库曼斯坦天然气合作项目正式启动》，《天然气工业》2007 年第 9 期。
211. 谭跃龙：《从地缘战略角度看中国与中亚油气合作》，《牡丹江教育学院学报》2007 年第 4 期。
212. 田璐、田佳：《哈萨克斯坦油气产业现状分析与评价》，《油气藏评价与开发》2012 年第 1 期。
213. 涂志明：《俄欧能源关系中的美国因素》，《世界地理研究》2014 年第 4 期。
214. ［哈］托卡耶夫：《哈萨克斯坦的欧亚国家地位及多方位外交》，何希泉译，《现代国际关系》1993 年第 12 期。
215. 王聪：《纳扎尔巴耶夫访美与美国的中亚布局》，《世界知识》2018 年第 5 期。
216. 王保群、张文新、林燕红、王立献：《俄罗斯出口天然气管道现状与发展态势》，《国际石油经济》2014 年第 10 期。
217. 王高峰：《俄罗斯中亚争"气"》，《中国石油石化》2008 年第 14 期。
218. 王高峰：《"纳布科"管道复活？》，《中国石油石化》2009 年第 4 期。
219. 王高峰：《战火后的中亚能源"局"》，《中国石油石化》2008 年第 17 期。
220. 王海燕：《俄罗斯与哈萨克斯坦油气合作评析》，《国际石油经济》2015 年第 7 期。
221. 王海燕、施佳敏：《土库曼斯坦推进 TAPI 管道实施的前景分析》，《国际石油经济》2015 年第 11 期。
222. 王海燕：《土库曼斯坦天然气多元化出口战略（1991—2015）：一项实证主义分析》，《俄罗斯研究》2015 年第 5 期。
223. 王焕丽、朱红娟：《美国对里海地区八国的能源外交举措》，《商场现代化》2007 年第 26 期。
224. 王郦久：《中亚油气资源与开发综述》，《国际资料信息》2006 年第 10 期。
225. 王敏：《土耳其与欧亚能源大棋局》，《企业导报》2011 年第 17 期。
226. 王然：《土库曼斯坦油气资源对外合作历程浅析》，《西安石油大学学报（社会科学版）》2015 年第 1 期。

227. 王树亮：《欧盟能源安全的中亚取向》，《呼伦贝尔学院学报》2008 年第 6 期。

228. 王四海、秦屹：《中亚国家在建设丝绸之路经济带中的重要作用——以土库曼斯坦为例》，《俄罗斯东欧中亚研究》2016 年第 5 期。

229. 王晓梅：《俄罗斯能源战略调整与中俄能源合作》，《国际经济合作》2015 年第 4 期。

230. 王晓梅：《中亚石油合作与中国能源安全战略》，《国际经济合作》2008 年第 6 期。

231. 王亚栋：《里海能源与中亚地缘政治格局》，《今日东欧中亚》2000 年第 2 期。

232. 王一斌：《乌兹别克斯坦油气领域发展及与中国的合作》，《中外企业家》2017 年第 2 期。

233. 王意、杨智刚、穆长辉、赵玉杰、张鑫磊：《乌兹别克斯坦油气资源状况剖析》，《新疆石油天然气》2017 年第 1 期。

234. 王越、王楠、张静：《对中亚三国油气合作现状及分析》，《中国矿业》2009 年第 4 期。

235. 王震、赵林、张宇擎：《特朗普时代美国能源政策展望》，《国际石油经济》2017 年第 2 期。

236. 卫灵、刘强：《中亚地区的能源争夺与中国能源安全》，《世界经济与政治论坛》2006 年第 6 期。

237. 魏静、段红梅、闫强、汪莉丽：《能源新政下的美国页岩气产业新动向及中美合作前景》，《中国矿业》2018 年第 2 期。

238. 吴福环、贾春阳：《国际政治演变与里海油气开发》，《新疆社会科学》2007 年 1 期。

239. 吴宏伟：《俄美欧中亚政策及其演变》，《俄罗斯学刊》2017 年第 2 期。

240. 武正弯：《美国"能源独立"的地缘政治影响分析》，《国际论坛》2014 年第 4 期。

241. 夏景华：《从里海油气开发纷争看管道铺设方案较量》，《石油化工技术经济》2004 年第 1 期。

242. 夏义善：《中俄石油天然气管道建设的现状、动因和前景》，《当代石油石化》2007 年第 5 期。
243. 谢文心：《中国与中亚"油气"合作分析与思考》，《经济师》2011 年第 2 期。
244. 徐洪峰、王海燕：《中俄能源合作的新进展及存在的制约因素》，《欧亚经济》2017 年第 1 期。
245. 徐刚：《欧盟中亚政策的演变、特征与趋向》，《俄罗斯学刊》2016 年第 2 期。
246. 徐宁：《独特的管道政治——里海能源输出管道之争（上、下）》，《国际展望》1999 年第 17、18 期。
247. 徐树宝、王素花、孙晓军：《土库曼斯坦油气地质和资源潜力》，《石油科技论坛》2007 年第 6 期。
248. 徐晓天、王聪：《TAPI 管道与中亚能源博弈》，《世界知识》2011 年第 2 期。
249. 徐晓天、叶天乐：《满载恩怨的纳布科管道》，《世界知识》2011 年第 8 期。
250. 徐孝明：《冷战后美国的里海—中亚能源政策探析》，《长江论坛》2014 年第 2 期。
251. 徐严波、李怀印：《土库曼斯坦天然气产销预测及管网规划》，《国际石油经济》2009 年第 12 期。
252. 徐友萍、丁希丽：《浅析普京时期俄罗斯在中亚里海地区的能源外交活动》，《中国地质大学学报（社会科学版）》2013 年第 6 期。
253. 薛永生：《论土耳其在欧盟能源安全中的战略作用》，《理论月刊》2009 年第 7 期。
254. 闫鸿毅、李世群：《浅析土库曼斯坦天然气出口格局及其影响》，《俄罗斯中亚东欧市场》2012 年第 8 期。
255. 杨进：《里海问题：能源博弈与地区格局变化》，《世界知识》2014 年第 22 期。
256. 杨雷：《中俄天然气合作的历程与前景》，《欧亚经济》2014 年第 5 期。
257. 杨玲：《新世纪俄罗斯里海地区能源外交述评》，《国际政治研究》2011 年第 4 期。
258. 杨旗：《中亚—里海石油的大国博弈——中亚石油外交的政治经济学

解读》，《现代管理科学》2006 年第 9 期。
259. 杨诗源、杨兴礼：《新世纪伊朗能源外交浅析》，《西亚非洲》2006 年第 7 期。
260. 杨洋、董锁成、李泽红：《中蒙俄经济走廊背景下中俄能源合作进展、驱动力、挑战及对策》，《资源科学》2018 年第 2 期。
261. 杨中强、蔡娟：《中国与中亚的油气合作》，《东欧中亚市场研究》2002 年第 8 期。
262. 姚新超、丁锋：《液化天然气国际供需发展格局及中国进口策略探析》，《国际贸易》2017 年第 1 期。
263. 耶斯尔：《纳布科管道——问题与前景》，《新疆社会科学》2012 年第 6 期。
264. 耶斯尔：《中亚地区的能源"博弈"》，《新疆师范大学学报（哲学社会科学版）》2010 年第 2 期。
265. 尹航：《土耳其等 6 国签署纳布科输气管道项目支持协议》，《能源研究与信息》2011 年第 2 期。
266. 应启臣、曹勇：《2040 年世界能源展望——埃克森美孚 2016 版预测报告简介》，《当代石油石化》2016 年第 2 期。
267. 于庚申：《冷战后美国的中亚里海能源战略与中国能源战略的选择》，《世界经济研究》2004 年第 4 期。
268. 于洪君：《从欧亚大陆的结合部走向世界——哈萨克斯坦的外交战略与策略》，《外交学院学报》1995 年第 4 期。
269. 于营、于桂华：《中亚的战略资源价值及其对中国的战略意义》，《北华大学学报（社会科学版）》2008 年第 3 期。
270. 余建华：《21 世纪初里海能源竞争的新态势》，《社会科学》2006 年第 1 期。
271. 余翔：《欧洲，还会烧柴取暖吗？》，《世界知识》2009 年第 5 期。
272. 岳汉景：《乌克兰危机、俄欧能源博弈与伊核问题全面破局》，《新疆社会科学》2017 年第 4 期。
273. 岳小文、刘俊峰、王钦：《里海地区油气资源与管道建设》（上）（下），《国际石油经济》2003 年第 10、11 期。
274. 岳小文、吴浩筠、徐舜华：《中亚出口天然气管道建设规划及对中国引进天然气资源的影响》，《石油规划设计》2010 年第 2 期。

275. 岳小文：《俄罗斯与欧盟：能源对话十年》，《国际石油经济》2011年第1—2期。

276. 曾锁怀、王丽萍：《中亚成世界油气争雄的新中心》，《大陆桥视野》2007年第6期。

277. 曾向红、孟赵：《论欧盟中亚援助政策的制度框架及其演变》，《俄罗斯研究》2007年第4期。

278. 曾向红：《美国对中亚事务的介入及中亚国家的应对》，《国际政治研究》2015年第3期。

279. 曾向红、杨恕：《欧盟的中亚援助实践研究——以向欧洲输送石油和天然气国家间（INOGATE）项目为例》，《东北亚论坛》2008年第3期。

280. 曾向红：《欧盟在中亚地区所面临的挑战解析——欧盟新中亚战略出台背景透视》，《世界经济与政治论坛》2007年第6期。

281. 曾向红：《试论欧盟中亚战略的演变》，《国际观察》2008年第1期。

282. 曾向红：《中国的中亚外交与丝绸之路经济带的构建》，《上海交通大学学报（哲学社会科学版）》2015年第3期。

283. 翟世彬：《俄罗斯的能源外交》，《科技信息》2009年第36期。

284. 张从容：《里海油气资源开发利用近况分析》，《当代石油石化》2007年第15期。

285. 张从容：《里海油气资源与输出管道之争》，《当代石油石化》2012年第9期。

286. 张德义：《世界能源消费形势刍议》，《中外能源》2012年第3期。

287. 张娥：《土库曼：天然气大单送中国》，《中国石油石化》2007年第15期。

288. 张国坤：《试论美国的中亚能源战略》，《世界地理研究》2003年第3期。

289. 张吉平、毕新忠、顾永强：《土库曼斯坦天然气资源究竟有多少》，《国外油田工程》2010年第12期。

290. 张金萍、项义军：《中国与欧亚经济联盟成员国能源合作风险研究》，《商业研究》2017年第2期。

291. 张晶、孙永祥：《里海地区国家近期油气出口潜力及大国的角逐》，《亚非纵横》2005年第4期。

292. 张抗：《美国能源独立和页岩气革命的深刻影响》，《中外能源》2012年第12期。
293. 张抗、周芳：《世界天然气格局的变化和中国的机遇》，《中外能源》2010年第11期。
294. 张抗、白振瑞：《中俄东线供气购销合同的回顾和展望》，《天然气技术与经济》2014年第4期。
295. 张抗：《中亚地缘油气特点和中国的中亚发展战略》，《俄罗斯中亚东欧市场》2008年第10期。
296. 张抗：《中亚与中东油气资源比较》，《国际资料信息》2008年第7期。
297. 张磊、库阿内什娜：《中亚五国对外战略及其地缘政治动因》，《国际论坛》2009年第3期。
298. 张力：《伊朗—南亚跨国能源通道：结局待定的博弈》，《南亚研究季刊》2007年第3期。
299. 张利军：《围绕伊巴印天然气管道的外交博弈》，《国际石油经济》2008年第6期。
300. 张龙：《土库曼斯坦——大国之间逐"气"争雄的舞台》，《产业与科技论坛》2011年第18期。
301. 张梦秋、王栋：《天然气合作背后的中俄关系模式探析》，《国际展望》2016年第6期。
302. 张明霞、王以鹏、彦林：《国际政治背景下的俄美中亚—里海地区能源博弈》，《西伯利亚研究》2007年第2期。
303. 张宁：《俄罗斯与中亚国家的能源合作现状》，《国土资源情报》2009年第5期。
304. 张宁：《欧盟的中亚援助战略分析》，《俄罗斯中亚东欧市场》2008年第7期。
305. 张旗：《分歧凸显的中澳关系将持续下滑》，《国际政治科学》2018年第2期。
306. 张秋明：《伊朗欲吸引850亿美元投资以促进天然气出口》，《国土资源情报》2009年第12期。
307. 张锐：《天然气谈判：中俄的艰难博弈》，《金融管理与研究》2012年第7期。

308. 张胜平、陈文均:《核问题与伊朗"能源外交"》,《瞭望新闻周刊》2005年第19期。
309. 张帅:《德国天然气外交的现状与前景》,《国际石油经济》2018年第11期。
310. 张帅、朱雄关:《东南亚油气资源开发现状及中国与东盟油气合作前景》,《国际石油经济》2017年第7期。
311. 张帅、任欣霖:《印度能源外交的现状与特点》,《国际石油经济》2018年第3期。
312. 张帅:《中俄天然气贸易价格博弈分析》,《中国物价》2018年第1期。
313. 张卫忠:《世界天然气发展趋势》,《国际石油经济》2011年第6期。
314. 张霞:《土库曼斯坦天然气出口多元化面临的挑战》,《国际研究参考》2016年第7期。
315. 张小军、马莉、郭磊:《欧盟2020年能源战略及其对中国的启示》,《能源技术经济》2011年第6期。
316. 张新花、何伦志:《中亚能源合作博弈及中国对策分析》,《东南亚纵横》2009年第7期。
317. 张新花:《中亚国家能源政策及对策分析》,《扬州大学学报(人文社会科学版)》2007年第1期。
318. 张晓慧:《欧盟的中亚能源政策与实践》,《新疆社会科学》2014年第3期。
319. 张晓慧、肖斌:《欧盟与中亚及外高加索地区国家能源合作:政策、战略和前景》,《国际经济合作》2014年第4期。
320. 张延萍:《乌兹别克斯坦油气工业的现状与未来》,《国际石油经济》2010年第1期。
321. 张耀:《中国与中亚国家的能源合作及中国的能源安全——地缘政治视角的分析》,《俄罗斯研究》2009年第6期。
322. 张一清、姜鑫民:《特朗普能源新政的影响及我国应对策略》,《西南石油大学学报(社会科学版)》2018年第1期。
323. 张奕:《浅析俄罗斯能源外交及中国的应对策略》,《山西青年管理干部学院学报》2008年第3期。
324. 张永贺、刘乾:《欧盟对俄罗斯天然气政策:理想与现实的妥协》,

《能源》2016 年第 12 期。

325. 张友国：《论析中亚的战略资源价值及其对中国的战略意义——以国际政治的视角》，《北京科技大学学报（社会科学版）》2006 年第 3 期。

326. 张远高、张在旭：《中俄天然气合作问题及对策研究》，《未来与发展》2013 年第 7 期。

327. 张跃：《安全——解读中缅油气管道的关键词》，《世界知识》2013 年第 11 期。

328. 张志勤：《欧盟能源政策未来走向》，《全球科技经济瞭望》2015 年第 9 期。

329. 赵常庆：《中亚油气工业与中国发展对外合作》，《东欧中亚市场研究》2002 年第 5 期。

330. 赵飞：《俄美在中亚能源领域的博弈及对中国的影响》，《内蒙古民族大学学报》2010 年第 3 期。

331. 赵华：《欧盟寻求多渠道保障能源安全》，《中国石化》2009 年第 8 期。

332. 赵会荣：《俄美中欧在中亚：政策比较与相互关系》，《新疆师范大学学报》（哲学社会科学版）2014 年第 4 期。

333. 赵会荣：《论影响乌兹别克斯坦外交决策的因素》，《俄罗斯中亚东欧研究》2007 年第 1 期。

334. 赵龙庚：《里海问题与大国角逐》，《亚非纵横》2007 年第 3 期。

335. 赵龙庚：《土库曼斯坦的多元化天然气输出战略》，《亚非纵横》2008 年第 3 期。

336. 赵青海：《欧盟新中亚战略评析》，《国际问题研究》2007 年第 5 期。

337. 赵旭、董秀成：《中亚里海地区油气地缘环境分析及中国的突围策略》，《改革与战略》2008 年第 3 期。

338. 赵旭、赵文丽：《俄乌"斗气"欧盟"受气"何时"和气"——由俄乌天然气价格之争看全球能源博弈与中国能源安全战略选择》，《中国石油和化工》2009 年第 2 期。

339. 赵玉杰：《哈萨克斯坦油气资源及政策剖析》，《新疆石油科技》2017 年第 2 期。

340. 郑东生：《俄罗斯的能源外交与中俄能源合作》，《当代世界》2005

年第 9 期。
341. 周琪、付随鑫：《特朗普政府的能源政策及其可能影响》，《国际石油经济》2017 年第 10 期。
342. 周庆凡：《2035 年世界能源发展展望》，《石油与天然气地质》2016 年第 2 期。
343. 周秋君：《浅析俄罗斯天然气产销战略与对欧合作》，《俄罗斯研究》2006 年第 2 期。
344. 周淑慧、陈进殿、刘烁、王占黎：《世界天然气市场发展趋势概述》，《石油规划设计》2008 年第 1 期。
345. 朱起煌：《中亚油气地缘政治新态势及其对我国的影响》，《国际石油经济》2002 年第 11 期。
346. 朱晓静：《欧盟对中亚国家的能源政策及其对中国的启示》，《华北电力大学学报（社会科学版）》2015 年第 5 期。
347. 邹长胜、李丽：《中亚天然气管道 D 线塔吉克斯坦项目经济风险识别与防范》，《国际石油经济》2015 年第 5 期。

（三）外文文献

1. Adam Blinick, "Pipeline Diplomacy: Russian Gas and Putin's Power", *The New Atlantis*, No. 21, Summer 2008.
2. Adam N. Stulberg, "Strategic Bargaining and Pipeline Politics: Confronting the Credible Commitment Problem in Eurasian Energy Transit", *Review of International Political Economy*, Vol. 19, No. 5, January 2012.
3. Adilgizi & Lamiya, "Nabucco: pipeline or pipedream?" *Turkish Review*, Vol. 2, No. 3, 2012.
4. Alec Rasizade, "The Mythology of the Munificent Caspian Bonanza and Its Concomitant Pipeline Geopolitics", *Central Asian Survey*, Vol. 21, No. 1, March 2002.
5. Alexandra-Maria Bocse, "EU Energy Diplomacy: Searching for New Suppliers in Azerbaijan and Iran", *Geopolitics*, Vol. 24, No. 1, January 2019.
6. Ali Tekin & Paul A. Williams, "EU-Russian Relations and Turkey's Role as an Energy Corridor", *Europe-Asia Studies*, Vol. 61, No. 2, March 2009.
7. Amanda Paul, "The EU in the South Caucasus and the Impact of the Russia-Ukraine War", *The International Spectator*, Vol. 50, No. 3, July 2015.

8. Andrea Prontera, "Italian Energy Security, the Southern Gas Corridor and the New Pipeline Politics in Western Europe: from the Partner State to the Catalytic State", *Journal of International Relations and Development*, Vol. 21, No. 2, April 2018.

9. Andreas Seeliger, "Review of 10 Years Shale Gas Revolution in the US-Are there Lessons to Learn for Europe?" *Zeitschrift für Energiewirtschaft*, Vol. 40, No. 3, September 2016.

10. Andrei Vladimirovich Ostrovskii, "Prospects to Interface the Silk Road Economic Belt and the Eurasian Economic Union projects", *Herald of the Russian Academy of Sciences*, Vol. 87, No. 6, November 2017.

11. Andrej Krickovic, "When Interdependence Produces Conflict: EU-Russia Energy Relations as a Security Dilemma", *Contemporary Security Policy*, Vol. 36, No. 1, January 2015.

12. Anton Orlov, "The Strategic Implications of the Second Russia-China Gas Deal on the European Gas Market", *Energy Strategy Reviews*, Vol. 13 – 14, November 2016.

13. Antto Vihma & Mikael Wigell, "Unclear and Present Danger: Russia's Geoeconomics and the Nord Stream II Pipeline", *Global Affairs*, Vol. 2, No. 4, August 2016.

14. Antto Vihma & Umut Turksen, "The Geoeconomics of the South Stream Pipeline Project", *Journal of International Affairs*, Vol. 69, No. 1, October 2015.

15. Badalyan, Lusine, Kusznir & Julia, "Oil and Gas Pipelines in the South Caucasus", *Caucasus Analytical Digest*, Vol. 33, 2011

16. Bob Tippee, "Agreement in View on Legal Status of the Caspian Sea", *Oil & Gas Journal*, Vol. 116, No. 8, August 2018.

17. Boyka Stefanova, "European Strategies for Energy Security in the Natural Gas Market", *Journal of Strategic Security*, Vol. 5, No. 3, Fall 2012.

18. Bryce A. Cason, "The Trans-Caspian Pipeline: Implications for the Five Littoral States", *Journal of world energy law & business*, Vol. 8, No. 5, 2015.

19. Caroline Kuzemko, "Ideas, Power and Change: Explaining EU-Russia energy relations", *Journal of European Public Policy*, Vol. 21, No. 1, January

2014.
20. Chi Kong Chyong, "European Natural Gas Markets: Taking Stock and Looking Forward", *Review of Industrial Organization*, Vol. 55, No. 1, August 2019.
21. Chi Kong Chyong & Benjamin F. Hobbs, "Strategic Eurasian Natural Gas Market Model for Energy Security and Policy Analysis: Formulation and Application to South Stream", *Energy Economics*, Vol. 44, July 2014.
22. Chloé Le Coq & Elena Paltseva, "Measuring the Security of External Energy Supply in the European Union", *Energy Policy*, Vol. 37, No. 11, June 2009.
23. Corey Johnson & Tim Boersma, "The Politics of Energy Security: Contrasts between the United States and the European Union", *Wiley Interdisciplinary Reviews: Energy and Environment*, Vol. 4, No. 2, March 2015.
24. Dadwal and Purushothaman, "Gas Pipelines-Politics and Rivalries", *Strategic Analysis*, Vol. 42, No. 1, January 2018.
25. David G. Lewis, "Geopolitical Imaginaries in Russian Foreign Policy: The Evolution of 'Greater Eurasia'", *Europe-Asia Studies*, Vol. 70, No. 10, November 2018.
26. Dawei Liu, Kensuke Yamaguchi, Hisashi Yoshikawa, "Understanding the Motivations behind the Myanmar-China Energy Pipeline: Multiple Streams and Energy Politics in China", *Energy Policy*, Vol. 107, August 2017.
27. Dina Khrennikova, "Uzbekistan-to-China Pipeline Gas Supplies Start", *Platt's Oilgram News*, Vol. 90, No. 183, 2012.
28. Dmitry Shlapentokh, "The Ankara-Moscow Relationship: The Role of Turkish Stream", *Middle East Policy*, Vol. 26, No. 2, June 2019.
29. Elizabeth Corner, "Uzbekistan Set to Join TAPI Pipeline Project", *World pipelines*, Vol. 18, No. 5, June 2018.
30. Emil D. Attanasi & Philip A. Freeman, "Role of Stranded Gas from Central Asia and Russia in Meeting Europe's Future Import Demand for Gas", *Natural Resources Research*, Vol. 21, No. 2, June 2012.
31. Emil Lyutskanov, Leila Alieva, Mila Serafimova, Giorgi Vashakmadze, "Critical Role of the Caspian Gas for Achieving the Desirable Energy Mix in

the EU or Why the Southern Corridor Requires Two Entry Points into the EU to Reach the Needed Strategic Magnitude", *NATO Science for Peace and Security Series*, *E*: *Human and Societal Dynamics*, Vol. 110, 2013.

32. Erkan Erdogdu, "Bypassing Russia: Nabucco Project and its Implications for the European Gas Security", *Renewable and Sustainable Energy Reviews*, Vol. 14, No. 9, June 2010.

33. Eske Van Gils, "Azerbaijan's Foreign Policy Strategies and the European Union: Successful Resistance and Pursued Influence", *Europe-Asia Studies*, Vol. 70, No. 5, May 2018.

34. Evert Faber van der Meulen, "Gas Supply and EU-Russia Relations", *Europe-Asia Studies*, Vol. 61, No. 5, July 2009.

35. Evgeny F. Troitskiy, "US Policy in Central Asia and Regional Security", *Global Society*, Vol. 21, No. 3, July 2007.

36. Faig Galib Abbasov, "EU's External Energy Governance: A Multidimensional Analysis of the Southern Gas Corridor", *Energy Policy*, Vol. 65, February 2014.

37. G. Bacik, "The Blue Stream Project, Energy Co-operation and Conflicting Interests", *Turkish Studies*, Vol. 2, No. 2, September 2001.

38. Guy C. K. Leung, "China's Energy Security: Perception and Reality", *Energy Policy*, Vol. 39, No. 3, March 2011.

39. Hubert H. Reineberg, "Russia Shifts Eastward: China Gas Sales & Pipeline Construction", *Pipeline & Gas Journal*, Vol. 244, No. 1, January 2017.

40. Imre Szeman, "Introduction: Pipeline Politics", *South Atlantic Quarterly*, Vol. 116, No. 2, April 2017.

41. Irena Dimitrova, "EU-Russia Energy Diplomacy: 2010 and Beyond?" *Connections*, Vol. 9, No. 4, Fall 2010.

42. Ismayilov, "Power, Knowledge, and Pipelines: Understanding the Politics of Azerbaijan's Foreign Policy", *Caucasus Survey*, Vol. 2, No. 1–2, November 2014.

43. Jean A. Garrison & Ahad Abdurahmonov, "Explaining the Central Asian Energy Game: Complex Interdependence and How Small States Influence Their Big Neighbors", *Asian Perspective*, Vol. 35, No. 3, July-September 2011.

44. Jeffrey Reeves, "China's Silk Road Economic Belt Initiative: Network and Influence Formation in Central Asia", *Journal of Contemporary China*, Vol. 27, No. 112, July 2018.
45. Justyna Misiągiewicz, "Caspian Region's Hydrocarbon Potential as a Challenge for the Energy Security Policy of the European Union", *Annales UMCS*, Sectio K (Politologia), Vol. 20, No. 1, June 2013.
46. Lance Alred, Sean Michael Kelly, Madina Rubly, Yuliya Shokh, Mariam Tsitsishvili, Richard Weitz, "US Policy towards Central Asia under Trump", *Revista UNISCI*, No. 45, 2017.
47. Lee, "Turkmenistan's East-West Gas Pipeline", *Problems of Post-Communism*, Vol. 66, No. 3, May 2019.
48. Luca Anceschi, "Turkmenistan and the Virtual Politics of Eurasian Energy: the Case of the TAPI Pipeline Project", *Central Asian Survey*, Vol. 36, No. 4, October 2017.
49. Lukás Tichy & Nikita Odintsov, "Can Iran Reduce EU Dependence on Russian Gas?" *Middle East Policy*, Vol. 23, No. 1, March 2016.
50. Lukáš Tichý & Petr Kratochvíl, "The EU-Russia Energy Relations under the Prism of the Political Discourse", *Perspectives*, Vol. 22, No. 1, 2014.
51. Manouchehr Moradi, "Caspian Pipeline Politics and Iran", *UNISCI Discussion Papers*, No. 10, June 2006.
52. Marco Giuli, "Nabucco Pipeline and the Turkmenistan Conundrum", *Caucasian Review of International Affairs*, Vol. 2, No. 3, Summer 2008.
53. Marco Siddi, "The EU's Botched Geopolitical Approach to External Energy Policy: The Case of the Southern Gas Corridor", *Geopolitics*, Vol. 24, No. 1, January 2019.
54. Marco Siddi, "The Role of Power in EU-Russia Energy Relations: The Interplay between Markets and Geopolitics", *Europe-Asia Studies*, Vol. 70, No. 10, November 2018.
55. Mark Rowley, "The Nabucco Pipeline Project-Gas Bridge To Europe?" *Pipeline & Gas Journal*, Vol. 236, No. 9, September 2009.
56. Meltem Müftüler-Baç & Deniz Başkan, "The Future of Energy Security for Europe: Turkey's Role as an Energy Corridor", *Middle Eastern Studies*, Vol.

47, No. 2, March 2011.

57. Mert Bilgin, "Geopolitics of European Natural Gas Demand: Supplies from Russia, Caspian and the Middle East", *Energy Policy*, Vol. 37, No. 11, June 2009.

58. Mohammad Houshisadat, "The Role of Iran's Future Liquid Natural Gas Supply in the EU's Energy Security", *Asian Affairs*, Vol. 46, No. 3, September 2015.

59. Nargis Kassenova, "China's Silk Road and Kazakhstan's Bright Path: Linking Dreams of Prosperity", *Asia Policy*, No. 24, 2017.

60. Natalie Koch, "Kazakhstan's Changing Geopolitics: the Resource Economy and Popular Attitudes about China's Growing Regional Influence", *Eurasian Geography and Economics*, Vol. 54, No. 1, February 2013.

61. Nikolay Kaveshnikov, "The Issue of Energy Security in Relations between Russia and the European Union", *European Security*, Vol. 19, No. 4, November 2010.

62. Nicholas Newman, "Trans-Adriatic Gas Pipeline Expected to Fill Big Void", *Pipeline & Gas Journal*, Vol. 244, No. 8, August 2017.

63. Oğuzhan Akyener, "Doability Of Trans-Caspian Pipeline And Deliverability Of Turkmen Gas To Turkey & EU", *Energy Policy Turkey*, No. 1, 2016.

64. Ole Odgaard & Jørgen Delman, "China's Energy Security and its Challenges towards 2035", *Energy Policy*, Vol. 71, August 2014.

65. Onur Cobanli, "Central Asian Gas in Eurasian Power Game", *Energy Policy*, Vol. 68, May 2014.

66. Paul Belkin, "The European Union's Energy Security Challenges", *Connections*, Vol. 7, No. 1, Spring 2008.

67. Paul Sampson, "Central Asia Holds Key Role in China Play", *Nefte Compass*, Vol. 18, No. 29, 2009.

68. Paul Sampson, "Turkey Prepares to Rev Up Southern Corridor Gas Pipeline", *International Oil Daily*, No. 26, April 2018.

69. Paul Sampson, "China Hungry for More Central Asian Gas", *World Gas Intelligence*, Vol. 29, No. 5, 2018.

70. Pavel K. Bav & Indra Øverland, "The South Stream Versus Nabucco Pipeline

Race: Geopolitical and Economic (Ir) rationales and Political Stakes in Mega-Projects", *International Affairs*, Vol. 86, No. 5, September 2010.

71. Permenter & Kate, "Groundbreaking Ceremony Held For Tajikistan Section of Line D of Central Asia-China Gas Pipeline", *Pipeline & Gas Journal*, Vol. 241, No. 11, November 2014.

72. Proedrou, "Revisiting Pipeline Politics and Diplomacy", *Problems of Post-Communism*, Vol. 65, No. 6, November 2018.

73. Roberto F. Aguilera, "The Future of the European Natural Gas Market: A Quantitative Assessment", *Energy*, Vol. 35, No. 8, June 2010.

74. Roginsky, Stanislav, Minina & Olga, "South Stream and Nabucco: Are They Competitors?" *Pipeline & Gas Journal*, Vol. 235, No. 4, April 2008.

75. Seyit Ali Dastan, "Negotiation of a Cross-border Natural Gas Pipeline: An Analytical Contribution to the Discussions on Turkish Stream", *Energy Policy*, Vol. 120, September 2018.

76. Skalamera, "Revisiting the Nabucco Debacle", *Problems of Post-Communism*, Vol. 65, No. 1, January 2018.

77. Slavomír Horák, "Turkmenistan's Shifting Energy Geopolitics in 2009 – 2011: European Perspectives", *Problems of Post-Communism*, Vol. 59, No. 2, 2012.

78. S M Rashed Jahangir & Betul Yuce Dural, "Crude Oil, Natural Gas, and Economic Growth: Impact and Causality Analysis in Caspian Sea Region", *International Journal of Management and Economics*, Vol. 54, No. 3, September 2018.

79. S. N. Afifi, M. G. Hassan & A. F. Zobaa, "The Impacts of the Proposed Nabucco Gas Pipeline on EU Common Energy Policy", *Energy Sources, Part B: Economics, Planning, and Policy*, Vol. 8, No. 1, January 2013.

80. Sohbet Karbuz, "The Legal Status of the Caspian Sea: Implications on Caspian Resources Development and Transport", *Energy Policy Turkey*, No. 2, 2016.

81. Tatiana Romanova, "Is Russian Energy Policy towards the EU Only about Geopolitics? The Case of the Third Liberalisation Package", *Geopolitics*, Vol. 21, No. 4, 2016.

82. Theodoros Tsakiris, "The Energy Parameters of the Russian-Ukrainian-EU Impasse: Dependencies, Sanctions and the Rise of 'Turkish Stream'", *Southeast European and Black Sea Studies*, Vol. 15, No. 2, April 2015.
83. Thomas Batten, "Turkey as an Energy Hub for the Southern Gas Corridor", *Journal for Labour and Social Affairs in Eastern Europe*, Vol. 17, No. 2, 2014.
84. Tobias Baltensperger, Rudolf M. Füchslin, Pius Krütli & John Lygeros, "European Union Gas Market Development", *Energy Economics*, Vol. 66, August 2017.
85. Vedat Esena & Bulent Oralb, "Natural Gas Reserve/production Ratio in Russia, Iran, Qatar and Turkmenistan: A Political and Economic Perspective", *Energy Policy*, Vol. 93, June 2016.
86. Velichka Milina, "Energy Security and Geopolitics", *Connections*, Vol. 6, No. 4, Winter 2007.
87. Viktoria Akchurina & Vincent Della Sala, "The European Union, Russia and the Post-Soviet Space: Shared Neighbourhood, Battleground or Transit Zone on the New Silk Road?" *Europe-Asia Studies*, Vol. 70, No. 10, November 2018.
88. Volkan Özdemir, H. Buğra Yavuz, Emine Tokgöz, "The Trans-Anatolian Pipeline (TANAP) as a Unique Project in the Eurasian Gas Network: A Comparative Analysis", *Utilities Policy*, Vol. 37, December 2015.
89. Watkins & Eric, "EU and Russia Launch Controversial Nord Stream Gas Pipeline", *Oil & Gas Journal*, Vol. 109, No. 18a, November 2011.
90. Watkins & Eric, "Russia to Build South Stream Natural Gas Pipeline via Turkey", *Oil & Gas Journal*, Vol. 110, No. 1a, January 2012.
91. Wright & Lindsay, "Pipeline Politics: Russia's Natural Gas Diplomacy", *Pipeline & Gas Journal*, Vol. 236, No. 8, August 2009.
92. Yelena Kalyuzhnova & Julian Lee, "China and Kazakhstan's Oil and Gas Partnership at the Start of the Twenty-First Century", *Emerging Markets Finance and Trade*, Vol. 50, No. 5, September 2014.
93. Younkyoo Kim & Fabio Indeo, "The New Great Game in Central Asia Post 2014: The US 'New Silk Road' Strategy and Sino-Russian Rivalry", *Com-

munist and Post-Communist Studies, Vol. 46, No. 2, June 2013.
94. Younkyoo Kim & Gu-Ho Eom, "The Geopolitics of Caspian Oil: Rivalries of the US, Russia, and Turkey in the South Caucasus", *Global Economic Review*, Vol. 37, No. 1, March 2008.
95. Younkyoo Kim & Stephen Blank, "The New Great Game of Caspian energy in 2013–14: 'Turk Stream', Russia and Turkey", *Journal of Balkan and Near Eastern Studies*, Vol. 18, No. 1, January 2016.
96. Yusin Lee, "Opportunities and Risks in Turkmenistan's Quest for Diversification of its Gas Export Routes", *Energy Policy*, Vol. 74, November 2014.
97. Yuri Yegorov & Franz Wirl, "Gas Transportation, Geopolitics and Future Market Structure", *Futures*, Vol. 43, No. 10, December 2011.

索　引

A

阿尔及利亚—意大利撒丁岛管道　49
阿尔泰天然气管道　49,291
阿拉伯天然气管道　42,44
安集延事件　155,221,227,270

B

巴—杰石油管道　57,128
巴库—第比利斯—杰伊汉石油管道　38,
　148,200,201,229
巴库倡议　72,177
白溪管道　1,48,90,93-97
白溪天然气管道　96
北溪1号　191
北溪2号　191,194,195
北溪管道　190,194
北溪天然气管道　37,38,190,195,233

C

朝核问题　232,289

D

东北亚天然气与管道论坛　295
东部伙伴关系　79

F

非合作博弈　56
复兴古丝绸之路　274,275

G

供给侧结构性改革　246

H

哈萨克斯坦南线天然气管道　278,279
哈中原油管道　147
海上丝绸之路　246,265,293,304,310
海神管道　82,106,131
合作博弈　56,57,174,271
和平管道　12,48,120,161
伙伴与合作协定　70,176

J

均势外交　153,154,156

K

卡塔尔"断交危机"　312
库尔德问题　112
跨阿富汗天然气管道　48
跨安纳托利亚管道　1,2,48,91-93,99,102-107,110,119,124,131,132,181,236
跨安纳托利亚天然气管道　1,91-93,103,129,131,140,172,183
跨地中海天然气管道　43,44,46
跨加勒比海输气管道　46
跨里海天然气管道　38,48,93,96,102,104,105,107,119,120,124,132,135,136,139-142,146,150-152,181-183,189,191,192,209,212,215,227,229,230,259,264,268
跨欧洲能源网络计划　90,96
跨撒哈拉天然气管道　49
跨亚得里亚海管道　1,2,48,88-92,94-96,101,103,105-107,110,111,124,131,132,181,236

L

《里海法律地位公约》　141,167,192,212,259
兰格勒德输气管道　45
蓝溪天然气管道　39,40,220,233

里海法律地位问题　124,141,152,166,208,211,212
零和博弈　56,174,189,255,268,295,303
罗兴亚人危机　302,304

M

美加联盟输气管道系统　46

N

纳布科管道　1,11,47,48,75,76,78-81,83,84,86,87,89,90,94-99,101,102,105,110,130,131,139,171,172,187,190,192,209,211,214,229,235,236
纳布科计划　4,78,80,81,92,98,99,101,139,151,158,171,187-189,192-195,209,235,236,264
纳布科西线　91,99-101,130,131,236
纳布科项目　80,99-101,188,194
纳卡冲突　128,208,212-214
纳卡解冻　213
纳卡问题　128,212,213,229
南部天然气走廊　1-7,11,12,47,48,57-59,65,69,73,76-81,84-98,101,102,105-107,109-115,125,129-133,136,138-142,151,152,157,158,171,172,174,175,180-183,186-190,192,194,195,197,201,204,208-215,227,229,230,234-236,238,239,254-257,259-261,263,264,267-269,271,296
南部走廊　2,3,7,79-81,86-90,96-

· 353 ·

99,102,110,112,113,129,130,138,139,148,150,157,158,170,174,175,182,183,186-190,197,204,208,210,213-215,234,236,239,254,256,261,264,271

南高加索管道扩建项目　93,102,107,130,181

南高加索天然气管道　1,2,38,39,41,73,74,92,94,96,102,117,124,126,129,130,132,229

南帕尔斯气田　163

南帕尔斯天然气项目　162,230,259

南溪管道　4,11,47,84-89,93,94,188-190,194,229,234-237,264

南溪天然气管道　3,47,86,109,236

O

欧佩克　53,159,161,200,266,311

欧亚经济联盟　222,223,264,265,292-294

欧债危机　195

欧洲1号管道　45

欧洲2号管道　45

P

平衡外交　3,144,145,148,151,203,267,268,270

S

"沙赫—丹尼兹"二期气田　91,102,110,126,129,131

"沙赫—丹尼兹"气田　48,126

上合组织能源俱乐部　292,293

丝绸之路经济带　246,265,274,292,293,304

T

塔西斯计划　70,72,175,176

腾吉斯油气田　146

天然气出口国论坛　162,265-267

天然气欧佩克　265-267

土—阿—巴—印天然气管道　48,120,121,136,227,260,268

土—希—意管道　81,102

土耳其—希腊—意大利管道　1,83,84

土耳其—希腊—意大利互连管道　48,80,81,84,86,87,89

土耳其—希腊—意大利天然气管道　82-84

土耳其—希腊管道　81-83

土耳其流管道　3,4,11,47,110,111,189-191,194,229,234,236-238,264

土库曼斯坦—伊朗天然气管道　118,124

W

乌克兰危机　108,109,178,221,232,237,253,262,287,288,295

X

西伯利亚力量　49,232,285,290-292

西非天然气管道　43

希腊—保加利亚互连管道　84,87

希腊—意大利管道 82,84,87,106
新丝绸之路战略 203

Y

亚马尔—欧洲输气管道 36,37
亚马尔液化天然气项目 314
亚太再平衡战略 287
亚洲溢价 293,303
沿里海天然气管道 124,135,139,140,150,151,202,225-227,268
颜色革命 177,202,203,220,221,253,256
页岩气革命 204-206,248,249,266,295,312
一带一路 7,10,149,153,157,163,164,239,246,254,265,274,275,278,282,293,296,304,310
伊—巴—印天然气管道 120,125,164,170,232
伊—巴天然气管道 119,120,125,171
伊核危机 162
伊核问题 49,99,112,124,163,168,169,196,197,208,211,215,230
伊核协议 162,163,168-170,172,195,196,212,230,259
伊朗—巴基斯坦—印度天然气管道 48,164
伊朗—土耳其输气管道 41
伊朗—亚美尼亚天然气管道 41
伊朗核危机问题 167,168
伊朗核问题 161,162,168,197
印太构想 287
英国"脱欧" 178

Z

泽布勒赫输气管道 45
中俄天然气东线管道 288
中俄天然气管道东线 49,50,262,285
中俄天然气管道西线 49
中俄天然气西线管道 289
中立外交 136,139
中美贸易战 249,313,314
中缅天然气管道 42,245,263,271,296-299,301-303
中缅油气管道 42,43,296,299-302,304,305
中亚—中国天然气管道 4,7,40,42,117,124,134,135,138,147,149,150,157,158,226-228,245,252,254,257,260,263,268,271-285,291,299
中亚—中央天然气管道系统 39,41
重返亚太战略 287

征稿函附件2：

第八批《中国社会科学博士后文库》专家推荐表1

《中国社会科学博士后文库》由中国社会科学院与全国博士后管理委员会共同设立，旨在集中推出选题立意高、成果质量高、真正反映当前我国哲学社会科学领域博士后研究最高学术水准的创新成果，充分发挥哲学社会科学优秀博士后科研成果和优秀博士后人才的引领示范作用，让《文库》著作真正成为时代的符号、学术的标杆、人才的导向。

推荐专家姓名	李文	电话	13522372350
专业技术职务	研究员	研究专长	亚太政治
工作单位	中国社会科学院美国研究所	行政职务	原副所长
推荐成果名称	天然气管道外交与地缘政治博弈		
成果作者姓名	李冉		

（对书稿的学术创新、理论价值、现实意义、政治理论倾向及是否具有出版价值等方面做出全面评价，并指出其不足之处）

　　里海—中亚地区是"一带一路"建设的重点地区，近年来已经成为国内国际关系学科的一个研究热点。不过，尽管目前已经有不少关于里海—中亚地区能源地缘战略的研究成果，但是从天然气管道外交视角的研究还鲜有所见。本书以欧盟国家与里海—中亚国家的天然气管道合作为中心，逐步引申出世界上各个天然气资源国家、消费国家以及大国力量的博弈态势，并设计了我国在全球天然气管道博弈中所应采取的战略对策，这种研究视角很有新意，在学科领域也具有前沿性。全书20多万字，由面到点、由此及彼、由国际而国内的结构层次清晰合理，逻辑性强；书中引用了大量最新文献，制作了大量数据表格，论据充分，不但对论点起到了有力的支撑作用，也为下一步其他学者开展研究提供了相关资料和素材。

　　当前，"一带一路"倡议已成为"中国特色大国外交思想"的重要组成部分。本书运用地缘政治理论对作为"一带一路"重要沿线国家的里海—中亚地区进行深入研究，这有助于推进"中国特色大国外交思想"的研究。特别是本书将地缘政治理论与地缘经济理论和能源博弈理论结合起来开展研究，这也有助于推进国际关系理论尤其是地缘政治学的发展。

　　为了落实党的十九大提出的建设美丽中国的战略任务，我国正在大力推动用天然气等清洁能源取代煤炭等污染能源。在我国天然气供需缺口较大的情况下，大量进口境外天然气成为必然选择。本书对于我国通过国家外交活动提高在全球天然气格局中的博弈能力具有现实启示意义，对于有效化解天然气进口风险和保障天然气供应安全具有实践上的指导意义。

　　本书在政治上以"一带一路"构想为立论出发点，在方法上将量化统计的直观形式与定性分析的深度内容相结合，在写作上文字流畅、行文和注释规范，具有很好的出版价值，特予以推荐。

　　同时，建议作者对个别地方做进一步修改和完善：一是第二章和第四章对欧盟的论述有重复之处，希望能进行整合；二是索引中的专用名词还应该再增加一些。

签字：李文
2018年11月6日

说明：该推荐表须由具有正高级专业技术职务的同行专家填写，并由推荐人亲自签字，一旦推荐，须承担个人信誉责任。如推荐书稿入选《文库》，推荐专家姓名及推荐意见将印入著作。

第八批《中国社会科学博士后文库》专家推荐表2

《中国社会科学博士后文库》由中国社会科学院与全国博士后管理委员会共同设立，旨在集中推出选题立意高、成果质量高、真正反映当前我国哲学社会科学领域博士后研究最高学术水准的创新成果，充分发挥哲学社会科学优秀博士后科研成果和优秀博士后人才的引领示范作用，让《文库》著作真正成为时代的符号、学术的标杆、人才的导向。

推荐专家姓名	徐再荣	电话	13521406161
专业技术职务	研究员	研究专长	现当代国际关系、美国史
工作单位	中国社会科学院世界历史研究所	行政职务	编辑部主任
推荐成果名称	天然气管道外交与地缘政治博弈		
成果作者姓名	李冉		

（对书稿的学术创新、理论价值、现实意义、政治理论倾向及是否具有出版价值等方面做出全面评价，并指出其不足之处）

本书稿对国内外学者尚未系统研究的"南部天然气走廊"展开全面详细的考察和阐述，并由此进一步辐射到对全球天然气管道博弈形势的分析，最后落脚在我国天然气管道外交的战略选择上，这是一个全新的研究选题和研究思路，在国内的国际关系学领域处于前沿地位，具有学术上的创新性。在论述过程中，提出了一系列具有独到见解的新颖观点，如天然气地缘政治格局深刻影响世界地缘政治格局，天然气地缘政治的核心是天然气管道政治，国际间天然气管道的前景主要取决于各国地缘政治博弈，天然气出口国、进口国和大国的能源外交目标及其管道博弈态势，中国如何完善天然气多元化战略格局，等等，都是具有新意的论述。据了解，目前国内还没有将天然气管道外交作为研究对象的学术专著，本书稿作为第一本这样的著作，在学术上具有弥补能源地缘政治研究空白的价值。

本书稿在理论运用上并不局限于国际关系理论中传统上的单一政治观，研究主题不但包括了政治和国家安全等政治领域，也广泛涉及到经济贸易、社会环境等领域以及各个领域之间的相互联系和影响，体现了马克思主义从经济领域去寻找国际关系矛盾的历史唯物主义观点，这有助于丰富对当代国际关系理论的认识。对天然气管道外交博弈的论述，也有助于推进对博弈论的认识。

我国当前已经成为一个天然气对外依存度超过30%的消费大国，保障天然气供应安全已经上升到国家安全层面的战略高度。本书关于全球天然气博弈形势的分析及其关于我国天然气管道外交战略选择的论述，对于我国如何在复杂激烈的国际竞争中处理好同天然气进口国以及各个博弈方的关系，推进我国天然气进口渠道多元化以满足国内不断增长的天然气需求，具有很强的现实意义。

本书稿鲜明地体现了新时代中国特色社会主义的政治理论倾向，全书内容丰富，资料翔实，条理清晰，图表使用得当，引文注释规范，有出版价值。

本书的不足之处在于部分材料的使用有些过多，如BP（英国石油公司）的统计数据，在取舍上可以更加精炼，或者做一些整合。

签字：
2018年12月25日

说明：该推荐表须由具有正高级专业技术职务的同行专家填写，并由推荐人亲自签字，一旦推荐，须承担个人信誉责任。如推荐书稿入选《文库》，推荐专家姓名及推荐意见将印入著作。